"十三五"江苏省高等学校重点教材(编号2019-1-048)

高等院校"金课"系列教材建设·人力资源管理专业

总主编 赵曙明

薪酬管理

刘 洪 张正堂 主编

立体化资源

南京大学出版社

图书在版编目(CIP)数据

薪酬管理 / 刘洪,张正堂主编. -- 南京：南京大学出版社,2021.4
 ISBN 978-7-305-24236-6

Ⅰ.①薪… Ⅱ.①刘… ②张… Ⅲ.①企业管理-工资管理-高等学校-教材 Ⅳ.①F272.923

中国版本图书馆CIP数据核字(2021)第025881号

出版发行　南京大学出版社
社　　址　南京市汉口路22号　　邮　编　210093
出 版 人　金鑫荣

书　　名　**薪酬管理**
主　　编　刘　洪　张正堂
责任编辑　尤　佳　　　　　　编辑热线　025-83592315

照　　排　南京南琳图文制作有限公司
印　　刷　南京百花彩色印刷广告制作有限责任公司
开　　本　787×1092　1/16　印张 19　字数 445千
版　　次　2021年4月第1版　2021年4月第1次印刷
ISBN　978-7-305-24236-6
定　　价　55.00元

网址：http://www.njupco.com
官方微博：http://weibo.com/njupco
官方微信号：njupress
销售咨询热线：(025) 83594756

* 版权所有,侵权必究
* 凡购买南大版图书,如有印装质量问题,请与所购
　图书销售部门联系调换

高等院校"金课"系列教材建设·人力资源管理专业

编委会

主 任 委 员　赵曙明
副主任委员　刘　洪　李燕萍　龙立荣　刘善仕
　　　　　　唐宁玉　罗瑾琏
委　　　员　（按姓氏笔画排序）
　　　　　　王德才　龙立荣　刘　洪　刘　燕
　　　　　　刘善仕　刘嫦娥　孙甫丽　杜　娟
　　　　　　杜鹏程　李燕萍　杨　东　张　弘
　　　　　　张　捷　张正堂　张戌凡　陈志红
　　　　　　罗瑾琏　周路路　赵宜萱　赵曙明
　　　　　　秦伟平　贾建锋　唐宁玉　黄昱方
　　　　　　曹大友　蒋建武　蒋昀洁　蒋春燕
　　　　　　程德俊　潘燕萍　瞿皎姣

总　序

改革开放后，我国一些学者将西方人力资源管理理论和方法引进国内，率先在个别高校开设人力资源管理课程，如我1991年由美国学成回国后，在南京大学率先开设"人力资源管理与开发"课程。后来，一些高校开设人力资源管理专业培养专门人才，如1993年中国人民大学在全国首次开设人力资源管理专业招收本科生。在这些高校的带动下，我国高等院校人力资源管理专业教育经历了一个从无到有、从课程到专业、从单一性到综合性的发展过程，现在又呈现出从独立专业到学科方向的良好发展态势。从事人力资源管理问题研究的学者越来越多，人力资源管理已成为一个独立的、专门的研究领域。目前越来越多的高校开设了人力资源管理本科专业，不少高校还开设了人力资源管理学科方向的硕士、博士研究生专业，甚至建立了人力资源管理方向的博士后流动站，为国家经济建设和社会发展培养了一大批人力资源管理专门人才。

作为实践性很强的专业，人力资源管理专业的发展离不开国内企事业组织人力资源管理的持续变革与创新实践。1978年改革开放以来，中国经济快速发展，市场竞争日趋激烈，企业经营管理面临着日益复杂多变的环境，人力资源管理实践更是实现了从计划经济体制下的劳动人事管理向现代人力资源管理的巨大跨越，并依次经历了人力资源管理理念的导入、人力资源管理的探索、人力资源管理的系统深化以及近年来的人力资源管理创新时期，相应地，人力资源管理专业教育教学也顺势而变，进入了一个前所未有的变革时代。

回顾过去，才能更好地理解现在，展望未来。作为国内较早开展人力资源管理教学和研究的学者，我有幸亲历了整个过程。20世纪80年代初期，人力资源管理在美国兴起,并迅速成为美国管理研究的热点之一。然而在20世纪90年代初期的中国,无论是政府管理部门还是企业界,仍以为"人力资源管理"就是"人事管理",很多人甚至连"人力资源"这个词都没有听过。我当时就深切地感觉到,要改变这种状况,首要任务就是要系统地了解和研究发达国家在人力资源管理领域的理论、思想与方法。于是,我倾力撰写了《国际企业:人力资源管理》一书(1992年由南京大学出版社出版第一版,到2016年出版了第五版),系统地介绍西方发达国家在该领域的研究成果和发展趋势,以使读者不仅能够概括了解西方人力资源管理的全貌,而且能够接触到学术研究的前沿,把握其发展规律。

人力资源管理在当时的我国还是新兴的研究领域,最大的困难在于如何构建具有中国特色的知识体系。于是从1993年开始,我的主要精力都集中在解决这一关键问题上。受国家自然科学基金科研项目资助,经过两年多的研究,我于1995年完成并出版了《中国企业人力资源管理》这部专著,从宏观的角度探讨了我国人力资源的配置机制和政策体系,从微观的角度分析了中国企业人力资源管理各环节的优势和劣势。自1995年起,我开始集中研究中国企业人力资源管理的模式选择,这是中国国有企业推行科学管理所面临的紧迫课题。到20世纪90年代末期,我着手进行"中国企业集团人力资源管理战略"等国家自然科学基金资助的课题的研究,力求从战略人力资源管理的视角,探索中国企业的战略人力资源管理模式。21世纪以来,我和我的研究团队又相继开展了"企业人力资源开发的理论基础与管理对策""转型经济下我国企业人力资源管理若干问题研究""中国企业雇佣关系模式与人力资源管理创新研究""基于创新导向的中国企业人力资源管理模式研究"等国家自然科学基金重点课题的研究,着手对中国情境下的人力资源管理理论与实践问题进行更加深入的研究和探讨,以期在中国的人力资源管理领域做出一些贡献。

回顾这些年来中国人力资源管理发展之路,我最深刻的印象就是变化无处不在,人力资源管理的运作环境、管理职能和运行边界正日益复杂化、动态化和模糊化。首先,人力资源管理的环境发生了极大改变。经济全球化、信息网络化、知识社会化、人口城镇化、货币电子化等构成了这个时代的主要特征。每个人都身处移动互联网、大数据、云计算、物联网、人工智能之中,这些正在影响着我们的工作和生活方式,甚至取代了许多人赖以为生的岗位。这些变化对组织人力资源管理的能力提升提出了新的、更高的要求,例如,如何通过培训帮助员工尽快适应转岗等现实问题已迫在眉睫。

其次,组织结构和组织管理体系发生了变化。伴随着创新驱动发展带来的新业态、新组织、新技术的出现以及共享经济的兴起,企业组织从高度集权的金字塔式的组织结构,逐步地向扁平化、网络化、虚拟化、平台化的方向发展,中国一些企业开始学习和引进发达国家先进的人力资源管理理论并在实践中不断进行创新,如腾讯和阿里巴巴采用的三支柱模式、阿米巴经营模式等,均取得了明显成效。在这个过程中,一些企业还结合中国实际,将西方国家人力资源管理理论与中国企业管理实践相结合,创造性地提出具有中国特色的人力资源管理新模式、新方法,受到越来越多的关注,如华为的员工持股计划、海尔集团的"按单聚散、人单合一"模式、苏宁的事业经理人制度等。这些成功的案例启发我们,组织结构和组织管理体系的变化,需要我们从战略高度上去设计新的人力资源管理理论框架和知识体系。

第三,员工的需求日益多元化。员工忠诚度一直是人力资源管理的重要命题之一。新的趋势是从过去强调员工的忠诚度转变到员工幸福感与员工忠诚度并重,强调工作、家庭、生活与学习的多重平衡。尤其是"90后""00后"等新生代员工现已成为职场的主力军,他们对待工作的态度、个性特点、需求特征均与以往代际的员工有所不同,他们更加关注工作、家庭和生活的平衡,更多地追求和强调幸福感,员工体验甚至已经成为吸引、保留、激发人才活力的新战略和新方向。在此背景下,组织如何留住这些新生代员工,要给他们什么样的发展空间,如何满足他们多样化的需求,不断提升他们的满意度和幸福感,就成为人力资源管理中迫切需要解决的现实问题。

第四,工作方式日益创新。在零工经济背景下,远程办公、移动工作、灵活用工、共享员工等取代了传统单一的雇佣方式。零工经济是由一组相互作用但又半自治的实体借助网络平台实现精准交易的生态化经济系统。传统上,雇佣关系是组织进行人力资源管理的逻辑前提,但零工经济下的多方参与实体之间并不存在可识别的直接雇主与雇员关系。网络平台一方面极力避免与零工建立雇佣关系,但另一方面又在工作时间、工作地点、工作效率、工作行为和产出等方面对零工行使控制权。那些在传统组织下频繁进行的人力资源管理活动已成为网络平台实现零工生态系统治理的手段,而当前对网络平台的人力资源管理实践模式及其运作机理还知之甚少。

第五,人力资源管理的外延和对象有所拓展。党的十九大提出要加快建设人力资源协同发展的产业体系,着重发展人力资源服务业。人力资源服务业作为第三产业服务业的分支,能满足组织对于成本管控和人才优化配置的需求,是一个令人瞩目的朝阳产业。过去人力资源管理的对象更多的是组织内的员工,而现在人力资源管理的外延在扩大,对象也变得多元化。此时,人力资源管理在职能边界、知识体系与内容构成等方面均与传统的基于组织内部的人力资源管理有很多区别。

上述五方面的变化需要我们重新思考人力资源管理教学的知识体系与理论框架。总体来看,人力资源管理专业建设取得了长足发展,但在人才培养目标、课程设置、知识体系、教材建设上却滞后于经济社会发展的时代需求。当前,传统商科走向了新商科,在以大数据、云计算、物联网、人工智能、区块链等新商业技术为支撑的商科专业发展背景下,人力资源管理专业人才的培养也面临着新的机遇和挑战。教育部发布的《关于加快建设高水平本科教育 全面提高人才培养能力的意见》中也特别指出,要注重新商科人才的培养。尤其是在一流专业建设和金课建设工作中,课程教材改革需要与时俱进,因为教材是专业建设的核心要素,直接影响人才培养质量。人力资源管理专业作为一门实践性、应用性很强的专业,教材建设必须紧紧把握时代发展趋势和潮流。

南京大学人力资源管理研究和教学团队一直非常重视人力资源管理专业教材编写和课程教学工作。从1991年起,我作为课程负责人开始在南京大学开设"人力资源管理"课程。2000年开始采用电子信息化教学手段和相应的教学方法。该课程后来成为南京大学重点建设课程,并于2003年入选第一批国家精品课程。多年来,我同时致力于人力资源管理专业师资的培养。作为教育部指定的人力资源管理课程师资培训基地,南京大学商学院已成功举办20届全国人力资源管理师资培训研讨会,全国几千名人力资源管理教师参加了培训。该研讨会现已成为我国人力资源管理学科领域参与专家人数众多、最具规模和最具影响力的师资研讨会,为推动我国高等院校人力资源本科专业教育以及MBA教育做出了应有贡献。为了给全国从事人力资源管理研究的学者搭建一个学术交流的平台,由南京大学商学院、华中科技大学和《管理学报》等联合发起的、由我任主席的中国人力资源管理论坛于2012年成功举办,至今已举办了8届,产生了良好的学术影响。

基于多年的科学研究、教学实践、师资培训、人才培养、同行交流等方面的经验,结合当前人力资源管理的发展变化趋势,我们精心梳理了人力资源管理专业相关教材的内容,出版了这套人力资源管理系列丛书。

本套丛书是南京大学出版社在教育部工商管理类专业教育指导委员会的支持下,邀请国内具有丰富人力资源管理教学经验的学者精心编写而成的,旨在为人力资源管理专业的师生提供一套专业、系统、前沿、理论与实践并重的人力资源管理系列教材,并为业界人士发现、分析和解决企业人力资源管理实践中遇到的问题提供分析方法和工具。

本套丛书共分十三册,包括:《人力资源管理总论》《人力资源战略与规划》《组织设计与工作分析》《员工招聘管理》《人力资源测评》《人力资源培训与开发》《员工职业生涯管理》《绩效管理与评估》《薪酬管理》《企业劳动关系管理》《创业企业人力资源管理》《国际企业:人力资源管理》《人力资源专业英语》等。本套丛书有以下五个特点:

(1) 注重体系完整性。本套丛书从人力资源管理战略的高度审视各个模块的相互联系,每个模块都有非常完整的知识体系设计,让读者能从企业经营管理的整体视角去理解人力资源管理各个模块的内容。

(2) 强调知识的前沿性。将当前外部环境的变革融入到教学内容中,如新生代员工管理、大数据、共享经济、网络型组织结构、企业大学、疫情危机下的企业人力资源管理等知识点,在本套丛书中均有所体现。特别值得一提的是,在创新创业这一时代主旋律下,人力资源管理对创业企业的存续与发展产生日益重要的影响。本套丛书基于创业企业在人力资源管理中的特殊性,编写了《创业企业人力资源管理》一书,希望人力资源管理能够真正成为推动创业企业发展的核心要素。

(3) 注重知识的实用性。本套丛书有大量的实例及案例素材,分别以开篇案例、章后应用案例等形式体现。案例教学内容从知识点的讲解出发,通过案例说明知识点的具体适用范围,从而帮助学生透彻地掌握相关知识点。学生通过对案例的分析与解读,可以将这些知识点与未来工作情境相关联,培养学生发现问题、分析问题并解决问题的能力。

(4) 融入当前企业人力资源管理新实践。本套丛书吸收了当前企业人力资源管理中的新模式、新经验,如三支柱模式、阿米巴经营模式、华为的员工持股计划、海尔集团的"按单聚散、人单合一"模式、苏宁的事业经理人制度等,在本书中均有所体现。

(5) 用全球化的视野思考人力资源管理问题。本套丛书特别设计了《国际企业:人力资源管理》《人力资源专业英语》,希望借此引发读者对人力资源管理国际化的思考。中国企业家曹德旺先生的福耀玻璃在美国开工厂遇到的工会问题以及解决措施等内容,在书中均有所介绍。

总之,本套丛书力图在人力资源管理专业知识体系和内容结构上有所创新,使读者既能够把握人力资源管理专业完整的基础理论知识,同时还能够感受到专业学科发展前沿和未来发展趋势。付梓之际,衷心希望该丛书对我国人力资源管理专业人才的培养产生积极作用。

本套丛书的出版得到了南京大学出版社的大力支持!南京大学出版社社长金鑫荣教授在该套丛书建设研讨会上提出了宝贵建议,使我们受到很多启发;南京大学出版社高校教材中心蔡文彬主任对本套丛书的出版自始至终给予了很多关心和帮助;南京大学出版社责任编辑们对本套丛书进行了精心编校。在此向他们一并表示衷心感谢!

在本套丛书编写过程中,我们力求完美,但囿于能力,存在的问题和不足之处在所难免,敬请各位读者批评指正!

南京大学人文社会科学资深教授

商学院名誉院长

行知书院院长

博士生导师

2020 年 12 月

前　言

　　薪酬是企业与员工之间最主要的联结纽带之一，成为企业和员工共同关注的重要问题。科技的迅猛发展、全球经济的一体化、劳动力市场竞争的加剧等因素给组织带来了巨大的挑战，引发了组织结构的一系列深刻的变革。企业重组、组织再造的浪潮纷涌而至，大量的组织开始缩减层级、裁员等，组织扁平化趋势越来越明显，组织对员工的要求越来越高。所有这些变化都给组织薪酬管理提出了一系列更高的要求。对企业来说，薪酬是一把双刃剑：使用得当能够吸引、留住和激励人才，可以卓有成效地提高企业的实力和竞争力，而使用不当则会给企业带来危机。毫无疑问，建立全面、科学的薪酬管理系统，对于企业培育核心竞争能力和竞争优势、获得可持续发展具有重要意义。

　　为了开展有效的薪酬设计，企业还需要时时关注薪酬管理的最新发展趋势，以使组织的薪酬设计跟上时代的步伐。薪酬不仅仅是指纯粹货币形式的报酬，还包括非货币性的报酬，也就是在精神方面的激励，如优越的工作条件、良好的工作氛围、培训机会、晋升机会等，这些方面也应该很好地融入薪酬体系中去。公司给受聘者支付的薪酬应包括内在薪酬和外在薪酬两类，两者的组合，被称之为"全面薪酬"。外在薪酬主要是指为受聘者提供的可量化的货币性价值。比如，基本工资、奖金等短期激励薪酬；股票期权等长期激励薪酬；退休金、医疗保险等货币性的福利；公司支付的其他各种货币性的开支，如住房津贴、俱乐部成员卡、公司配车等。内在薪酬则是指那些给员工提供的不能以量化的货币形式表现的各种奖励价值。比如，对工作的满意度，为完成工作而提供的各种方便的工具，培训的机会，提高个人名望的机会，吸引人的公司文化，相互配合的工作环境，以及公司对个人的表彰、谢意等。

　　如何科学地把握全面薪酬的两个方面，使它们有机统一起来，是企业经营者面临的一个难题。一般来说，外在激励由于是可量化的，它们可以通过市场竞争来达到一个平均的水平。关键是企业要能适时地了解和掌握市场上本行业内各种岗位的各种薪酬方式的平均水平，否则把握和控制自己公司的薪酬待遇水平就失去了依据。薪酬高了则增加企业成本，低了又吸引不来人。内在的激励虽然是非货币化并难以量化的，但有一部分内容也反映在市场竞争之中，可以通过市场进行了解，如培训机会、公司名望等，还有一部分内容则完全要靠公司自身不断地培育和积累，如公司文化、工作环境、公司对个人的名誉表彰等。

因此,企业越来越重视通过有效的薪酬管理帮助实现战略目标。薪酬管理是人力资源管理中一项专业技术水平要求很高的管理活动,在人力资源管理中具有举足轻重的地位,一定程度上关系到企业人力资源管理的成败,没有一个"放之四海而皆准"的薪酬管理模式,由于各个企业的情况千差万别,企业必须结合自己的特点去探索一个适合自己的薪酬管理模式,这对企业来说是很难的,可能需要走很多的弯路,付出很大的代价。因此,了解并掌握科学的薪酬管理知识,熟练并灵活运用各种薪酬管理技术和方法,是组织的相关职能迫切需要做的工作。

《薪酬管理》是人力资源管理专业的核心课程。全书共有十章,分为三个部分。第一部分由前两章构成,是全书的理论基础,分别对薪酬与薪酬管理、薪酬确定的理论与影响因素进行了介绍;第二部分是薪酬设计,包括第3~6章,分别介绍了工作评价、薪酬的市场调查、薪酬设计、薪酬激励。通过这四章内容完成了企业薪酬体系的构建。第三部分是薪酬管理的其他内容,包括特殊人员的薪酬设计、薪酬支付管理、福利管理、薪酬法律制度规范四章内容。

本教材为江苏省高等学校重点教材建设立项项目。在编写本教材时,我们力图结合时代变化对薪酬管理提出的挑战,在编写过程吸收了薪酬管理的相关研究成果。本书特别详细介绍了一些新时期应用较为广泛的新知识点,如战略薪酬、技能薪酬体系、能力薪酬体系、宽带薪酬、弹性福利计划、外派员工的薪酬管理、团队的薪酬管理等等。我们在吸收国内外一些最新研究成果的基础上尽可能详细而深入浅出地介绍这些理论。此外,近年来编著者主要从事薪酬管理和战略人力资源管理的研究工作,一些研究成果也分别在本书相关内容上也有所体现。本书中每章都附有学习要点、本章小结、复习思考题,对于主要章还配有教学案例。本书对薪酬管理中很多方法都有深入浅出的介绍和举例分析,使读者很容易掌握并应用。这些内容都在较大的程度上方便了教学工作的开展。

编写团队对本教材的编写投入了很多精力,力求提高教程的编写质量。尽管如此,受到编著者自身水平的限制,书中难免也存在一些问题。希望得到广大读者和同行的批评指正,以在日后做进一步的修改。

编 者

2021年3月

目 录

总　序	1
前　言	1

第一章　薪酬与薪酬管理概述 ··········· 1
　　本章结构图 ··········· 1
　　开篇故事 ··········· 1
　　第一节　薪酬形式与功能 ··········· 2
　　第二节　薪酬管理概述 ··········· 9
　　第三节　战略薪酬管理理念 ··········· 17
　　本章小结 ··········· 27
　　复习思考题 ··········· 27
　　案例讨论 ··········· 28

第二章　薪酬确定的理论与影响因素 ··········· 29
　　本章结构图 ··········· 29
　　开篇故事 ··········· 29
　　第一节　薪酬确定的理论基础 ··········· 30
　　第二节　薪酬确定的原则 ··········· 42
　　第三节　薪酬确定的影响因素 ··········· 48
　　本章小结 ··········· 57
　　复习思考题 ··········· 57
　　案例讨论 ··········· 58

第三章　职位评价 ··········· 60
　　本章结构图 ··········· 60
　　开篇故事 ··········· 60
　　第一节　职位评价方法 ··········· 61
　　第二节　职位评价的比较与实施 ··········· 82
　　本章小结 ··········· 87
　　复习思考题 ··········· 87
　　案例讨论 ··········· 87

第四章 薪酬的市场调查 ... 95

本章结构图 ... 95

开篇故事 ... 95

第一节 薪酬调查准备 ... 96

第二节 薪酬市场调查方法 ... 103

第三节 调查数据分析 ... 111

本章小结 ... 117

复习思考题 ... 118

案例讨论 ... 118

第五章 薪酬设计 ... 121

本章结构图 ... 121

开篇故事 ... 121

第一节 薪酬设计概述 ... 122

第二节 基于职位的薪酬设计 ... 129

第三节 基于胜任力的薪酬设计 ... 143

第四节 基于绩效的薪酬设计 ... 147

本章小结 ... 154

复习思考题 ... 155

案例讨论 ... 155

第六章 薪酬激励 ... 156

本章结构图 ... 156

开篇故事 ... 156

第一节 薪酬激励概述 ... 157

第二节 长期激励中的股票期权 ... 165

第三节 群体激励中的团队薪酬 ... 175

本章小结 ... 185

复习思考题 ... 185

案例讨论 ... 185

第七章 特殊员工群体的薪酬管理 ... 187

本章结构图 ... 187

开篇故事 ... 187

第一节 高层管理人员的薪酬管理 ... 188

第二节 销售人员的薪酬管理 ... 193

第三节 外派员工的薪酬管理 …………………………………… 198
第四节 专业技术人员的薪酬管理 ……………………………… 206
本章小结 …………………………………………………………… 208
复习思考题 ………………………………………………………… 209
案例讨论 …………………………………………………………… 209

第八章 薪酬支付的管理 …………………………………………… 211
本章结构图 ………………………………………………………… 211
开篇故事 …………………………………………………………… 211
第一节 薪酬总额的控制 ………………………………………… 212
第二节 薪酬支付的策略 ………………………………………… 216
本章小结 …………………………………………………………… 227
复习思考题 ………………………………………………………… 227
案例讨论 …………………………………………………………… 227

第九章 员工福利管理 ……………………………………………… 229
本章结构图 ………………………………………………………… 229
开篇故事 …………………………………………………………… 229
第一节 员工福利的内容和发展 ………………………………… 230
第二节 员工福利设计 …………………………………………… 241
本章小结 …………………………………………………………… 246
复习思考题 ………………………………………………………… 246
案例讨论 …………………………………………………………… 246

第十章 薪酬制度法律规范 ………………………………………… 249
本章结构图 ………………………………………………………… 249
开篇故事 …………………………………………………………… 249
第一节 薪酬立法的历史沿革 …………………………………… 250
第二节 我国工资立法的发展历程 ……………………………… 255
第三节 我国有关薪酬的主要法规 ……………………………… 260
本章小结 …………………………………………………………… 274
复习思考题 ………………………………………………………… 274
案例讨论 …………………………………………………………… 275

参考文献 ………………………………………………………………… 277
后　记 ………………………………………………………………… 285

第一章 薪酬与薪酬管理概述

 本章结构图

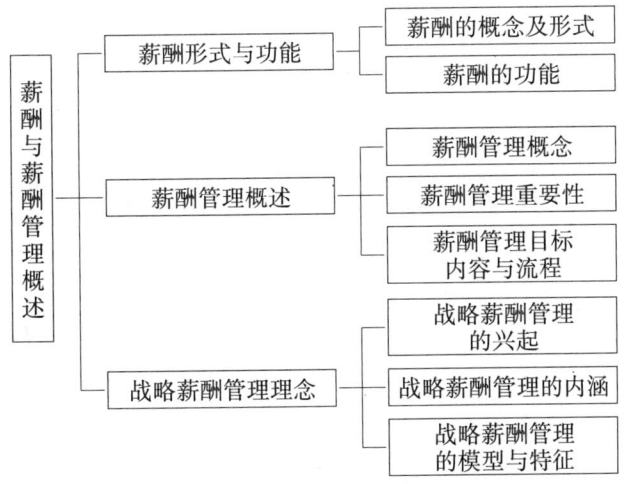

 **开篇故事**

老叶是一家精品酒店的老板,也是一位70后的老酒店人,曾经是多家五星级酒店的管理人员。现在,老叶精品酒店的团队几乎是由清一色90后"小朋友"组成,少数几位80后高管镶嵌其中。在几个知名旅游网站上,老叶的精品酒店评分都是最高的,接近满分;看评论有很多回头客,除了酒店环境很好,"回头"主要原因是"服务真的很好""酒店的员工服务很周到"。

老叶认为服务业终究是人的行业,一开始他觉得自己有多年酒店从业经验,从"顾客是上帝"这一点出发,把服务做好,后面的一切就都有了。但是年轻人的世界不太一样,90后与70后、80后有明显不同,他们成长于经济结构和家庭结构双重变迁的时代背景下。大数据时代的洗礼和多元文化的融合,塑造了他们与前辈们迥然不同的气质和价值追求。他们往往具有较强的自主欲和表现欲,个性张扬、追求公平、现实主义、注重承诺的兑现、重视自我实现价值和存在感。老叶走了一段弯路才发现,员工以客户为上帝、管理则以员工为上帝,只有先把员工们伺候好,然后员工们才能把顾客当成上帝。那么,老叶是如何先把他的90后员工们伺候好的呢?

老叶说,"制定90后员工的薪酬体系,务必要体现出对他们独特性的尊重并试图满足他们"。他为酒店90后员工量身订制了自助式薪酬方案：基本工资＋绩效工资＋奖金＋自选福利包＋晋升机会＋发展机会＋私人因素的薪酬方案。老叶说，绩效工资主要奖励付出多于其他员工的那部分劳动付出，使得90后员工感到自己劳动的存在感；由于90后员工更具现实经济性，直接奖金更能给他们带来满足感；自选福利包和私人因素主要针对90后追求个性化的福利选择；晋升机会和发展机会主要满足他们注重个人成长空间的需求。比如，酒店的微信订阅号做得不错，是一位从媒体界挖来的90后编辑负责的；虽然年轻，但也是资深专业人员，忠于自己的专业技能甚于雇主。所以，老叶给他安排了很多具有挑战性的工作，让他自主决定如何处理，还定期慰问、表达支持与鼓励，关心他的工作存在什么问题，是否需要支持，以表达对他的工作不仅感兴趣而且很看重。

除了上述激励，老叶最近还在思考，如何通过弹性请假制度、清晰有效的职业生涯规划指导、可视晋升空间、建议被采纳机会等使90后员工实现从"让我工作"到"我要工作"的自觉转变。

90后员工和富二代、娱乐圈，并称朋友圈三宝，他们总是说走就走，老板们哭着喊着给他们加薪升职，却也只能看到他们的背影和扬起的尘土。传统薪酬激励方式面对90后员工的独特个性已渐渐失灵。一波又一波的90后将不断涌向职场，只有像老叶这样将员工薪酬努力达成"薪心相印"，才能更好地管理并激发90后员工超乎想象的工作潜能。

案例来源：根据网页资料 http://www.100tmt.com/news/news_3619.shtml?from=timeline，吴晓波．说走就走的90后员工：没有不满意，不代表一定喜欢啊，2015年10月19日，改编。

薪酬管理是人力资源管理的核心内容，也是高层管理者最关注的领域之一。报酬和福利待遇是劳动者从事劳动的物质利益前提，也是劳动者维持生计的基本来源。薪酬决定与分配是企业与员工之间、员工与员工之间利益的冲突点，因此，薪酬管理也被认为是一项最困难、最敏感、政策性最强的人力资源管理工作。现代人力资源管理中，薪酬不仅具有一些简单和传统的功能，而且被赋予了很多全新的内涵，薪酬管理已经与组织发展和人力资源战略紧密结合在一起，成为组织战略实现的重要工具。本章主要对薪酬和薪酬管理进行基础性的介绍，对战略性薪酬管理理念进行概述。

第一节 薪酬形式与功能

一、薪酬概念及形式

国内外学者关于薪酬概念的界定可概括为三类：(1) 宽口径薪酬概念，也称广义薪酬或全面薪酬，即薪酬是员工完成了自己的工作而从企业获得的内在报酬(也称非经济性报酬)和外在报酬(也称经济性报酬)的统称[1]。(2) 中等口径薪酬概念，即员工由于付出劳动而从组织那里所获得的各种形式的经济收入以及有形服务和福利。(3) 窄口径薪酬概念，即薪

---

[1] MARTOCCHIO J J. Strategic Compensation: A Human Resource Management Approach[M]. 6th ed. Person Prentice Hall, 2013: 5-8.

酬仅指货币性报酬,不包括有形服务和福利等。

目前,许多人力资源管理教材和薪酬管理教材大都采用中等口径薪酬概念,大部分企业在实践中也普遍使用中等口径薪酬概念,也为人力资源管理领域的专家们普遍认同。2000年,美国薪酬协会[①]在总结多位薪酬领域专家关于"定制性和多样性相结合实施整体薪酬计划"思想成果的基础上,正式提出"全面报酬模型",并于后陆续进行了改进和完善。

宽口径薪酬概念中的"内在报酬"得到学术界和实业界的愈加重视,原因主要在于:第一,随着知识经济时代的到来,知识型员工将越来越关注企业是否能满足他们对成长与发展机会、从事富有挑战性工作机会、参与决策等方面的需求,这也必将导致企业将越来越重视能够满足他们这些需求的内在报酬;第二,伴随着战略性薪酬管理理念的兴起,及诸多全球性企业推行战略性薪酬管理的成功,许多组织正在考虑或正在实施全面薪酬管理。

如上所述,宽口径薪酬通常也称为广义薪酬或全面薪酬,泛指员工获得的一切收益性要素,包括内在薪酬与外在薪酬,其基本形式如图1-1所示。

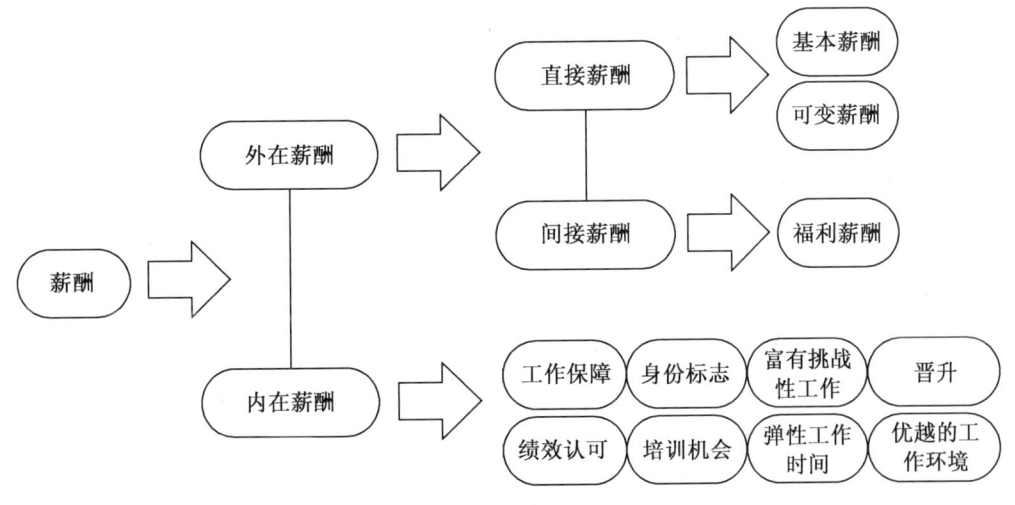

图1-1 宽口径薪酬基本形式

(一) 内在薪酬

内在薪酬(Intrinsic Compensation),是工作自身给员工所带来的心理感受,包括工作富有挑战性和趣味性、工作给予个人成长与发展的机会、工作赋予员工参与管理的权威感、责任感和成就感、员工工作时间弹性设计、工作赋予员工一定的社会声誉等。Hackman 和 Oldham(1976)的工作特征模型(Job Characteristics Model)描述了工作自身给员工所带来的心理感受(见图1-2):核心工作特征会导致员工个体体验到关键的心理状态,进而影响员工个人和工作结果。

---

① 即 Worldatwork(简称 WAW),其前身(ACA,即 American Compensation Association)成立于1955年的美国和加拿大薪酬管理学会。2000年,该学会改名为 Worldatwork,并将自己明确定义为薪酬、福利和总报酬领域的专业组织,旨在倡导和推行包括薪酬、福利和工作体验在内的全面报酬体系。

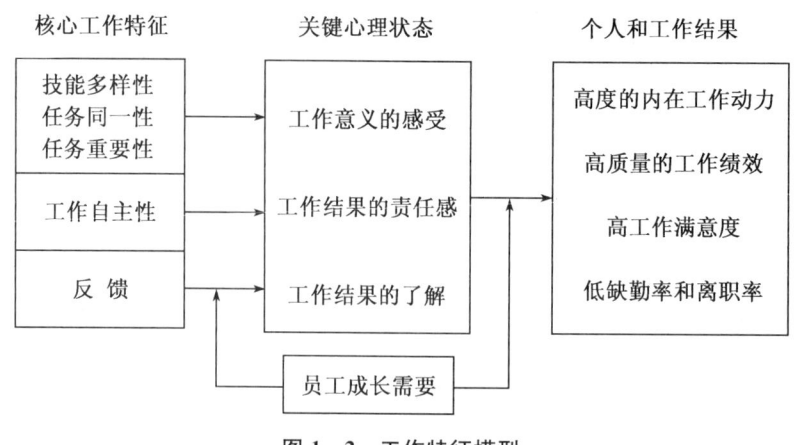

图 1-2 工作特征模型

具体来说,工作特征中的技能多样性、任务同一性和任务重要性会使得员工感受到工作意义,工作自主性会让员工体验到对工作结果的责任感,工作中的反馈会使得员工了解工作结果;对工作意义的感受、对工作结果的责任感以及对工作结果的了解,又会进一步影响员工内在工作动机、工作绩效、工作满意度以及缺勤率和离职率等后果。此外,员工成长将会调节上述关系。企业经营者可考虑通过有效的工作设计,来提升员工能够获得的内在薪酬。

(二) 外在薪酬

外在薪酬是许多人力资源管理教材和薪酬管理教材主要探讨的薪酬内容,也是实业界许多薪酬管理者主要负责的薪酬构成部分。与内在薪酬概念相对应,外在薪酬(Extrinsic Compensation)是指员工工作自身之外获得的货币或物质性报酬。

关于外在薪酬的形式,学者们并没有取得完全一致的观点。较典型的观点认为,外在薪酬包括直接薪酬和间接薪酬,其中,直接薪酬包括基本薪酬、绩效薪酬、各种激励性薪酬和各种延期支付计划;间接薪酬包括各种员工保护项目、各种非工作薪酬和服务与津贴。也有学者认为,外在薪酬包括货币性报酬与非货币性报酬,其中,货币性报酬属于核心薪酬(Core Compensation),体现为时薪、年薪、生活成本调薪、资历薪酬、绩效薪酬、奖励薪酬、以人为基础的知识薪酬和技能薪酬;非货币性报酬通常被称为员工福利,包括各种保障性方案(例如医疗保险)、带薪假期以及各种服务(如日托服务)[①]。综合学者们的不同观点,我们从薪酬支付方式和变动状况视角,将外在薪酬划分为基本薪酬、绩效薪酬和福利薪酬三部分。

1. 基本薪酬

基本薪酬(Basic Pay),也称标准薪酬或基础薪酬,是指企业根据员工所承担或完成的工作,或员工所具备的完成工作的技能或能力,而向员工支付的稳定性报酬。基本薪酬的支付标准有两种:(1) 以员工劳动熟练程度、劳动复杂程度、责任及劳动强度为基准,按照员工实际完成的劳动定额、工作时间或劳动消耗而计付基本报酬。由于这种标准的基本薪酬只反映工作本身的价值,并不反映员工经验或工作态度对企业的贡献,通常将其称为职位薪酬体系。(2) 根据员工所拥有的完成工作的技能或能力的高低来确定基本薪酬,即技能薪酬

---

① 约瑟夫·马尔托奇奥.战略性薪酬管理[M].刘昕,译.7版.北京:中国人民大学出版社,2015:8-12.

体系或能力薪酬体系。由于它们均是基于任职者,将它们统称为任职者薪酬体系。另外,人们经常使用的"工资"和"薪金",是基本薪酬的两种表现形式。在实际生活中,人们一般把以日、小时等计付的劳动报酬称为工资,把按年、月计付的劳动报酬称为薪金或薪水,于是相应地,脑力劳动者或政府机关、事业单位工作人员的收入称为薪金,企业职工的报酬称为工资。

与绩效薪酬和福利薪酬相比,基本薪酬具有以下特征:

(1) 常规性。基本薪酬是员工在法定工作时间内和正常条件下所完成定额劳动的报酬,因此,只要员工完成定额劳动,就应得到基本薪酬。

(2) 固定性。员工的基本薪酬数额以组织所确定的基本薪酬等级标准为依据,薪酬等级标准在一定时期内相对稳定,员工的基本薪酬数额也相对固定。

(3) 基准性。基准性有两层含义:① 基本薪酬是其他薪酬的计算基准,其他薪酬的数额、比例及其变动,均以基本薪酬为基础;② 为保证员工基本生活需要,政府往往对基本薪酬下限作强制性规定,推行最低工资保障制度。

(4) 综合性。与绩效薪酬、福利薪酬相比,基本薪酬能较全面地反映薪酬的各种功能(补偿—保障功能、信号功能、激励功能、调节功能等),绩效薪酬和福利薪酬一般只反映单项薪酬功能,比如,绩效薪酬更多发挥的是薪酬的激励功能,福利薪酬则更多发挥的是增强组织凝聚力的功能。

基本薪酬数额在一定时期内相对稳定,但是也会发生变化,基本薪酬的变动主要有以下几种情形:① 区域性生活成本发生变化或通货膨胀;② 劳动力市场供求关系发生变化,使得其他组织支付给同类型劳动者的基本薪酬发生变化;③ 员工职位升迁、技能提高等所带来的基本薪级等级发生变化;④ 与员工绩效有关的加薪,即绩效工资。

2. 绩效薪酬

绩效薪酬(Performance-based Pay),也称可变薪酬或浮动薪酬,是薪酬系统中与绩效(既包括员工个人绩效,也包括企业中某一业务单位、群体、团队甚至整个企业的绩效)直接挂钩的部分。绩效薪酬通过在绩效和薪酬之间建立起直接联系,而对员工具有很强的激励性,对企业绩效目标的实现也发挥着非常积极的作用,因此,也被称为激励薪酬(Incentive Pay)。

与基本薪酬相比,绩效薪酬具有两个主要特征:

(1) 补充性。绩效薪酬由于在绩效与薪酬之间建立起直接联系,能及时反映员工工作绩效和企业需要的变化,是基本薪酬的一种重要补充形式。

(2) 激励性。绩效薪酬在企业目标的指导下,通过支付方式、支付标准、支付时间的变化,将员工利益与企业发展建立联系,有效激励员工在实现自身利益的同时促进企业目标的实现。

通常情况下,绩效薪酬根据支付时限划分为短期绩效薪酬和长期绩效薪酬两种。短期绩效薪酬一般是建立在非常具体的绩效目标基础之上,主要表现形式即奖金;长期绩效薪酬则鼓励员工实现跨年度或多年度的绩效目标。与短期绩效薪酬相比,长期绩效薪酬能够将员工的薪酬与企业长期目标的实现联系在一起,并且能够对企业文化起到一种更为强大的支持作用;因此,在现代薪酬管理中,绩效薪酬尤其是长期绩效薪酬越来越成为薪酬管理的重心。本书第六章将对绩效薪酬(激励薪酬)进行详细介绍。

需要注意的是,绩效薪酬和绩效工资(绩效加薪)都具有激励性,正是由于这个共同性,许多教材并没有把绩效工资单独列出,或者将其归入绩效薪酬。然而,两者是有区别的:第一,两者影响绩效的方式不同,绩效薪酬是在员工理想工作绩效出现之前的"诱导",绩效工资则是对员工出现理想工作绩效之后的"奖励"。第二,绩效工资通常会转变为员工基础薪酬的增加,因此,对企业的人工成本具有长期影响;绩效薪酬则是一次性支付,对企业人工成本没有长期影响,而且当员工绩效下降时,绩效薪酬也会跟随下降。

3. 福利薪酬

福利薪酬(Benefit)又称间接薪酬,是指企业为员工提供的各种物质补偿和服务形式,包括法定福利和企业提供的各种补充福利,是员工薪酬的一个不可或缺的组成部分。与基本薪酬和绩效薪酬相比,福利薪酬具有两大特征:第一,不同于其他薪酬的"货币"支付和"直接"支付,福利薪酬往往是"实物"支付和"延期"支付;第二,福利薪酬与劳动能力、绩效、工作时间等的变动没有直接关系,所以具有固定成本的特点。

此外,相比于基本薪酬和绩效薪酬,福利薪酬还具有独特的价值:第一,由于许多国家对部分福利项目有免税规定,并且实物支付一定程度上减少了员工薪酬的现金支付额度,因此,企业通过福利薪酬能适当避税;第二,福利薪酬为员工将来的退休生活和一些可能发生的不可预测事件提供了保障;第三,福利薪酬支付方式灵活,可以满足员工多种工作和生活需求,具有基本薪酬和可变薪酬所不能比拟的功能,如提供服务、增强企业凝聚力等功能。我们将在本书第九章对福利薪酬加以详细介绍。

基本薪酬、绩效薪酬和福利薪酬构成了薪酬的总体。表1-1显示了在2015年6月美国雇员一小时薪酬及其构成情况。由图1-1宽口径薪酬基本形式可知,中等口径薪酬即对应宽口径薪酬中的外在薪酬,窄口径薪酬即对应宽口径薪酬中的直接薪酬。许多时候,宽口径薪酬、中等口径薪酬、窄口径薪酬均使用"薪酬"这一个称呼,无须刻意区分,但需要理解"薪酬"在所用之处的特定内涵。

表1-1 2015年6月美国雇员外在薪酬构成情况

	全部雇员	私人企业雇员	国家和州政府雇员
薪酬(一小时)	33.19美元	31.39美元	44.22美元
工资和薪金	68.50%	69.50%	63.80%
福利	31.50%	30.50%	36.20%
带薪假期	6.90%	6.90%	7.30%
补充性报酬	3.00%	3.50%	0.80%
保险	8.90%	8.20%	11.90%
健康津贴	8.40%	7.70%	11.60%
退休金和储蓄	5.10%	4.00%	10.20%
固定收益养老金	3.20%	1.80%	9.40%
固定缴款养老金	1.90%	2.20%	0.80%
各种法定福利	7.60%	8.00%	5.90%

资料来源:U. S. Department of Labor. Employer costs for employee compensation,June 2015 (USDL:15-1756). www.bls.gov/etc.

二、薪酬的功能

薪酬代表了企业和员工之间的一种利益交换关系,是两者之间的主要纽带。员工通过付出自身的劳动获得自己希望的薪酬,企业通过支付薪酬获得希望得到的劳动。因此,对于薪酬的功能,应该从企业和员工两个不同的角度来理解,也只有从这样的两个角度来辨证、统一地看待薪酬的功能,才有利于我们更好地运用薪酬这个特殊的管理工具,来协调企业和员工之间的行为和利益关系,有效地进行薪酬管理。

(一) 薪酬的功能:企业的角度

1. 增值功能

对大多数企业来说,薪酬是企业总成本的重要组成部分,一些企业的薪酬成本占企业总成本的30%或更多。薪酬是能够为企业和投资者带来预期收益的资本,是用来交换劳动者活劳动的一种手段。通过支付薪酬,可以为企业带来远大于成本的收益,这种收益正是企业雇佣劳动者并对其进行投资的动力所在。

2. 激励与竞争功能

薪酬是个人和企业之间的一种心理契约,这种契约通过员工对于薪酬状况的感知而影响员工的工作行为、工作态度以及工作绩效,即产生激励作用。激励功能是薪酬的核心职能。薪酬是企业人力资源管理的工具,管理者可以通过薪酬反映员工的工作绩效,促进工作数量和质量的提高,保护和激励员工的劳动积极性,并有助于吸引和留住好的员工。为了提高企业的生产率,提高企业的竞争优势,薪酬管理越来越强调激励效果。就美国的情况来看,越来越多的企业改变了过去那种单纯根据工作的性质向员工支付固定报酬的做法,而实行根据员工的工作绩效来支付报酬的方式。研究结果表明,绝大多数管理人员和很多员工认为,工作绩效水平应该是决定薪酬增长的最重要因素,而且按照工作绩效支付报酬的做法也确实起到了提高员工工作绩效的作用。

另外,企业薪酬水平也是企业实力的体现。企业未来获得在劳动力市场上的竞争优势,需要保持高于其他企业的薪酬水平,以吸引所需要的人才。

3. 协调功能

企业作为一个生产组织,可以通过薪酬水平的变动,将企业目标和管理者意图传递给员工,促使个人行为与企业行为融合,调节员工与企业之间的关系;另一方面,通过合理的薪酬差别和结构,协调人际关系。

4. 配置功能

薪酬的配置职能主要表现在两方面,即劳动力数量的配置和素质结构的配置。当前客观上仍存在着地区之间、部门之间、企业之间、职业之间的工作环境、劳动轻重、劳动难易以及收入多少的差别,也存在着劳动力多少程度的差别。在物质利益的驱动下,人们一般都会愿意到薪酬多、环境好的地区、部门和岗位工作,因此管理者可以通过薪酬变动调节企业各生产环节的人力资源,实现企业内部各种资源的有效配置。同时,由于产品结构、技术结构和产业结构的变化,对劳动力的素质(技能)结构的适应性提出了越来越广泛的要求。因此,劳动力素质(技能)结构方面的供求失衡是经常的现象。在这种情况下,薪酬就能从供求两个方面来调节劳动力素质(技能)结构,使供求达到相对平衡。对于那些社会需求大、对国民经济发展有重要作用的专业(工种等)给予较高的薪酬,以引导新员工学习这方面的知识和技能;而对那些供大于求的专业(工种等)则给予较低水平的薪酬,引导现有员工学习社会需要的知识和技能(包括转岗培训),从而使得劳动力素质结构合理化,符合社会需要。

(二) 薪酬的功能:员工的角度

1. 补偿功能

这是薪酬的基本分配职能。劳动者在劳动过程中脑力与体力的消耗、劳动力的代际延续、抚养家庭子女等,都要借助于薪酬的补偿职能来实现。只有劳动者得到有保障的、稳定的收入,才能安心工作,增加对企业的信任感和归属感。在市场经济条件下,薪酬收入是绝大多数劳动者的主要收入来源,它对于劳动者及其家庭的生活所起到的保障作用是其他任何收入保障手段都无法替代的。当然,薪酬对于员工的保障并不仅仅体现在它要满足员工在吃、穿、用、住、行等方面的基本生存需要,同时还体现在它要满足员工在娱乐、教育、自我开发等方面的发展需要。总之,员工薪酬水平的高低对于员工及其家庭的生存状态和生活方式所产生的影响是很大的。需要注意的是,补偿的前提是劳动,只有进行了劳动才能获得补偿。

2. 信号功能

员工把报酬系统看成是所在企业暗示某种活动或行为的重要信号;如企业的分配政策显示学历高,工资就高,那会促使雇员去继续学习,提高学历;如果企业报酬以服务时间长短为基础,则可以培养员工忠诚度和在一定程度上降低员工离职率;如企业奖励给企业带来收益的创新行为,则会鼓励员工的创新,营造创新文化。另外,企业根据岗位重要性不同而给予不同的报酬水平,表明企业重视不同岗位的价值等。任何一种报酬政策都会给员工提供信号,促使其向有利于自己的方向努力。

员工所获得的薪酬水平高低除了其所具有的经济功能以外,还具有社会信号的功能,人们可以根据这种信号来判断特定的员工的家庭、朋友、职业、受教育程度、生活状况甚至宗教信仰以及政治取向等等。在一个企业内部,员工的相对薪酬水平高低往往也代表了员工在企业内部的地位和层次,从而成为对员工的个人价值和成功与否进行识别的一种信号。因此,员工对这种信号的关注实际上反映了员工对于自身在社会以及企业内部的价值的关注,从这方面来说,薪酬的社会信号功能也是不可忽视的。

3. 价值实现功能

按照马斯洛的需求层次论,自我价值的实现是员工追求的终极目标。在当前社会中,薪酬水平能在一定程度上反映个人价值的实现程度。高薪酬是员工工作业绩优秀的显示器,它不仅代表了企业对员工工作能力和水平的承认,也是对个人价值实现的回报,还是晋升和成功的信号,反映了员工在企业中的相对地位和作用,能使员工产生满足感和成就感,并进而激发出更大的工作热情。

第二节 薪酬管理概述

一、薪酬管理的概念

薪酬对于员工和企业的重要性决定了薪酬管理的重要性。企业的薪酬管理，顾名思义，就是一个企业根据所有员工提供的劳务，对给予他们报酬的支付标准、发放水平、要素结构进行确定、分配和调整的过程，或者说，就是对工资、奖金、佣金和利润分成等薪酬要素的确定和调整过程。正是这些具体和常规的管理过程中，体现出企业的战略方向、管理者的决策意图和企业对不同员工群体的行为导向。

薪酬管理是企业人力资源管理的一项重要内容。企业管理的过程，也就是企业各类资源的开发和配置过程，其中，人力资源是企业生存发展的核心资源。在人力资源管理中，对员工的薪酬管理又是不可或缺的重要方面。许多企业取得成功都与其选择合理的薪酬制度和管理机制有直接的关系。许多企业管理者认为，虽然把企业的成功归结为薪酬制度的成功有一定的片面性，但没有科学的薪酬管理的企业是绝对不可能获得成功的。

现代薪酬管理是企业目标实现和员工内部激励的一个重要组成因素。企业目标的实现依赖于对员工的激励。员工的激励可分为外部激励和内部激励两种。按照传统的类别划分，工资、奖金、福利等物质报酬是外部激励要素，而岗位的多样化、从事挑战性的工作、取得成就、得到认可、承担责任、获取新技能和事业发展的机会等是员工的内部激励要素。现代薪酬管理已经把物质报酬的管理过程与员工激励过程紧密地结合起来，成为一个有机的激励系统。例如在企业中，实施与业绩相关的收入政策，提倡业绩与奖励直接挂钩的薪酬制度。在这种管理系统下，员工通过个人的努力，不仅能提高工资收入，而且能提高个人在企业中的地位、声誉和价值。

二、薪酬管理的重要性

（一）薪酬管理决定着人力资源的合理配置与使用

资源的合理配置是指在资源有限和稀缺的条件下，通过一定的手段使资源在不同的生产领域进行组合，使之得到最充分的利用，发挥出它的最大效能。管理过程实质上是各类资源的配置与使用过程。人是各个生产要素中起决定性能动作用的要素，因此，人力资源的配置与使用至关重要。作为劳动提供者，其劳动能力是多种多样的，其潜在的能力倾向和发展方向也有很大差异，因而如何做到"人尽其才，才尽其用"，便成为现代管理中的一个核心问题。

薪酬作为实现人力资源合理配置的基本手段，在人力资源开发与管理中起着十分重要的作用。薪酬一方面代表着劳动者可以提供的不同劳动能力的数量与质量，反映着劳动力供给方面的基本特征，另一方面也代表着用人单位对人力资源需要的种类、数量和程度，反映着劳动力需求方面的特征。薪酬管理就是要运用薪酬这个人力资源中最重要的经济参数，来引导人力资源向合理的方向运动，从而实现组织目标的最大化。

在薪酬管理中,存在着两种不同的管理机制。一种是政府主导型的薪酬管理机制,这种机制主要是通过行政的、指令的、计划的方法来直接确定不同种类、不同质量的各类劳动者的薪酬水平、薪酬结构,从而引导人力资源的配置。这种机制由于无法回答人力资源是否真正用在了最需要的地方,也无法确定人力资源是否真正用在了最能发挥其作用的地方,因而很难真正解决好人力资源的合理配置问题。另一种是市场主导型的薪酬管理机制,这种机制实质上是一种效率机制,它主要是通过劳动力的流动和市场竞争,在供求平衡中所形成的薪酬水平和薪酬差别来引导人力资源的配置。显然,这种机制不但能够及时、准确地反映各类劳动力的稀缺程度,而且能在劳动者通过流动调换职业或岗位实现薪酬最大化时也找到尽其所能的位置,从而使人力资源的配置与使用更加合理。因此,在薪酬管理中,为了更合理地配置与使用人力资源,应尽可能采用市场主导型的薪酬管理机制。

(二)薪酬管理直接决定着人力资源的劳动效率

管理,简单来说,是通过别人完成任务的过程。现代薪酬管理将薪酬视为激励劳动效率的主要杠杆,不仅注重利用工资、奖金、福利等物质报酬从外部激励劳动者,而且注重利用岗位的多样性、工作的挑战性、取得成就、得到认可、承担责任、获取新技巧和事业发展机会等精神报酬从内部激励劳动者,从而使劳动者为企业努力工作,实现企业目标。劳动者在这种薪酬管理系统下,通过个人努力,不仅可以提高薪酬水平,而且可以提高个人在组织中的地位、声誉和价值。因此,薪酬管理关系到衣食住行、社会关系以及尊重等需求的满足,而且在某种程度上也能满足自我价值实现的需求。

由上可见,现代薪酬管理是一种动力管理,它直接决定着劳动者的劳动效率。实践也证明,成功的薪酬管理往往能极大地调动劳动者的积极性、创造性,反之则会挫伤劳动者的积极性和创造性。

(三)薪酬管理直接关系到社会的稳定

在我国现阶段,薪酬是劳动者个人购买消费资料的主要经费来源,从经济学角度看,薪酬一经向劳动者付出即退出生产领域,进入消费领域。因此,在薪酬管理中,如果薪酬标准确定过低,劳动者的基本生活就会受到影响,劳动力的耗费就不能得到完全的补偿;如果薪酬标准确定过高,又会对产品成本构成较大影响,特别是当薪酬的增长普遍超过劳动生产率的增长时,还会导致成本推动型的通货膨胀,这种通胀一旦出现,首先从国内来说,一方面会给人民生活直接产生严重影响,另一方面通胀也会造成一时的虚假过度需求,促发"泡沫经济",加剧经济结构的非合理化。再从国际上看,通胀会导致一国出口产品价格上升,降低其产品的出口竞争能力。此外,薪酬标准确定过高,还会导致劳动力需求的收缩,失业队伍的扩大。

三、薪酬管理的目标、内容与流程

(一)薪酬管理的目标

企业希望借助于薪酬管理达到什么样的目标,是薪酬管理政策制定的基础。薪酬管理目标同样也构成了通常所说的薪酬管理基本原则,或者说薪酬管理目标和原则具有一定的同等性,因此,我们在本节中主要讨论薪酬管理的目标。

薪酬管理对于几乎任何一个企业来说都是一个比较棘手的问题,这主要是因为薪酬管理系统一般要同时达到公平性、有效性和合法性三大目标。

1. 公平性目标

公平性是指员工对于薪酬体系以及管理过程的公平性、公正性的看法或感知。公平是薪酬系统的基础,只有在员工认为薪酬体系是公平的前提下,才可能产生认同感和满意度,薪酬的激励作用才可能实现。因此,公平原则是制定薪酬体系首要考虑的原则。

公平感取决于员工所获得的奖励和他所做出的贡献之比与某一衡量标准相比是高还是低。这种衡量标准既可以是企业内的其他员工或组织外部员工获得的奖励与他们的贡献之比,也可以是自己在不同时期得到的奖励与贡献之比,还可以是组织所做出许诺的兑现程度。公平原则包括三个方面的公平,即:外部公平、内部公平和员工个人公平。

(1) 外部公平

所谓的外部公平,强调的是本组织薪酬水平与其他企业的薪酬水平相比较时的竞争力,因此也称为薪酬的外部竞争性。企业想要获得有竞争力的优秀人才,必须要制定出一套对人才有吸引力并在行业中具有竞争力的薪酬体系。如果企业制定的薪资水平不合理,那么必然在与其他企业的人才竞争中处于劣势地位,甚至连本企业的优秀人才也会流失。如企业采取高于竞争对手的薪酬水平,其目的主要是吸引和保持优秀的员工为本公司服务,如惠普公司就是如此。如果企业的薪酬标准低于自己的竞争对手,那么也只能是基本薪酬较低,其他方面的条件必须较高,包括高额的绩效奖金、良好的福利、方便的工作条件或者有吸引力的培训机会等,否则企业就难以避免人才流失造成的生存危机。

那么,什么样的薪酬体系才具有竞争力呢?除较高的薪资水平和正确的薪酬价值取向外,灵活多元化的薪酬结构也越来越引起人们的兴趣。如针对不同类型的员工采取不同的薪酬给付方式、按员工的业绩支付报酬、长期激励性报酬在总报酬中占主要地位等薪酬分配政策都具有一定的竞争力。

因此,外部公平性对薪酬水平和薪酬要素的组合提出了要求。前者要求企业在确定薪酬的过程中要充分考虑劳动力市场的薪酬水平;后者要求设计适合本企业的薪酬结构。本书第四章、第六章将分别对相关内容进行介绍。

(2) 内部公平

所谓的内部公平,是指薪酬政策的内部一致性,它强调的是在一个企业内部不同的工作之间、不同的技能水平之间的报酬水平应该相互协调。这意味着企业内部报酬水平的相对高低应该以工作的内容为基础,或者以工作所需要技能的复杂程度为基础,当然也可以是工作内容或技能要求的某种组合。但是,无论如何,内部一致性强调的重点都是根据各种工作对组织整体目标实现的相对贡献大小来支付相应报酬。

薪酬的内部公平性或一致性体现了企业的薪酬结构,主要是通过职位评估或技能评估来实现的。本书第三、五章内容将分别介绍基于职位评估的薪酬体系和基于任职者的技能或能力的薪酬体系。

(3) 员工个人公平

员工个人之间的公平性要求企业中每个员工得到的薪酬与他们各自对企业的贡献相互匹配。薪酬政策中的员工贡献强调的是企业中员工个人的报酬水平由于以下几种因素所产生差异的相对大小应该合理：一是员工个人的绩效差异，二是承担相同工作或者掌握相同技能的员工的资历差异。这种由于员工的业绩水平或者资历等方面的差异引起的薪酬差异是否存在以及是否合理，对员工的工作态度和工作行为都有重要的影响。前面讲的内部一致性强调的重点是工作本身对薪酬决定的作用，而员工贡献因素强调的则是员工个人特征对薪酬决定的影响。

员工个人的公平主要是通过可变薪酬的设计来实现的。本书第六章将对薪酬激励进行介绍。

公平是薪酬制定的基础。如果员工通过比较后感觉不公平，可能导致以下的结果：第一，员工有可能要求提高自己的报酬水平。这也是为什么很多公司愿意实行秘密给付制度，并要求员工之间不要彼此讨论报酬多少的原因。第二，员工可能会减少自己的投入，降低努力程度，在极端的情况下将发展为辞职。第三，员工也可能改变自己的参照对象或者理性地认为这种不公平是不重要的。有学者在美国曾经做过的一项实验表明，当员工的工资水平被削减15%时，员工在企业中的偷窃行为明显增加；而当工资水平恢复到原来的水平时，员工的偷窃率也恢复到原来的水平。在通常情况下，人们总是过高地估计自己的绩效和别人的待遇。换言之，大多数人都有认为自己受到不公正待遇的倾向。

2. 有效性目标

有效性目标体现了效率的观念。而效率的保障可以通过两个方面来实现：

（1）提高薪酬支出获得的效益。这就要求企业在薪酬上的每一分投入都是有成效的，而提高投入成效的途径，一方面是通过上述的公平性目标，促使薪酬具有激励性，提高员工和企业的工作绩效。实现了薪酬的公平性（外部公平、内部公平和个人公平），就促使薪酬实现了激励性。激励是为了特定的目的而去影响人们的内在需要或动机，从而强化、引导或改变人们行为的反复过程。激励的目的是为了调动员工的积极性，激发员工的主动性和创造性，从而提高企业的效率。另一方面，每一分薪酬投入都应该起到支持企业发展目标与战略的作用，这就是目前所强调的战略薪酬管理的理念。关于战略薪酬管理，我们将在本章后面中介绍。

（2）控制劳动成本，即经济原则。强调外部竞争力的薪酬政策对企业的目标具有双重影响。一方面，企业必须对员工支付足够高的薪酬，否则无法留住足够数量的合格员工。因此，企业的报酬水平不能太低。另一方面，企业支付给员工的报酬构成企业所生产的产品或服务的成本的重要组成部分，过高的劳动报酬必然会提高产品在市场上的价格，从而降低企业的产品在市场上的竞争力，威胁企业的生存。所以，企业的报酬水平又不能太高，需要遵循经济原则。

从表面上看，经济原则与竞争原则和激励原则是相互对立和矛盾的——提高企业的薪酬水准，固然可以提高其竞争性与激励性，但同时不可避免地导致企业人力成本的上升，但实际上三者并不对立也不矛盾，而是统一的。当三个原则同时作用于企业的薪酬系统时，竞争原则和激励原则就受到经济原则的制约。这时管理者所考虑的因素就不仅仅是薪酬体系的吸引力和激励性了，还会考虑企业承受能力的大小、利润的合理积累等问题，找到其间最佳的平衡点。从这一角度来看，企业在确定员工薪酬的合适水平的时候，应该遵循最优化的原则。

在贯彻经济原则时,可采取灵活的报酬给付方法。如针对核心岗位,考虑采取长期激励性报酬形式取代短期现金的发放;有些岗位的员工只需付给合理的薪酬,而不一定要是行业中最高的;另外有些时候可以适当考虑用精神激励的方式代替物质激励,或通过提高内在报酬来弥补外在报酬的欠缺。这些都可以在一定程度上为企业节约成本。

3. 合法性目标

合法性是指企业的薪酬管理体系和管理过程应当符合国家的相关法律规定。薪酬管理的合法性是必不可少的,合法是建立在遵守国家相关政策、法律法规和企业一系列管理制度基础之上的。从国际通行的情况来看,与薪酬管理有关的法律主要包括最低工资法、同工同酬法或反歧视法等。我国一些法律法规也对企业的薪酬管理和薪酬确定进行了相应的规定。如果企业的薪酬系统与现行的国家政策和法律法规、企业管理制度不相符合,则企业应该迅速地进行改进使其具有合法性。另外,当这些法律法规发生变化时,薪酬制度也应做相应的调整。

4. 三个目标之间的关系

从以上分析过程中可以看出,三个目标之间存在着紧密相连的关系。但是,需要注意的是,这三大薪酬管理目标之间有时是存在一些内在的矛盾和冲突的。比如,员工对于薪酬公平性的一个重要判断是本人的薪酬水平与其他同类企业中同类人员之间的薪酬对比状况。在其他条件相同的情况下,本企业的薪酬水平越高,员工的公平感就会越强,但是,企业的薪酬水平如果过高,又会对企业形成成本压力,对企业的利润产生不利影响,从而在薪酬的公平性和有效性之间产生矛盾。此外,在薪酬管理的合法性和有效性之间有时也会产生类似的冲突,即企业有时在不守法的情况下会有利于增加收益,比如不遵守最低工资法的规定给工人支付低工资。

管理的主要任务就是要处理好各项管理事物之间的矛盾,寻求事物发展的平衡点。因此,企业很多时候必须在薪酬的公平性、有效性以及合法性三大目标之间找到平衡,这也是薪酬管理的主要任务。在薪酬管理的过程中,要综合考虑以上目标,灵活地制定出最有效的薪酬方案,为企业的发展吸引到最优秀的人才,使其在众企业之林中傲然挺立。

(二) 薪酬管理的主要内容

薪酬管理的目标决定了薪酬管理的主要内容。表1-2的薪酬模型体现了薪酬管理的主要内容。

表1-2 薪酬模型

薪酬政策	政策的内容				薪酬政策的目标
外部竞争力	市场定位	市场调查	政策界限	薪酬结构	有效性(绩效驱动、全面质量、客户导向、成本控制);公平性;合法性。
内部一致性	工作分析	工作描述	工作评价	工作结构	
员工贡献	资历基础	绩效基础	提薪指导	激励计划	
管理工作	计划	预算	沟通	评价	

1. 薪酬体系

薪酬体系是指薪酬中相互联系、相互制约、相互补充的各个构成要素形成的有机统一体。广义薪酬体系是一个全面薪酬的概念,一般分为经济报酬和非经济报酬两个部分,如图1-3所示。其中经济报酬属于有形的外在报酬,它包括直接经济报酬和间接经济报酬。直接经济报酬是指个人获得的工资、津贴、各类奖金等形式的全部报酬,是员工可直接支配的收入。间接经济报酬(福利)是指所有的经济报酬以外的所有的各种经济回报,企业为此付出了金钱,但员工不能直接支配。非经济报酬是指个人对工作本身或者对工作在心理或物质环境上的满足感。非经济报酬属于内在的附加报酬,它是基于工作任务本身但不能直接获得的报酬,也属于隐性酬劳,分为职业性奖励和社会性奖励。

在狭义的薪酬概念范围内,薪酬的构成一般包括:工资、津贴、绩效工资(包括各种奖金)、股权和福利。工资可以分为基本工资、激励工资和成就工资。其中基本工资是薪酬体系的基础。基本工资就其计量形式而言,可分为计时工资和计件工资两类;从内容上分,我国目前的工资制度可以分为职务工资制、职能工资制和结构工资制三种。津贴指对工资薪水等难以全面、准确反映的劳动条件、劳动环境的补偿,主要有职务津贴、资格津贴和物价补贴。奖金是单位对员工超额劳动部分的奖励,是单位为了鼓励员工提高劳动效率和工作质量给予的货币性奖励。股权是一种长期激励的手段,企业可以通过这种形式让员工为企业长期利润最大化而努力。福利则是支付员工除了工资或者薪金外的劳动报酬,往往以非货币形式发放,主要包括国家或地方法律法规规定的社会保险福利和用人单位自主确定的福利等。

随着经济发展和员工个性化要求的提高,非经济因素的作用越来越大。员工通过自己的努力工作得到的非经济性的奖励就属于员工的心理收入,即员工个人对企业及其工作本身在心理上的一种感受,这种奖励又可分为职业性奖励和社会性奖励。职业性奖励可以细分为:职业安全、晋升机会、自我发展、工作的挑战性和责任感、良好的工作环境和谐的人际关系等;而社会性奖励由恰当的社会地位标志、表扬和肯定、荣誉和成就感等因素构成。诚然,企业对员工的物质报酬在某种程度上、在一定的范围内对员工起到了很好的激励作用。人们为了维持生存和更好的物质生活,的确在为金钱而工作,但是他们更为生命的价值而工作。

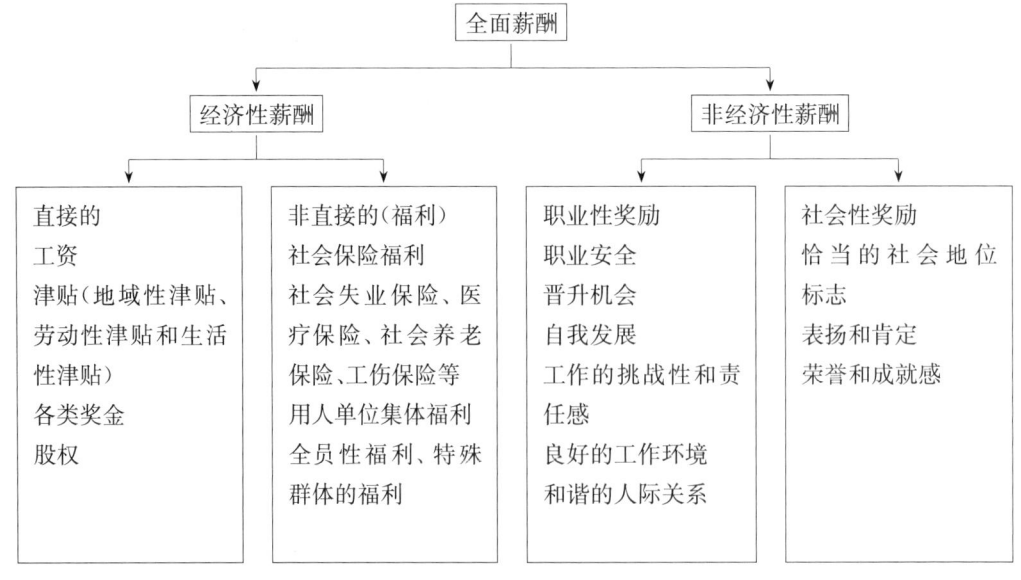

图1-3 广义的薪酬体系

薪酬体系的主要任务是确定企业的基本薪酬以什么为基础。在目前情况下，国际上通行的薪酬体系有基于职位的薪酬体系和基于任职者的薪酬体系，后者又包括技能薪酬体系和能力薪酬体系，即所谓职位薪酬体系、技能薪酬体系和能力薪酬体系，是指企业在确定员工的基本薪酬水平时所依据的分别是员工所从事的工作自身的价值、员工所掌握的技能水平以及员工所具备的能力水平。三者的差别主要体现在确定薪酬的依据不同。不同的薪酬体系在确定薪酬的流程中所考察的要素也不同。无论薪酬结构的基础是什么，其共同的思路是：(1) 收集有关工作信息；(2) 整理、归纳这些信息；(3) 评价什么对于组织重要或具有价值；(4) 评价工作中的异同。图1-4反映了它们的联系和区别，具体内容我们会在后面的第五章中予以讨论。

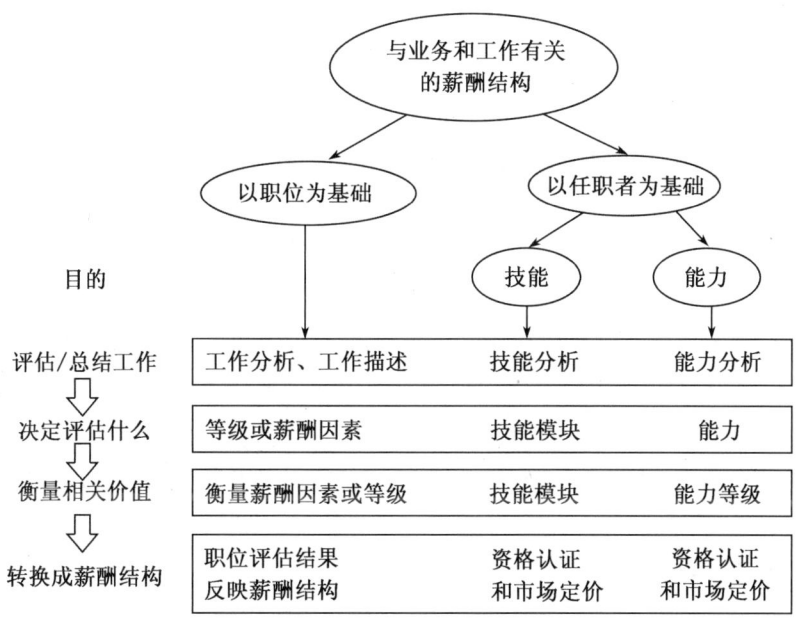

图1-4　建立薪酬体系内部结构的多种途径

资料来源：George T. Milkovich, Jerry M, Newman, Barry Gerhart. 薪酬管理[M]. 成得礼，译. 11版. 北京：中国人民大学出版社，2014.

2. 薪酬水平

薪酬水平是指企业中各职位、各部门以及整个企业的平均薪酬水平，薪酬水平决定了企业薪酬的外部竞争性。需要指出的是，在传统的薪酬水平概念上，更多关注的是企业的整体薪酬水平，而在当前这种竞争日趋激烈的市场环境中，开始越来越多地关注职位和职位之间或者是不同企业中同类工作之间的薪酬水平的比较，而不是笼统的企业平均薪酬水平的对比。这是因为，随着竞争的加剧以及企业对于自身在产品市场和劳动力市场上的灵活性的强调，企业在薪酬的外部竞争性方面的考虑已经越来越多地超出企业对于内部公平的考虑。

3. 薪酬等级结构

薪酬等级结构指的是同一企业内部的不同职位所得到的薪酬之间的相互关系，它涉及薪酬的内部公平问题。在企业总体薪酬水平一定的情况下，员工对于企业内部的薪酬结构是极为关注的,这是因为企业内部的薪酬结构实际上反映了企业对于职位(技能或能力)重要性以及职位(技能或能力)价值的看法。如果说企业的薪酬水平会对员工的吸引和保留产生重大影响,那么薪酬结构的合理与否往往会对员工的流动率和工作积极性产生重大影响。一般而言,企业往往通过正式或非正式的工作(技能或能力)评价来确定薪酬结构的公平性和合理性。

4. 薪酬形式

所谓薪酬形式,是指员工所得到的总薪酬的组成成份。在通常情况下,薪酬形式划分为直接薪酬和间接薪酬,前者主要是指直接以货币形式支付给员工并且与员工所提供的工作时间有关的薪酬,而后者则包括福利、有形服务等一些具有经济价值但是以非货币形式提供给员工的报酬。

5. 战略薪酬管理

战略薪酬管理强调把薪酬管理纳入战略管理的范畴,利用战略管理实现企业战略目标和人力资源管理目标。战略薪酬管理强调首先树立战略导向的薪酬管理理念,再利用战略薪酬设计技术进行战略管理活动的设计。

6. 特殊员工的薪酬

在一个较为复杂的企业里,往往会存在着若干不同的员工群体。这些群体要么以管理层次划分,要么以职能类型来划分。尽管企业的薪酬目标是向所有的员工群体提供相似或可比的薪酬,但是有时候不同员工群体之间还是存在着工作目标、工作内容、工作方式以及工作行为等方面的区别,并且这些区别往往是由工作性质本身决定的。因此,在有些情况下,对不同类型的员工加以薪酬方面的适当的区别对待,会更好地发挥薪酬的激励功效。在通常情况下,工作团队、销售人员、专业技术人员、管理人员尤其是高层管理人员都可以被视为特殊的员工群体。

7. 薪酬系统的运行管理

薪酬体系设计完成后,在其运行过程中涉及对其运行过程中出现问题的管理,包括薪酬的预算、成本控制、薪酬诊断与薪酬调整等问题。有效的运行管理可以更好地保证薪酬系统的实施效果。

以上问题是薪酬管理中遇到的最主要问题,当然,薪酬管理还会涉及其他一些细节内容,本书将主要对以上问题进行分析和讨论。

(三)薪酬管理与其他人力资源管理职能的关系

1. 薪酬管理与工作分析

工作分析是进行很多人力资源管理活动的基础。通过工作分析,对某特定工作的具体特征(包括工作活动内容和结果、工作职责、工作关系、聘用条件及工作环境等)做出明确规定,并确定在此岗位上工作的员工所需具备的一般要求、生理要求和心理要求(各种技能)。在工作分析的基础上进行职位评价,即对各个岗位的重要性程度进行评价。然后根据职位评价的结果和企业的薪酬结构确定基本工资(岗位工资)。因此,工作分析是进行薪酬支付的基础。

2. 薪酬管理与人员招聘

科学合理、灵活的薪酬制度总能从不同的角度满足优秀人才的优势需要,这会使企业在劳动力市场上更具有吸引力，便于吸引到最优秀的人才，从而赢得竞争优势。据中国社会调查事务所 2012 年的统计，当代大学生择业时，主要考虑的因素依次为：个人发展前途、薪金水平、公司的实力、公司的管理水平、职位、人际关系和工作环境。惠悦顾问公司 2012 年在美国对 100 万名员工进行调查统计，得到的结果是对员工们有吸引力的因素依次为：保持本人好的工作声望、有表现自己工作能力的机会、有意思的工作、喜欢共同工作、有机会得到提升、所希望的报酬。可见，一般员工最关心的问题绝大多数是与薪酬有关的（无论是内在的还是外在的薪酬）问题。

3. 薪酬管理与培训发展

培训及发展机会，都属于非货币化薪酬的范畴。企业给员工合理的培训发展机会，有利于员工更好地完成现在的工作并促进员工的职业发展。培训和发展机会的给予是企业对员工的投资，是企业给员工的一种回报，并会提高员工的工作满意度和组织承诺，同时提高员工的心理收入。因此，培训与发展管理也是广义的薪酬管理的一部分内容。

4. 薪酬管理与绩效考核

对员工进行定期或不定期的绩效考核有很多目的，主要有加薪、支付激励性报酬、培训与晋升机会等几个方面的内容，都是跟薪酬的给付有关的。越来越多的企业根据员工、团队或部门的业绩来给员工支付报酬。因此，报酬管理与绩效考核是密不可分的。

5. 薪酬管理和劳资关系

劳资双方就工资等问题的谈判协议描述了管理层和工会达成的聘用条件（例如，工资、工作时间），薪酬是其关键议题。工会尽力争取全面加薪和正规的生活费用调整，以改善工会会员的生活水平。近些年来，西方的工会组织也开始愿意接受企业提出的一些激励薪酬制度和福利制度来保障工人安全和减少旷工，这对劳资双方都十分有利。

6. 薪酬管理与人才留用

好的薪酬制度能起到留住关键的专业技术人才和企业骨干的作用。有些企业为了稳定自身的员工队伍，设计了高比例基本薪酬和高福利的薪酬制度；还有的企业为了留住宝贵的高级管理人才，特别是像 CEO 这样的管理人员，专门设计了股票期权等具有长期激励效果的薪酬单元，还为他们设计了价值不菲的"金降落伞"，使他们离开企业的代价陡然高升，以此来稳定这些人才。当然，留住这些人才，也就留住了企业的重要商业和技术机密。所有这些，都是良好的薪酬制度所起的作用。

第三节 战略薪酬管理理念

一、战略薪酬管理的兴起

（一）传统薪酬体系存在的问题

随着企业经营环境的变化，传统薪酬体系出现了一些问题，使得已建立的薪酬体系逐渐暴露出一些问题，不能有效地支持企业经营战略。概括地看，这些问题可以分为以下几个方面：

1. 传统的薪酬体系缺乏弹性，不能起到很好的激励效果

尽管薪酬体系在理论上可以激励员工业绩的改善，事实却大不一样。企业价值的增加通常在所有的受薪雇员中分配，且与业绩本身几乎没有关系，表现出众者与表现不佳者间仅有细微差别。这是因为大多数公司中业绩薪酬的目的并不仅限于奖励业绩改善，它也被用来调整总体薪酬结构以适应劳动力市场的变化及通货膨胀的增加。结果是潜在的价值增加中相当大的比例几乎必须被分配给所有雇员。

业绩薪酬的失败也部分归因于主观评估业绩的固有困难及许多管理者在评价下属时的沉默。比如，对于典型的小时工来说，很少实行业绩奖励。这些雇员以同样比率获得薪水而不考虑其对公司成功的贡献，因此也就不能激励雇员自主地改善其工作表现。

此外，新的竞争环境要求企业不断改善绩效和生产率，改善产品或服务的质量，同时改善员工的工作和生活质量。而传统薪酬战略的激励性和灵活性却较差，尽管其中也有绩效加薪的成分，但是加薪的幅度很多时候每年仅仅维持在3%～4%这种几乎接近生活成本加薪的水平上，所以对员工和组织绩效的影响实际上并不明显。不仅如此，在传统薪酬系统中，除了福利部分之外，其他部分为员工带来的价值增值是停滞的或者是下降的，这对于追求生活质量的新一代劳动者来说也非常没有吸引力。

2. 传统的薪酬体系不能加强团队合作

没有企业中各个阶层员工的承诺和参与是无法在严酷的竞争环境中生存下来的。这种意识导致管理发生了根本性的变化。传统的独裁式管理正在逐渐地被一种以团队为基础的、参与性更强的管理体制所代替，而传统的薪酬制度不足以支持这种转变。与业绩相关的薪酬往往是针对个人的，它对于强调稳定性和一致性的职能组织来说是非常适用的。但是这种把基本薪酬与特定的、单个的职位紧紧联系在一起的做法，对于强调流程和速度的企业来说却不适用。因为这种企业所依赖的是要求团队成员共同分享跨职能团队的工作角色，而对于这种团队来说，强调单个职位价值的薪酬系统显然是不适用的，它会鼓励雇员们使自身利益达到最大而不顾企业中其他人所付出的代价，结果是个人与群体间缺乏协调与合作，导致有利于其他人的信息被隐藏起来，组织的业绩达不到最优。

3. 传统的薪酬体系不支持企业发展战略

一个企业的薪酬体系是一股强大的力量，这不仅因为它奖励业绩，而且由于它传达了有关企业经营重心的信息。传统薪酬战略往往将目标界定在"吸引、激励和保留"员工方面，所采取的"战略"通常是支付市场化薪酬工资这种竞争性目标。由于不同的企业在目标以及结构方面存在很大的差异，因此仅仅说薪酬能够吸引、保留、激励员工，是无法保证薪酬战略成为企业的经营战略、财务战略以及人力资源管理战略的一种直接延伸。其结果往往是无法在企业中保持目标的一致性，使薪酬体系成为对竞争对手进行简单复制的一种结果。此外，传统薪酬战略下的薪酬系统大多以利润最大化为单一目标，只关注于生产率和市场占有率等一些可量化的指标，对于处于激烈竞争环境当中，从而需要达成多元目标的现代企业来说存在很大局限。

4. 传统薪酬体系不能适应组织扁平化

20世纪90年代以后，企业的组织结构开始从原来的金字塔状职能型结构向扁平型结构转移。传统薪酬战略的基本薪酬部分所强调的是保障性和职位的持续晋升，显然，这种薪

酬导向不符合扁平型组织的要求。这是因为在扁平型组织中,员工向上垂直流动或晋升的机会是非常有限的;此外,个人和组织的成功也主要取决于绩效和员工的"横向成长"——即新的技能和能力的获得,而不是职位的晋升。

(二) 传统薪酬体系产生问题的原因

传统薪酬体系存在问题的出现可以归结为两个方面的主要原因,一方面是经济环境的变化和公司的变革导致的,另一方面则是薪酬实践中将薪酬管理的目的和手段混淆,使得薪酬没有发挥应有的作用。

随着20世纪80年代和90年代国际竞争的加剧,企业的生存环境和企业的组织形式都在一定程度上发生了变化。在20世纪的大部分时期,与工作设计有关的管理手段来源于弗雷德里克·泰勒(Frederick Taylor)信奉的科学管理理论。科学管理的目标是通过分析加工程序并把不同的操作组合分给个人来使工作效率达到最大。一个给定的工序因此被分解为不同的工作,每个工人专门从事一项工作。然而国际化竞争的到来使这种设计工作的方案失效了,制造业建立的官僚体系已不适应迅速变化的环境。员工应组成团队并被授予决策权,而不是像个人的简单集合那样盲目工作;官僚统治因而被团队概念所替代,公司中正在发生巨大的文化变革;在那些正经历组织扁平化并逐步分散决策制定权的公司中,工人们对他们的工作有了更大的控制权,自我控制已经替代了工人只能做所分配之事的教条。组织开始扁平化,决策被传达到尽可能低的阶层,泰勒的劳动力分配理论让位于工作团队及参与式管理,传统管理模式被请了出去,甚至连管理者的专用餐厅也已开始从各个企业中消失了。

经济环境的变化带来了公司的改变,而公司的改变也逐渐显露了一个新问题,产生于以往经济环境和公司体制的管理理论在一定程度上也已经落伍,这使得一些现行的薪酬体系与新的管理和组织战略并不协调。因此,环境的变化和公司的变革是传统薪酬体系出现问题的背景之一。

传统薪酬体系问题的暴露的另一方面原因是薪酬实践中将薪酬管理的目的和手段混淆,使得薪酬没有发挥应有的作用。

正如本章第二节内容所说,薪酬管理的过程中必须体现出公平、公正、合理以及市场竞争的原则,而有效的薪酬管理的目的包括以下几个方面:激励个人、团队从而改善企业总体绩效;强化企业的核心价值观和企业文化;推动组织变革的实现;有效降低企业的管理成本;解决员工对于薪酬制度的不满,减少矛盾和冲突等。企业希望通过薪酬的有效管理,实现企业的既定目标。然而在更多情况下,企业却往往因为过于关注细节问题,在薪酬的确定过程中追求公平和市场竞争的原则,把公平、合理地分配薪酬本身当成目的,而忽视了薪酬制度对企业战略和人力资源战略实现的支持和促进作用,使得薪酬管理活动流于技术层面,把对技术本身的检验和评价当成了薪酬管理的目的。很多企业在薪酬方面花费了大量的人力和金钱,但是对于企业的经营目标实现却没有起到太大的作用,甚至还出现占用了不少企业资源但是却费力不讨好的局面。这主要是由于这些企业缺乏战略眼光,忽视了薪酬管理的目的,制定出的薪酬体系不支持企业战略。在一项对23个国家的2 000多个公司的最高决策者进行的调查中显示,78%的人认为"薪酬是完成战略的最关键因素",但是只有约30%的人认为他们当前的薪酬制度能够支持公司战略①。显然,"知"和"行"还是有很大的差距的。在现实中,这种情况的主要表现是,在涉及有关薪酬的问题时,很少有企业去真正考虑这样一些问题:"这项薪酬管理技术可以使我们达到什么样的目的?""它对我们达到目标有什么帮助""它是否有助于我们战略目标的实现"或者"它是否会支持我们的组织文化"等等。

综上所述,传统的薪酬系统的效应可能会变低,它们与当今的经营重点不一致,与当今的企业战略也不协调。这种不协调当然不能持续下去,除非改变我们的薪酬体系,否则许多企业的经营目标将无法完全实现。一些国外学者也认为,企业战略特性应是其薪酬政策的主要决策因素之一。

(三) 战略薪酬管理的兴起

由于传统的薪酬管理手段的局限性,已跟不上当今经济发展的步伐,很多公司已认识到这一点,它们正迅速采用其他的薪酬体系,以应付竞争日益激烈的市场挑战。战略性薪酬管理正是在这样一种背景下应运而生的。它采用战略发展的眼光看待并进行薪酬的管理,使得薪酬体系与企业经营战略和人力资源战略相一致,以满足企业战略和人力资源战略的需要。

战略薪酬管理的兴起与战略人力资源管理的发展是分不开的。过去几十年,由于美国管理学界对企业的战略管理高度的兴趣,引发了许多战略性管理模式的诞生。例如 Miles 和 Snow 在 1978 提出的战略类型和 Porter 在 1980 年提出的竞争战略类型等。这个取向使企业的各个职能开始思考他们在企业的战略性管理中该扮演什么角色,人力资源管理也同样希望能被整合在整个战略性管理的理念中。这种战略理论发展的背景也推动了人力资源管理研究取向的转变:早期的研究着眼于员工个体层面,着重研究 HRM 职能对员工行为及态度的影响,如员工离职意愿、工作投入和工作满意等。自 20 世纪 80 年代以来,以《人力资源管理:一个战略观》一文的发表为标志②,人力资源管理的研究领域有了非常大的方向性转变。这个转变使得人力资源管理的研究由完全的微观导向转为宏观的或者战略的导向。这种宏观的或战略的导向,就是通常所说的"战略性人力资源管理"(Strategic Human Resource Management,简称 SHRM)。战略人力资源管理站在企业层面,认为人力资源的管理活动对于战略目标的实现和企业绩效的提升非常重要意义,主张企业进行战略化的人力资源管理设计。

二、战略薪酬管理的内涵

(一) 战略薪酬管理的基本内涵

所谓战略薪酬管理,是指在做薪酬决策时要对环境中的机会及威胁作出适当的回应,并且要配合或支持企业的全盘的、长期的发展方向以及目标。但是,并非所有薪酬管理都是战略性的,Milkovich 认为,要使薪酬管理具有战略性就必须对现实的环境压力具有相当的敏

---

① CABLE D M, JUDGE T A. Pay performance and job search decisions: a person-organization fit perspective[J]. Personnel Psychology, 2010, 47(2): 317 - 348.

② DEVANNA M, FOMBRU C, TICHY N. Human resource management: a strategic perspective [J]. Organizational Dynamics, 1981, 9(3): 51 - 67.

锐力。他认为"战略性薪酬管理"应该界定为:对企业绩效具有关键性的薪酬决策模式。也就是说,能对企业绩效产生重大影响的薪酬决策模式具有战略性[①]。这些具有战略性、能影响企业绩效的薪酬决策包括的内容如表1-3所示。

表1-3 有关薪酬的战略性决策

决策的要素	决策的内容
竞争性	薪酬的水准; 领先、落后或适中; 总薪酬、选择性薪酬的实施风险。
内部结构	组织内部薪酬差异; 薪酬的等级数目、层级标准与组织特征的一致性; 工作评价制度的种类。
组成形式	薪酬形式的种类; 每一种形式的相对重要性; 短期或长期的选择。
加薪根据	强调合作或绩效的选择; 特殊标准,依照个人、部门或团队绩效; 加薪多寡与次数。
在整个人力资源战略中所占的角色	所占的地位为优势、同等或次要; 单独改变或支持企业改变。
实施形态	员工参与; 沟通; 集中化; 解决争端的方法。

因此,战略性薪酬管理实质上就是采用一种崭新的理念,即战略性观点看待薪酬管理,并作出一系列的战略性薪酬决策。战略薪酬管理首先从薪酬战略决策体现出来,是通过调整与薪酬有关的这些要素来实现。

Gomez-Mejia 和 Welbourne(1988)将薪酬战略定义为在管理上可采用的薪酬方案,这种方案在某些条件下,能够影响组织绩效和人力资源的有效利用。Gomez-Mejia 和 Welbourne 还通过对 18 篇关于薪酬战略文章的综述,将薪酬战略划分为 3 个维度和 17 个子维度,尝试通过这些维度将薪酬清晰地描述出来[②]。这三个维度分别是:(1)薪酬支付的基准;(2)薪酬体系的设计;(3)薪酬的管理。17 个子维度如表 1-4 所列。被使用次数最多的前 5 位子维度分别是:固定薪酬对激励薪酬、定量绩效测量对定性绩效测量、短期导向对长期导向、企业绩效对部门绩效、日常奖金对延迟收入。其中短期导向对长期导向、企业绩效对部门绩效、定量绩效测量对定性绩效测量三个纬度属于薪酬支付基准,固定薪酬对激励薪酬和日常奖金对延迟收入两个属于薪酬体系设计维度,而薪酬的管理维度采用的次数较少。

[①] MILKOVICH G. T.. A strategic perspective on compensation management, In Ferris G. R. and Rowland K. M. (eds.), Research in Personnel and Human Resource Management, Greenwich, CT:JAI Press., 1988: 263-288.

[②] GOMEZ-MEJIA L. R., Welbourne T. Compensation strategy: An overview and future steps. Human Resource Planning, 1988, 11(3): 173-189.

表1-4 薪酬战略的维度及子维度

维度	子维度	采用次数
薪酬支付基准	工作工资对技能工资(Job vs. Skills)	4
	绩效工资对资历工资(Performance vs. Seniority)	5
	个体绩效对团队绩效(Individual vs. Group Performance)	6
	短期导向对长期导向(Short vs. Long Term Orientation)	12
	风险回避对风险承担(Risk Aversion vs. Risk Taking)	3
	企业绩效对部门绩效(Corporate vs. Division Performance)	8
	内部公平对外部公平(Internal vs. External Equity)	7
	强调等级对强调平等(Hierarchical vs. Egalitarian)	5
	定量绩效测量对定性绩效测量(Quantitative vs. Qualitative Performance Measure)	14
薪酬体系设计	薪酬水平对市场薪酬水平(Pay Level vs. Market Level)	6
	固定薪酬对激励薪酬(Fix Pay vs. Incentive Pay)	16
	日常奖金对延迟收入(Frequency of Raises vs Bonuses)	8
	内部奖励对外部奖励(Intrinsic vs. Extrinsic Rewards)	3
薪酬管理	集中薪酬策略对分散薪酬策略(Centralization vs. Decentralization of Pay Policies)	6
	公开薪酬对保密薪酬(Open vs. Secret Pay)	3
	员工参与对员工不予参与(Participation vs. Nonparticipation)	3
	刚性策略对弹性策略(Bureaucratic vs. Flexible Policies)	3

不同的企业在实施战略薪酬管理时一个主要的途径就是通过对薪酬战略维度的不同决策来支持本企业的发展目标和战略。例如,微软、惠普、美敦力三家公司的薪酬战略各有特点,表现在薪酬的目的、内外部一致性、员工贡献和薪酬管理上有显著的差异(见表1-5)。微软在基薪方面低于其竞争对手,但员工从奖励绩效和成功共享中得到补偿,同时微软在奖金和期权方面的报酬远远高于对手;美敦力同样采用与绩效挂钩的奖金和期权,但覆盖的员工人数比例却比微软小;惠普主要从基薪、业绩奖和利润共享方面与对手竞争。可见,这三家公司有完全不同的薪酬战略,以支持其各自不同的企业经营战略。

表1-5 三家公司薪酬体系的比较

	微软	惠普	美敦力
薪酬的意义与目的	支持企业目标,支持招聘、激励和保留微软的人才,保留微软的核心价值	不断地吸引创造性和热情的员工,确保公平,反映已作出的贡献	支持企业使命和战略,表明核心价值观,吸引、保留、激励一流员工
内部一致性	整合微软的文化,支持微软以绩效为驱动力的文化,企业基于技术的组织	反映惠普的方式,支持跨职能工作,支持惠普员工职业生涯发展	反映企业目标,让职位和履行的工作保持一致

(续表)

	微软	惠普	美敦力
外部竞争性	总体薪酬领先,基薪较低,在奖金、期权上领先	给予领导者高薪,走惠普之路	与其经济效益相一致,绩效工资反映市场价格
员工贡献回报	基于个人绩效的奖金和期权	业绩增加和利益共享,基于个人绩效	支持绩效和主人翁的文化,强调基于绩效的奖金、期权和所有权
薪酬管理	开放、透明的沟通,集中管理,由软件支持	开放的沟通	简单、清楚的理解,宽松管理,开放,员工自主选择

(二) 战略薪酬理论的两种观点

战略薪酬理论研究者一致认为战略薪酬对企业竞争优势起到了促进作用,但是在"什么样的战略薪酬体系才会形成企业的竞争优势"的问题上却是有所分歧的。这种分歧和战略人力资源管理的两种观点相对应。战略人力资源管理认为人力资源管理活动是企业竞争优势的来源,其中"最佳实践"观点认为,有些人力资源管理活动总会给不同的企业带来竞争优势,即这些人力资源管理活动具有普适性,是最佳的;而"匹配"观点认为,人力资源管理活动对企业绩效和竞争优势的促进作用取决于具体的环境,当这些活动与企业的战略等因素相适应的时候产生的促进作用更显著。相对应地,理论上对战略薪酬体系也存在这样的两种观点:一种观点认为,有些薪酬活动是普适性的、最佳的,无论企业实行什么样的战略行为,都会对企业竞争优势和企业绩效产生显著的促进作用;另一种观点则认为,经营战略决定了薪酬计划,当薪酬计划、企业环境、经营战略等要素之间相互匹配时,企业才更具有竞争优势。这一理论的一个前提条件就是企业和薪酬战略之间的联系越紧密或者彼此越适应,企业的效率就会越高[1]。

目前这样的两种观点还处在争议之中。有迹象表明,后一种观点正在得到越来越多的人认可。按照权变的观点,薪酬体系应随着企业战略的改变而改变。典型的例子是 IBM 公司的战略转型和文化转型[2]。IBM 公司注重内部一致性(完善的工作评价方案,薪酬决策时明显的等级差别,不裁员政策)。当 IBM 公司在大型主机电脑市场占主导地位并赢得高额利润时,该策略对公司贡献很大。但在 20 世纪 80 年代末期,电脑行业变化很快,而"内部一致性"策略却未能对这种变化做出灵敏的反应。IBM 经过一番调整后,把重点放在成本控制(激励工资)和承担更大的经营风险上,并且比以前更加重视顾客(产品与服务领先)。IBM 通过调整薪酬制度达到了适应经营战略变化的目的。

按照匹配的观点,战略薪酬管理强调企业经营战略与薪酬体系之间的适应、薪酬与其他人力资源活动之间的适应以及薪酬体系有效的实施。因此,这种战略性理念体现在:一方面,薪酬管理活动的"外部一致性",即战略薪酬管理有别于传统薪酬管理所扮演的职能性角色,而以更总体和战略导向的方式,探讨薪酬管理与企业的互动关系,审视企业外在的各项

---

[1] DYER L, REEVES T. Human resource strategies and firm performance: what do we know and where do we need to go? [J]. International Journal of Human Resource Management, 1995, 6(3): 656-670.

[2] GERGE T MILKOVICH, JERRY M NEWMAN. 薪酬管理[M]. 董克用, 译. 北京:中国人民大学出版社, 23.

活动与内在的优缺点,确认可能的机会与威胁,将薪酬管理的各项要素与人力资源战略、组织竞争战略相结合,并且使得薪酬管理与其他人力资源管理职能之间实现战略性匹配,提升企业人力资源管理的地位,协助企业获取竞争优势,达成企业目标;另一方面,薪酬管理体系的"内部一致性",即薪酬管理的各个系统之间具有一致性和互补性,通过薪酬要素的有效组合,构建合理薪酬体系和管理制度,共同服务于企业的目标。

三、战略薪酬管理的模型与特征

(一)战略薪酬管理的模型

战略薪酬管理到底和传统的薪酬管理有什么区别?战略薪酬管理模型可以帮助我们更清楚地理解,如图1-5所示。薪酬管理的核心内容包括了薪酬结构、薪酬制度的设计以及薪酬系统的运行管理。与传统的薪酬体系不同的是,传统薪酬体系以内部公平性、外部公平性和个人公平性为目标,而战略薪酬管理强调在根据企业愿景和使命、企业战略以及企业文化形成的薪酬战略和理论的导向下,以内部公平、外部公平和个人公平作为一种原则,通过设计合理的薪酬管理体系,使得薪酬管理实现企业的战略目标、提高组织竞争能力,并促进企业持续发展。只有在这样的框架下,薪酬体系才能在真正意义上实现对企业的战略性推动作用。

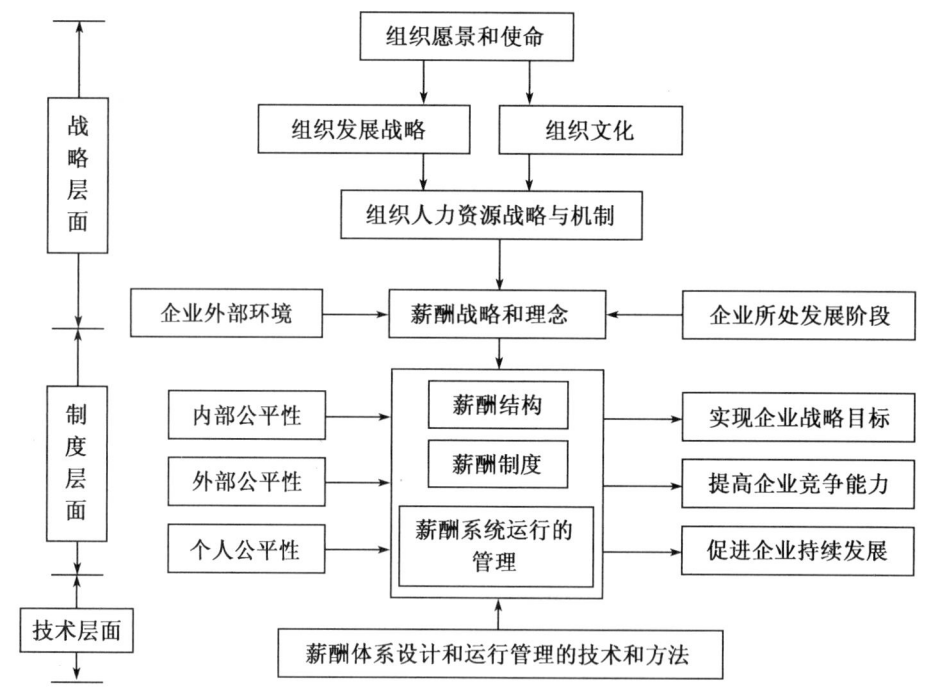

图1-5 战略薪酬体系的基本模型

资料来源:陈思明.现代薪酬学[M].立信会计出版社,2004:354.对其中部分的内容作修正。

战略薪酬管理摒弃了原有的科层体系和官僚结构。它以客户满意度为中心,鼓励创新精神和持续的绩效改进,并对娴熟的专业技能提供奖励,从而在员工和企业之间营造出了一种双赢的工作环境。与传统的薪酬战略相比,它更可能强调的是外部市场竞争而不是内部一致性;是以绩效为基础的可变薪酬而不是年度定期加薪;是风险分担的伙伴关系而不是既得权利;是横向的流动而不是垂直的晋升;是就业的能力而不是工作的保障性;是团队的贡献而不是个人的贡献。因此,在战略薪酬管理下,不同的薪酬构成所扮演的角色和发挥的作用也出现了变化。

1. 基本薪酬

在企业支付能力一定的情况下,尽量将基本薪酬水平紧密地与竞争性劳动力市场保持一致,以保证企业能够获得高质量的人才——利用基本工资来强调那些对企业具有战略重要性的工作和技能。同时,基本薪酬还起着充当可变薪酬的一个平台的作用。

2. 可变薪酬

战略性薪酬管理更强调可变薪酬的运用。这是因为,与基本薪酬相比,可变薪酬更容易通过调整来反映企业目标的变化。在动态环境下,面向较大员工群体实行的可变薪酬能够针对员工和企业所面临的变革和较为复杂的挑战作出灵活的反应,从而不仅能够以一种积极的方式将员工和企业联系在一起,同时还能起到鼓励团队合作的效果。此外,可变薪酬一方面能够对员工所达成的有利于企业成功的绩效提供灵活的奖励;另一方面,在企业经营不利时可变薪酬还有利于控制成本开支。事实上,团队可变薪酬、利润分享、一次性奖励以及个人可变薪酬等多种可变薪酬形式的灵活运用,以及由此而产生的激励性,恰恰是战略薪酬管理的一个重要特征。

3. 福利

战略薪酬管理之下的福利计划也针对企业的绩效并且强调经营目标的实现,而并非是像过去那样单纯地为了追随其他的企业。薪酬战略强调为迎接未来的挑战而创新性地使用福利计划,尤其是弹性福利计划,要求企业必须重视对间接薪酬成本进行管理以及实行合理的福利成本分担。

(二)战略性薪酬管理的主要特征

1. 战略性

战略薪酬管理的关键就在于根据企业的经营战略和企业文化制定全方位薪酬战略,它着眼于可能影响企业绩效的薪酬的方方面面,它要求运用所有各种的"弹药"——基本薪酬、可变薪酬、间接薪酬——来达到适当的绩效目标,从而最大限度地发挥薪酬对于企业战略的支持功效。

因此,战略薪酬管理实际上是企业经营战略、财务战略以及企业文化的一种延伸,它强调薪酬管理是与企业的战略联系在一起的,关于财务结果、产品或服务、客户、市场份额、营销以及质量等方面的特定战略目标,成为企业制定薪酬方案以及进行薪酬沟通的重要基础。无论是直接薪酬计划还是间接薪酬计划,都要根据企业的特定经营状况以及所面临的人力资源挑战来进行及时调整。此外,企业还必须全面审查总的薪酬成本,其中包括薪酬的分配方式以及从每一单位薪酬支出中所获得的价值,从总体上在薪酬和企业绩效之间得出一条明确的线索。

2. 激励性

战略薪酬管理关注企业的经营,是企业价值观、绩效期望以及绩效标准的一种很好的传播者。它会对与企业目标保持一致的结果和行为给予报酬(重点是只让那些绩效可以让企业满意以及绩效优异的人得到经济回报,对于绩效不足者,则会引导他们离开企业)。实际上,关注绩效而不是等级秩序是战略薪酬的一个至关重要的特征。正如杰伊·舒斯特和帕德里夏·津海曼所说:"传统薪酬虽然也自称奖励业绩,但实际上是以职务、职位和内部均衡为标准的。新的薪酬方法与之形成鲜明对比,它突出员工与公司业绩之间的联系,员工所获得奖励的多少是与他们自己的努力奋斗和公司业绩的节节上升相关的。纵观整体薪酬前景,新的薪酬体制将确保每个元素——基本薪酬、可变薪酬和福利都起作用。"[①]

在战略薪酬管理下,竞争性的薪酬是与竞争性的绩效结果直接联系在一起的,企业在制定直接和间接薪酬政策时总是力求从花在薪酬上的每一分钱上获得某些经营或财务收益。在薪酬战略中可能会采取多种奖励计划,对员工个人以及群体的绩效给予报偿。员工的薪酬升降取决于其个人的绩效、所在团队或群体的绩效以及整个企业的绩效。

3. 灵活性

战略薪酬管理强调薪酬系统的灵活性,这是因为尽管有效的薪酬战略将注意力集中在企业希望达到的目标上,但是它还必须保持一定的弹性,以便当企业在遇到未能预见到的困难,从而不得不进行变革或者出现需要强调的新重点时,能够快速地做出反应。不仅如此,企业所需要的这种对经营与财务战略提供支持的薪酬战略还应当是简单的、直接的和富有弹性的,这样更容易鼓励员工积极工作,而复杂和严格的战略则可能会带来困惑和行动的消极。

匹配的战略薪酬理论认为,并不存在所谓适用于所有企业的最佳薪酬方案,甚至也不存在对于一家企业来说总是有效的薪酬计划。一旦公司的发展方向发生变化,薪酬系统应当随时变化。薪酬战略要求企业能够根据不同的要求设计出不同的薪酬应对方案,以充分满足企业对灵活性的要求,从而帮助企业更加适应不断变化的环境和客户的需求。

4. 创新性

与旧有薪酬制度类似,战略薪酬管理也沿袭了譬如收益分享这样一些传统的管理举措,但在具体使用时,管理者却采取了不同于以往的方式,以使其应用于不同的环境,并因时因地加以改进,进而使他们重新焕发出生机,更好地支持企业的战略和各项管理措施。与以往相比,战略薪酬管理更为强调各种薪酬技术和管理手段的互补性和匹配性。一旦过去的那些单一薪酬管理手段不能奏效的时候,它就要求企业通过提供混合搭配的解决之道,将收益分享、技能工资和弹性福利计划等薪酬方案结合起来,来反映企业的经营战略,传播企业的目标。

5. 沟通性

进入20世纪90年代以后,经营环境和企业管理实践的变化已经使得员工成为企业是否能够保持竞争力的一个主要原因。企业的管理过程也已经被看成是为员工提高绩效和生产率、进行创新提供便利的服务手段,而不是一种简单的控制过程。在这种情况下,企业与员工之间能否建立起一种积极的、双赢的关系,能否进行有效的沟通,就成为企业成功的关键。

尽管员工除了所获得的薪酬之外还有许多其他的工作理由,但是薪酬仍然是企业与员

---

① 约翰·E.特鲁普曼.薪酬方案——如何制定员工激励机制[M].上海:上海交通大学出版社,2002:26.

工之间的一个关键沟通要素,薪酬为企业向员工清晰地、积极地传达信息提供了一种极为宝贵的沟通机会和许多必要的工具,因此,有效的薪酬管理可以确保企业所发出的信息是准确的、恰当的,从而为企业通过员工来谋取竞争优势提供了一个新的机会。作为一种理想的薪酬战略,就必须能够将企业的价值观、使命、战略、规划以及企业的未来前景传递给员工,界定好员工在上述每一种要素中将要扮演的角色,从而实现企业和员工之间的价值观共享和目标认同。此外,薪酬战略非常重视制定和实施战略薪酬管理战略的过程,这是因为它把制定计划的过程本身看成是一种沟通的过程,企业必须通过这样一个过程使员工能够理解企业为什么要在薪酬领域采取某些特定的行动。

本章小结

1. 对薪酬及相关概念(工资、薪金、薪资)进行了界定,指出薪酬分为内在薪酬和外在薪酬,其中,外在薪酬的三个基本构成要素是基本薪酬、可变薪酬(激励薪酬)和福利薪酬,并从企业和员工的角度阐述了薪酬的功能。

2. 对薪酬管理的概念和性质进行了描述,分析了薪酬管理的重要性,阐述了薪酬管理的目标(公平性、有效性和合法性)与主要内容,并指出薪酬管理与其他人力资源管理职能的关系,概述了本书的基本逻辑结构。

3. 总结了传统薪酬体系存在的问题及其原因,描述了战略薪酬管理的兴起,揭示了战略人力资源管理和战略薪酬管理的内涵,指出了战略薪酬理论两种不同的观点,并概述了战略薪酬管理的模型和主要特征。

复习思考题

1. 薪酬由哪些要素构成?它们的内涵和特点是什么?
2. 如何理解薪酬及薪酬管理在企业管理中的重要作用。
3. 薪酬管理的主要内容包括哪些?薪酬管理与人力资源管理的其他职能之间的关系是怎样的?
4. 战略薪酬管理产生的背景是什么?
5. 战略薪酬管理的内涵是什么,它具有什么特点?

案例讨论

HH公司的薪酬改革[①]

HH公司拥有3 000名职工,11个部门。随着公司业务在全国范围内的扩展,公司老板Y逐渐感觉到:在长期的发展中,公司并未形成科学的管理体系,尤其是在薪酬管理体系方面存在的问题更大。起初公司人数不多,Y凭着一双眼和一支笔就能够较好地分配个人收入了,但随着人数的增加,Y越来越感觉到这样的做法带有非常大的主观色彩,根本就谈不上公平和公正。对全公司职工调查结果表明,薪酬分配方案存在的主要问题有:薪酬分配原则不明晰,薪酬分配只凭借感觉进行,员工怨气很大;公司薪酬跟不上行业变化,老板给员工加工资没有充分根据;公司的薪酬结构即不同岗位的薪酬比例不合理。Y于是责成人力资源部经理F着手制定相关薪酬政策,要求薪酬制度要明确、合理并且充分体现不同层级员工的差别。

三个月后,F交上一份薪酬改革方案。该方案将公司的所有员工分为科研、管理、生产三大类,每类员工又分十个等级,规定科研人员实行职称工资,管理岗位实行职务工资,工人则实行岗位技术工资。在工资的配比上做了明确的规定:科研人员工资最高,是管理岗位人员的两倍,是生产工人的四倍。在此基础上还规定了奖励工资,不同岗位人员的奖励根据其完成规定任务的情况进行。F提出,本次工资制度调整的基本原则是:所有员工的工资都不会降低,但是不同贡献的员工收入档次要拉开。Y对F的想法比较欣赏,但讨论这个草案时却招致很多职工代表的非难,主要问题是不同种类员工的工资档次的划分依据不明白。一些职工代表认为,这次改革要拉大员工之间的收入差距,工资水平的制定需要以相对科学的工作分析为基础,但公司没有开展详细的工作分析。Y觉得职工代表说得有道理,于是将F的报告束之高阁。那么,HH公司下一步需要怎样做,才能解决员工薪酬这个"老大难"问题呢?

案例思考题:
1. HH公司薪酬体系中存在哪些问题?
2. 您认为应该如何解决这些问题?

[①] 案例来源:孟祥林.HH公司的薪酬改革措施[J].中国人力资源开发,2012,10:59-61.本书采用时进行了一定的改动。

第二章 薪酬确定的理论与影响因素

本章结构图

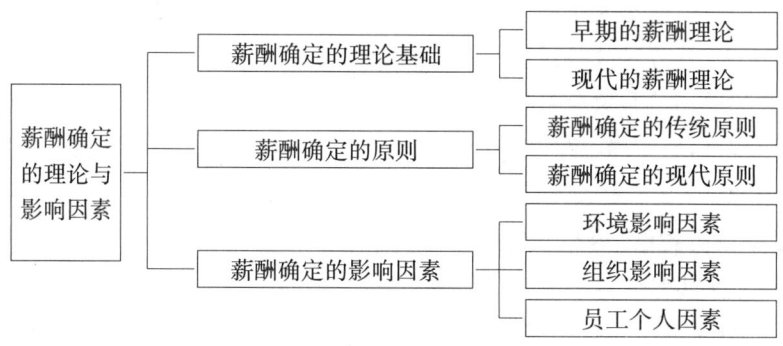

开篇故事

华为创立于1987年,是全球领先的ICT(信息与通信)基础设施和智能终端提供商。目前华为约有19.4万员工,业务遍及170多个国家和地区,服务30多亿人口。华为的成功,可以说与其科学的薪酬管理息息相关,然而,华为公司采用的薪酬管理制度不是一成不变的,是随着企业的发展和企业外部环境的变更不断做出相应的调整,以便在严峻的竞争环境下获得更多高质量的人才。根据华为的发展历程,其薪酬管理大致可以划分为三个阶段:

第一阶段(1987～1994年),此时的华为正处于初创期,整体实力较弱,受到人、财、物等多方面的制约,华为的薪酬和福利水平都在市场的平均水平之下。处于高新技术行业的华为,深知人才的宝贵性。无力在经济性薪酬方面体现出外部竞争性,此时的华为公司为了吸引员工只能依靠非经济性策略,例如职位晋升、能力提高、工作氛围等。华为注重员工的能力,不看资历,即使是刚毕业工作两三年的大学生也有机会管理十几人的团队。这样的做法,充分地为年轻人提供了机会,吸引了大量有才能的年轻人的加入。同时,为了有效地吸引和保留员工,华为还利用股权激励措施减少因员工浮动收入或奖金带来的现金压力。这样的薪酬管理方式以及对成功的向往,使华为成功吸引到一批批优秀的人才。

第二阶段(1995～2005年),这一阶段,华为进入了高速发展期,除原有业务外,公司开始了多元化的经营,由此对于人才的需要更是急剧增加,公司实力较以前相比雄厚,此时华为薪酬策略从原有的非经济性策略变为"高薪酬+高压力+补助+加班费"的模式,薪酬的外部竞争性得到了充分体现。华为员工的薪酬比国内同行业平均水平高出1/3,应届生起薪和一般社招员工的薪资增长比率,也要高出深圳普通公司平均水平的1/5,研发人员工资要比同行业高出3 000~4 000元。高薪酬的策略给华为带来了强有力的外部竞争性,在人才的激烈竞争中取得了非凡的成就。与此同时,华为坚决推行定岗、定员、定责、定酬的待遇系统,以绩效作为竞争工具。1996年,华为建立了华为任职资格评价体系,并在此基础上进行了合理的薪酬设计,从而实现了内部公平性和外部竞争性的辩证统一。

第三阶段(2005年至今),华为渐渐步入成熟的发展阶段,业务已经拓展到国外,并且国外的销售额超过了国内销售额。相应的,对国际化人才的需求量开始增加,尤其是对一些级别比较高并且对公司起着关键作用的职位,比如高级法律顾问、销售总监、财务总监等。此时,华为采取的薪酬策略是,在保持内部薪酬的公平性的同时兼顾外部竞争性,实行基于能力的职能工资分配制,奖金的分配与团队和个人的绩效直接挂钩,退休金发放的多少依据平时的工作态度表现,医疗保险按照个人对公司的贡献度,对于公司高级别的重点职位和一般员工实施差别化待遇,从而使公司的薪酬战略同企业的发展阶段相匹配,达到最优化组合。

案例来源:曲英钰,张鹏.华为公司薪酬外部竞争性分析[J].合作经济与科技,2017,19:134-135.

从上述案例可以看出,企业的薪酬设计与企业的发展阶段、外部市场环境变化密切相连,企业的薪酬水平决策实际上受到了企业内外部多重因素的影响。企业在进行薪酬决定时应在准确研判政治、经济、技术、社会文化等外部环境因素的基础上,基于企业自身的发展阶段、经营战略、经济效益、企业文化、岗位差异,确定与之匹配的薪酬水平。同时,除了这些影响因素之外,企业薪酬确定还需要遵循公平性、竞争性、激励性、经济性等原则。本章将围绕这些内容而展开。

第一节 薪酬确定的理论基础

纵观经济学领域一百多年的发展,薪酬问题一直是经济学家关注的热点问题之一。从古典经济学到现代经济学,经济学领域对薪酬问题的研究已经相当系统。经济学家更习惯把薪酬称为"工资",在他们看来,工资的概念似乎更能体现劳动力价格的含义。

管理学对薪酬问题关注的重点与经济学不一样。管理学关心的是微观层面的员工的薪酬,经济学关注的是宏观和中观层面的薪酬[①]。管理学关注的是薪酬的激励功用,在管理学家看来,薪酬是影响员工态度和行为的重要力量,通过有效的薪酬管理,企业可以充分激发员工的潜能和奉献精神,所以,管理学研究着重探明某一具体时期的相对静态的薪酬,比如影响某类员工薪酬高低的因素以及不同的薪酬策略对员工态度和行为的影响等。

为帮助读者从整体上理解薪酬与社会经济发展之间的关系,本节主要介绍经济学有关薪酬确定的理论,如图2-1所示。

---

① 参见:孙剑平.薪酬管理—经济学与管理学视角的耦合分析[M].长春:吉林人民出版社,2000:62.

一、早期的薪酬理论

在早期经济学家的著作中,都或多或少地谈到有关薪酬的一些问题,例如威廉·配第(William Petty)、亚当·斯密(Adam Smith)、大卫·李嘉图(David Ricardo)等关于最低工资理论的阐述。在早期经济学家的理论中对于薪酬的概念、薪酬的构成、薪酬增长的决定因素和造成薪酬差别的原因,都有一定的论述。虽然他们的论述还未形成一个完整的理论体系,但是为后人对薪酬问题的研究奠定了基础①。

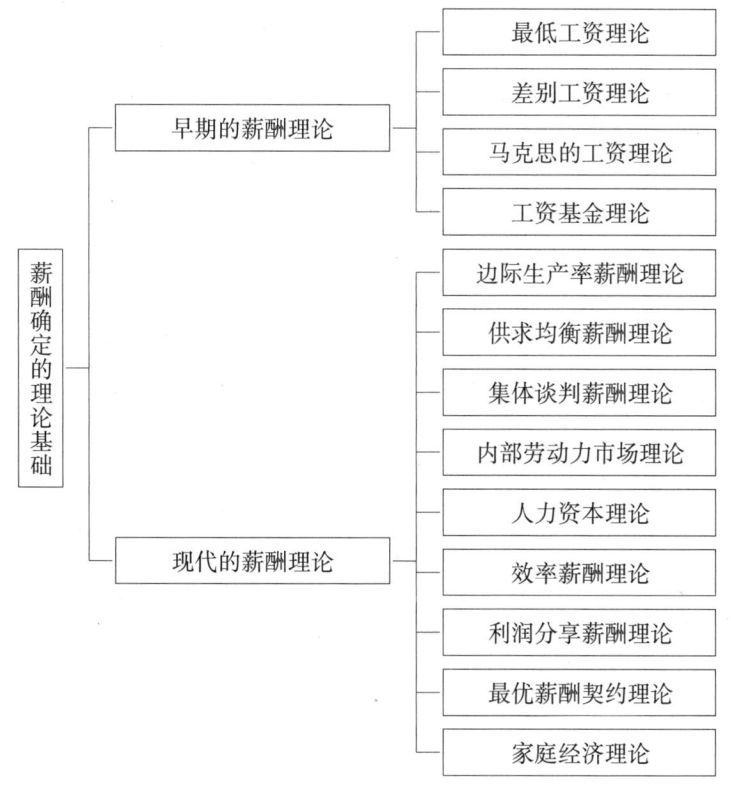

图 2-1 薪酬确定的理论基础

(一) 最低工资理论

最低工资理论也称维持生存薪酬理论或者生存工资理论,是最早出现的薪酬理论,有人称之为"工资铁率"。最低工资理论的主要观点是,产业工人的薪酬应该等同或略高于能维持他们生存的水平。薪酬使得工人获得必需数量的生活用品,以维持自己及其家属的生活,从而为社会的未来扩大再生产提供足够数量的劳动力。如果出于某种原因使得薪酬暂时提高到维持生存的水平以上,那么,由于工人阶级的人口增长率上升而使劳动力供应增加,薪酬最终仍会降到维持生存的水平;如果薪酬降低到维持生存的水平以下,它也不会持续多久,因为劳动力供应将会因疾病、营养不良、出生率下降而减少,薪酬最终还会提高到维持生

---

① 参见:李严锋,麦凯. 薪酬管理[M]. 大连:东北财经大学出版社,2002:2.

存的水平。

最低工资理论最初是由古典经济学的创始人威廉·配第提出的。法国古典重农学派的代表人物魁奈、杜尔哥，英国古典经济学家亚当·斯密、大卫·李嘉图，以及人口学家马尔萨斯等，对这方面都有一定的论述。

1. 重农学派关于最低工资的观点

弗朗斯瓦·魁奈（Francois Quesnay）采纳了配第的工资理论，认为劳动者的工资只限于维持他们最低生活所必需的生活资料，而且按照其"纯产品"理论，认为工人和资本家的收入都是对社会产品的扣除部分，都不是剩余产品。显然，魁奈混淆了工资与剩余价值的区别。安·杜尔哥（Anne Turgot）明确指出，劳动者即雇佣工人，其工资水平只限于维持生活所必需的生活资料，因为劳动力供大于求，又存在工人之间的就业竞争，所以，资本家可以优先选用要价最低的工人[①]。

2. 亚当·斯密的工资理论

亚当·斯密认为，薪酬取决于经济活动中劳动力的供求关系。在他看来，劳动力供应是有限的，供给的最低人数取决于生活必需品的价格或食物的一般价格即所谓生活必需品，他指出，无论一国的风俗习惯如何，都得向其人民即使最下层人民提供维持生存所必不可少的物品。他还认为，劳动力需求决定于一国的剩余资财或国民财富，国民财富增加是决定薪酬水平的最重要因素。他还发现，有时候随着国民财富的增长，劳动的报酬比较丰厚，此时，劳动者的报酬会超出维持一家生活所必需的数额。

3. 李嘉图的工资理论

李嘉图在前人薪酬理论的基础上，提出劳动同时具有自然价格和市场价格。自然价格是指在其他条件相同的情况下，可使劳动者大体活下去并不增不减地延续其后代所必需的价格。他认为，劳动的自然价格随着生活必需品价格的涨落而升降。市场价格是指根据劳动力供求比例实际付给劳动者的价格。劳动力的市场价格可能会与其自然价格偏离，但是，由于工人阶级人口增长率的变化，二者到头来还是会再次趋于平衡。他认为，如果薪酬超过了维持生存的必要量，人口增长速度就会加快，从而超过食品和其他生活必需品的增长速度，结果是劳动力供大于求的压力又会使薪酬重新降低到仅能维持生存的水平。

4. 马尔萨斯的工资理论

托尔斯·罗伯特·马尔萨斯（Thomas Robert Malthus）认为，人口有几何级增长的趋势（即按指数增长的趋势，如级数 1,2,4,8,16,……），而食物供应只有算术增长的趋势（即按直线性增长的趋势，如级数 1,2,3,4,5,……），算术级数与几何级数之间存在矛盾是必然的。因此，人类生活资料所需无法得到满足，大多数人注定要在贫困中和在饥饿的边缘上生活。随之而来的必然是人口增长过程不断因生活资料不足，以及饥荒、瘟疫、战争等外在原因而被强有力地遏制[②]。

马尔萨斯认为，如果工资提升到超出维系工人生存水平之上，由于工人收入的增加，工人的生活资料也会增加，它会刺激工人人口的增长，这样劳动的供给就增加了，在社会需求

[①] 参见：陈思明. 现代薪酬学[M]. 上海：立信会计出版社，2004：42.
[②] 参见：蔡增正. 从马尔萨斯人口理论到现代人口理论的转变[J]. 深圳大学学报（人文社会科学版），2001(3)：39-40.

一定的情况下,劳动的供求关系变得不平衡,供大于求,因此工人的工资水平就会下降。相反,如果由于某种原因,工人的工资下降到维持生存的水平之下,工人获得的必要的生活资料就会减少,其直接的后果是工人生存环境的恶化、人口减少,这样劳动力市场上的供求关系又出现了失衡,资本家对劳动力的需求增大,工人的工资必定上升,如图2-2所示。

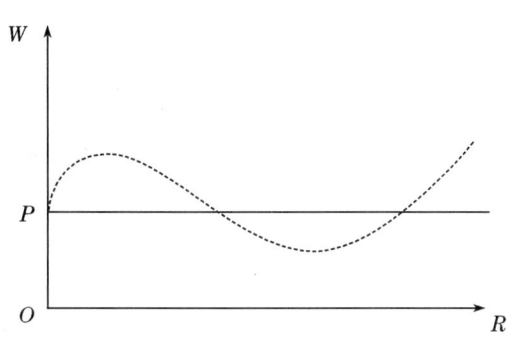

图 2-2　生存工资变动规律

资料来源:孙剑平.薪酬管理—经济学与管理学视觉的耦合分析[M].长春:吉林人民出版社,2000:43.

在图2-2中,横轴OR表示劳动人口的变动,纵轴OW表示实际的工资率,坐标中的实线表示的是不随着人口、社会经济发展而变动的生存工资率,虚线表示的是伴随着人口、经济社会的发展而在一定范围内波动的实际工资率。由图2-2我们可以看出,实际工资率总是围绕着生存工资率上下波动,从长期看来,劳动力的总工资水平与一定时期的生存工资率是相平衡的。

按照最低工资理论,工人的工资不取决于自身与资本家讨价还价的能力,也不取决于资本家自身的主观意愿,因为资本家受利益最大化动机的驱使,必然具有压低工人工资水平的倾向,工人的工资取决于市场的竞争状况。但是,竞争并不能使工人的工资无限制的下跌,它有一个下限,就是维持工人及其家属的最低生活水平,如果工资水平低于这个下限,则劳动力的再生产也无法进行,社会生产和稳定也会受到影响,这也是为什么国家和政府需要时常对工资进行调节和干预的根本原因。随着经济发展水平的变化,人们最低的生活水准也在发生改变,不同时期维持工人最低生活水平的工资会有所不同,因此,国家要经常对工资制定加以干预。同时,为了防止雇主利用自身的强势来无限制地压低工资水平,许多国家都设立了最低工资保障的法律、法规,以协调员工和雇主之间的矛盾,保证社会生产的顺利进行和社会生活的安定。

维持生存的薪酬理论在当时也许可以得到证实,但是现在已经过时了。事实上,有些国家的薪酬水平很难说是在生存线上,此外,它也不能解释为什么在同一国家和地区的工人之间的薪酬会有差别。所以,到19世纪中期,这一理论就被多数经济学家抛弃了。

(二)差别工资理论

最低工资理论只是说明了工人工资的底线,但并没有解释为什么在同一个国家和地区会出现参差不齐的工资水平。为了解释人们工资水平的差异性,亚当·斯密对这个问题进行了分析,认为造成人们工资差异的原因有两个:一个是职业性质,另外一个是工资政策。

职业性质是现代岗位和职务工资制的基础,那些使员工不愉快、学习成本高、不安全、失败率高的职业,要付给高工资;反之,则付给低工资。职业性质对工资差别的影响有五个途径①。

(1) 不同的职业带来不同的心理感受。社会上有的职业备受人们的尊重和推崇,常常使从事该职业的人感到身心愉悦;而有的职业人们对其常存在偏见和排斥,或者因为工作烦琐脏乱而使人厌烦。

(2) 职业要求的难易程度不同。有些职业只要求从业者具备某些基本技能,很容易为入门者所学习和掌握;而有的职业则难以掌握,需要花费大量的时间、精力和财力。

(3) 职业风险程度不同。有的职业风险大,安全系数低,从事该职业的人往往承担超乎常人的生理和心理的压力;而有的职业基本上不存在风险,十分安全,从事该职业的人精神压力比较低。

(4) 职业承担的责任不同。有的职业常常事关重大项目,承担的责任较大;而有的职业关联事务较为琐碎,所承担的责任也比较小。

(5) 从事的职业不同,个体成功的可能性也不同。有的职业决定了从事该职业的人很容易利用各种天时地利人和的条件来帮助自我成功;而有的职业则常常匮乏各种资源和条件,从事该职业的失败概率居高不下。

工资政策也影响人们薪资的差别。它作用并引导企业薪酬的确定,因此它直接影响人们薪资水平的高低。例如,政府不适当的工资政策(如限制职业竞争、加强垄断、阻碍劳动力的自由流动等)会扭曲劳动力市场的供求关系,从而使作为劳动力价格的工资反映出不合理的差别来。

按照生存工资理论,工人的工资基本上不会改变,但这与实际情况不符合。亚当·斯密认为薪酬水平的高低取决于财产所有者即雇主与劳动者的力量对比,但他发现一般而言,雇主的力量大于劳动者的力量。因为雇主人少,较容易团结,而且其利益受当时的法律保护;雇主拥有较强的经济实力,能进行持久的对抗。因此,在薪酬契约中,雇主经常处于有利的地位。

对于薪酬增长,亚当·斯密认为主要是由于每年提供的就业机会都比前一年多,劳动者数量不够,从而导致雇主们竞相出高价雇佣劳动者。按照他的看法,对劳动者的需求必定随着预定用来支付劳动薪酬的资金的增加而成比例地增加,而资金增加的原因是生产的扩大和国民财富的增加。

(三) 马克思的工资理论②

马克思的资本主义工资理论是其剩余价值理论中重要的组成部分,马克思深刻揭示了资本主义工资的本质及其运动规律:

(1) 工资是雇佣劳动关系的产物,特指劳动性收入,是劳动力价值或价格的转化形式。马克思认为,"如果劳动不是规定为雇佣劳动,那么,劳动参与产品分配的方式,也就不表现

---

① 参见:华贸通咨询.现代企业人力资源解决方案[M].北京:中国物资出版社,2003:7.
② 参见:陈思明.现代薪酬学[M].上海:立信会计出版社,2004:38-39.

为工资"①。所以,"工资是资本家为了偿付劳动一定的时间或完成一定的工作而支出的一笔货币"②。资本主义工资的本质是劳动力价值或价格的转化形式,它混淆了有酬劳动与无酬劳动、必要劳动与剩余劳动的区别,掩盖了资本对雇佣劳动的剥削关系。

(2) 资本主义工资的运动受价值规律和劳动力市场供求、竞争规律的调节和支配,并受资本家与工人两大阶级力量对比和斗争的影响。作为劳动力的价格,工资以劳动力价值为轴心,根据劳动力市场的供求关系和竞争状况,围绕劳动力价值上下波动。两大阶级的力量对比和斗争会影响工资水平的变化。随着资本主义生产力发展和工人阶级力量的壮大,工资水平呈逐步上升趋势。

(3) 资本主义工资是以劳动力的价值或价格为尺度的,工资水平的上升不会改变工人阶级被压迫被剥削的地位。

由于历史条件的限制,马克思在当时不可能对社会主义分配作具体的研究,但他对社会主义按劳分配的基本原则进行了较为全面的阐述,他设想的是消除商品货币关系,因而社会主义不存在工资范畴。

(四) 工资基金论

约翰·斯图亚特·穆勒(John Stuart Mill)提出了一种工资基金理论。他认为工资取决于三个要素:员工人数、雇佣员工的资本、工资成本与其他成本之间的比例,即工资是资本的函数:$W = f(C)$,员工具体工资水平取决于劳动力的人数和用于购买劳动力的成本与其他成本之间的比例关系③。

穆勒认为,资本是工资的决定性因素。工资是资本的一个组成部分,它和补偿机器设备的损耗、购买原材料等方面所耗费的资本一起构成了雇主拥有的资本总额。工资作为其中的一部分在一般情况下是固定的,所以工资是雇主拥有的、短期内无法改变的基金,在其他条件一定的情况下,工资的高低首先取决于工资基金总额的大小,在短期内要想增加一部分工人的工资就必须以减少另一部分工人的工资为代价,并不能提升全体工人的工资与生活水平。

其次,穆勒认为在工资基金一定的情况下,工人的工资水平取决于工人人数的多少,即工资的数量取决于劳动供求关系。劳动的供给由雇佣劳动者的人数决定,劳动的需求取决于直接用于购买劳动力的那部分"流动资本"。在穆勒看来,薪酬由供求关系决定,实际上是由劳动人口数与资本数量决定。

穆勒的工资基金理论认为用于支付薪酬的费用在特定的时间内有一个确定的比例,这是不真实的,劳动力数量一成不变也只能是设想。实际上,薪酬基金所占比例和劳动力数量都在发生波动,以至于最后穆勒本人也放弃了自己的观点。

英国经济学家拿骚·威廉·西尼尔(Nassau William Senior)在1850年对工资基金理论进行了修改,他把货币工资与实际工资区分开,认为工资是现行产品中分给工人的份额而

---

① 参见:中共中央马克思恩格斯列宁斯大林著作编译局编. 马克思恩格斯选集[M]. 2版. 第2卷. 北京:人民出版社,1995:13.

② 参见:中共中央马克思恩格斯列宁斯大林著作编译局编. 马克思恩格斯选集[M]. 2版. 第1卷. 北京:人民出版社,1995:333.

③ 参见:孙剑平. 薪酬管理—经济学与管理学视角的耦合分析[M]. 长春:吉林人民出版社,2000:45.

非从资本总额中支付给员工的金额。他认为工资基金的数量由两个因素决定,一个是工人生产效率的高低,另外一个是工人数量。从长远来看,工人生产效率的提高决定了工人薪资水平的提升,这样工人工资的提升就有了依据[①]。

与生存工资理论相比较,应该说工资基金理论具有较多的合理成分。它能够解释薪酬水平随着社会经济的发展、资本总量的增长而不断提升的趋势。工资基金理论的不足之处在于,将薪酬水平的提升看作是被动适应资本增长的结果,没有看到薪酬增长的真正源泉在于人力资源本身的价值特性,该特性也是促进资本增值的源泉。

二、现代的薪酬理论

(一) 边际生产率薪酬理论

劳动边际生产率指的是最后追加的单位劳动所带来的产量的增加。由于存在边际生产率递减的规律,对劳动的雇佣数量并非越多越好,在劳动者的雇佣量达到某一足够高的水平后,劳动的边际生产率为零。

以约翰·贝茨·克拉克(John Bates Clark)为代表的经济学家倡导边际生产率薪酬理论,他们认为薪酬取决于劳动的边际生产率。他们的解释是,每一个人都是"经济人",都在市场中通过最佳配置资源来追求最大化利益;对雇主而言,他所应该雇佣的最佳人数就在于当劳动者的边际收入等于雇佣他所花费的边际成本的那一点。工人的薪酬等于这个边际生产率的价值,如果工人所增加的产量所带来的价值小于付给他的薪酬,雇主就不会雇佣他;相反,如果工人所增加的产量带来的价值大于付给他的薪酬,雇主就会增加雇佣的工人人数。只有在工人所增加产量的价值等于付给他的薪酬时,雇主才既不增加也不减少工人。显然,工人的薪酬水平由最后雇佣的工人的产量决定。图 2-3 中,E 点就是边际生产点,OP 就是工人所接受的薪酬水平。

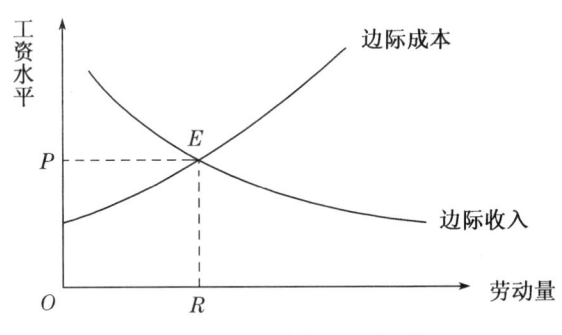

图 2-3 边际生产率工资理论

资料来源:孙剑平.薪酬管理—经济学与管理学视觉的耦合分析[M].长春:吉林人民出版社,2000:45.

边际劳动生产率薪酬理论建立起了薪酬和生产率之间的本质联系,从而开创了薪酬问题研究的新时代,但是由于其假设与实际生活确实不相符,现实生活中不存在完全竞争的市场,而且实际生活中劳资双方都可能采取一些措施来保障自己的利益,因此边际生产率薪酬

---

① 参见:华贸通咨询.现代企业人力资源解决方案[M].北京:中国物资出版社,2003:7.

理论很难说明为什么现实生活中工人的工资并不一定等于边际劳动生产率的情况。

（二）供求均衡薪酬理论

供求均衡薪酬理论的创始人是阿尔弗雷德·马歇尔（Alfred Marshall），他在其名著《经济学原理》中以均衡价格理论为基础，从生产要素的需求与供给两方面来说明薪酬水平的决定。马歇尔认为，工资水平由劳动要素的均衡价格决定。各种生产要素（劳动、土地、资本等）都可以视为商品，商品要素收入（薪酬、地租和利息等）都表现为这些商品的价格。作为价格，他们也都取决于市场供求这两方面的均衡力量，如图2-4所示。从需求方面看，薪酬取决于劳动的边际生产率或劳动的边际收益率。厂商愿意支付的薪酬水平，是由劳动的边际生产率决定的；从供给方面看，薪酬取决于两个因素：一是劳动力的生产成本，即劳动者养活自己和家庭的费用，以及劳动者所需的教育、培训费用；二是劳动的负效用，或闲暇的效用。

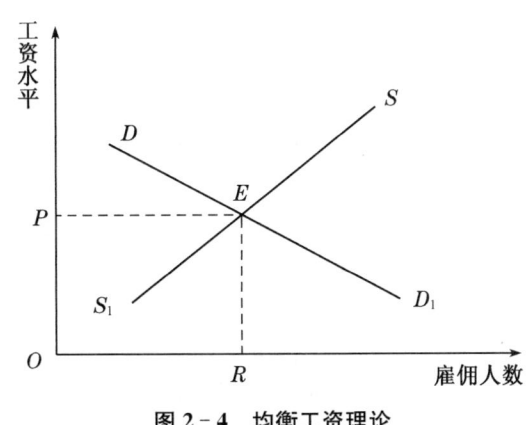

图 2-4 均衡工资理论

资料来源：陈思明.现代薪酬学[M].上海：立信会计出版社，2004：47.

在图2-4中，横轴代表的是雇主所雇佣的工人数量，纵轴代表的是工人的工资水平，DD_1代表的是劳动力需求，SS_1代表的是劳动力的供给，E点是供需平衡点，在E点水平上实现最佳雇佣人数OR，以及工人的工资水平OP。在E点，雇主所需要的雇佣人数得到满足，愿意按照某个工资水平工作的人也得到了就业，OP也就是均衡工资率。均衡工资率随着劳动力市场的供求关系的变化而发生变动。

不过，当工资上升到一定程度后，如图2-5中P_1时，即使雇主继续提高工资，工人的劳动供给量却不再增加，甚至会减少，出现向后弯的劳动力供给曲线，形成新的均衡点E_1和新的均衡工资率OP_1。在达到新均衡点E_1时，工人对货币工资的需求已经不再那么迫切，而对闲暇时间的需求日益上升，货币带来的边际效用递减，而闲暇带来的边际效用递增，工人宁可少拿工资而多获得闲暇时间。

供求均衡薪酬理论从需求、供给这两个方面对薪酬进行分析，较边际生产率薪酬理论大大前进了一步，它奠定了现代薪酬理论的基础。

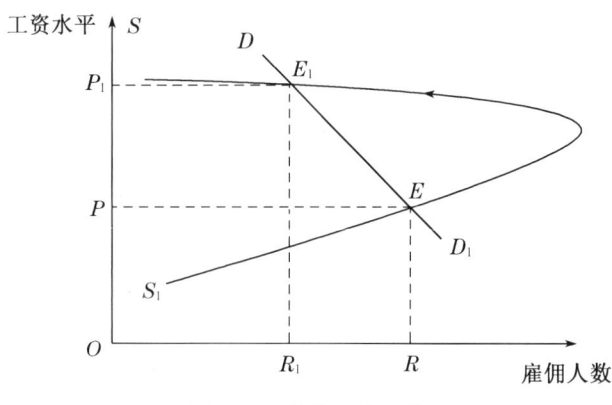

图 2-5 均衡工资理论

资料来源：陈思明.现代薪酬学[M].上海：立信会计出版社，2004：48.

（三）集体谈判薪酬理论

边际生产率薪酬理论、供求均衡薪酬理论均以劳动力市场买卖双方的完全竞争为假设前提。随着劳动力市场双方组织力量的成长，这个前提很难成立，薪酬分配越来越取决于市场不同主体力量的对比。

随着工人运动的发展和工会组织的壮大，工会在工资决定中的作用引起了经济学家的高度重视，集体谈判工资理论也应运而生，如庇古、多布、邓洛普、张伯伦等众多经济学家对该理论做出了重要贡献。

集体谈判薪酬理论认为，工人短期的工资决定在相当程度上取决于劳资双方在工资谈判中妥协的结果。在西方经济学中，工会被看作是劳动供给的垄断者，它能控制劳动供给量和工资量。但工会对工资决定并无垄断权，雇主不会接受工会最初提出的高工资率，工会通过罢工来反制雇主，雇主通过关闭生产来反制工会，但双方都不愿意为长期停产而付出代价，最终经过双方妥协让步，达成工资协议。

英国经济学家阿瑟·塞西尔·庇古（Arthur Cecil Pigou）在《福利经济学》一书中建立了一种短期薪酬决定模型（如图 2-6 所示），他讨论了劳资双方可能达成协议薪酬的上下限。他认为，当薪酬通过集体交涉决定时，薪酬率已经不再是由劳动供求决定的单一点，而存在一个不确定性范围。劳方最初的薪酬要求是上限（通常高于竞争性薪酬率），雇主最初愿意提供的薪酬（通常低于竞争性薪酬率）是下限。不确定性范围的大小与雇主对劳动者的需求弹性以及劳动者对工作的需求弹性有关。在谈判过程中，经过提议、让步和讨价还价一系列过程，劳方逐渐降低其薪酬期望值，雇主也不得不做出让步。但是双方的退让是有限度的，他们心目中都有一个退让的最大限度（称为最终抵制点）。如果双方的抵制点之间有一个重叠区，它便成为可能达成协议的实际交涉区，而最终确定的薪酬率则取决于双方的谈判技巧和谈判实力。

集体谈判薪酬理论是迄今为止较好地解释了短期货币薪酬确定的一种理论，而边际生产率薪酬理论则是迄今对长期薪酬水平的基本要素做出的最好的一种解释，两种解释理论实际上是内在统一，而且在解释功用上也有相互补充的作用。

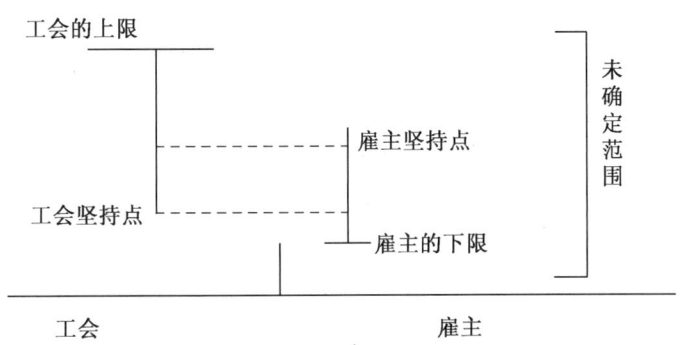

图 2-6 庇古的集体谈判模型

资料来源:陈思明.现代薪酬学[M].上海:立信会计出版社,2004:49.

(四) 内部劳动力市场理论[①]

经济学家克拉克·凯尔(Clark Kerr)基于英国古典经济学家穆勒(J. S. Mueller)和凯尔恩斯(J. E. Caimes)关于工资差别源于非竞争集团的思想,认为现实中的工资差别是由于劳动力市场出现分割化的结果,从而最先提出了有关劳动力市场分割、非竞争性以及企业内部劳动力市场的思想。杜洛菲(J. Dunlophe)与利文纳什(R. E. Livernash)在1957年提出了有关工作组和工资等高线的概念,这些概念为内部劳动力市场理论中关于工资决定的分析奠定了最初基础。1971年,美国经济学家杜林格(P. B. Doeringer)和皮奥雷(M. J. Piore)第一次明确提出并系统阐述了内部劳动力市场的一系列重要问题。

他们认为,有两类劳动力市场,一类是工匠、手艺人等零工活动的市场,另一类是大工业中的劳动力市场。前者直接受市场力量的调节,后者除了在初始雇佣时受到外部市场供求关系影响以外,其有关工资决定、劳动配置等活动都是在企业内部通过管理规则或惯例来进行的,而与外部市场无关。内部劳动力市场的工资决定是基于管理程序而非市场调节,因而其最显著的特征便是刚性。拜利和阿扎里亚迪斯(Baily,1974;Azariadis,1975)的风险分担模型认为,在雇主具有风险中性而雇员具有风险厌恶的通常情况下,雇主以某种隐含承诺的方式向雇员提供较为固定性的工资而使其收入免受外部市场波动的影响,将会使得到保险的员工产生更高的生产力,从而形成一种互利的结果。因此,内部劳动力市场关于工资与就业的安排虽然呈现刚性,但仍然是一种有效率的制度安排。

萨洛普(J. Salop & S. Salop,1976)提出筛选模型将内部劳动力市场实行的年功工资制度即正斜率的经验(年龄)—工资曲线,归结为雇主在信息不对称条件下对雇员特征的筛选行为。雇主在支付了大量培训费用的情况下,愿意与员工保持长期的雇佣关系。但是员工方面的偏好可能是多种多样的,应该怎样识别那些愿意长期就业的员工呢?通过实施在就业初期支付相对较低的工资而在就业后期支付相对较高的工资这样一种分配政策,可以有效地将那些愿意在某一厂商中长期工作而较少有跳槽倾向的人分离出来,从而以一种低成本的方式实现雇佣双方的有效匹配。

对于内部劳动力市场未来的演变趋势,学者们普遍认为,网络经济时代的技术进步使得

[①] 参见:张凤林,代英姿.西方内部劳动力市场理论评述[J].经济学动态,2003(7):71-75.

产品周期缩短,生产过程已开始由福特时代的大规模生产日益向更加个性化和多样化的方向发展,这将导致一般性人力资本或技能比特殊性的人力资本或技能变得更加重要,因而直接通过市场流动调节就业关系会更有效率。劳动力市场外部化的倾向将不断增强,诸如弱化薪酬与内部晋升安排中的资历因素以便减少厂商的运作成本,适当增加外部市场的调节作用以及就业关系调整的灵活性等。

(五)人力资本理论

人力资本理论不是薪酬决定理论,但是它对薪酬的决定有影响。人力资本理论的渊源可以追溯到古典经济学家亚当·斯密和近代经济学家马歇尔等人,但他们都未做深入研究。真正作为人力资本理论提出的是美国经济学家西奥多·舒尔茨,后来加以发展的是加里·贝克尔。西方经济学家认为资本采取两种形式,即体现在物质形式方面的实物资本和体现在劳动者身上的人力资本。劳动者的知识、技能、体力(健康状况)等构成了人力资本。知识经济的到来导致企业所依赖的资源结构的变迁,企业的成长和发展不再依赖稀缺的物质资源,持续的发展和竞争力的维持更多的是依靠其拥有的知识,以知识为代表的人力资本重要性日益上升。

人力资本是通过人力资本投资形成的,其投资是多方面的,包括医疗保健投资、在职培训投资、正规学校教育投资、社会教育投资以及劳动力流动投资等五个方面。人力资本投资还包括为了补偿劳动力消耗,在衣、食、住等方面的支出。不过这种支出并非仅仅为了要工作,而是人的生理需要所必需的经常性支出,所以一般不计算在内。知识经济时代,知识成为企业最为宝贵的资源,也是企业保持竞争优势的源泉。因此,越来越多的企业依据员工拥有的知识付酬,员工的知识对企业而言重要性越强,其薪酬水平也就越高。因此,教育投资成为人力资本投资的主要方面。

人力资本投资的目的,从国家及企业等单位来说是为了经济的增长,对劳动者个人来说是为了现在和未来获得效用、得到满足。如果得不到效用,不论国家、企业、个人都是不会进行投资的。那么,具体是在什么情况下人们才愿意投资呢? 一般情况下,只有当预期收益的现值至少等于现在支出的现值时,人们才愿意做出这种投资,如果大于现在支出的现值,就更加愿意投资。从薪酬角度来说,只有未来得到的薪酬现值等于或大于现在的人力资本投资支出的现值才愿意投资。也就是说,人力资本投资必须得到补偿。以教育投资为例,如果大学毕业生的初始薪酬水平低于中学生的初始薪酬水平,就不会有很多人投资上大学。如果经过很长一段的工作时间后,大学毕业生的薪酬仍然低于原中学同班同学(未上大学)的薪酬,那么也不会有很多人上大学。一般情况下,大学毕业生的初始薪酬应高于中学毕业生的初始薪酬,其起始薪酬水平可能低于已参加工作多年的中学毕业生,但不久就会超过中学毕业生。正是由于人们考虑到未来经过人力资本投资得到的报酬会大于现在用于教育或者培训等现值,他们才愿意进行投资。

人力资本理论可以用来解释企业内员工之间的收入差距,并且它在解释职位工资差异方面也有较强的说服力。同时,人力资本投资理论不仅关系到员工的收入差异,还关系到企业人力资源的开发和利用,因此,在企业管理中日益受到重视。

(六) 效率工资理论[①]

效率工资理论的基本观点是工人的生产率取决于工资。该理论的假设前提是劳动力市场上成交的劳动力与在生产过程中的劳动发挥不完全一致,因为员工在劳动中总是尽可能地少出力,这样劳动效率的发挥就需要有效的监督。

员工在生产过程中所付出的努力是实际工资的函数。而劳动监督是需要成本的,在市场信息不完全的情况下,对劳动的外在监督成本相当高。为了追求利润最大化,雇主可以选择把工资定在一个较高的水平上。在一定程度上,工资越高劳动效率就越高,企业产出就越大。因此,从这个意义来讲,高于劳动率产出水平的工资就称之为"效率工资"。

效率工资理论在西方比较流行,它可以用来解释高工资与高失业之间的关系。较高的工资水平和较高的失业率都会增加员工失业的机会成本,因而他们在工作中会自动地提高自身努力水平,以避免失业带来的损失。

(七) 利润分享薪酬理论

利润分享薪酬理论是美国经济学马丁·魏茨曼(M. L. Weitzman)提出的,他认为政府应当在整个国民经济中推行利润分享制度,传统的固定薪酬制度应当予以废除[②]。他将工人的报酬制度分为传统薪酬制度和利润分享制度,魏茨曼认为西方经济运行中出现滞胀现象的根本原因在于传统的薪酬制度。利润分享制度是将工人的工资与能够反映雇主经营状况的指数联系起来,雇主与工人商定工人应该在雇主收入中占据多大比例的利润分享额。利润分享制度具有自动抵制失业和通货膨胀的作用,因而它能够解决困扰西方国家经济发展的滞胀问题。

利润分享制度将工人的劳动报酬与企业绩效相挂钩,能激发工人勤奋工作,增大劳动力的供给;利润分享制度刺激企业扩大生产,增加就业机会;利润分享制度具有延长工人工作期限的作用,降低了工人的流动率,提高了工人的生产技能,而且在新的薪酬制度中,群体成员之间相互的认同程度也比较高,增加了组织的凝聚力,这些都有利于提高企业绩效;利润分享制度改善了劳资合作关系,员工士气提高,旷工率下降,彼此合作的意向有所加强,从而能提高劳动者在不同岗位上的适应程度,从微观层面上看,员工与管理者沟通渠道的改善可以提高企业的运作效率。

利润分享薪酬理论的着眼点是为了稳定经济发展和社会生活,它扩大了传统薪酬理论的视野,虽然其本身具有一定的局限性,但仍对西方国家的薪酬管理产生了深刻的影响。

(八) 最优薪酬契约理论

现代企业中,所有权和经营权的分离会诱发所有者与经营者的利益出现偏差,从而导致企业委托代理问题的产生。依据委托代理理论,委托人与代理人之间的利益分歧、信息不对称性、契约不完备性和交易费用是产生委托代理问题的根本原因,委托人为抑制代理人满足自身的利益目标而背离其利益,可借助制定与实施有效的薪酬契约或监督代理人来降低两

---

① 效率工资理论、利润分享薪酬理论部分参见:华贸通咨询. 现代企业人力资源解决方案[M]. 北京:中国物资出版社,2003:10-11.

② 参见:李严锋,麦凯. 薪酬管理[M]. 大连:东北财经大学出版社,2002:26.

者利益目标的差异所诱发的委托代理问题。然而,对高管监督会产生一定的费用,因此,相比之下,激励管理者会更具优势。

詹森和墨菲(Jensen & Murphy)指出,薪酬契约能够使代理人与委托人的关系变得更加融洽,并让管理者与所有者的利益保持一致。同时,最优薪酬契约的生效存在两个严格的约束条件。第一个条件是委托人必须使契约满足代理人的自身利益,即"激励相容"的约束条件。第二个条件是在同等条件下,该委托人所能提供的期望收益要高于其他委托人,即"参与约束"的条件。受限于上述两个条件的约束,高管薪酬契约需明确相应的责任以及防范潜在的风险,从而使得高管能够沿着所有者的利益目标管理企业。因而,在信息不对称的情况下,将报酬与企业的经营业绩挂钩的最优薪酬契约能有效降低监管成本和缓解代理问题,即薪酬契约是制约高管摄取私有收益最合适的方法,且把企业经营业绩与高管的薪酬相结合,提升业绩薪酬的敏感度,会进一步有助于高管满足所有者利益目标的实现[①]。

(九)家庭经济理论

美国经济学家加里·贝克尔提出了家庭经济理论,他认为家庭是社会的细胞,家庭的经济决策关系到全社会的经济运行,当然也关系到企业的生产和工资决定。一个人的时间是有限的,大体上可以分为工作、家务劳动和闲暇娱乐三部分。作为家庭的成员,个体活动目的是为了家庭的利益最大化。因此,个体花费在工作上的时间必然是经过深思熟虑的,在平衡三个时间的基础上可以得出最佳的劳动供给水平。雇主在此劳动力供给水平上来确定相应的工资率。

第二节 薪酬确定的原则

现实生活中,常常会发现周围的亲戚和朋友抱怨自己单位的薪酬设计不合理,有的还认为自己在单位受到了不公正的待遇,但也有些人认为自己单位的薪酬系统设计得非常公平。为什么有些企业的薪酬系统常常被指责,而有些企业的薪酬系统则让人无可挑剔呢?企业应该依据哪些原则来设计和确定薪酬?本节围绕企业薪酬确定的原则而展开。图2-7显示了企业薪酬确定应该遵循的原则。

一、薪酬确定的传统原则

薪酬确定的传统原则有公平性原则、竞争性原则、激励性原则、经济性原则和合法性原则。下面将分别对每一个薪酬确定原则展开论述。

(一)公平性原则

公平是企业确定薪酬的基础,公平性原则是企业制定薪酬系统必须考虑的一个首要原则。只有在员工认为自己接受到的薪酬是公平的前提下,才可能产生企业认同感和薪酬满意度,此时员工接受的薪酬才会对员工产生激励作用。因此,合理的薪酬确定应该首先满足

---

① 参见:柳志南.民营企业金字塔结构对超额薪酬与薪酬辩护影响的研究[D].大连:东北财经大学,2018:41.

员工对薪酬公平感的追求。

员工工作的积极性不仅受绝对报酬的影响,也受相对报酬的影响。人生活在社会中,人与人之间存在丰富的信息交流,而且人们会自觉不自觉地将自己的劳动报酬与自己过去或他人的劳动报酬相比较。一旦员工感觉到自己现在的报酬与自己过去或他人相比不均衡时,就会产生不公平感,这种心理不满最终会以相应的行为体现出来。

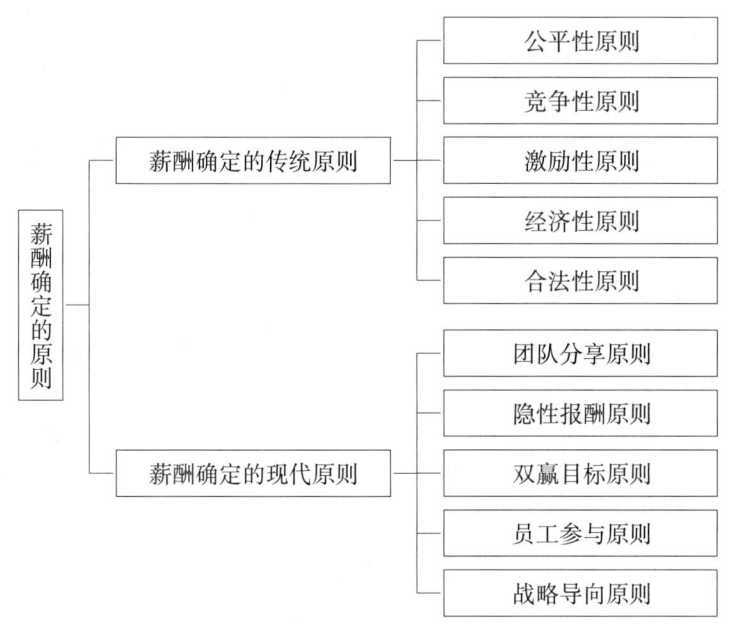

图2-7 薪酬确定的原则

一般来说,员工对薪酬公平的感知包括以下五个方面的内容:

1. 薪酬的外部公平

它指的是同一行业或同一地区或同等规模的不同企业中,类似工作与职务的报酬应当基本持平,因为对从事该工作或者担当该职务的员工来说,职位对他们的知识、技能与经验的要求是相似的,他们的各自贡献也基本相似。在评价薪酬上面,员工天生具有比较自己所得和他人所得的倾向。根据亚当斯的公平理论,员工会将自己的投入和获得比与企业外部的其他员工的投入和获得比进行比较,如果比较的结果相等,则感到公平。外部公平通常对员工吸引与保留产生重要影响,企业往往要借助各种形式的市场薪酬调查来避免员工产生强烈的外部不公平感。

2. 薪酬的内部公平

它指的是同一企业中不同职务所获报酬有一个匀称的比例关系。只要比值一致,员工便认为企业的薪酬设计是公平的。员工会将个人薪酬与所在企业的其他类似职位(或类似工作量的人)的薪酬相比较,如果比较的结果相等,则感到公平。内部公平通常对员工工作效率、企业承诺等产生重要影响,企业往往通过岗位分析与评价来准确地体现岗位的相对价值,并据此进行薪酬结构设计,确保薪酬决定的内部公平。

3. 薪酬的个人公平

薪酬决定的个人公平与员工的个人特征有关。它通常是指同一企业中居于相同岗位的员工进行薪酬比较时,还会将薪酬和个人的绩效、技能、能力、资历等个人特征相联系。个人公平性的比较形式通常包括横向比较和纵向比较。横向比较指员工将自己的投入产出与他人进行比较,纵向比较指员工将自己现在的投入产出与自己过去的情况进行比较。个人公平通常对员工工作态度、企业忠诚度产生重要影响,其实现的关键在于企业的薪酬决定需要与员工能力与绩效相结合。

4. 薪酬的程序公平

薪酬公平除了上述三类薪酬数量上的分配公平,还包括程序公平。薪酬的程序公平指薪酬决定的过程和程序是否公平,如薪酬制度与考核制度的制定、制度的实施与薪酬的发放等过程是否公正、合理。研究表明,薪酬数量上的分配公平对员工工作满意度、个体绩效影响较大,而程序公平更容易影响员工的组织承诺和离职意愿。

5. 薪酬的人际公平

员工不仅会对企业支付给自己的薪酬多少和如何支付是否公平进行评价,他们还会对管理者人际关系的处理进行评价,如工作机会赋予、支持程度等,如果企业薪酬系统分配机制和管理层的人才价值取向都体现出机会均等、公平竞争,员工就会感到自己在企业中受到了公平的待遇。

为了保证企业薪酬设计的公平性,应该注意以下几点:

(1) 明确薪酬确定的指导原则,严格依据规范进行。企业的薪酬确定应该有明确的原则作为指导,并有统一的可以说明的规范作为依据。

(2) 保证薪酬确定过程民主公开。当员工能够了解和监督薪酬政策与制度的制定和管理,并有一定参与和发言权时,猜疑与误解便易于冰释,不公平感也会显著降低。

(3) 为员工创造机会均等、公平竞争的条件。企业应该引导员工将对薪酬关注的注意力从结果均等转移到机会均等上来。如果机会不均等,单纯的收入与贡献比相等,也不能代表公平。因为机会本身就是一个重要资源,是否拥有机会就是得到报偿或者得到较高报偿的先决条件。

(4) 追求相对公平。在现代企业中,由于对贡献、能力等的衡量不可能尽善尽美,所以绝对公平事实上是不存在的,因此薪酬的设计要追求相对公平,绝对公平的薪酬安排是无法实现的。

(二) 竞争性原则

如前所述,当今市场竞争的焦点就是人才竞争,要想吸引人才,薪酬标准就要具备足够的吸引性,这样才能招到所需人才。不具备竞争能力的薪酬系统不仅不会吸引优秀人才的加盟,而且还会造成原本拥有的人才的流失。

那么,什么样的薪酬系统才具有竞争力呢?企业需要根据本企业的发展战略、财力、所需人才可获得性的高低等具体条件来确定。一般说来,如果企业的发展急需人才加盟的,企业的薪资水平至少不应低于市场平均水准。当然薪资水平并不能无限制的提高,研究显示,当员工的薪资水平达到一个高度之后,薪酬提高对他的激励作用变得微弱。

此外,除较高的薪资水平和正确的薪酬价值取向外,灵活多元化的薪酬结构也越来越引起人才的关注。企业内部不同岗位的薪酬水平应该与岗位贡献和价值大小相关,适当拉开薪酬差距;同时,在薪酬设计时,要考虑高端人才对薪酬的独特性要求。

（三）激励性原则

一般说来，用薪酬来激发员工的责任心和工作积极性是企业最经常使用和最有效的方式。企业的科学合理的薪酬系统对员工是最持久也是最根本的一种激励，因为薪酬系统解决了人力资源管理中最重要的一环即利益分配问题[①]。

激励性主要是体现在企业内部各类、各级岗位和职务的报酬水准上。企业应该根据员工个体能力的高低、贡献的多少适当拉开薪酬差距，真正体现按贡献分配的原则。我们曾经实施的平均主义"大锅饭"的分配制度实质上是对能者、勤者的漠视，对他们工作积极性的打击，这种不论工作质量和数量的做法鼓励庸者、懒者继续搭便车的行为，不仅是对部分员工的不公平对待，更是对企业绩效的损害。

（四）经济性原则

激励性原则和竞争性原则主张提高员工的报酬水准，而经济性原则主张企业降低员工的报酬水准，从表面上看，三者似乎是矛盾、互不兼容的，但实际上，它们是相互联系和统一的整体。

员工薪资水平的提升固然可以提高企业的竞争力与薪酬系统的激励功能，但同时不可避免地导致了企业支付的人力成本的上升，企业人力成本的支付受到企业盈利能力和支付能力的制约，在一定时期内，企业可以支配的资金是有限的，企业必须考虑自身的承受能力和合理的利润积累等问题，因此，企业薪酬确定不能不受经济性原则的制约。

企业人力成本的上升与企业所在的行业的性质和企业成本结构有关。在劳动密集型行业中，有时人力成本在总成本中的比重高达70%。此时，人力成本变动确实有牵一发而动全身的影响，企业必须精打细算。但在技术密集型行业中，人力成本有的只占企业生产总成本的8%～10%，但科技人员、研发人员的工作热情与创造性却对企业在市场中的生存与发展起着关键的作用。即使企业支付给他们的报酬的绝对值很高，但所占总成本比例仍不是很大，这样的投入换来的收益却是相当的可观，对绝大多数企业来说，他们也愿意接受以高出行业平均水平的薪资标准来吸引和激励员工。

（五）合法性原则

薪酬系统的合法性是必不可少的，同时也是企业薪酬设计所应满足的最低标准。企业作为一个人格化的主体，它的行为受到国家法律法规的制约，这也是法律保障公民权益的一种体现。

合法性原则要求企业遵守国家制定的与薪酬相关的政策、法律法规以及一系列管理制度。目前我国有关劳动工资的正式立法包括《中华人民共和国宪法》《中华人民共和国公司法》《中华人民共和国劳动法》《中华人民共和国劳动合同法》等。总体看来，与一些发达国家相比，我国在就业和劳动立法的正规性、完备性、成熟性及执行的严格性上与之还有不小的差距，有待填补弥合，但对于已颁布的法律、法规、规定、条例，企业应坚决执行。

二、薪酬确定的现代原则

总体说来，薪酬设计的传统原则较多关注的是员工个体对于薪酬的要求以及薪酬对个

[①] 参见：杨剑，白云.激励导向的薪酬设计[M].北京：中国纺织出版社，2002：40.

体绩效的激励作用,但是随着时代的发展,薪酬设计的原则也变得十分丰富,薪酬设计的现代原则主要表现为以下几个方面。

(一) 团队分享原则

在现代企业实践中,团队合作成为一种重要的工作方式,而且个体事业的成功也越来越依赖团队的协作,个体所起的作用十分有限,所以有必要建立基于团队的奖励而非个人的奖励机制。

在协作型企业中,基于团队的奖励对企业的绩效具有十分重要的作用,基于团队的激励方式使人们意识到只有团队协作提升团队绩效和收益,才能使自己也获得较高的报酬。有些成功企业用在奖励团队方面的资金往往占员工收入的很大比重。

但也有人对基于团队的薪酬设计机制提出了质疑,因为从激励效果来看,奖励团队比奖励个人的效果要弱。但激励效果不强并不能说明这种激励方式无效,虽然奖励团队带来的激励效果较弱,但是它还可以发挥其他激励作用。例如,有的企业团队奖励计划是为了促使团队成员之间相互合作,同时防止上下级之间由于工资差距过大导致低层人员心态不平衡的现象。另外,奖励团队并不排除对优秀个体的激励,在团队激励的基础上,企业还可以奖励成绩卓越的员工个体,促进良性的竞争。

(二) 隐性报酬原则

根据边际收益递减的规律,当人们受到的物质刺激达到一定程度的时候,人的满足感不会提升反而会逐渐递减。薪酬的激励作用也遵守这样的规律,这也是很多员工跳槽并不是为了较高薪酬的原因。对这样的员工而言,薪酬所发挥的激励作用是很微弱的。所以,现代管理心理学要求企业更多地是从内在的心理上去激励员工,在确定薪酬时,更应该重视员工对附加报酬和隐性报酬的心理需求。

外在的金钱激励方式虽然能显著提高激励效果,但是持续的时间并不长久,如果处理得不好,还会产生适得其反的作用;而内在的心理激励,虽然激励过程需要较长的时间,但一经激励,不仅可以提高激励效果,而且具有持久性。对于高层次的人才和知识型的员工,内在的心理报酬在很大程度上左右着他们的工作满意度和工作成绩。因此,企业可以通过工作制度、员工影响力、人力资本流动政策来执行内在报酬,让员工从工作本身得到最大的满足。这样,不仅使企业减少了对好的薪资制度的依赖,使员工更多地依靠内在激励,而且使企业从仅靠金钱激励员工,加薪再加薪的循环中摆脱出来。

(三) 双赢目标原则

员工与企业都有其特定的目标指向,而且员工的目标与企业的目标并不是天然融合的,有时候会出现分歧甚至是相互冲突。个人参与某个企业是为了实现自己的目标,个体目标的实现是建立在个体对企业目标奉献的基础上,因此个体促进企业目标的达成会在某种程度上压制个人目标的实现。

就薪酬而言,员工和企业追求的目标并不相同。员工价值的实现是通过获取高的报酬来体现的,一般来讲,个体所获得的报酬越高,员工感觉到价值实现的满足感和成就感就越高;而企业运行的目标是获得最大化的利润,为了有效利用资源和降低运转成本,希望以"较小的投入"换取较大的回报,因为花费的成本越少,企业所获得的利润也就越高。如果企业制定的薪酬只是为了自身的利润最大化而不考虑员工个体价值的实现,员工就会感到自己的愿望和目标被压制,会产生怠工心理。其结果是企业虽然付出了一定的薪酬,但是没有达到激励员工的目的。

薪酬确定的双赢原则能够确保将企业和员工的薪酬目标联结在一起,让员工感到对企业的贡献越多,自己获得的也就越多,对企业的贡献越大,实现目标的可能性也就越大。因此管理层在制定薪酬时,应该本着双方共赢的原则,找到劳资双方都满意的结合点。

(四) 员工参与原则[①]

很多国外公司都尝试让员工参与企业薪酬制度的设计和管理,结果令他们得到了很多意想不到的好处。与没有员工参加的绩效付酬制度相比,让员工参与设计和管理的薪酬制度非常令人满意且具有长期激励的效果,同时可以使企业的投入达到效用最大化和最优化。让员工参与薪酬设计还有很多其他隐含的优点,这些优点对于企业发展的意义也是十分巨大的。

1. 增强团队观念

员工如果能够参加薪酬设计,在心理上就会感到自己是整个企业管理团队中的一员,而不是一个单纯的被管理者,从而激发员工的积极参与企业事务的意识,使员工努力为企业的发展献计献策。

2. 增强对企业和管理层的信任度

许多公司采取的是保密工资制度,薪酬发放是不公开的,员工很难判断在报酬与绩效之间是否存在联系。人们对于自己所获得的报酬和对企业的贡献之间没有比较的可能,同时,也不可能与别人的进行比较,企业付出的薪酬是否公平让员工感到疑惑和怀疑。这种封闭式制度难以给人平等的感觉,员工对于管理层的信任度降低。让员工参与薪酬设计可以减少这种怀疑,增加上下层之间的信任感。

3. 完善薪酬制度

员工在参与制度设计的过程中,可以针对企业薪酬的政策、目标等内容和管理层进行必要的沟通。这种良性互动一方面可以促进管理者与员工之间的相互信任,提高员工满意度和对企业的忠诚度;另一方面可以让薪酬制度中的缺陷充分暴露出来,企业针对这些不足的地方有的放矢地改进和完善,构建一个有效而全面的薪资系统。

(五) 战略导向原则[②]

企业薪酬确定和薪酬系统的设计最终都是为企业战略服务的,所以薪酬设计应该与企业战略相匹配,但人们往往很容易忽视这一项原则。战略导向原则要求企业在进行薪酬设计过程中不仅要时刻关注企业的战略需求,要通过薪酬设计反映企业的战略,反映企业提倡什么,鼓励什么,肯定什么,支持什么,还需要把实现企业战略转化为对员工的期望和要求,然后把对员工的期望和要求转化为对员工的薪酬激励,并体现在企业的薪酬设计中。

---

① 参见:陈思明. 现代薪酬学[M]. 上海:立信会计出版社,2004:150.
② 参见:华贸通咨询. 现代企业人力资源解决方案[M]. 北京:中国物资出版社,2003:19-20.

第三节 薪酬确定的影响因素

在日常生活中,人们常常发现不同行业的薪酬水平参差不齐,即使在同一个行业中,在不同地区工作的人们薪酬水平也相差很大。各个企业之间的薪酬水平存在明显差异,不存在统一的薪酬水平,我们周围亲戚和朋友的薪酬收入也是千差万别。员工的报酬水平不完全是雇主和员工在劳动力市场上自由交易的结果,也不是雇主在企业内部随心所欲的产物,它受到诸多因素的制约,从来源上我们大致可以将众多因素划分为环境影响因素、企业影响因素和个人影响因素三大类,图2-8概括了影响企业薪酬确定的因素。那么这些因素是如何影响人们薪酬差异的?本节主要围绕这些影响因素展开论述。

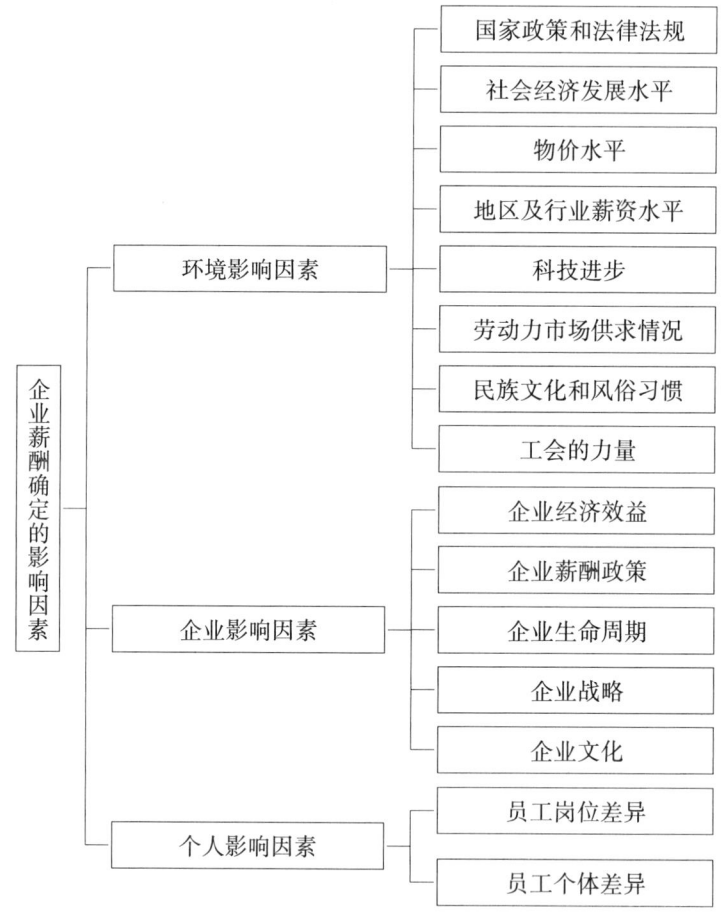

图2-8 薪酬确定的影响因素

资料来源:杨剑、白云.激励导向的薪酬设计[M].北京:中国纺织出版社,2002:11.

一、环境影响因素

影响企业薪酬确定的环境因素主要涵盖政治、经济、技术、社会文化等方面,具体包括政府制定的宏观薪酬水平政策和相关的法律法规、经济发展水平、物价水平、地区及行业薪资水平的高低、科技进步、劳动力市场供求状况、民族文化和风俗习惯等。

(一)国家政策和法律法规

在经济发展的不同时期,国家的政策会有较大的差异。有时候需要刺激消费,拉动内需,有时候需要抑制通货膨胀,因此国家会对薪资政策有所规定和调整,政策的调整必然影响企业薪酬的确定。

政府对企业员工的薪酬调节包括直接调节和间接调节两种。

直接调节是专门用于调节企业薪酬水平及其变动的,如制定最低工资法、反歧视工资法等劳动法律、法规等,这些都对企业员工的薪酬水平起到保护或制约的作用[①]。

间接调节是指政府不是专门调节薪酬变动,而是运用调节其他经济行为和社会行为的政策,对企业的薪酬水平产生影响。例如一些财政政策、价格政策以及产业政策等。

(二)经济发展水平

社会平均工资水平的提高,说到底是社会经济的发展,只有经济持续快速协调发展,才能为社会平均工资的持续增长提供必需的物质基础。企业的薪酬确定总体上属于国民收入分配的范畴,分配取决于收入,国民收入受到社会劳动生产率的影响。因此,社会劳动生产率的总体水平和变动都会制约企业的薪酬水平。

一般来说,社会的平均工资水平及其增长要和全社会劳动生产率及经济发展水平的增长保持合理的关系。在通常情况下,为了满足社会经济建设和社会公共消费的需要,社会的平均工资水平的增长速度应当慢于劳动生产率增长的速度。如果工资水平增长速度超过劳动生产率的增长速度,就意味着每个劳动者平均所得工资增加了,但每个劳动者平均所创造的国民收入并没有相应增加,其结果必然是减少了国家财政收入,影响市场稳定。发展中国家与发达国家之间薪酬水平的差距,主要是因为社会劳动生产率的不同。对一个产业和行业而言,也是如此。现代产业与传统产业的技术发展水平和劳动生产率的差异,必然反映在员工的工资差异上[②]。

社会劳动生产率变化也对企业薪资水平产生影响。社会劳动生产率的变化主要表现为工业和农业两大物质生产部门为社会提供的产品数量的变化。由于工业劳动生产率一般高于农业劳动生产率,而企业职工的薪资却主要用于购买农副产品及其加工产品,这时会出现两种情况:一种是当农业劳动生产率的增长快于工业劳动生产率的增长时,可供应的农产品数量增加,职工实际薪资水平可以有保证地提高;另一种是当农业劳动生产率的增长慢于工业劳动生产率的增长时,职工薪酬水平的增长要受到一定程度的制约。否则,会引起物价上涨,实际薪资水平下降。因此,企业在确定自身薪资水平的变化时,应重视研究社会劳动生

---

① 参见:李新建.企业薪酬管理[M].天津:南开大学出版社,2003:90.
② 参见:李新建.企业薪酬管理[M].天津:南开大学出版社,2003:89.

产率和工农业劳动生产率的变化。

(三) 物价水平

职工的正常收入至少应能支付其家庭的基本生活费用，而这个费用又与居民消费习惯及当地物价水平有关。物价水平尤其是职工生活费价格水平的变动，对职工薪酬水平具有重大影响。当货币工资水平不变，或其上涨幅度小于物价上涨幅度时，物价上涨将导致职工实际薪酬水平的下降。为了保证职工实际生活水平不受或少受物价影响，企业会采取必要措施给予补偿。例如，有的国家规定工资根据物价水平每年调整一次，以保证其生活水准不下降；有的国家规定企业给予职工一定的补贴、提高薪酬标准、增发奖金、实行部分薪酬或全部薪酬与物价指数挂钩、低价供应实物等措施，这些措施都将导致企业货币工资水平的上升。

(四) 地区及行业薪资水平

不同地区企业的薪酬水平也是不同的，薪酬水平要受到地区环境因素的影响。因为员工的正常收入至少应能支付家庭的基本生活费用，而这个费用又与居民的消费习惯及当地物价水平有关，而不同地区的现行收入水平、生活指数都是不同的，企业在确定员工的基本薪酬时应该参照当地的居民生活指数。一般经济发达地区的薪酬水平比经济落后的地区高。在我国，中西部地区与东部沿海地区的薪酬水平就存在很大的差异，即使在同一个行业甚至同一家企业，员工所获的薪酬相差也很大。所以，我们也不难解释为什么存在中西部人才匮乏、大量人才"东南飞""北上广"人才高原的现象了，地区的经济发展水平不同，地区的薪酬标准也各不相同，这些不同可以引导和促进人才在全国范围内流动。

由于不同行业知识的专有性、行业进入门槛不同，导致行业内部的竞争状况不同，因此不同行业之间的薪酬差异是巨大的。我们日常生活中常挂在嘴边的一句话就是"人怕入错行"，其中折射出的道理就是个体选择的行业对自身的收入有较大的影响。现实中，每年高校毕业生都纷纷选择在一些热门的行业寻找工作，这些都反映了行业薪酬水平的作用。

企业所在行业的薪酬水平对于企业薪酬的确定有引导作用，它指引企业薪酬水平与整个行业的平均水平趋于一致。由公平理论可知，企业薪酬的确定必须参考其所在行业的薪酬标准。企业的员工会将自己的所得与自己的同行进行比较，如果比较的结果是自己的薪酬水平远远低于同行的水平，他们就倾向于不满并离职，过高的离职率会破坏企业正常运转的秩序，对企业绩效造成影响。因此，企业必须确定合适有效的薪酬水平来降低居高不下的离职率。

当然，行业薪酬水平也不是固定不变的，市场瞬息万变，行业薪酬水平也相应发生变化，今日的热门也许在几年之后变成冷门，而如今的冷门也有可能变成众人趋之若鹜的热门。行业薪酬水平的变动主要取决于行业产品的市场需求和行业劳动生产率两大因素。当产品需求上升时，薪酬水平可能有所提高。当行业劳动生产率上升时，薪酬水平亦可能在企业收益上升的幅度之内按一定比例提高。至于行业内部的各企业之间薪酬水平的提高，则主要取决于自身劳动生产率和经济效益的提高。企业在合理竞争的条件下，行业内各企业薪酬的增长，则应以行业工资总水平为参照系，就自身劳动生产率与行业劳动生产率的比例而决定增长幅度。

（五）科技进步

技术进步理论认为，技术进步带来生产率水平的提高，导致经济的增长。人类历史上的每一次技术革命都带来了社会生产力的发展。如前所述，社会的平均工资水平及其增长受全社会劳动生产率及经济发展水平的影响，一般而言，科技进步会带来薪酬水平的上升。然而，新技术存在一定的技能偏向性，它可以是降低技能要求的技术，如生产车间的出现；也可以是提高技能要求的技术，如计算机的发明。因此，不同的技术进步类型，其对劳动者薪酬的影响存在差异。

近年来，随着网络技术的普及以及人工智能的发展，信息化、智能化成为新一轮科技革命的关键特征。新技术使得高技能工人在这次技术进步中更为有利。信息技术与智能技术（互联网、大数据、机器人等）与高技能劳动是互补的，新任务引入增加了对高技能劳动力的需求，技能溢价上升。它还通过增强人机合作提高了高技能工人的劳动生产率，使高技能劳动力工资上涨。相反，信息化、智能化与中低技能劳动是相互替代的，那些重复性和常规性劳动的岗位由于被机器取代而不断减少，压缩了中低技能劳动力从事的任务范围，大量劳动力追逐越来越少的岗位，使得竞争加剧，工资水平下降[1]。

（六）劳动力市场供需状况

在市场经济条件下，劳动力的供给和其他商品的供给相似，通常都是物以稀为贵。市场是一个很重要的经济杠杆，它决定着商品的价格，人力资源作为一种商品，也应该推向市场，企业员工的收入在很大程度上取决于人才市场上这种人力资源的价格。当市场上某种人才短缺时，该种人才的薪酬水平就比较高。例如，目前我国人才市场上高级技工大约短缺一百万左右，供求失衡导致这类人才的整体薪酬水平上浮。

供求关系决定了人才的价格，价格围绕价值上下波动是市场经济的规律，而决定这个人才价格上下波动的正是劳动力市场的供求状况。当市场上对企业产品的需求增加时，企业会扩大生产规模，使劳动力需求增加，此时企业为招到数量足够、质量合格的劳动力，会提高工资水平。当产品需求下降时，企业对劳动力的需求下降，在其他条件不变的情况下，企业会降低工资并停止招新员工，甚至对原有员工进行裁减。当其他行业或本行业其他企业的薪酬水平上升时，会导致本行业、本企业劳动供给数量的减少。本企业为招募到一定数量和质量的劳动力，将会提高薪酬水平。反之，将降低本企业员工的薪酬水平[2]。

总之，劳动力供求对薪酬水平的影响可以总结为：当社会上可供本企业使用的劳动力总量大于企业需求的总量时，可以降低薪酬水平；反之，则应提高。由于劳动力市场的供求状况不断变化，所以企业的薪酬水平亦随之上下起伏。

（七）民族文化和风俗习惯

不同的国家有着自己独特的民族文化和风俗习惯，其中包含着对薪酬的认识，它对当今企业薪酬确定仍然有一定的影响。当然，民族文化和风俗习惯也在慢慢地发生变迁，它也不

---

[1] 参见：朱琪，刘红英.人工智能技术变革的收入分配效应研究：前沿进展与综述[J].中国人口科学，2020（2）：116-117.

[2] 参见：王自伍.建立适应企业需要的内部薪酬制度[J].石油化工管理干部学院学报，2004（1）：50-53.

断接受新的文化因素,对自身不合理的因素进行调整。文化的变化会影响人们对薪酬的认识,进而影响实际的薪酬确定。在中国,已经逐渐改变了工资分配上的"干与不干一样,干多干少一个样"的做法。在国外,员工老龄化和全球激烈的竞争也对日本的年功序列制提出了挑战,美国受种族和性别因素影响的薪酬体制也受到了猛烈的抨击。

(八) 工会的力量

工会在薪酬管理中的作用主要表现在集体协商制度下,员工组织有权与企业和用人单位就企业员工的薪酬水平、薪酬决定、薪酬差异及分配、支付形式等内容进行集体协商,签订工资集体合同。因此,作为劳动力市场上的一方代表,工会力量、工会的行动直接影响企业薪酬水平的变动[①]。

在西方国家,工会在确定雇员薪资水平上发挥重要的作用,某一地区某一行业的薪酬水平,往往是商会(业主或经理的联合体)与工会谈判的结果。商会势力大,薪酬可能被压低;工会势力大,薪酬可能会提高。根据美国劳动统计署的资料,强有力的工会与资方协商的工资水平与没有工会的劳资双方协商的工资水平存在显著差异,受工会组织保护的员工的收入比不受工会保护的员工高出大约8.9%到12.4%。同时,这一差距随经济情况的变化而不断变化。在高失业率时期,工会组织的作用比较明显,而在经济发展势头较强的时期,这一差距则不太明显。例如,从历史上来看,工会成员的工资经历多次升降:20世纪50年代是员工工资大幅度增长的时期,这一增长趋势在60年代受到了抑制,此后从1969年到1983年,工会成员工资又进入了高速增长期,而从1983年至今则一直处于低速增长期[②]。

在我国,工会主要扮演的是"和平维护者"的角色,其发挥的作用与西方国家有很大的不同,在薪酬问题上更多的是在最低保障、劳动保护、生活福利方面体现员工的利益[③]。

二、组织影响因素

影响薪酬确定的组织影响因素主要包括企业经济效益、企业薪酬政策、企业生命周期、企业战略以及企业文化等。

(一) 企业经济效益

在市场经济中,企业自主决定薪酬分配,企业成员的薪酬水平与企业经营状况、盈利能力密切相关。通常,如果企业成长较快,经营管理状况良好,那么它的劳动生产率自然也较高,经济效益也会令人满意,为了保持企业竞争力和激励员工,此时企业应当支付并有能力支付较高的薪酬;反之,如果企业经营管理紊乱,经营业绩下降,自然经济效益也不会好,那么企业为了降低运行成本,走出经营困境,通常会降低现有的薪酬水平。

经营得好的企业,其薪酬水平相对稳定且有较大的增幅,而那些经营业绩较差的企业,其薪酬水平相对较低且不具有保障[④]。因此,企业的经济效益与企业盈利能力直接相关,企业的盈利能力是企业支付能力的基础,能够影响企业经济效益的各项因素,同时也是决定薪

[①] 参见:李新建.企业薪酬管理[M].天津:南开大学出版社,2003:90.
[②] 参见:陈清泰,吴敬琏.公司薪酬制度概论[M].北京:中国财政经济出版社,2001:329.
[③] 参见:周斌,汪勤.薪酬管理:理论·实务·案例[M].北京:清华大学出版社,2014:43.
[④] 参见:杨剑,白云.激励导向的薪酬设计[M].北京:中国纺织出版社,2002:12.

酬水平的重要因素。影响企业经济效益的因素有:

(1) 企业劳动生产率的变动。当其他因素不变时,企业劳动生产率提高,意味着员工在单位时间内创造财富的增加。这是企业薪资水平提高的基础。

(2) 企业人力资本。现代企业的竞争是人才的竞争,企业人力资本的质量和存量是企业提高经济效益的关键,也是薪资水平得以增长的重要因素。

(3) 企业生产所需原材料价格的变化。作为物化劳动消耗而计入产品成本的原材料,其价格上升或下降都带来企业生产成本的变化,在产品按市场平均价格销售的情况下,其价格变化会直接影响薪资(人工成本)的变化。

(4) 产品的销售状况。销售是实现企业经济效益的关键环节,产品适销对路,质量上乘,供不应求,能加速企业资金周转,促进企业发展,为薪资增长提供必要的资金来源。如果企业不能及时将产品销售出去,大批产品的积压必然带来企业资金周转困难,也影响企业薪酬支付。

(5) 新产品的开发与试制。在市场经济条件下,企业除了要提高劳动生产率,提高产品质量,增加产品数量外,还要组织人力、物力、财力,根据市场变化及时开发、试制新产品,使企业经济效益在激烈的市场竞争中持续稳定提高。企业创新是薪资水平稳定提高的有力保证。

(6) 企业在不同效益水平时期薪资分配上"以丰补歉"的需要,是对薪资水平的一个重要影响因素。由于产品的市场需求以及其他经济状况的起伏变化,企业经济效益也会随之上下波动。在效益好时,应适当控制薪资水平的增幅,留有一定的储备,以保证在效益不好时,员工的薪资仍能有所增加,以利于保持员工的生产积极性。

(7) 企业管理水平对薪资水平的影响。企业的经济效益不仅取决于生产经营状况,也取决于管理水平。企业劳动管理包括劳动组织、编制定员、劳动定额等内容,其目的就是要在生产计划一定的情况下,使活劳动的投入最小;或者是使一定量的活劳动投入能够获得最大限度的产出。显然,劳动管理水平的高低会对企业薪资水平的变化产生重要的影响。

总之,企业的经济效益直接决定了企业的支付能力。企业经营状况良好则支付能力强,员工的薪酬水平就会高且稳定;如果薪酬负担超过了企业的承受能力,那么企业就会严重亏损、停业甚至破产。

(二) 企业薪酬政策[①]

薪酬政策是企业分配机制的直接表现,薪酬政策直接影响着企业利润积累和薪酬分配的关系。在实际运作中,有的企业非常注重高利润积累,而有的企业则注重利润积累和员工收益之间的平衡,所有这些差别都会直接导致企业薪酬水平的不同。

一般的薪酬策略有四种:领先型薪酬策略、跟随型薪酬策略、滞后型薪酬策略。不同的企业可能希望不同的薪酬水平。有些企业希望提供一流的薪酬,他们认为这样才能吸引一流的人才;有些企业希望提供低于行业水平的薪酬,以期保持成本优势。当然,大部分企业会选择"结构性倾斜"的薪酬策略。实际上,许多企业还不止采用一种薪酬策略,而且会根据

---

① 参见:杨剑,白云.激励导向的薪酬设计[M].北京:中国纺织出版社,2002:12.

不同的职业类别制定不同的薪酬策略。一般来说，重要的技术工人的薪酬水平高于市场平均水平，而其他工人等于或低于市场平均水平。

企业确定的薪酬分配形式应该适应本企业总体劳动特点和企业内各类人员的劳动特点。企业薪酬的分配形式的改变会影响薪酬水平随之变化。例如，如果企业的薪酬分配形式从计时制改为计件制，则会在一定时期内导致员工薪酬水平上升；而如果薪酬分配形式从无限计件改为有限计件，则又会导致薪酬水平的下降。

员工的薪酬不仅包括基本工资还包括各种奖金和福利，不同企业提供的员工福利以及各种优惠待遇是不同的，如有的企业为员工提供免费午餐、免费住宿、带薪休假、免费旅游等，而有的企业则缺乏这些项目，这些均会影响到薪酬支付结构及水平。

（三）企业生命周期

企业与人一样也有一个产生、成长、成熟和衰退的过程，在企业发展的不同时期，企业的盈利水平和盈利能力以及企业的远景是不同的，这些差别会导致薪酬水平的差异。

处于创业初期的企业，企业对资金需求量大，希望员工能和其共担风险，其薪酬决定标准倾向于业绩薪酬，通常情况下员工的薪酬水平并不是很高，很多加入企业的人可能是在一个具有领导魅力的创业者的带领下，心甘情愿拿着较低的工资并为企业而奋斗。处于业务成长期的企业，因为对人力资源需求上升，员工薪酬会高于同类型的企业，并且可以不断增长，此时企业如果不增加员工薪酬，很可能在业务急需要人手的时候出现人员短缺，因此用高于同行业的薪酬水平来吸引员工是企业保持发展势头的基础。处于成熟稳定期的企业，企业具有大量的现金收入，企业文化基本成形，管理比较规范，在薪酬的决定标准上，资历、岗位、技能和业绩具有同等重要的地位，员工的薪酬水平一般较高，并且增长较为稳定。处于衰退期的企业，企业的市场份额日渐下降，盈利能力日渐衰退，员工人心不稳。在薪酬的决定标准上，企业以业绩薪酬和技能薪酬为主，一般需要节省开支，员工的薪酬能维持原来的水平已经不容易，大多数员工的薪酬会下降。

（四）企业战略

企业战略是企业面对日趋变化的外部环境，为求得长期生存和可持续发展而进行的总体性谋划。企业的薪酬体系和制度的设计必须以之为依据。企业战略通常可以分为经营战略和竞争战略两个层次，企业所采取的战略不同，其薪酬水平和薪酬结构也必然会存在差异。

1. 企业经营战略

从企业成长方式的两个维度(内部成长和外部成长)和进入业务模式的三个维度(专业化、相关多元化和非相关多元化)进行组合，可得出6种企业成长型经营战略，分别为内部专业化战略、外部专业化战略、内部相关多元化战略、外部相关多元化战略、内部非相关多元化战略和外部非相关多元化战略。

实施内部专业化战略的企业，多处于企业的投入期、成长期，企业知名度较低，风险很高，员工只有获取高于市场水平的薪酬才能弥补其所承担的高风险。

实施外部专业化战略的企业，究其本质是借用其他企业中员工的能力。一方面由于这些员工所具有的能力对本企业而言很重要，处于有利的议价地位，另一方面他们对本企业不一定有长期职业发展需求,因此要对他们进行较好地激励,其薪酬就可能高于市场水平。为了保持内部公平,外方部门员工薪酬的提升也会带动原有企业员工的基本薪酬。

实施内部相关多元化战略的企业,由于企业已处于成长期或之后的阶段,已具有一定的资金支付能力,因此其基本薪酬要高于创业初期,但由于变动薪酬和长期薪酬很低,总体薪酬接近或略低于市场水平。

实施外部相关多元化战略的企业,外方的某些能力对本企业而言具有较强的砍价能力,而本企业对这些能力的控制力又较弱,为了提高他们的工作积极性和创造性,企业倾向于通过提供较高的薪酬来对他们进行激励,这也拉动了企业的整体薪酬水平。

实施内部非相关多元化战略的企业,由于是以内部方式进行发展,并且往往已进入了成熟期,薪酬水平往往高于市场水平,但是非相关多元化导致企业所面临的风险较大,使企业不适合发放高于市场水平的薪酬,因此它倾向于接近市场标准。

实施外部非相关多元化战略的企业,往往进入了成熟期,具有较强的支付能力,同时为了更好地激励外部发展方式进入的员工,往往要给予较高的基本薪酬。因此,企业薪酬水平要高于市场水平。

除了成长型经营战略,企业还存在稳定型经营战略和收缩型经营战略。稳定型经营战略要求企业集中资源于原有的经营范围,维持现有的市场份额和竞争优势,企业往往不强调风险共担,而强调能否维持已有的技能,人员队伍的稳定就变得尤为重要。因此,企业薪酬大多选择较为稳定的基本薪酬和福利,其薪酬水平一般与市场持平或略高于市场水平。收缩型经营战略往往与裁员、剥离以及清算联系在一起,采用这种战略的企业通常面临严重的经济困难,不得不主动放弃某些业务或市场。企业倾向于采用员工薪酬与经营业绩挂钩、降低固定薪酬的比重、实行员工持股计划等措施,鼓励员工与企业共担风险[①]。

2. 企业竞争战略

企业竞争战略主要存在三种类型:成本领先战略、差异化战略以及集中战略。成本领先战略强调通过控制成本的方式获取竞争优势,因此,它会密切关注竞争对手的薪酬状况,本企业的薪酬水平一般不会高于竞争对手,以尽可能地控制薪酬成本支出,薪酬结构以效率工资为主,形成基于成本的薪酬决定制度。

差异化战略强调通过产品或服务的独特性来获取竞争优势,因此,企业对员工的创新能力要求较高,更加注重员工的技能和团队绩效。为吸引、保留和激励相应的技术人才,企业薪酬管理体系一方面要注重提高员工的薪酬水平以增加激励效果,同时也要建立团队薪酬制度和完善的补贴、津贴制度等。

集中战略强调集中于某一产品、服务或消费群体来提升竞争优势,这种战略对员工的专业技术、工作主动性、创新性要求较高。因此,实施集中战略的企业通常给员工支付远超市场平均水平的效率薪酬,并采用基于技术等级的薪酬决定制度,甚至可能采用股权激励、期权激励等长期薪酬激励计划[②]。

---

① 参见:刘艳红,张艳萍.薪酬管理理论与实务[M].北京:电子工业出版社,2016:31.
② 参见:赵曙明,赵宜萱.薪酬管理——理论、方法、实务.北京:人民邮电出版社,2018:30.

（五）企业文化

企业文化是企业在成长过程中形成的企业成员广泛接受的价值观念，以及由这种价值观念所决定的行为准则和行为方式。企业文化影响管理层对薪酬支付的态度、企业管理层的人才观、企业所确定的薪酬制度和薪酬支付方式，这些都间接地影响薪酬水平。在有些企业中，员工收入相对平均，而另外一些公司的员工收入差距却较大；有些企业薪酬水平不高，但集体福利不错，而另外一些公司倾向于增加个人收入却几乎没有集体福利；有的企业给重点引进的人才很高的待遇，而对在企业兢兢业业工作的员工却不重视，所有这些都反映了企业文化的差异。

具体而言，在强调绩效导向文化的企业，薪酬就侧重于激励，奖金的设置比例较大；在强调和谐与集体主义文化的企业，薪酬就侧重于保障，基本工资的设置比例要大。持有效率至上价值观的企业，往往会采取计件工资制度；提倡工作生活平衡价值观的企业，往往会设计更全面的薪酬制度。一个有效的整体性薪酬体系是建立在支持企业的薪酬哲学理念或价值观基础上的，这是使薪酬分配上的大量投资得到正回报率的必要条件。

三、员工个人因素

企业设计薪酬除了考虑环境因素和企业因素之外，还必须考虑企业员工自身的因素。员工的差异直接决定了薪酬的差别。员工之间的差异主要表现在两大方面，一个是员工所从事的岗职差异，另外一个是员工个体特征差异。

（一）员工岗职差异

岗职差异主要表现为各岗位、职务在工作繁简和难易、责任轻重、危险与否以及劳动环境艰苦还是轻松等方面的差异。不同岗位的薪酬是不同的，某些岗位繁、难，担负责任重大，工作环境艰苦而且具有一定危险性，其薪酬应高一些，反之，则应低一些。职务既包括权力，同时也负相应的责任。权力是以承担相应的责任为基础的，责任是由判断力或决定能力而产生的。通常情况下，职务高的人权力大，责任也较重，因此其薪资水平相对也较高。例如，决策层领导可能会采用年薪制或者再加上一定股份，生产工人有可能采用计件工资，销售代表则以提成为主要的发薪方式等。

（二）员工个体差异

个体差异主要体现在年龄、性别、工龄、资历、文化程度和专业技能等方面的差别。由于个体差异，即使从事同一个工种的个体之间的薪酬水平也未必一致。个体差异的表现形式有以下几个方面。

（1）员工工作成绩，即劳动贡献大小。员工的劳动质量高、成果多、劳动量大，其薪酬水平就高；反之，薪酬水平则低。不管按时计酬、按件计酬还是按绩效计酬，通常工作量较大时，薪酬水平也较高。这种现实的工作量差别是导致薪酬水平高低差别的基本原因[①]。

（2）工作经验。总体看来，工作经验丰富的员工的薪酬要高于刚参加工作的员工，这主要是补偿员工在职学习技术时所耗费的时间、体能、金钱和机会，甚至是员工所承担的心理

---

① 参见：冉斌.薪酬设计与管理[M].深圳：海天出版社，2002：13.

压力等直接成本,以及因学习而减少收入所造成的机会成本。另外,工作经验丰富则工资高的政策还具有激励员工的作用,促进员工积极主动地学习新技术,提高生产效率。

(3) 工作年限。在企业工作时间较长的员工,积累的职务经验及技巧等对企业具有更大的相对重要性,薪酬也肯定会高一些。连续计算员工工龄工资的企业,通常能通过年资起到稳定员工队伍、降低流动成本的作用。

(4) 工作技能。商场如战场,企业之争便是人才之争,谁拥有优秀的人才谁就能在商场上自由驰骋,因此掌握关键技能的人才成为企业发展的利器,也是企业竞相争夺的对象。通常拥有核心技能的人才,企业愿意以高薪聘请,所以那些工作技能超群、具有良好市场竞争力的员工所获得的薪酬水平比一般员工要高。

(5) 员工接受的教育水平。员工接受的教育水平在实际中表现为学历,它反映员工掌握的文化知识水平的高低,也是企业用来识别人才潜在的劳动能力的标志之一。一般而言,学历高的员工,智力投资相对较多,工作潜力大,薪酬相应高一些是合理的,因为这样既能补偿员工学历投资的成本,又有利于鼓励员工学习科学文化知识、提高素质、促进企业发展。

(6) 员工身体、性别差异。身体健康状况好的员工比较容易胜任繁、难的工作,薪酬自然要高些;反之,薪酬则会低些。由于性别不同,应按不同性别安排力所能及的工作,如果在相同职位上出现由于性别不同而工作效果不同的情况,那么薪酬也应有所差异。性别差异应具体用劳动差别来衡量,要确保同工同酬,消除薪酬分配上的性别歧视。

(7) 发展潜力。企业对员工支付的薪酬并不总是针对员工现时的绩效,有时也会考虑到与员工发展潜力相关的未来绩效。被企业领导认定有较大发展潜力者,可以得到较多的非货币形态的薪酬。

本章小结

本章主要回顾了经济学中薪酬确定的相关理论,分别介绍了从早期的最低工资理论、差别工资理论、马克思的工资理论以及工资基金理论到现代的集体谈判薪酬理论、人力资本理论和最优薪酬契约等理论,同时概述了企业确定薪酬应该遵循的一些基本原则,它们主要有传统的公平性、激励性、竞争性等原则,以及现代的团队分享、隐性报酬和战略导向等原则,在第三节分析了影响企业薪酬制定和员工薪酬高低的因素,主要包括环境因素、企业因素和个人因素。

 复习思考题

1. 请描述古典经济学家在薪酬确定上的观点。
2. 请举例描述现代经济学家在薪酬确定上的观点。
3. 马克思的薪酬理论主要有哪些观点?
4. 请指出经济学与管理学在对薪酬确定的观点上存在哪些差异?
5. 企业制定薪酬应该遵循哪些基本原则?

6. 什么是公平性原则,它包括哪些方面?
7. 影响企业薪酬制定的企业影响因素有哪些?
8. 请结合您身边的例子来说明个体差异对薪酬水平的影响。

案例讨论

X公司位于安徽合肥,是国内防爆电气产品较完整的专业生产经销企业之一,公司的主要业务是以直销方式对防爆电器、防爆灯具、防爆管等产品成立直销队伍进行销售。X公司的管理架构是总经理负责制,下设销售部、采购部、人事部和工程部。目前,X公司的薪酬体系包括基本工资、岗位工资、工龄工资、考勤、年终奖和福利补贴,实施工资总额管理;根据公司的薪酬总额设定,保证每一位员工都可以拿到入职时公司承诺的最低工资,在年终,如果员工的工资没有达到承诺的最低工资水平,会以年终奖的形式补全,如遇公司业绩不好时,工资整体水平下降。公司薪酬具体标准如下:

(1) 基本工资+岗位工资

基本工资固定不变,岗位工资根据员工的所在职位来确定。具体情况如下:

表2-1 X公司基础工资情况

职位	基本工资(元)	岗位工资(元)	基础工资(元)
总经理	4 000	3 000	7 000
副经理	3 000	2 500	5 500
销售经理	2 000	2 000	4 000
销售专员	1 500	1 500	3 000
采购经理	2 000	2 000	4 000
采购专员	1 500	1 500	3 000
物流专员	1 500	1 500	3 000
人事经理	2 000	2 000	4 000
人事专员	1 500	1 500	3 000
行政专员	1 500	1 500	3 000
工程经理	2 000	2 000	4 000
工程专员	1 500	1 500	3 000

(2) 工龄工资

该项工资以员工为公司工作的年限情况为依据,为员工设置一种奖励性的工资,与员工的工作年限呈正相关。X公司规定,在公司工作5到10年的员工,每年享受500元的工资补贴,在公司工作10年以上的员工,每年享受1 000元的工资补贴。

(3) 津贴和福利现状

X公司为了激励员工,薪酬制度中有一定的福利的设置,包括节假日福利,生日福利,五险等;还包括少量的午餐补贴,加班补贴。

经过多年的发展,公司原有的管理体系与企业的发展需要越来越不相适应,尤其是员工对薪酬的抱怨成了管理层与员工矛盾的焦点。一方面,员工觉得工资较低;另一方面,大量员工抱怨公司付薪不公平。这些问题已经严重影响到了企业员工队伍的稳定和工作积极性,特别是销售人员流动性较大,往往好不容易培养起一个高水平的销售人员,就会因为各种各样的原因被其他公司挖走或者员工自动离职、跳槽,公司的发展受到了极大的影响。决策层既感到事态的重要与紧急,又不知道问题出在哪里。

问题:作为人力资源管理者,你认为X公司出现这些人才流失、员工不满问题的原因是什么?

解析思路:

X公司的问题绝不是个别现象,而是在一大批国内企业(特别是中小企业)中普遍存在的。归结起来,这些问题主要根源于企业的薪酬体系比较粗放,在薪酬制定方面违反了诸多薪酬确定的原则。

例如,X公司为了使每一位员工拿到入职时公司承诺的最低保障工资,在年终的时候会以年终奖的形式补足差额,即员工的奖金与他们的业绩不存在直接的联系,只作为员工拿到最低工资的保障,不符合薪酬决定的激励性原则。

又如,从X公司的薪酬标准发现,同一岗位员工的基础工资基本相同,不同岗位的基层员工或者管理层员工工资也相同,个人的绩效、技能、能力在薪酬上得不到相应的体现,也没有考虑到岗位的相对价值和工作的难易程度。这种同岗同酬、异岗同酬的设定,违反了薪酬决定的公平原则,极大地打击了员工的工作积极性。

再如,X公司的主营业务和目标市场较为集中,宜采用集中战略来提升竞争优势,一方面需要销售人员进行市场开发,发掘潜在客户,扩大市场份额;另一方面需要工程维护人员提供优质的服务。因此,公司需要给予销售与工程员工更高的薪酬待遇,以提高他们的工作主动性与创新性。然而,较低的工资待遇以及异岗同酬的薪酬设计,不仅缺乏外部竞争力,也难以体现公司的战略导向。

第三章 职位评价

本章结构图

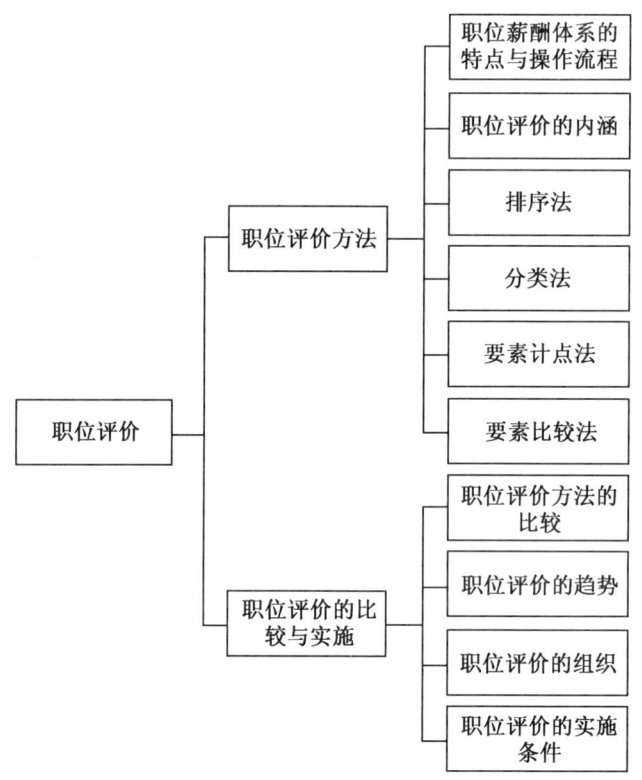

开篇故事

西格玛公司(Sigma, Inc.)是一家专长于遗传工程的中等规模的生物技术公司，1996年由罗格·史密斯博士(Dr. Roger Smith)创立。史密斯博士至今仍是公司的CEO，并始终积极参与所有的雇佣和薪酬决策。他反复跟一线经理们强调，西格玛公司"要不惜一切代价招募市场上最优秀的人才"。

过去的一年中，史密斯发现公司的"家庭友好氛围"受到了破坏，对公司不满意的员工数量在逐渐增加。仅在过去一个星期就有三条与薪酬相关的抱怨/投诉，史密斯猜测这只是冰山的一角。第一条投诉来自一位在西格玛工作了五年的软件开发师。最近有一位新雇用的软件开发师工资比他高了15%，这使他感到很不舒服。史密斯解释说，这样高的起薪是为了在人才紧缺的劳动力市场中从其他公司吸引高端的、有经验的程序编制员。第二个投诉来自一个软件工程师，他感觉西格玛最优秀的技术人才——可以说是生物技术公司的生命线——在薪酬上受到不公平对待，因为一线主管（用他的话来说，通常都是"失败的工程师"）的工资比他们高30%。第三个投诉者是一位从西格玛创立就在该公司工作的秘书长，她对车间清洁工的工资比她高感到非常恼火。史密斯给她的解释是，低工资招不到既可靠又愿意清理和处理那些危险化学品的工人，她对史密斯的解释理由很不满意。另外，一位49岁的老工程师由于业绩不好被公司解雇了，他投诉公司存在年龄歧视，声称公司在用那些拥有短期签证并愿意以更低的工资工作的印度员工来替代年长的、工资较高的员工。如何协调不同岗位人员的薪酬问题，成为公司面临的重要挑战。

在第一章中，我们把薪酬划分为基本薪酬、可变薪酬、福利薪酬三个部分。在整个薪酬体系中，基本薪酬是最基础的部分，它不仅反映了薪酬与企业以及工作设计之间的关系，而且是可变薪酬甚至是福利薪酬的确定基础。基本薪酬决定了企业的薪酬系统的性质，同时也是实现组织薪酬内部一致性的主要手段之一。企业决定基本薪酬有三种可供选择的标准，即职位、技能和能力，并相应地形成了职位薪酬体系、技能薪酬体系和能力薪酬体系。本章主要介绍职位评价，第五章则介绍基于职位、胜任力和绩效的薪酬设计。

第一节　职位评价方法

本节主要介绍四种基本的职位评价方法。比较而言，排序法和分类法的操作比较简单，而要素计点法和要素比较法比较复杂。我们对前两种方法做简要介绍，而更详细地介绍要素计点法中的技术环节。

一、职位薪酬体系的特点与操作流程

所谓职位薪酬体系是指这样的一种基本薪酬的决定制度：根据员工在生产过程中的不同职位的工作难易、技术业务的复杂程度、责任大小、劳动繁重等条件，对职位价值作出客观的评价，然后再根据这种评价的结果来赋予承担这一职位工作的员工与该职位的价值相当的薪酬。

职位薪酬体系是一种传统的确定员工基本薪酬的制度。它最大的特点是员工担任什么样的职位就得到什么样的薪酬。与新兴的技能薪酬体系和能力薪酬体系相比，职位薪酬体系在确定基本薪酬的时候基本上只考虑职位本身的因素，很少考虑员工能力的因素。在这种薪酬制度下，有些员工个人的能力可能会大大超过其所担任的职位本身所要求的技术或资格水平，但是在职位没有变动的情况下，他们也只能得到与当前工作内容对等的薪酬水平。因此，职位薪酬体系实际上暗含着这样一种假定：某一种职位工作的员工恰好拥有与工作的难易水平相当的能力，它不鼓励员工拥有跨部门的其他技能。

职位薪酬体系的设计步骤主要有四个：第一，搜集关于特定工作性质的信息即进行工作分析;第二,按照工作的实际执行情况对其进行确认、界定以及描述即编写职位说明书;第三,对职位进行价值评价即进行职位评价或工作评价;第四,根据工作的内容和相对价值对它们进行排序即建立职位结构。这一流程我们用图 3-1 来描述。

图 3-1　职位薪酬体系的设计流程

工作分析和职位说明书是薪酬设计的重要环节,由于它们在《人力资源管理》课程中有较为详细的介绍,本书将不再赘述。在职位薪酬体系建立中,职位评价是最为关键的环节,也是本章介绍的重点。

二、职位评价的内涵

职位评价,也称为职位评估、岗位评价、工作评价,是 20 世纪 60 年代初由发达国家的工业工程专家提出的,它是一种技术性管理方法,对职位进行研究和分级,企业据此决定一项工作与其他工作的相对价值,以便为合理的工作结构奠定基础。它把劳动者的负荷与紧张的概念抽象化,把职位系统化(人—机—环境),使职位之间具有可比性。目前这种技术方法在美国、德国、日本等国得到了广泛应用。

从人力资源管理的角度看,职位评估目的包括:

(1) 支持工作流程。职位评价过程通过使每一个职位的报酬与对企业的相对贡献合为一体,并且为新的、唯一的或变化的职位设定工资水平来支持工作流程。

(2) 平等对待员工。职位评价通过建立一个可行的、一致同意的、能减轻随机、偏见、误差对工资设定的影响的工资结构,以减少员工对职位间报酬差别的不满与争端。

(3) 根据企业目标指导员工行为。职位评价能向员工指明企业重视他们工作的哪个方面,以及哪些方面有助于企业的战略与成功。提高员工对于什么是有价值的认识,职位评价还有助于员工适应企业的变化。

(4) 为不同公司内部相似的职位间薪酬水平的比较提供依据,同时帮助人力资源管理者在人才市场上雇用员工时做出正确决策。

(5) 遵从相关薪酬法规的规定,并为管理者与工会组织的薪酬谈判提供理论依据。

关于职位评价的目的可以很好地体现在下面的一段表述中:"工作评价不能消除供求关系对工资水平的影响,但它可以根据每种职业、每个工种的内在要求,把他们分类、定级。工作评价并不对每个级别的合理工资制订标准,但它指出什么级别应当获得较高工资。它力图为建立工资结构提供公正的方法。公正体现在:如果一项工作需要相同的努力、技术和责任心,劳动报酬就应相同;而如果需要的标准提高,工资也应当提高。工作评价的目标是要实现同工同酬。"[①]

职位评价正是基于这样一些基础之上被用来作为确定基本薪酬的依据:第一,根据职位

---

① 联合国国际劳工组织职工教育读本.工资[M].北京:中国劳动出版社,1991:66.这里的"工资结构"是指工资差别或工资关系。

对组织目标的达成所做出的贡献大小来支付薪酬的做法是合乎逻辑的;第二,在基于员工所承担的职位的相对价值来确定员工的报酬的情况下,员工们会感到比较公平;第三,组织能够通过维持一种基于职位相对价值的职位结构而促成企业目标的实现。

职位评价的方法分为定性评价法和定量评价法。所谓定性评价法是指那些仅仅从总体上来确定不同职位之间的相对价值顺序的职位评价方法。而定量评价法则是通过一套等级尺度系统来确定不同职位的价值多少和差距。定性评价法有两种,即排序法(Ranking Method)和分类法(Classification Method);定量评价法也有两种,即要素计点法(Point-factor Method)和要素比较法(Factor Comparison Method)。

三、排序法

排序法是一种最简单的职位评价方法,它是从整体价值上,将各个工作职位进行相互比较,最后将职位分为若干等级的方法。这种方法由阿瑟·杨和乔泊·凯尔蒂于19世纪20年代初率先使用。当时他们并没有采用常规的固定标准来衡量各项职位的价值。后来,其他公司在采用该方法时开始设立一些常规标准用于职位的价值衡量。

(一) 排序法的分类

排序法包括三种基本的类型,即直接排序法、交替排序法和配对比较排序法(两项比较法)。

直接排序法是指简单地根据职位的价值大小从高到低或者从低到高对职位进行总体上的排序。

交替排序法又称为两极分配法,就是将各种职位按其价值在排列的两极分布。通常,职位评价者们就哪些职位价值最高、最低和次高、次低取得共识,然后按此标准分配所有职位。下面通过表3-1举一个简单的例子。在该表中,评定者认为需评定的6个职位中,焊工的工作最重要,而接待员的工作员最不重要。因此评定者将这两个职位列在最两端,然后在剩下的四个职位中继续进行这一分配,直至将所有的职位分配完毕。

表3-1 交替排序法的示例

待排序的职位	排序结果
	价值最高的职位
剪切机工	焊工
电工	电工
冲床工	……
焊工	……
磨床工	……
接待员	接待员
	价值最低的职位

配对排序法是首先将每个需要被评价的职位都与其他所有职位分别加以比较,然后根据职位在所有比较中的最终得分来划分职位的等级顺序。评分的标准是,两两相比,价值较

高者得1分,价值较低者得-1分,价值相同者得0分。表3-2为某企业的六个岗位的配对排序表。根据所得分数,确定六个岗位从高到低的排序为 A、D、E、C、F 和 B。

表 3-2 某企业六个岗位的配对排序表

工作职位	A	B	C	D	E	F	总分
A		1	0	1	1	1	4
B	-1		-1	-1	0	-1	-4
C	0	1		-1	-1	0	-1
D	-1	1	1		0	1	2
E	-1	0	1	0		1	1
F	-1	1	0	-1	-1		-2

(二) 排序法步骤

一般地,排序法遵循这样的操作步骤:

(1) 由熟悉被评价职位的人员组成评定小组,并做好准备工作。

(2) 了解情况,收集有关职位方面的资料、数据。

(3) 按评定人员事先确定的评判标准,对本企业同类职位中的各职位的重要性作出评判,以最重要的排在第一位,次要、再次要的顺序往下排列。

(4) 将每个职位经过所有评定人员的评定结果汇总,得到序号后,再将序号和除以评定人数得到每一职位的平均序数,最后,按平均序数的大小,由小到大评定出各职位的相同价值的次序。

例如:由甲、乙、丙三人组成的评定小组对 A、B、C、D、E、F 和 G 等七个岗位进行评定。结果如表3-3所示。根据表中计算结果,被评定的7个职位的相对价值,按重要性由大到小排列次序依次为 A、B、D、C、F、E、G。

表 3-3 排序法统计分析表

岗 位	A	B	C	D	E	F	G
甲评定结果	1	3	4	2	5	6	7
乙评定结果	2	1	4	3	—	5	—
丙评定结果	1	—	2	3	6	4	5
评判序数总和	4	4	10	8	11	15	12
参加评定人数	3	2	3	3	2	3	2
平均序数	1.3	2	3.3	2.67	5.5	5	6
岗位相对价值次序	1	2	4	3	6	5	7

(三) 优缺点及适用范围

这种方法的最大优点是简单,而且能很快地为建立合理的工资结构提供一个能接受的基础,容易跟员工进行沟通。另一个优点是每一个职位是作为一个整体来进行比较,因而不需要将职位分成组成要素,这样就减少了错误和争论。

排序法的缺点是准确度较差。因为此法完全凭借评定人员的经验和认识,主观地进行评价,而评定人员的组成和各自的资格条件、能力并不是一致的,这必然会影响评定结果的准确程度。而且此法缺乏严格详细的评判标准,使评定结果伸缩性很大,特别当某一职位受特殊因素的影响时(如在高空、高温、高寒或在有害、有毒的环境下工作)常会将职位的相对价值估计过高。

正是由于这些原因,排序法不适宜在大企业中应用,适用于生产单一、工作职位数量较少的中小企业。

四、分类法

分类法(或称为等级描述法)是排序法的改进,它是根据事先确定的类别等级,参考职位的内容进行分等。分类法的主要特点为:各种级别及其结构是在职位被排列之前就建立起来。对所有职位的评估只需参照级别的定义把被评估的职位套进合适的级别里面。所以从这种角度看,分类法类似于先造好一个书架(总体职位分类),然后对书架上的每一行中所要放入的图书用一个标签(职位等级描述)来加以清晰的界定,最后再把各种书籍(职位)按照相应的定义放入不同的横排中。

(一) 分类法的工作步骤

1. 确定合适的职位等级数目

无论是对同一种性质的工作还是对包括各种性质工作在内的组织整体,都要确定等级数目。等级的数目取决于工作的性质、组织规模大小、职能的不同和工资政策。在一般情况下,职位的类型越多,职位间的差异越大,所需要的等级就越多,反之则越少。除此之外,企业对于职位等级设计的战略思路也会影响企业内部的职位等级的数量。这整个环节中,没有对所有组织都普遍适用的规则。

职位等级一般分成两种类型:分层式等级类型和宽泛式等级类型。传统的金字塔形的组织结构属于分层式等级类型,它非常强调组织内部的等级以及官僚结构,因此,职位等级比较多。这种等级类型在成熟的企业中常见。实行宽泛式等级类型的企业,职位呈现平行形,职位等级的划分则不那么细致,只要职位等级能够大体反映职位间的差异即可,这种等级类型借助各种不同的职位去安排员工,企业更为重视员工的工作能力[①]。

2. 等级定义

等级定义是给建立起来的职位等级作出职位分类说明,它通常是对职位内涵的一种较为宽泛的描述,表明可以被分配到本等级中来的职位所承担责任的性质、所承担职责的复杂程度以及从事本等级中的这些职位上的工作所需要的技能或者职位承担者应当具备的特征。

等级定义是在选定要素的基础上进行的。因此,首先要确定基本要素,以便通过这些要素进行等级定义或分类说明。这些要素主要是:职位内容概要、所承担的责任、技术要求、智

---

① 关于职位等级的确定,我们在后面的内容里有更为详细的介绍。而宽泛式等级结构实际上对应了即将在第五章中介绍的宽带薪酬,所以我们将在第六章中进行介绍。

力要求、所接受的指导和监督、需要的培训和经验等等。

等级定义是分类法中最重要、最困难的工作，要求极高，它必须使两个等级之间的技术水平和责任大小显而易见。相对于其他工作来说，等级定义花费的精力最多，时间最长。表3-4列出了根据工作名称按照升级进行排列的五种等级分类。

表3-4 职员等级分类的说明

职位等级	等级定义
三级职员	集中注意日常工作，快速而准确，在监督下工作，可能或不可能对最后结果承担责任。
二级职员	不受他人监督，对工作细节十分通晓，有特别的工作技能。人员思想高度集中，特别准确、快速。
一级职员	必须具备二级职员的特点，承担更多的责任。
资深职员	从事技术性和多种多样的工作，偶尔要独立思考并从事困难的工作。这就要求具有特殊的办公室工作能力，并对所在部门的工作原则和业务基础有透彻的了解，在任何范围内都不受他人监督，工作只受有限的检查。人员可靠，值得信赖，足智多谋，能够制定决策。
杰出职员	那些从事或有能力完成工作的主要部分的人员。对工作的综合要求是更能独立思考，而且能够超出监督或日常工作的范围去考虑更深入的问题。

资料来源：康士勇.工资理论与工资管理[M].北京：中国劳动出版社，1998：327.

3. 评价与分类

这个阶段是评价职位，并与所设定的等级标准进行比较，将它们定位在合适的职位等级中恰当的级别上。这要求评价人阅读职位说明书且与上述相关职位等级定义加以对照，并依照评价人对该职位工作的相对难度、所承担的职责，以及必备的知识和经验的理解，将每项职位工作分配到一个与该职位的总体情况最为贴近的职位等级中。

（二）优缺点及适用范围

分类法的优点是简单，费用少，并容易理解，同时不会花费很多的时间，也不需要技术上的帮助。相对于排序法，分类法更准确、客观，因为等级定义都是以选定的要素为依据的，还由于等级的数目及其相互间的关系能在各个职位划分等级之前就确定了，所以等级结构能真实地反映有关组织的结构。

它的缺点是不能清楚地定义等级，因而造成主观地判断职位的等级。分类法经常给主观地判断职位等级留下相当大的余地，这将导致许多争论。分类法可用于多种职位的评定，但对不同系统（类型）的职位（比如管理类型职位和技术类型职位）评比存在着相当大的主观性，使其准确度较差。

在一个较小单位，工作不太复杂或种类不多，以及受到时间和财力的限制不能采用其他方法时，就可以利用分类法。

五、要素计点法

要素计点法，也称点数法、点体系，我国也有称之为薪点法的。该法首先是选定职位的主要影响因素，并采用一定点数（分值）表示每一因素，然后按预先规定的衡量标准，对现有职位的各个因素逐一评比、估价，求得点数，经过加权求和，得到各个职位的总点数，最后根据每一个职位的总点数大小对所有职位进行排序,即可完成职位评价过程。

(一)要素计点法的工作步骤

1. 进行工作分类

根据组织中各职位的工作性质的差异,对各职位进行归类。例如美国管理技术学会制定的"国民职位评价方案"把企业人员划分成四类,即生产维修、仓库、销售、服务人员;办公室、技术和业务部的一般人员;高级业务技术、管理人员;总经理等最高级管理人员。

2. 确定职位评价的薪酬要素

薪酬要素是一个企业中多种不同的职位中都存在的、愿意为之支付报酬的一些具有可衡量性质的质量、特征、要求或结构性因素。

由于在薪点方案中,薪酬要素非常关键,发挥着中心作用。从战略薪酬的角度来看,它应该是指那些在工作中受企业重视,有助于追求企业战略并实现其目标的特征。因此,一个企业为了选出合适的薪酬要素,需要弄清楚具体是工作的哪些方面增加了价值。确定薪酬要素时必须要注意以下方面:

(1) 以工作本身为基础。包括两个方面的内容:一是要考虑员工的参与性。员工是任何一个组织在其所开展工作领域内的专家。因此,确定薪酬要素时寻求他们对工作本身重视什么是非常重要的。二是薪酬要素的确定既要考虑要素在各个职位的共通性又要考虑到差异性。前者指的是,薪酬要素必须对准备在某一既定职位评价系统之中进行评价的所有职位来说具有共通性,如果只适用于小部分职位的薪酬要素可能会造成歧视。后者指薪酬要素在不同职位上有所差别,例如"工作环境"对于评价工作环境类似的管理类职位来说可能不是很必要的,但是对于同时评价生产类和管理类职位的职位评价系统来说就是非常必要的。

(2) 以企业的战略和价值观为基础。薪酬要素应当是有助于实现企业战略目标的。例如,战略中提出要"提供创新性的、高质量的产品与服务,以及与顾客和供应商相协作",那么,对产品创新、与顾客交往有较大责任的职位就应有较大的价值,这些要素将是薪酬要素。任何一个企业的领导层是有关公司应朝什么方向发展以及如何发展的最佳信息源泉。领导层认为在工作中哪些有利于创造价值的薪酬要素至关重要。薪酬要素一定要巩固企业的文化和价值观,以及企业业务分析和工作特性。同样,企业及其战略方向的变化也可能需要报酬作出相应的变化。而如果某些要素不再支持业务战略,就应该将其剔除。

(3) 利益相关者能够接受。工资结构得到员工与管理者的接受和认可是非常重要的。各职位在工资结构用于定位的薪酬要素也要得到认可。这一方面要求确定薪酬要素的过程中保持科学、公正的标准,另一方面要求管理者做好薪酬管理的沟通工作。

(4) 薪酬要素必须是能够得到清晰界定和衡量的,并且那些运用薪酬要素对职位进行评价的人应当能够一致性地得到类似的结果。例如,仅仅以职位所要求的"理论与技术知识"作为对职位进行评价的要素就不能清楚、全面反映职位对于企业的贡献,评估的操作性不强。

(5) 薪酬要素之间不能出现交叉和重叠。交叉和重叠可能会导致某些薪酬要素被重复计算,出现歧视问题。但是完全消除薪酬要素之间的交叉和重叠现象也是不可能的,因此我们尽量通过薪酬要素权重的设计来将这种情况的发生控制在最低程度。

确定薪酬要素时还需要考虑的问题是：应该有多少项薪酬要素？一项研究表明，一个含有21个要素的方案与一个只有7个要素的方案所制定出的职位结构是完全一致的。甚至只需要三个要素，就能将这些职位正确地分类。20世纪40年代的研究表明，单一的技能维度能够解释90%以上的职位评价结果的差异，而三个要素通常就能说明98%～99%的差异[①]。然而，在得知这个结论后，某家公司仍然决定继续采用这一有21个薪酬要素的方案，原因在于只有该方案才能得到员工的认可，而且能够达到目的。因此，薪酬要素数量的确定不是一个孤立的问题。总体而言，薪酬要素的数量，应当遵循择优的原则以便于管理。过多的薪酬要素数量会加大职位评价者的负担，而且未必对评价结果的有效性有太多的帮助。因此选择适当数量的薪酬要素是很重要的。

此外，职位的薪酬要素可能会进一步细分为二级要素。一个行业、企业应把薪酬要素细分为哪些细小因素，应视行业、企业的不同具体情况而定。

我国劳动部关于进行职位技能工资制试点工作的通知（劳薪字〔1992〕8号）附件《职位技能工资制试行方案》，将各类职位、职位劳动对职工的要求和影响综合归纳为技能、责任、强度、工作条件四项基本薪酬要素，并且细分成14项子要素。

（1）技能。技能是指完成某种职位的工作所需具备的经验、能力以及教育水平。主要包括不同职位、职务对职工所要求的：

① 受教育（培训）程度，指文化知识水平和专业技术水平；

② 实践经验，指工人、管理人员和专业技术人员的工作经历和人事专门工作的资历，工作经验的积累程度；

③ 实际工作能力，指工人的实际操作能力，管理人员的组织管理能力和专业技术人员解决实际问题的能力以及研究能力。

（2）责任。责任表达的是组织对于员工按照预期要求完成工作的依赖程度，强调职位上的人所承担的职责的重要性。责任包括经济责任和指导责任两个子要素：

① 经济责任，指职位对产量、质量、资金使用、材料消耗等方面承担的责任

② 指导责任，指职位在指导、管理、监督他人工作的程度和被指导、管理的程度。

（3）强度。主要指在单位时间内不同职位或职务的体力或脑力的消耗量，包括如下四个子要素：

① 体力、脑力劳动紧张程度；

② 过劳程度；

③ 劳动姿势；

④ 工时利用率。

（4）工作条件。工作条件是指职位上的人所从事工作的伤害性以及工作的物理环境，包括三个子要素：

① 风险程度，包括矿山井下、隧道作业、高空、高速、潜水、海水作业、接触易燃易爆物等；

---

① LAWSHE C H. Studies in Job evaluation: II. The adequacy of abbreviated point ratings for hourly paid jobs in three industrial plans[J]. Journal of Applied Psychology, 1945, 29: 177-184.

② 危害程度,包括接触高温、辐射热、低温、粉尘、噪声,接触其他有毒有害因素等;

③ 自然地理环境和不同工作班次对劳动者生理、心理损害程度,包括高原、野外、海上、飞行等作业环境和长期夜班、倒班等。

美国管理技术协会在20世纪40年代制订的《国民职位评价方案》把一般生产、维修、仓库、销售、服务方面的职位要素归纳为四大类:即智能(包括知识、技能、经验三个子要素);责任(包括对仪器设备责任、对材料或产品责任、对他人安全责任和对他人工作责任四个子要素);体能(包括体力、注意力集中程度两个子要素);工作环境(包括工作条件和危险性两个子要素)。以及另外两个类型的职位族"办公室、技术和业务部的一般人员"与"高级业务技术、管理人员",包括的薪酬要素详见随后的表3-6、表3-7和表3-8。

3. 确定薪酬要素的等级数量并界定各等级水平

职位的薪酬要素确定后,就需要确定每个要素的等级数量,并清晰界定各等级的水平。确定薪酬要素的等级数量的基本原则是:等级数量应当能够反映出企业内部所有被评价职位在该薪酬要素上的差异程度。因此,差异程度越大,则薪酬要素的等级数量就应越大,反之则相对较少一些。比如,某企业的所有职位在工作条件上的差异都不是很大,那么工作条件这一薪酬要素划分三个等级就足够了。但是如果在一个不同职位的工作条件相差很远的企业中,工作条件也许需要划分五个等级甚至更多等级才能反映不同职位在该薪酬要素上的差异。一般地,薪酬要素细分成4~6个不同的等级。表3-6、表3-7和表3-8也表明了相应职位族的薪酬要素的等级划分。

确定薪酬要素的等级水平数量的同时,还需要对每个等级水平进行界定。例如,美国国家金属贸易协会为"知识"这一要素划分的等级如表3-5所示。

表3-5 美国国家金属贸易协会"知识"要素量表

	知识:执行某些任务时所需要的知识或相应的培训
等级1	所有整数的读、写、加、减;遵循一定的指示;适应固定的规格标准、直接阅读工具和类似设备;无须给出解释;
等级2	对数字的加减乘除;简单使用公式、图表、绘图、规格说明、进度表和线路图;使用可以调节的测量仪器;对报告、表格、记录以及可比数据的检查;需要一定的解释;
等级3	数学与复杂图表的综合运用;使用多种类型的精密测量仪器;在一个特殊的专业化领域有相当于1~3年的实际贸易培训经验;
等级4	高级贸易数学与复杂图表、绘图和手册上公式的结合运用;使用任何类型的精密测量仪器。在一个人们认可的贸易、技艺、行业内达到初级专业水平;或相当于受过2年技术院校教育的水平。
等级5	更高等级数学的运用,包括工程学原理的应用,以及相关实际操作的演示,要求有机械、化学或类似工程学等方面理论的综合知识。相当于4年的技术院校或大学教育的经历。

资料来源:Gerge T Milkovich,Jerry M Newman. 薪酬管理[M]. 董克用,等译. 北京:中国人民大学出版社,2002:115.

界定各等级水平时应注意:(1)界定各等级时运用容易理解的术语;(2)使用基本职位的名称来规定等级的定义;(3)使人们非常清楚如何将这些等级运用于各类职位。

4. 确定各薪酬要素的相对价值

权重代表了不同的薪酬要素对于总体职位评价结果的贡献程度或者是所扮演角色的重要性程度。因此,确定各薪酬要素的相对价值就是把总共100%的权数在各要素之间进行分配,从而确定每个要素的权重。比如,前面提到的美国的《国民职位评价方案》中的"生产、维修、仓库、销售、服务人员职位"中各薪酬要素的权重为:智能50%;体能15%;责任20%;工作环境15%。

权数的大小取决于企业的实际情况以及各类职位的性质和特征。例如,对于行政系列来说,"心理需求"要素的权重要大大高于"身体要求",而对于车间职位系列来说,很可能正好相反。因此,通常由评价小组来仔细研究要素及其等级定义,然后决定每个职位系列中各要素的权重。

下面是确定权重的一种常用的方法。

(1) 权重最高的要素赋值100%,然后根据相对第一个要素重要性的百分比,确定序列次高要素的赋值,以此类推。例如:决策—100%;解决问题—85%;知识—60%。

(2) 各赋值加总(在此例是:100%+85%+60%=245%)。然后照下列方法将其转化为100%值:

决策:　　　100/245＝0.408 2×100％＝40.8%
解决问题:85/245＝0.346 9×100％＝34.7%
知识:　　　60/245＝0.244 9×100％＝24.5%
总值:　　　　　　　　　　　　100%

5. 确定各要素及各要素不同等级的点值

首先,应先确定各报酬因素点数之和,即总点数。总点数实际上是"假定"一个职位的点值,这个职位在每一个薪酬要素上都处于该薪酬要素的最高等级水平。目前,英国、美国使用的总点数为500点,我国台湾地区为600点。总点数的多少并不影响最后确定职位结构。一般,总点数多少,以便于划分工作等级和转换货币工资为原则。如果被评价的职位数量比较多,而且价值差异比较大,那么需要使用的总点数就应该比较高一些。

其次,确定各薪酬要素的点值。将各要素的权数与总点值相乘即得到该薪酬要素的点值。薪酬要素的点值实际上反映了该薪酬要素最高等级水平被赋予的点值。

第三,确定各薪酬要素不同等级水平对应的点值。我们还需要相应地确定各薪酬要素其他等级水平对应的点值数。完成这项工作时,通常运用两种基本方法,即几何方法和算术方法。一个简单的理解就是,几何方法使薪酬要素不同等级水平对应的点值呈现等比数列(或近似等比数列),而算术方法则使薪酬要素不同等级水平对应的点值呈现等差数列。需要特别注意的是,各薪酬要素不同等级水平的点值之间的差异应当与界定的各等级水平间的差异相对应。比如,如果不同等级的点值之间是等差距的,那么正如我们前面所说到的,确定等级时也应该使各个等级之间等距离。

表3-6、表3-7和表3-8反映了美国的《国民职位评价方案》中各职位族的薪酬要素不同等级的点值。

表 3-6 生产、维修、仓库、销售、服务人员职位评价表

要素		级别 分值	一	二	三	四	五
智能	1. 知识	250	14	28	42	56	70
	2. 经验		22	44	66	88	110
	3. 才智、创造力		14	28	42	56	70
体能	4. 体力	75	10	20	30	40	50
	5. 注意力集中程度		5	10	15	20	25
责任	6. 对各种仪器设备所负责任	100	5	10	15	20	25
	7. 对材料或产品所负责任		5	10	15	20	25
	8. 对他人安全所负责		5	10	15	20	25
	9. 对他人工作的责任		5	10	15	20	25
工作环境	10. 工作条件优劣程度	75	5	10	15	20	25
	11. 危险性		10	20	30	40	50

表 3-7 一般业务、技术、管理人员职位评价表

要素 分值 级别	一	二	三	四	五
1. 知识	15	30	45	60	—
2. 经验	20	40	60	80	100
3. 职责的复杂性	15	30	45	60	—
4. 职责明确具体程度	5	10	20	40	
5. 过失的危害性	5	10	20	40	
6. 与他人的工作联系和对他人工作的影响	5	10	20	40	
7. 资料的机密程度	5	10	15	20	25
8. 对材料和产品责任	5	10	15	20	25
9. 工作条件	5	10	15	20	25
10. 管理责任	5	10	—	—	—
11. 管理范围	5	10	20	40	

表3-8 高级业务、技术、管理人员职位评价表

要素 \ 分值级别	一	二	三	四	五	六
1. 知识	—	—	45	60	75	100
2. 经验	—	—	60	80	100	125
3. 职责的复杂性	—	—	45	60	75	100
4. 职责明确具体程度	—	—	20	40	60	80
5. 过失的危害性	—	—	20	40	60	80
6. 与他人的工作联系和对他人工作的影响	5	10	20	40	60	80
7. 资料的机密程度	5	10	15	20	25	30
8. 对材料和产品责任	5	10	15	20	25	—
9. 工作条件	5	10	15	20	25	—
10. 管理责任	5	10	20	40	60	80
11. 管理范围	5	10	20	40	60	80

6. 评价待评职位

通过上述四个步骤,仅仅是为我们所想做的职位评价提供了一套标准或者说一个"尺子"。下面,我们就可以用整个"尺子"来衡量各待评价的职位的相对价值了。之所以称为是"相对价值",是因为通过这种办法不能衡量各职位的绝对价值,并且,各职位得到的评估值是和上述步骤中确定的总点值数有关系的。

进行实际的职位评估时,评价者考虑被评价职位在每个既定的薪酬要素上处于哪一个等级,根据这个等级所代表的点数确定被评价职位在该薪酬要素上的点数。将该被评价职位的各薪酬要素上得到的点值数相加,即得到该职位的相对价值。表3-9是依据表3-6的标准某个生产职位评估的结果。

表3-9 某个被评估的生产职位的评估结果

薪酬要素	所处等级	对应的点值
1. 知识	4	56
2. 经验	3	66
3. 才智、创造力	4	56
4. 体力	2	20
5. 注意力集中程度	3	15
6. 对各种仪器设备所负责任	4	20
7. 对材料或产品所负责任	5	25
8. 对他人安全所负责	3	15
9. 对他人工作的责任	2	10

(续表)

薪酬要素	所处等级	对应的点值
10. 工作条件优劣程度	1	5
11. 危险性	1	10
总点数		298

7. 建立职位等级结构

将所有待评估职位的评价点值计算出来后,主要按照点数高低加以排列,就可以根据相对价值给各职位进行排序,并划分职位等级,也称为划岗归级。至此,职位评价的工作得以完成。

划分职位等级是职位评价的直接目的。在划分职位等级时,应先确定职位等级项目,依据总点数和工作等级数目确定不同等级间的点数差。点数越多者,等级越高;点数越少者,等级越低;点数相同者,等级相同。

一个合理的职位等级结构首先应该是员工能够接受,同时又要体现岗位之间的差别。这样才能为合理确定薪酬奠定基础,才能起到调动员工积极性的作用。因此,进行分等时应该注意:

(1)当分等结果与人们传统看法有出入时,应该慎重考虑,审查结果的科学性。

(2)要把经验评估与科学测评结合起来。如可以把大家认为最累、最差或技术要求极强的岗位直接定为最高等级;又如,对裁判评价总分分等争议比较大的岗位,可以结合专家评估进行评议,从而确定等级。

前面介绍的美国《国民职位评价方案》中评价总点数为500点的生产、维修、仓库、销售、服务人员的工资等级(职位等级)表如表3-10所示;评价总点数为465点的一般业务、技术、管理人员和总点数为805点的高级业务、技术、管理人员工资等级(职位等级)表如表3-11所示[①]。

表3-10 生产、维修、仓库、销售、服务人员的职位等级表

职位分值	职位等级	职位分值	职位等级
139及139以下	12	272~293	5
140~161	11	294~315	4
162~183	10	316~337	3
184~205	9	338~359	2
206~227	8	360~381	1
228~249	7	381以上	1A
250~271	6		

---

① 资料来源:康士勇.工资理论与工资管理[M].北京:中国劳动出版社,1997:338-339.

表 3-11　一般(高级)业务、技术、管理人员职位评价表

职位分值	职位等级	职位分值	职位等级
100 及 100 以下	1	342～370	10
101～130	2	371～400	11
131～160	3	401～430	12
161～190	4	431～460	13
191～220	5	461～490	14
221～250	6	491～520	15
251～280	7	521～550	16
281～310	8	551～580	17
311～340	9	581～610	18

注：表中 1～10 级用于一般管理人员；7～18 级用于高级管理人员。

这里需要提出的是，根据表 3-10 和表 3-11 的职位等级确定的工资等级适用于一岗一薪制，如需一岗多薪制，可将等级细化。如表 3-10 中的第 11 级中，点数幅度是 140～161，级差为 21，可将其再分为三级：140～146 为 11A 级，147～154 为 11B 级，155～161 为 11C 级。这样，同为 11 级的岗位又形成了 A、B、C 三个内部等级，可以实现一岗多薪制。

(二) 要素计点法的优缺点

要素计点法的优点包括：(1) 与非量化的职位评价方法相比，计点法的评价更为精确，评价结果更容易被员工所接受；(2) 运用可比性的点数可以对不相似的职位进行比较；(3) 由于明确指出了职位比较的基础——薪酬要素，并且在评价过程中薪酬要素的权重有所差异，因此能够反映企业独特的需要和文化，强调企业认为有价值的那些要素。

其缺点是，方案的设计和应用耗费时间，它要求企业必须首先进行详细的职位分析；其次，在薪酬要素的界定、等级定义以及点数权重分配等方面都存在一定的主观性，并且在多人参与时可能会出现意见不一致的现象，这些都会加大运用计点法的复杂性和难度。

(三) 海氏工作评价系统

由美国工资设计专家 Edward. Hay 于 1951 年研发出来的海氏工作评价系统[①]，又称为"指导图表—形状构成法"，也是一种要素评分法。由于它有效地解决了不同职能部门的不同职位之间相对价值的相互比较和量化的难度，目前已被数十个国家的近万家大企业采用。因此，我们予以简要介绍。

海氏工作评价系统认为，所有职务所包含的最主要的薪酬要素有三种，每个薪酬要素又分别由数量不等的子要素构成，具体描述见表 3-12。

---

① 拥有海氏工作评价系统的合益集团(Hay Group)已于 2015 年 9 月 24 日正式被光辉国际(Korn/Ferry International)收购。

表 3-12 海氏工作评价系统薪酬要素描述

薪酬要素	薪酬要素释义	子要素	子要素释义
知识技能	要使工作绩效达到要求的水平所必需的专业知识及相应的实际运作技能的总和,它是一种必须掌握的知识储备而不论以何种方式获得。	技术知识技能(Technical Know How)	对该职务所从事的职业领域的理论、实际方法与专门性知识的了解程度,分为七个层次。
		管理知识的广度(Management Breadth)	为达到要求绩效水平而具备的计划、组织、执行、控制及评价的能力与技巧,不论此职务是生产型、技术型、营销型还是行政型,总是需要这种能力(差别只是在于多少而已),分为五个层次。
		人际关系技能(Human Relation Skills)	与人一起工作和打交道的专门知识要求,分为三个层次。
解决问题的能力	解决问题的能力主要体现为任职者在进行分析、评估、创造、推理、选择等活动时的思维能力。	思考的环境(Thinking Environment)	指任职者思考的自由度,从几乎一切都按既定规则行事到只有抽象规定的方针目标可供遵循,分为六个等级。
		思考的挑战(Thinking Challenge)	指任职者思考的难度,即需要任职者进行创造性思维的程度,从几乎不要动多少脑筋只需重复老的模式到完全无先例可供借鉴需要任职者充分发挥思维能力,分为五个等级。
责任性因素	任职者对行动及其产生的后果所应负的责任	行动的自由度(Freedom of Act)	指任职者在多大程度上接受对其工作的指导,接受的指导越具体,其行动的自由度越小,接受的指导越抽象,其行动的自由度越大。一般从小到大分为六个等级。
		影响的范围(Magnitude of Impact)	指该岗位可能影响到的经济性后果,分为六个等级。
		影响的性质(Characteristic of Impact)	指该岗位对组织整体绩效所起的作用,分为四个等级。

海氏工作评价系统将三种薪酬要素的各子要素进行组合,形成了三张海氏工作评价指导图表。表 3-13 是供知识技能水平评价用的,表 3-14 是用来评价解决问题的能力,而表 3-15 则是用来对职位责任进行评定的工具①。目前海氏工作评价系统在不同国家都得到了广泛的运用。需要注意的是,对于不同国家、地区,三张图表的格式是相同的,但是,表中的具体数值是有差别的,而且关于薪酬要素等级的数量和界定都是有所差异。本书中的各表是海氏公司针对中国公司开发的指导表②。表中带有阴影的单元格表示的是不可能被选择到的情形,暗含着岗位的不同薪酬要素之间是相关联的,并且往往是同步增加的关系。

---

① 各薪酬要素中的每个子要素都分为不同的层次,每个层次都有十分具体的说明。本书受到篇幅的局限就不再一一介绍,有兴趣的读者可以查阅海氏公司的网站:www.haygroup.com。
② 马鹏程.徐州电信局薪酬激励与绩效考核制度的改革研究[D].中国矿业大学,2002.

例如,表 3-13 中的 CN3 为阴影,表明一个岗位在技术知识技能要求在 C 级时,管理知识广度不太可能仅仅要求在 N 级别上。

利用这三张图表,就可以对特定的职位进行评估了。下面我们举例说明评估的过程。

【例】 利用海氏工作评价系统的岗位评估

(1) 确定知识技能水平的分值

首先应确定"项目":这包括最恰当说明岗位要求的三项知识技能要素中每一项的等级。例如,如果评估人员对某一岗位作出如下判断:

技术知识技能　　　　　　D:高级职业的
管理知识的广度　　　　　I:最小
人际关系技能　　　　　　3:关键的

那么该项目就是 DI3。

表 3-13　海氏工作评价指导图表之一:知识技能水平

		管理知识的广度											
		N. 不需要			I. 低层度			II. 同类			III. 多元性		IV. 更高等级
	人际关系技能	1	2	3	1	2	3	1	2	3	1	2	3
技术知识技能	A. 初阶程度	38	43	50	50	57	66	66	76	87	87	100	115	115	132	152
		43	50	57	57	66	76	76	87	100	100	115	132	132	152	175
		50	57	66	66	76	87	87	100	115	115	132	152	152	175	200
	B. 初级职业技术程度	50	57	66	66	76	87	87	100	115	115	132	152	152	175	200
		57	66	76	76	87	100	100	115	132	132	152	175	175	200	230
		66	76	87	87	100	115	115	132	152	152	175	200	200	230	264
	C. 职业技术程度	66	76	87	87	100	115	115	132	152	152	175	200	200	230	264
		76	87	100	100	115	132	132	152	175	175	200	230	230	264	304
		87	100	115	115	132	152	152	175	200	200	230	264	264	304	350
	D. 高级职业技术程度	87	100	115	115	132	152	152	175	200	200	230	264	264	304	350
		100	115	132	132	152	175	175	200	230	230	264	304	304	350	400
		115	132	152	152	175	200	200	230	264	264	304	350	350	400	460
	E. 在科技或专业方面有基本的精专程度	115	132	152	152	175	200	200	230	264	264	304	350	350	400	460
		132	152	175	175	200	230	230	264	304	304	350	400	400	460	528
		152	175	200	200	230	264	264	304	350	350	400	460	460	528	608
	F. 在科技或专业方面有丰富的精专程度	152	175	200	200	230	264	264	304	350	350	400	460	460	528	608
		175	200	230	230	264	304	304	350	400	400	460	528	528	608	700
		200	230	264	264	304	350	350	400	460	460	528	608	608	700	800
	G. 高级专家岗位	200	230	264	264	304	350	350	400	460	460	528	608	608	700	800
		230	264	304	304	350	400	400	460	528	528	608	700	700	800	920
		264	304	350	350	400	460	460	528	608	608	700	800	800	920	1 056

(注:其中人际关系技能中的 1、2、3 分别代表基本的人际技能、重要的人际技能和关键的人际技能)

表 3-14 海氏工作评价指导图表之二:解决问题的能力

		思维难度				
		1. 重复式	2. 定模式	3. 推理式	4. 应变式	5. 创新式
思维环境	A. 非常规则性	10%　12%	14%　16%	19%　22%	25%　29%	33%　38%
	B. 规律性	12%　14%	16%　19%	22%　25%	29%　33%	38%　43%
	C. 半规律	14%　16%	19%　22%	25%　29%	33%　38%	43%　50%
	D. 标准性	16%　19%	22%　25%	29%　33%	38%　43%	50%　57%
	E. 明确界定	19%　22%	25%　29%	33%　38%	43%　50%	57%　66%
	F. 概括界定	22%　25%	29%　33%	38%　43%	50%　57%	66%　76%

表 3-15 海氏工作评价指导图表之三:承担的责任

		影响的范围																					
		(0) 极少的				(1) 微小的				(2) 小的				(3) 中的				(4) 大的				(5) 很大的			
		影响的性质																						
		R	C	S	P	R	C	S	P	R	C	S	P	R	C	S	P	R	C	S	P	R	C	S	P
行动自由度	A. 规定性	8　9　10	10　12　14	14　16　19	19　22　25	10　12　14	14　16　19	19　22　25	25　29　33	14　19　22	19　22　25	25　29　33	33　38　43	19　22　25	25　29　33	33　38　43	43　50　57	25　29　33	33　38　43	43　50　57	57　66　76	33　38　43	43　50　57	57　66　76	76　87　100
	B. 受控性	12　14　16	16　19　22	22　25　29	29　33　38	16　19　22	22　25　29	29　33　38	38　43　50	22　25　29	29　33　38	38　43　50	50　57　66	29　33　38	38　43　50	50　57　66	66　76　87	38　43　50	50　57　66	66　76　87	87　100　115	50　57　66	66　76　87	87　100　115	115　132　152
	C. 标准性	19　22　25	25　29　33	33　38　43	43　50　57	25　29　33	33　38　43	43　50　57	57　66　76	33　38　43	43　50　57	57　66　76	76　87　100	43　50　57	57　66　76	76　87　100	100　115　132	57　66　76	76　87　100	100　115　132	132　152　175	76　87　100	100　115　132	132　152　175	175　200　230
	D. 一般规范性	29　33　38	38　43　50	50　57　66	66　76　87	38　43　50	50　57　66	66　76　87	87　100　115	50　57　66	66　76　87	87　100　115	115　132　152	66　76　87	87　100　115	115　132　152	152　175　200	87　100　115	115　132　152	152　175　200	200　230　264	115　132　152	152　175　200	200　230　264	264　304　350
	E. 指导性	43　50　57	57　66　76	76　87　100	100　115　132	57　66　76	76　87　100	100　115　132	132　152　175	76　87　100	100　115　132	132　152　175	175　200　230	100　115　132	132　152　175	175　200　230	230　264　304	132　152　175	175　200　230	230　264　304	304　350　400	175　200　230	230　264　304	304　350　400	400　460　528
	F. 方向性指导	66　76　87	87　100　115	115　132　152	152　175　200	87　100　115	115　132　152	152　175　200	200　230　264	115　132　152	152　175　200	200　230　264	264　304　350	152　175　200	200　230　264	264　304　350	350　400　460	200　230　264	264　304　350	350　400　460	460　528　608	264　304　350	350　400　460	460　528　608	608　700　800

(注:影响的性质子维度中 R、C、S、P 分别代表后勤性作用、咨询性作用、分摊性作用和主要的作用。前两种作用是间接或辅助性的,后两种是直接或主角性的。)

在指引表 3-13 中,在提到 DI3 对应的那一栏中,载有三个数字:

152
175
200

每一个岗位决定采取哪一个数字,你必须回过头来看最初的判断。如果你感到 DI3 项已很好地说明了该岗位,那么可选择中间的数字。然而,如果评估人员感到将技术知识技能提升到 E 有重要意义,那么可选择较大的数字,并按照感觉应提高的程度可将这种提高作为"+"来表示。例如:

D^+I3 200(DI^+3 可得出同样的结果)

另一方面,如往下降有任何重要意义,那么评估人员就会选择较小的数字。例如:

D^-I3 152(DI^-3 可得出同样的结果)

通常人际关系技能在性质上的加重,往往也表现在技术知识技能和管理知识技能的重要性上,所以不给人际关系"+"或"-"的等级。技术知识和管理知识被视为具有同等重要性,因此在技术知识上的"+"和在管理知识上的"-"将互相抵消,记分恢复到中间的数字。两个减号或两个加号没有任何额外的意义,记分应如同一个加减号一样。

(2) 确定解决问题因素的分值

还是必须先确定项目,这次只含有两个数字。例如确定为 C3,则在表中相应位置为:

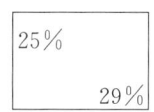

选择该栏中较低的百分比,除非在两个要素的任何一个要素上或在两个要素上都有一定的提高,在这种情况下选择较高的百分比。在解决问题方面一般不用"-"。

下一步是把该百分比应用于"知识技能"的记分,这样就可以确定解决问题的得分。如果决定是:

DI3 175

C3 (25%)

那么,175 与 25% 相乘,约为 44。因此:C3(25%)44,在记录解决问题情况时,通常不写%,例如:C3(25)44。

(3) 确定责任性因素的分值

一旦就专门技术和解决问题确定了项目,用同样的方法通过寻找提高或往下拉的办法来确定责任性的记分。比如,如果确定的结果是岗位在该因素上对应的项目是 C1P,没有任何提高或下降,那么责任性的记分将为:

C1P 66(该栏的中间数字)

(4) 确定岗位价值

将专门技术、解决问题和责任性的分数加在一起,便得出该岗位价值的大小,所形成的评估结果如表 3-16 所示。

表 3-16 某岗位的海氏评价结果

薪酬要素	处于表中位置	对应的数值
专门技术	DI3	175
解决问题	C3(25%)	44
责任性	C1P	66
岗位评估分值		285

六、要素比较法

要素比较法是对上述三种方法的综合,是一种量化的职位评价技术。实际上,可以将要素比较法看成是一种复杂的排序法。在一般排序法中,通常把每个职位视为一个整体,并根据某些总体指标来对职位进行排序,而与要素比较法和要素评价法相同的是选择出多个薪酬要素,并根据这些薪酬要素分别对代表性的职位进行多次排序,以此排序结果为参照标准,推算企业其他职位的职位等级和薪酬等级。

(一)要素比较法的工作步骤

1. 确定薪酬要素

要素比较法要求评价者必须仔细、全面地做好职位分析和标准、规范的职位说明书,还需要确定用来对职位进行比较的依据或尺度即薪酬要素是什么。薪酬要素的选择和要素计点法是类似的。

2. 选取典型职位

先从全部职位中选出 15~20 个关键基准职位,而其他职位的价值则可以通过与这些典型职位之间的薪酬要素比较来得出。这些职位不仅要能代表所要研究的职位序列中的绝大多数职位,而且必须广为人知。此外,在确定了关键基准职位之后,企业还必须确定给这些关键基准职位支付的薪酬的数量是合理的,即根据外部市场状况和企业内部的实际情况为这些关键基准职位定价。

3. 将每个典型职位的每个薪酬要素加以比较,按程度的高低对典型职位进行排序

其排序方法与上述介绍的"排序法"完全一致。例如对某企业的五个典型职位按照不同的薪酬要素进行排序,结果如表 3-17。

表 3-17 某企业典型职位依照薪酬要素的排序

	智力	技能	责任	身体条件	工作环境
职位 A	1	1	2	4	3
职位 B	2	4	1	5	4
职位 C	3	3	4	3	2
职位 D	4	2	3	2	1
职位 E	5	5	5	1	1

4. 评价小组对每个典型职位的工资总额按照上述薪酬要素进行分解,找出对应的工资份额

例如,上述五个岗位薪酬分解的结果如表3-18所示。

表3-18 五个典型职位按薪酬要素的分解工资额   单位:元

每月岗位工资	智力条件		技能		责任		身体条件		工作环境	
	序号	工资额	序号	工资额	序号	工资额	序号	工资额	序号	工资额
A(125)	1	32	1	26	2	36	4	16	3	15
B(110)	2	21	4	20	1	40	5	15	4	14
C(100)	3	18	3	22	4	26	3	17	2	17
D(105)	4	(5)9	2	23	3	28	2	19	1	26
E(65)	5	(9)5	5	5	5	9	1	20	1	26

由于表3-18中的结果是由评定小组商定的,如遇到序号与工资额高低次序不一致的情况,例如表3-18中"智力条件"栏内D岗位和E岗位两者序列号分别为4和5,而表3-18中括号内却为5元和9元。从序列号上看,D岗位的相对价值高于E。出现这种不一致的情形,评定小组应重新协商,使两者的顺序一致。有时,实在无法调整修正,也可以将有争议的岗位取消,重新选择一个主要的具有代表性的岗位。

5. **建立典型职位薪酬要素等级基准表**

将所有典型职位的薪酬水平以及每一典型职位内部的每一种薪酬要素的薪酬水平都确定下来以后,就可以建立起一个典型职位薪酬要素等级基准表。表3-19显示了基于上述五个典型职位形成的基准表。

表3-19 典型职位薪酬要素等级基准表

薪酬水平(元)	智力	技能	责任	身体	工作环境
5	职位E	职位E			
6					
7					
8					
9	职位D		职位E		
10					
11					
12					
13					
14					职位B
15				职位B	职位A
16				职位A	

(续表)

薪酬水平(元)	智力	技能	责任	身体	工作环境
17				职位 C	职位 C
18	职位 C				
19				职位 D	
20		职位 B		职位 E	
21	职位 B				
22		职位 C			
23		职位 D			
24					
25					
26		职位 A	职位 C		职位 D、E
27					
28			职位 D		
29					
30					
31					
32	职位 A				
33					
34					
35					
36			职位 A		
37					
38					
39					
40			职位 B		

6. 使用典型职位薪酬要素等级基准表来确定其他职位的工资

通过以上五个步骤,我们才完成了一个利用典型职位报酬来确定其他职位薪酬的标准或"尺子"。评价小组成员就可以依照这个"尺子"来确定其他职位的每一薪酬要素与典型职位薪酬要素等级基准表中的哪一个或哪几个典型职位的同一要素最为接近。然后,根据与之最相近的那个或那些职位的同一薪酬要素的价值作为待评价职位在该薪酬要素上的货币价值的确定依据。当各个职位的月工资总额确定以后,将其价值归级列等,就编制出职位系列等级表。

例如,假设 G 职位与其累计后就是本职位的工资。职位 G 比较后的结果如表 3-20 所示。将各项结果相加,则:21+23+36+15+14=109(元),故职位 G 的月工资定为 109 元。

表 3-20 G 职位工资比照表

薪酬要素	与典型职位比较	确定的货币价值
智力条件	与 B 相似	21
技能	与 D 相似	23
责任	与 A 相似	36
身体条件	与 B 相似	15
工作环境	与 B 相似	14

（二）优缺点

要素比较法的优点是：(1) 比较精确。其每一个步骤的操作都有详细的说明，将职位特征具体到薪酬要素的做法相对于排序法和分类法而言，更加有助于评价人员的正确判断；(2) 简单易行。由于本方法是先确定主要职位的系列等级，然后以此为基础，分别对其他各类职位再进行评定，大大减少了工作量；(3) 较强的说服力。由于该方法比较精确，而且简单易行，容易被员工理解和接受。

其缺点在于，尽管解释要素比较法的标准和基本原理比较容易，但是对评价小组而言，整个评价过程会很复杂。而且，各薪酬要素的相对价值在总价值中所占的百分比，完全依靠评价人员的直接判断，会影响评定的准确性。这种方法比较适用于岗位种类多的大型企业。

第二节　职位评价的比较与实施

一、职位评价方法的比较

上面介绍了四种常用的职位评价方法，其中排序法和分类法是最为常用的定性职位评价方法，而要素计点法是最为常用的定量职位评价方法，要素比较法则不是很常用。它们在进行职位评估时，比较的标准和考察的角度是有差异的，如图 3-2 所示。

		考察的角度	
		职位要素	职位整体
比较尺度	职位与职位比较	要素比较法	排序法
	职位与尺度比较	要素计点法	分类法

图 3-2　职位评价方法的分类

在前面的分析基础上,我们对排序法、分类法以及要素计点法三种常用的职位评价方法,从客观性、精确性、可信度、自我辩护性、管理负担、沟通难易、操作成本、复杂性以及企业适应性等几大方面做一个简单的比较(比较内容如表3-21所示)。从表3-21中我们不难看出,尽管要素计点法在管理成本以及复杂性方面比排序法和分类法要略高一些,但是它在几个有效性标准中要比另外两种方法要好,事实上,这也是大多数进行职位评价的企业都采用要素计点法的一个主要原因。

表3-21 几种主要的职位评价方法比较

	排序法	分类法	要素计点法
客观性	差	差	中等
精确性	低	低—中	中—高
可信度	低	中等	中—高
自我辩护性	差	差—中	中—高
管理负担	轻	轻	中
沟通难易	容易	容易	较容易(取决于计划本身的设计)
操作成本	低	低—中	中—高
复杂性	简单	较简单	较复杂
企业适应性	强	强	强(定制的时候)

二、职位评价的发展趋势

职位评价的最新发展趋势主要体现在其外部导向性以及战略导向性两大方面[①]。

1. 职位评价的重心从内部公平性向外部公平性转移

传统的职位评价是建立在内部比较的基础之上的,尽管这种比较最后要借助外部劳动力市场来进行解释。在管理实践当中很可能会出现这样的情况,即在内部具有同一点数的职位在外部市场上的价值并不同,或者是在外部市场上价值相同的职位在内部评价中所得到的点数却有高有低。在这种情况下,企业中各种职位之间的内部公平性理所当然地被排在第一位,而外部公平性则只能排在其次。

由于传统的要素计点法等职位评价方法赋予员工在企业内部"纵向成长"而不是"横向成长"以更多的点数,因此它实际上是在鼓励员工争取成为其他员工或者资产的管理者。它向员工传递层级主义和官僚主义的价值观,员工所关注的是自己所担任的职位如何能够获得更多的点数,而不是企业应当如何定位才能在外部市场上用更少的人和更少的资产来进行有效的竞争。

近年来,国际上的许多企业采取了所谓的新薪酬战略,这种战略首先从外部市场入手,它不是力图创造一种能够实现组织内所有职位之间全面公平的结果,而只是力图在更为宽泛的工作职能领域(信息系统、人力资源、财务、生产、营销)实现公平。它也不试图去对跨职

---

① 刘昕.薪酬管理[M].北京:中国人民大学出版社,2002:87-88.

能的职位之间的公平性进行比较或试图建立这种公平性,而是针对不同的员工群体建立不同的职位评价要素和评价计划。这种新的职位评价系统具有以下两个方面的重要特点:一是由外部市场来确定基准职位在基本薪酬结构中的位置;二是内部公平只是同一职能领域内部的公平,而不是跨职能领域的公平。在这种职位评价系统中,创造职位价值的因素就变成了某一职能领域中的工作在外部市场上的价值以及职位本身所要求的关键职能。这时企业往往会首先按照市场水平支付正常的竞争性薪酬,然后把其他的钱都用在浮动薪酬上,从而对员工的工作绩效提供报酬,而不是把有价值的薪酬资金都放到与市场或者企业的经营战略无关的内部公平性比较上去。

换言之,新薪酬战略首先考虑的是不同的战略职能领域按照市场水平支付薪酬,然后再试图建立每一种职能内部的公平性。它所采用的职位评价方法是:首先确定自己所处的劳动力市场以及自己希望在劳动力市场上所处的竞争性地位,然后再通过市场薪酬调查来确定基准职位的市场价值,并依此直接对基准职位进行定价,而不再需要对其进行职位评价。最后,企业再根据基准职位所确定的薪酬要素来对非基准职位进行评价,这里会要求这些薪酬要素能够充当市场价值的最好的指示器,在这种情况下,预测某一职位的市场价值的最为关键的指标是职位处于哪一个职能领域(这里的职能领域可以比较宽泛,也可以进一步细分,比如将工程师划分为电子工程师、机械工程师等等)。

2. 战略性评价

20世纪90年代以后的企业经营环境变化导致许多企业都力图通过成为客户导向型的企业来达成世界一流的经营业绩。这样,它们就对员工的绩效和生产效率非常重视,对人力资源管理在经营战略、利润绩效、成本管理以及市场渗透方面所起的作用感兴趣。因此,它们希望对企业成功所必需的那些职位或技能薪酬既有竞争性,又有战略性。

竞争性要求企业所支付的薪酬水平与外部劳动市场保持一致。而战略性则要求根据职位对于企业经营战略实现的贡献或者价值来确定职位的薪酬水平。在大多数情况下,这两者之间不会产生很大的冲突,但是也不会很自然地完全一致。如果企业希望在支付薪酬的时候因为强调职位的战略导向性而与外部市场的定价略有不同,即不完全根据职位的市场价值来实现职位的薪酬定位,那么就需要就每一种职位对于实现企业经营目标所具有的战略价值对职位进行评价。企业可根据职位的战略价值大小将其划分为三种类型:影响极大(影响最大的10%的职位)、影响较大的(在前1/3之列,但比上一级影响力要小)、影响一般的(影响程度低于前1/3的职位)。那些具有战略价值的职位要么能够获得更多的基本薪酬,要么能够获得可变薪酬(比如一次性奖金)或更多地获得可变薪酬的机会。

战略性的职位评价意味着对于企业战略(客户、利润、新产品或服务、成本、质量等)有着积极影响的那些职位或技能有可能获得比外部市场价值还要高的薪酬。战略性评价有助于将员工的努力集中在那些与有效经营企业有着直接关系的要素上。确定战略价值的管理过程需要关心的是不同的职位对于客户服务、财务结果、成本控制、产品质量、市场营销、企业形象以及未来资源分配等所产生的影响有何不同。不过,由于职位的战略价值有可能会出现变化,因此企业需定期(每年)对各职位进行重新评价。那些失去战略价值的职位会重新回归到根据市场价值定价的范围之内。

三、职位评价的组织——职位评价委员会

职位评价是一项复杂而且难以量化的工作。它是一个解决问题、做出决策的过程,有时需要头脑清晰的管理者做出主观判断。由于管理者的兴趣和思维方式不同,他们对于某职位的认识会不同,做出的判断也会不同。因此要确保职位评价结果的代表性和准确性,公司一般会成立职位评价委员会负责该项工作。委员会通常由所处部门、所任职位和社会生活背景各不相同的人员组成,而且这些组成人员必须自始至终参与整个职位评价过程。他们的主要任务就是分清各职位的职责权限,确定各"薪酬要素"以及各职位的重要性。一个公司成立的职位评价委员会可能不止一个。比如,一个由高层管理者组成的委员会将进行职位评价计划的制订,而由部门经理和员工代表组成的委员会则可以对公司中非管理性职位进行评定[①]。

1. 委员会的成员

一个职位评价委员会应该包含 5~12 个成员。这些成员必须清楚公司的经营目标和日常活动,并且对各职位在公司中的作用及其相互关系有所了解。另外,他们应该比较熟悉薪酬管理的理论和技巧。

职位评价委员会的成员应该能够得到必要的数据和信息补充,以便增强他们对各职位的认识,提高他们的决策能力。通常,委员会的每个成员会得到一本职位评价的手册。这个手册由负责制订职位评价计划的人员编写,内容主要包括公司薪酬政策的目标、职位描述等。

2. 对委员会成员的必要培训

职位的相互关系及其排列是职位评价的中心工作。因此在这一阶段,对职位评价委员会成员进行特定和细致的培训是十分必要的。这种培训的目标在于使委员会成员达到以下两个要求:(1) 在对职位描述进行分析时,能够找到相似之处;(2) 理解并牢记各种"薪酬要素"的定义与价值,从而在分析职位相关价值时能够达成一致意见。

公司可以采取多种培训方法来达到以上两个目标。通常,培训的第一步就是发给每位委员会成员一份职位分析结果,一般对象为职能明确的职位。委员会成员在阅读该结果以后,写出一份职位描述。通过对其描述的比较和纠正,成员们能够加强对整个评定过程的理解。下一步就是从某个部门中抽出一组职位,对其进行评定。委员会成员要将这些职位进行排列,并且判断各"薪酬要素"的相对重要性。

总之,对委员会成员的培训就是为了提高各成员的决策能力,使他们能够了解某职位的重要职能和难点所在,以及所要求的最低业绩水平。

3. 整个委员会的运作

一旦委员会完成了必要的培训,那么它就可以开始进行评定工作了。委员会成员在召开会议之前,最好先独立进行评定。因为在会议讨论中,可能某些成员的观点会比较强硬,而其他成员可能会动摇或迫于压力接受其观点,这样就不能保证决策的质量,违反了委员会建立的初衷。

---

① 刘园,李志群.公司薪酬制度概论[M].北京:中国财政经济出版社,2001.

目前美国许多公司采用这样一种做法:职位评价委员会的多数工作首先由各成员独立完成,然后通过某种通信工具(包括电话、信件或电子邮件)将其评价结果发送到一个固定地点。在这里,将集中分析所有成员的评定结果,然后返还给委员会成员。这时候,各成员将得到一份有关其他成员的评定结果和平均结果的报告。各成员在阅读该报告之后,可以对其评定做出修改,也可以维持原有结果,还可以对其评定进行说明或提供证明。在接到这些附加信息并对其分析之后,中央控制系统会再次得出相应结论。它可以采用多种方法综合委员会成员的评定结果,实际上,各成员间的不同意见比相同意见更加重要,如果一个或多个成员与其他人得出相差甚远的结论,那么就有必要对职位描述进行修改或删除某些"薪酬要素"。当该中央系统得出新结论时,整个委员会有必要召开一次会议,对该结论进行讨论,也可能通过讨论得到另外一个新的结论。这种方法有三个优点:(1) 它使委员会成员能够自由安排个人时间完成职位评价的多数工作,节省了他们的时间;(2) 充分考虑每个成员的意见,鼓励他们各抒己见;(3) 节省费用,提高效率。

无论管理者采取什么样的方法运行其职位评价委员会,都必须保持这种方法的可靠性和一致性,并且经常更新。当然,无论管理者采取哪种方法,有一些错误是不可避免的,如有些委员会成员不能清楚比较各职位的不同;对各职位的评定普通高于其他成员;对各职位的评定低于其他成员;对某一"薪酬要素"比较重视,因而会过高评价某些职位;对某一"薪酬要素"不重视,因而会过低评价某些职位;由于认识某些员工,往往会使对职位的评定变成对员工的评定。

职位评价是一项团队工作。任何个人都无法全面掌握所有职位的信息数据并对其有深入了解,因此也就无法独立完成对所有职位的评定。成功的职位评价的诀窍在于收集充足和正确的信息,并且组织一个高质量的职位评价委员会。

四、职位评价的实施条件

组织实施职位薪酬体系,能够更多地利用这种制度的优点而克服其缺点,显然可以更好地发挥职位薪酬体系的功效。因此,分析工作评价的实施条件是非常必要的,为了更好地发挥职位薪酬体系的作用,要求企业在实施职位薪酬体系之前应已经做到了以下几个方面[①]:

(1) 职位的内容已经明确化、规范化和标准化。职位薪酬体系要求待评价的职位必须是明确、具体的。因此,企业必须保证各项工作有明确的专业知识要求、有明确的责任。同时这些职位所面临的工作难点也是具体的、可以描述的。换言之,必须具备进行工作分析的具体条件,或者待评价的职位已经进行过工作分析,形成工作说明书。

(2) 职位的内容基本稳定,在短期内不会有很大的变动。职位薪酬体系以各职位的工作内容为基础来确定各职位等级。因此,只有当职位的内容保持基本稳定的时候,企业才能使工作的序列关系有明显的界线,不至于因为职位内容的频繁变动而使职位薪酬体系的相对稳定性和连续性受到破坏。

(3) 企业具有按个人能力安排职位或工作岗位的机制。由于职位薪酬体系是根据职位本身的价值来向员工支付报酬的,因此,如果员工本人的能力与所担任职位的能力要求不相

---

① 刘昕.薪酬管理[M].北京:中国人民大学出版社,2002:57-58.

匹配,其结果必然会导致不公平的现象发生。故而企业必须能够保证按照员工个人的能力来安排适当的职位,既不能存在能力不足者担任高等级职位的现象,也不能出现能力较强者担任低等级职位的情况。当个人的能力发生变动的时候,他们的职位也能随之发生变动。

(4) 企业中存在相对较多的级别。在实施职位薪酬体系的企业中,无论是比较简单的工作还是比较复杂的工作,职位的级数应该相对较多,从而保证企业能够为员工提供一个随着个人能力的提升从低级职位向高级职位晋升的机会。否则,一旦职位等级很少,大批员工上升到一定的职位之后就无法继续晋升,其结果必然是阻塞员工的薪酬提升通道,加剧员工的晋升竞争,损伤员工的工作积极性和进一步提高技能和能力的动机。

(5) 企业的薪酬水平足够高。这是因为,即使是处于最低职位级别的员工也必须能够依靠其薪酬来满足基本的生活需要。如果企业的总体薪酬水平不高,职位等级又很多,那么处于职位序列最底层的员工所得到的报酬就会非常少。

本章小结

1. 介绍了职位评价的内涵、目的和方法。
2. 具体介绍了职位评价的四种常见方法:排序法、分类法、要素计点法和要素比较法,在要素计点法中对海氏职位评价系统及其应用进行了介绍。
3. 对这些职位评价方法进行了比较,指出了职位评价的发展趋势。
4. 分析了职位评价的组织载体——职位评价委员会。

复习思考题

1. 职位薪酬体系的内涵是什么?其操作流程是什么?
2. 进行职位评价有哪些方法?这些方法具有什么样的异同点?
3. 要素计点法的基本流程是什么?它如何体现组织独特的需要和文化?
4. 职位评价委员的作用是什么,是如何构建及运作的?

案例讨论

不同职位评价方法的应用与比较

1. **案例说明**

请根据某公司财会系统不同职位的说明和职位要素评价表(见背景材料1、2),采取不同的职位评价方法对这些职位进行评价,并比较评价结果(见案例思考题)。

2. **案例背景材料:**

材料1:

某公司财会系统中十项不同职务的说明如下。

(1) 财务处长。职务说明:熟悉各项会计职能,包括制备工资单、应收账目、应付账目、开具账单及其他有关活动;监控预算编制管理中会计账目的保存,并负责编制年度预算;检查财务记录与财务程序,就财务簿记程序提出建议;监督管理与培训下属人员;制备财务报告与财务分析;建立与实施决算控制;执行有关企业资金投资方面的政策。

职务智能要求:需要会计原理与实践的知识,还需要预算制定、行政管理及投资实践方面的知识,应明了国家及地方有关具体会计情景的法律与法规的运用;需具备建立、保持、分析和修正财务记录的能力以及监控领导下属职员的能力。要求大学主修企业管理或有关领域毕业的学历,并有五年以上预算管理与决算操作方面的实际经验。

接受的监控:在公司领导班子的行政性指导下工作。

实施的监控:监督领导会计科科长、数据处理科科长及其他职能部门职员。

(2)秘书。职务说明:完成多种行政性任务,但无领导监控责任,从事一般文字秘书工作。处理来访接待电话,传达既定计划与政策,帮助上级处理日常办公室琐事;保管行政性档案与机密资料;指导少数助理秘书的工作;起草及撰写函电,要求对办公室程序及政策有透彻了解。

职务智能要求:要求掌握包括档案制度、接待及电话处理在内的办公室工作方法、程序与设备的知识;函电、报告撰写知识;能正确使用语法修辞知识及一般统计与资料保管方法;能按既定政策与程序,做出正确判断,拟定函电;掌握快速记忆与听写技巧,每分钟不少于115个词;能进行打字,每分钟不少于50个词;有能力监督指导助理秘书。要求至少高中毕业或同等学力,并至少有两年工作经历。

接受的监控:在处级或以上的行政干部一般监督下工作。

实施的监控:可能要指导一名或数名助理秘书。

(3)数据处理科科长。职务说明:制定符合给定期限的工作进度计划;指导工作计划与操作程序的正常维持;为各要求数据处理服务的部门收集与分析有关数据以确定其系统的要求;与各部门有关人员会商,以维护现有程序和开发新程序;检查正在处理的报告与数据以保证其完整性与精确性;布置、监督与检查下属的工作;了解有关的新操作技术和设备以改进本部门工作绩效。

职务智能要求:应掌握程序规划与分析的原理与技术,以及编码操作,机器程序,设备运转与维修的原理与技术知识;会计原理,统计方法,符号逻辑及监控技术与方法的知识;能对复杂程序及加工中心进行分析。要求具备主修电子数据处理、会计、数学、企业管理或有关专业大学毕业学历与三年或以上数据处理工作经验。

接受的监控:在财务处长指导下工作。

实施的监控:监督领导程序分析员、计算机操作员、键盘操作员及其他被指派的工作人员。

(4)会计科科长。职务说明:计划与协调会计科的活动,负责按期完成要求的报表;布置工作区域及规划办公室布局;解释和采用审计师的指示与政策;指导部门年度预算的制定并陈述其根据;就有关会计程序的事务与其他有关人员会商;培训本部门主要下属并考评其工作绩效。

职务智能要求:需了解复式簿记法及其实践的知识;办公室管理实践与知识;能制备财务报表;能制备涉及收、支账目的日记分录账;能监督并领导其他会计与办公室人员。要求具备会计专业大学本科毕业学历并至少有在会计或审计工作中从事负责管理方面的四年工作经验。

接受的监控:在财务处长指导下工作。

实施的监控:监督管理一小批会计师与记账员的工作。

(5) 计算机操作员。职务说明:监控与操作电子计算机;装入磁带盘、卡片箱及打印设备;将外围设备接入系统,进行常规性诊断以确定机器或程序故障的原因;将常规办法无法解决的问题呈报给主管人员。

职务智能要求:掌握电子计算机系统及其有关专用输入和输出装置的知识;应能操作多种数据处理设备;能监控复杂的计算机并采取正确行动纠正机器的问题;能进行算数运算并校核报告及报告格式的正误。要求具备高中毕业或同等学力并有两年计算机操作工作经验。

接受的监控:在数据处理科科长等较高技术和主管职位上的人员指导下工作。

实施的监控:无。

(6) 数据记录员。职务说明:将会计文件或统计文件或编码工作单中的信息,通过键盘操作,输入数据储存装置;校核输入数据的准确性;协助进行文件编码;进行与计算机数据输入与记录有关的日常办公室职员工作,以及上级要求的有关工作。

职务智能要求:要求具备键盘输入数据的能力,一般文件每小时按键应达8000次或以上,差错率不大于3‰;能完成常规办公室职员工作;要求高中毕业或同等学力并有一年操作数据输入机的经验。

接受的监控:在较高的技术、行政或主管岗位上工作人员的直接领导下工作。

实施的监控:无。

(7) 会计师。职务说明:筛选与检验采购单、清款单及其他与存货有关的文件;协助维持固定资产清单册及日记分录账,制备试算表、决算报告及统计报表;协助制定财务记录、程序及决算控制;答复有关预算账目状况的质询和提供有关信息。

职务智能要求:应具备会计原理、会计实践做法与程序的知识;应能设计和建立适当会计方法、报表与程序;能与他人沟通交流会计信息。要求有会计或企业管理专业大学本科毕业学历,所修会计有关课程不少于六门,无须事先工作经历。

接受的监控:在会计科科长监督领导下工作。

实施的监控:无。

(8) 高级账员。职务说明:制备并处理应付账款;在会计科长指导下,为初级账目员安排日常工作计划并做检核;查验、审批及筛选会计文件;查验有关工资的质询,并计算工资扣除额;制备并处理包括拖欠款处置在内的假账与账目簿记,对编制的账单进行分析及分类剖析。

职务智能要求:应掌握财务簿记工作中使用的方法与词汇的知识,包括应付款项的有关知识;能迅速而准确地把财务信息登账并进行算数运算;能制备和查检财务报表、工资单、发票与报告。要求高中毕业或同等学力及两年财务簿记工作经历。

接受的监控:在会计科科长一般监督指导下工作。

实施的监控:在会计科科长指导下,对初级账目员的日常工作进行有限的监控。

(9) 初级账目员。职务说明:查验、平衡或调整账目;对统计或财务数据进行记账、检核、归纳和造表;制备或查验发票和订货单;进行算数运算;操作计算机机器和簿记造表机器,并从事上级要求的有关工作。

职务智能要求:要掌握财务簿一年记帐方法与程序的知识和办公室一般工作方法与实践的知识;能给财务数据登账,并迅速准确地进行算术运算;能操作办公用机器并学会操作簿记机器;能遵守口头和书面指令,要求高中毕业或同等学力,并有财务簿记工作经验。

接受的监控:在会计科科长及高级账目员监控指导下工作。

实施的监控:无。

(10) 打字员。职务说明:给信函及统计财务报告打字;操作复印机及其他标准办公室设备,接受、分发及处理信函;完成编目及存档等各种办公室工作,以及承担上级要求的有关工作。

职务智能要求:掌握基本的算术与语言正确运用的知识,包括不写错别字及正确使用标点符号;能完成日常办公室工作;能遵守上级的口头与书面指示;能以至少每分钟45个单词的速度打字,要求高中毕业或同等学力。

接受的监控:在较高的技术行政或主管岗位上的工作人员直接指导下工作。

实施的监控:无。

材料2:

本作业中职位要素计点法共选取了九种维度或因素,又各自都划分为五个等级。这里所选取的维度与"美国工业管理协会职务评价计划"(以前称为"美国金属商业协会")所用的颇为类似。不过赋予各因素的具体分数以及这些因素的定义则都是为本作业而专门制定出来的,带有演示性质,比实际中使用的相比要简单些。

附表1 职务因素定义与评分标准

要素名称	定义	评分标准		
		等级	分数	定义
学历	该职务所要求的正式教育年数,年数越多,分数越多。	1	10	高中二年以下;
		2	20	高中二年或更多;
		3	40	高中毕业;
		4	70	大专或大学肄业;
		5	100	大学本科毕业;
工作经历	本职务要求的工作领域的工作年限,工作越久分数越高。	1	25	不足一年;
		2	40	一年到二年不到;
		3	60	二年到三年不到;
		4	80	三年到五年不到;
		5	100	五年或更久;

(续表)

要素名称	定义	评分标准		
		等级	分数	定义
任务复杂性	本职务要求进行的独立分析，判断及解决问题的活动，任务越多越频繁，所涉及因素越多样，则分数越高。	1	15	任务十分简单且常规化；
		2	30	工作包括偶然的常规性问题；
		3	45	少数情况非标准原则所涵盖，要进行分析和解决问题；
		4	60	许多情况非标准原则所涵盖，要进行分析和解决问题；
		5	80	大多数情况是非常规性的要求，高主动性与判断力，包括自行制定新方法与新程序；
所接受的指导	职务要求的上级主管给予监控与检查指导的多少，越少则分数越高。	1	5	在持续的直接监督指导下；
		2	15	在直接指导下，每日或每周有上级频繁检查；
		3	40	中等程度的一般性指导，检查不频；
		4	60	一般性指导，要做重大非常规性决策，几个月才来检查一次；
		5	100	极为泛泛地指导，重大非常规决策，由总经理或常委检查，不频繁。
判断失误的影响	可能的失误对公司其他职能的影响。	1	5	失误只有极小的短期影响，对个人以外的影响微不足道；
		2	10	对直接的工作及一两个别人有微小的短期影响；
		3	20	中等影响，给别人工作造成短期问题；
		4	40	中等至重大影响，对若干其他部门带来较持续的问题；
		5	80	代价重大，对许多其他职能部门造成广泛的长期消极影响。
与别人的接触	职务要求的与直接工作部门以外人员的交往频度，强度越多，分数越高。	1	5	与少数同事和直属上司外极少或无交往；
		2	10	与直接工作部门外接触较少，沟通量不大；
		3	20	与外界有中等程度交往，只涉及常规性信息；
		4	40	有中等至频繁的交往，包括进行说明、解决问题和做出调整等；
		5	60	交往很频繁，要解释、说明、解决问题；
对脑力或视力的要求	指不断监控设备，仪表，或复写抄录书面材料。这方面要求越高，分数也越高。	1	5	极少或没有监控设备或阅读图文要求；
		2	10	只有有限的要求，操作是重复性的，只需中等程度注意力；
		3	15	严密性工作，要求频繁集中脑力与视力；
		4	20	很严密的工作，持续集中脑力与视力；
		5	30	不断监控设备或书面数据，要求付出极精密的脑力与视力劳动；

(续表)

要素名称	定义	评分标准		
		等级	分数	定义
工作条件	噪音,温度涉及不舒适劳动条件的其他因素。越恶劣,分数越高。	1	5	周围环境很舒适;
		2	10	偶有噪音或极端(高或低)气温;
		3	25	偶有中度噪音或极端气温;
		4	30	定期出现较高噪音或极端气温;
		5	35	极高或持续噪音或极端气温;
对下实施的领导	职务所要求进行监督管理性活动的多少与深度、广度。越多,越深,越广,分数越高。	1	10	不要求对别人进行监督指导活动;
		2	20	督导一位或数位个人;
		3	45	对数位涉及中等难度与中等复杂度任务的工作人员进行持续监督指导;
		4	80	对若干从事复杂任务的中等或高级技术人员进行督导,包括为他们做规划;
		5	120	对若干管理人员或专业人员进行督导,包括大量规划与协调活动;

案例思考题:

(1) 根据上述财会系统中十项不同职务的说明,用附表2排出这十项职务相互总体价值的大小等级,价值最高的职务列为1等,最低者为10等。

附表2 职务等级

职务名称	等级
财务处长	
秘书	
数据处理科科长	
会计科科长	
计算机操作员	
数据记录员	
会计师	
高级账目员	
初级账目员	
打字员	

(2) 请你根据前面列有职务说明的十种财务系统的职务的特点,对照上面附表1所给出的九种选定的评价因素的定义与评分标准,采取要素计点法计算出反映其对企业相对价值高低的各职务的总计分。

附表3 职务分数

职务	维度 级/分	1 学历	2 工作经历	3 任务的复杂性	4 接受的指导	5 判断失误的影响	6 与别人的接触	7 对脑力或视力要求	8 工作条件	9 对下实施的指导	10 总分
财务处长	等级										
	分数										
秘书	等级										
	分数										
数据处理科科长	等级										
	分数										
会计科科长	等级										
	分数										
计算机操作员	等级										
	分数										
数据记录员	等级										
	分数										
会计师	等级										
	分数										
高级账目员	等级										
	分数										
初级账目员	等级										
	分数										
打字员	等级										
	分数										

(3) 职务评价法的比较

请将附表3中所得的那十项职务的总记分,填入附表4的左边第一栏中。然后按这些分数的高低排列出等级顺序来,分数最高的列在第一,分数最低的排在第十。下一步再将附表2中用定级法所列出的顺序,抄写到附表4的第三栏中来。最后,计算出第三栏中用排序法所得等级与第二栏中按要素计点法转化来的等级间对应的差值,并将结果填入最右边的第四栏中。若此两种职务评价法所获等级不一致,你将怎样解释所出现的差异呢?

附表4 定级法与评分法的比较

职务名称	（一）分数（得自附表3评分结果）	（二）按分数所得等级排序	（三）等级（自附表2定级法所得）	（四）第二栏与第三栏等级差
财务处长				
秘书				
数据处理科科长				
会计科科长				
计算机操作员				
数据记录员				
会计师				
高级账目员				
初级账目员				
打字员				

案例来源：根据余凯成、陈维政、张丽华：《组织行为学·人力资源管理案例与练习》（大连理工大学出版社，1999年版）中案例"企业内部工资结构设计综合作业"改编。

第四章　薪酬的市场调查

本章结构图

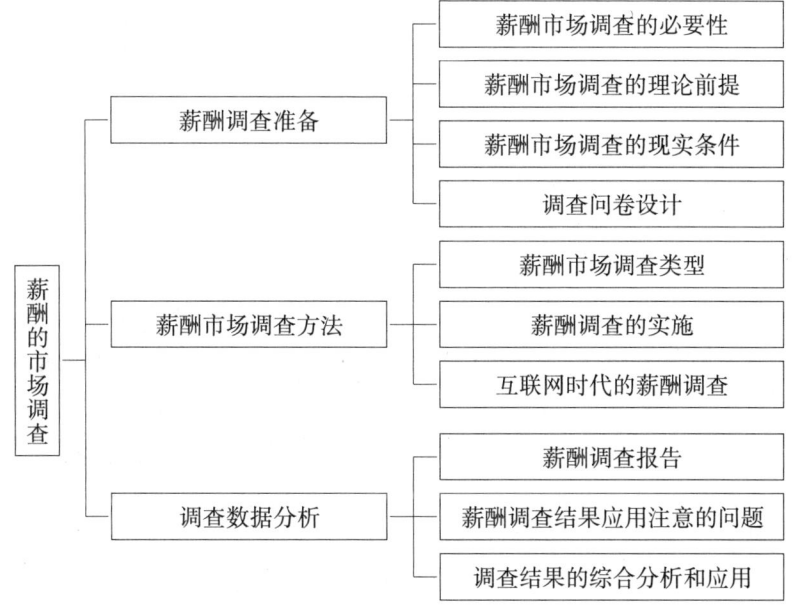

开篇故事

SJ 公司是江苏一家金融租赁公司,隶属于某国有控股的大型企业集团,已有三十多年的历史。2010 年以来,随着金融租赁行业的普遍升温,SJ 公司获得了快速发展,营业净收入逐年增长,2016 达到近 13.5 亿元人民币。公司业务的持续扩张要求不断地从外部聘用胜任的员工。作为一家高速发展的企业,按理这应该不成问题。然而,SJ 公司却在这上面遇到了麻烦。第一,公司看中的多位应聘者都没有加入公司;第二,新员工的跳槽率远远高于老员工。

这些问题很快引起了公司领导的重视,公司领导认为出现这些问题的关键原因在于目前公司薪酬结构的不合理性。通过内部与外部调查发现,问题主要出在薪酬福利方面,具体包括以下几方面:一是薪酬总额确定机制亟待实现市场化转型,目前公司有些岗位的工资已经固化,造成公司整体薪酬水平常年低于市场均衡水平。二是高管薪酬支付较难与企业经营业绩和个人绩效贡献紧密关联。企业章程和相关文件明确规定,薪酬分配要依据干部职工的工龄、学历、职称、行政职务等因素而定,但是对于企业经营效益、年度经营目标、高管人员个人绩效贡献、年度绩效考评结果等,虽有相关规定,但在实际执行操作过程中,薪酬与绩效的关联度不高,在其绩效不达标、绩效达标、绩效超计划达成时,经营管理人员的薪酬缺乏弹性机制设计。三是薪酬结构与职工薪酬水平设计不合理,与外部市场横向比对之下,在总体薪酬水平较低的情况下,不可避免地与员工岗位级别、任职资历等相挂钩,对内无法实现有效的人才激励,对外在进行成熟的社招人才选聘时遇到较大阻力。

薪酬调查的结论使公司领导明白,在过去这几年中,公司之所以能够取得骄人的业绩,那是和公司老员工对公司的忠诚和爱岗敬业精神分不开的,但是,如果公司一直不能提高薪酬管理水平,一直让好员工"吃亏",那么公司迟早会走下坡路。另外,目前的薪酬政策也不利于招聘新员工。经过与集团领导沟通,公司领导层决定调整薪酬水平和结构。公司委托专门的薪酬调查公司就同行业、同类别、同性质公司的薪酬水平进行调查,获得薪酬市场数据,以做到知己知彼,有的放矢。

从以上案例可以看出,薪酬调查是薪酬设计或调整的前提,通过薪酬调查可以为企业制定科学、合理的薪酬制度奠定基础。那么,薪酬调查的理论依据是什么?应如何进行薪酬调查?本章主要围绕这些问题而展开。

薪酬调查是采集、分析同行业及相关行业的其他企业薪酬状况的一个系统过程[①]。为了确保本企业的薪酬水平对外具有竞争性及对内具有公平性,企业对薪酬调查的重视度越来越高。在发达国家,大型企业进行定期薪酬调查已经相当普及,是企业制定发展战略的基本资料来源,大多薪酬领域的研究也使用调查来分析工资变化(年度数据)[②]。美国内务部进行的一项雇主调查显示,93%的雇主通过调查资料确定企业工资水平;55%的雇主认为进行工资调查是非常重要的。一些咨询机构开始提供工资调查服务,一些行业和专业协会、政府机关和研究性刊物也越来越多地披露相关的薪酬信息。很明显,要使企业的薪酬水平具有竞争力需要对各种信息进行分析。

第一节 薪酬调查准备

一、薪酬市场调查的必要性

薪酬直接涉及的群体有两类,一是员工,二是企业。从员工角度来看,薪酬和福利是企业对雇员个人贡献的物质报偿,是员工生活的主要来源和保障,因此,企业薪酬水平和结构是否合理,直接影响着企业员工的生活质量、归属意识和工作满意度。从企业角度来看,薪酬属于人工成本,薪酬水平和结构体现了企业的薪酬战略,并对企业经营战略的实现提供支

[①] 刘喜怀.我国中小企业薪酬定位存在的问题及对策[J].企业经济,2013,(2):83-85.

[②] BENJAMIN A., SARINDA T. The gender gap in raise magnitudes of hourly and salary workers[J]. Journal of Labor Research, 2018, 40(1): 85-86.

持。薪酬市场调查是企业薪酬体系设计的重要组成部分,是指导企业合理确定员工工资水平的重要依据,也是企业调整员工薪酬水平、保证薪酬外部竞争力的重要途径。

薪酬调查的目的主要是调查与本企业生产相同、产品相似或处于同一劳动力市场的其他企业的薪酬水平,最终提高本企业薪酬体系的市场竞争力。具体而言,企业进行或参与薪酬调查的主要原因包括:(1)调整薪酬水平,以适应竞争对手薪酬水平的变化;(2)通过调整薪酬结构,引导员工行为符合企业期望;(3)分析与薪酬有关的人事问题,妥善处理劳资矛盾;(4)评估自身和竞争对手的相对薪酬水平,确定在劳动力市场中的相对位置。

1. 调整薪酬水平的需要

大多数公司通常要对员工的薪酬进行定期调整。薪酬水平作为企业对于员工工作的直接物质反馈,是一种企业肯定员工价值的信号,反映了企业对于员工工作方式、工作程序和工作结果的态度。薪酬调整的依据是生活水平、企业与个人绩效、企业支付能力、员工资历,或者随着竞争对手薪酬水平的调整而调整。掌握竞争对手薪酬的变化,对企业的薪酬决策是必不可少的。

2. 调整薪酬结构的需要

根据内部职位评价与从外部市场得到的职位之间的薪酬结构差异,企业必须根据自己的经营环境和战略目标做出明智的判断和选择,定期调整员工的薪酬结构,主要是对工资标准和工资等级的调整。工资标准的调整主要是参考市场工资率的变动,而工资等级的调整则主要有利于企业内部管理,一方面对受某一工资等级的人员的调整,例如,在工资总额不变的情况下,对高、中、低不同层次的人员进行缩减或增加,另一方面是调整工资表,对工资等级线、工资级差进行调整。许多企业还常用市场薪酬调查来检验本企业的职位评价的结果。例如,如果市场调查的结果显示出两个类似职位的薪酬差异很大,许多企业将会重新审视自己的评价过程和结果,判断自己的评价是否正确。

3. 可以解决与薪酬有关的人事问题

专门的薪酬调查也会揭示出与薪酬有关的人事问题。比如,为什么为企业服务多年的员工纷纷离职?为什么很多表现良好的员工最近牢骚不断?为什么有些特定岗位总也留不住员工?如果企业关键岗位的流动率较高,则需要参考市场调查结果;如果同类竞争对手企业中类似岗位的薪酬要高于本企业,企业就要重新确定相关岗位的薪酬以挽留那些处在关键岗位上的员工,防止因薪酬相对过低而导致人员的流失或不满。同时,通过市场调查来了解行业中岗位的薪酬变化,针对性地制定自己的薪酬调整对策,进而可使企业妥善处理好劳资关系,避免引发各种劳资纠纷。

4. 可以评估相对竞争地位

企业还可以通过薪酬调查,将各个薪酬等级的基本工资及薪酬总和与市场平均水平进行比较,通过比较工资比率的方式,了解企业的工资水平在劳动力市场上是否具有竞争性,是否可以吸引更多优秀的人才或保留已有的人才,进而调整企业的薪酬水准与薪酬结构。对那些劳动力成本占总成本较大比重的行业来说,薪酬水平调查有助于评估竞争对手的劳动力成本高低。

二、薪酬市场调查的理论前提

在开展薪酬调查之前,必须先分析该行业的劳动力市场。只有在假设劳动力市场是正常的、符合规范的基础上,才可以通过合乎逻辑的调查程序,分析获得最终的结果,但必须对最终的结果进行纠偏,并且将修正贯穿于调查过程的始终。实际与假设必然是有出入的,但并不说明可以省略假设,如果没有设定合理的、便于分析的假设,直接从实际入手,则会被复杂多变的现象弄得不知所措。企业能够获得劳动力市场,特别是直接竞争对手的详细的薪酬资料,是企业制定外部薪酬政策的最宝贵依据。

1. 市场化

市场化是指薪酬水平是受到劳动力市场上的供求因素决定的。在管理实践中,根据市场价位确定职工的薪酬政策是吸引和留住人才的根本要求。劳动力市场理论的四个基本假设是:

(1) 企业的目标是追求利润最大化;
(2) 所有员工是同质的,因此是可以互相替代的;
(3) 薪酬水平反映了与雇用有关的所有成本(例如带薪节假日、福利和培训费用);
(4) 雇主面临的市场是竞争性的。

图 4-1 是市场上工程师供求与工资关系的简单模型。纵轴代表月薪 1 000 到 10 000 元,横轴代表可供雇用的工程师数量 100 到 1 000 名。如果在月薪为 8 000 元时候企业需求量为 300 名,而市场供给量为 800 名,则供大于求,导致工程师的月薪下降;如果月薪仅为 3 000 元,那么企业的需求量为 700 人,而市场供给量为 300 人,供不应求,导致工程师的月薪上涨。最后,当企业需求量和市场供给量相等时,工程师的工资稳定在 6 000 元,此时供求量稳定在 500 人。当然,上述分析的前提是所有工程师是同质的和市场充分竞争的。

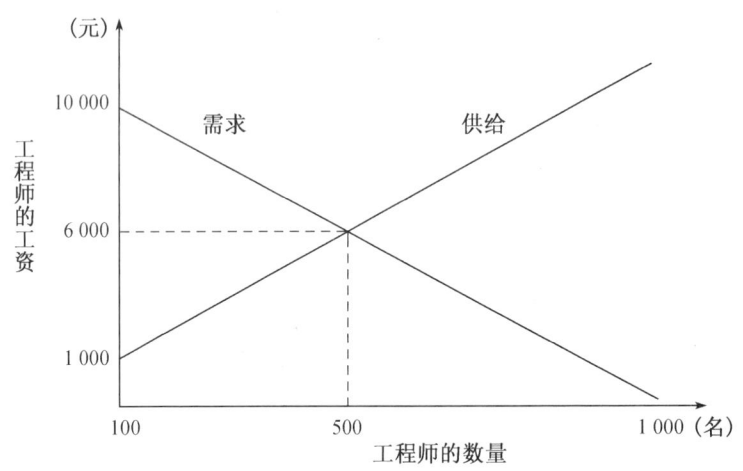

图 4-1 工程师供给与需求与工资关系的简单模型

2. 劳动力市场价格的标准

在现实的劳动力市场中,不同类型、个体的劳动力价格是有差异的。假定市场上有 100 个可比较的同类人员,他们的收入按月薪从低到高依次排列,如图 4-2 所示。考察第 50 位的月薪值(中位数),公司认为可接受,把该人员的薪酬定位为市场中值,公司的薪酬对前面 50 人是有吸引力的。同理,公司如果把该类人员的薪酬定位在中上水平,如 75%(75 分位数),则可认为该公司可吸引市场上 75% 的同类人员。应该避免把 100 个人的薪酬的简单平均数作为市场标准,因为如果平均薪酬水平偏低,比如,等于排在第30位的人员的薪酬水平,那么这一企业只对薪酬最低的30人有吸引力。

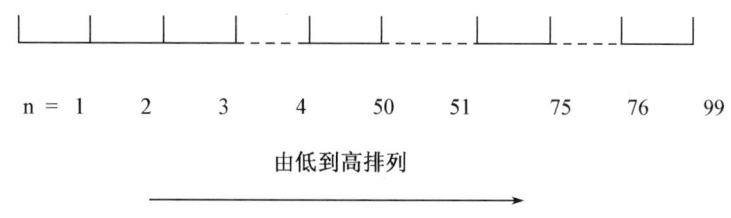

图4-2 劳动力市场价格

3. 可比性

薪酬调查的目的是为了了解其他组织具有可比性的职位支付的薪酬水平,这是为了确保外部公平性。由于企业规模大小、组织结构、盈利状况、职位的职责各有不同,因而不同企业的薪酬水平不具有绝对可比性,为此企业在进行薪酬调查时,必须考虑与企业自身相似的那些企业进行比较,这样可增强可对比性。

(1) 同地区薪酬调查。同地区薪酬调查通常涉及不同行业,涵盖全面宽泛的工种。不同地区因为生活费用水平、生产发展水平不同,工资水平可能差别较大。同地区的薪酬调查不仅体现企业在本地区的竞争性,也为企业薪酬调整作为一个外部标准和主要参考依据。同地区薪酬调查能够使企业精准地把控区域定位,形成强有力的薪酬竞争态势,为区域性招聘、岗位价值定位,成功吸引地域优秀人才,防止人才流失提供准确的数据支持。

这类调查在同一地区进行,它只是将在管理模式、规模等设定因素类似的公司进行对比分析。这类调查对于一些通用岗位,如人事、行政、财务等职能部门的岗位有较强的适用性。

(2) 同行业薪酬调查。这类薪酬调查强调的是同行业企业之间的对比,因为通常而言,人才的竞争更多地来源于同行的竞争,所以知道同行业的薪酬水平对于制定薪酬福利政策尤其关键。可以通过薪酬调查的专业机构、人才交流会,或其他共享企业之间的薪酬信息的方式进行同行业的薪酬调查。

(3) 同地区同行业薪酬调查。如果样本充足,那么同地区同行业的对比更有说服力,特别是在不同地区薪酬差异较大的行业,更需要进行类似的调查。

(4) 同目标市场的薪酬调查。对于企业来讲,实际上最理想的调查应当是同目标市场的调查。所谓同目标市场是指由经营目标相似、人才需求也相似的公司所组成的人才需求市场。一般说,全球顶尖的跨国公司在招聘时总是瞄准同样的跨国公司的员工。同目标市场的薪酬信息对于决定企业内关键人员报酬的决策起着至关重要的作用。

三、薪酬市场调查的现实条件

薪酬市场调查需要投入大量时间,获得参与者(参与企业)的配合,以及对已收集数据进行分析。开发一个完备的薪酬调查纲要有助于减轻参与者的负担,使调查内容更加清晰易懂,便于调查过程中的组织协调。回答下述有关领域的问题,有助于确定调查需求的范围:

1. 调查的开发、实施和分析

(1) 有没有熟练的人员能开发和实施这个调查?

(2) 有没有熟练的人员能汇总和分析这些数据?

如果对问题1,2的回答是"不",那么哪里有熟练的人员,或者是否可能将不熟练的人员加以培训以完成必要的任务?

(3) 选择谁去进行这些活动?（依据个人知识,水平和兴趣）

(4) 必须具备什么样的工作技能和人际关系技巧?

(5) 有没有电脑软件、硬件用于输入、汇总和分析数据,进而产生需要的结果?

(6) 什么时候能完成数据收集工作?

2. 工作或职业分类

(1) 这个薪酬问题是仅仅针对一小部分工作的还是对一种职业群体的?

(2) 这个工作是独一无二的或者说是非常特殊的吗?

(3) 哪些工作是基本岗位或关键岗位?

3. 薪酬结构

(1) 如果企业中有多种薪酬计划,调查将依据全部薪酬结构还是仅仅是具体的某个薪酬结构?

(2) 该企业的薪酬结构是如此独特,以至于其他企业的薪酬数据几乎毫无价值吗?

(3) 其他组织是否也面临类似的薪酬问题?

4. 劳动力市场分隔

(1) 劳动力市场已经被合理地区分了吗?

(2) 企业是在多样化的劳动力市场竞争吗?（提供低水平工作的当地或区域性市场和提供专业工作或职业的区域间的或全国性的市场）

(3) 人口统计特征的变化是影响薪酬计划的重要因素吗?（农村或城市社会人口数量等等）

5. 竞争对手的影响

(1) 那些雇用员工数量最多且拥有专业工作职位最多的企业在劳动力市场占主导地位吗?

(2) 企业规模和领导角色与薪酬率存在联系吗?

(3) 生产类似产品或服务的组织之间的薪酬水平和结构是否相似?同类企业（公共或私人,利润型或利益型）的薪酬计划是否相似?

6. 调查对象的选择

(1) 什么企业对求职者具有不同凡响的影响力?

(3) 哪些企业的员工流向了待调查的企业?

(4) 哪些企业要求任职者具备相关的工作阅历以完成工作,也就是说,哪些企业需要类似的工作知识和技巧?

(5) 哪些企业有足够多的岗位与调查的目标岗位相似,从而能够确保搜集到合适的数据?

7. 参与者的合作

(1) 相关的需求已被确定和强调了吗?

(2) 有必要电话介绍或上门拜访吗?有必要写信或发电子邮件请求其积极参与吗?

（3）有没有协会、朋友或调查组织、参与组织的管理者的介绍？

（4）参与者的努力会有回报吗？（保证送一份成熟的调查报告概要、一个正式的汇总数据给全体参与者）

8. 收集数据的种类

（1）仅仅需要基本薪酬数据吗？

（2）有必要去分析职位设置是否合理？工作内容是否恰当吗？

（3）需要组织的员工人数资料吗？

（4）需要各种薪酬政策的资料吗？

（5）需要其他与薪酬有关的数据吗？（薪酬政策、激励方案、优惠、服务、福利）

如对 5 的回答是"是"，那么需要多详细的资料？

9. 保密

（1）是否会涉及相关的秘密，从而禁止参与者进行调查，或可能导致提供无用或无效的数据吗？

（2）生产者对什么样的被调查数据最保密？

四、调查问卷设计

从薪酬调查本身来讲，问卷设计是整个薪酬调查过程中的重要一环。问卷的设计过程，其实也是分析思路逐步形成的过程。问卷设计的好坏直接影响到调查能否得到全面、准确的结果。在薪酬调查问卷设计中要注意以下几个方面：

1. 基准工作

不同的企业具有不同的组织结构，而且工作的内容、职责都有差异，对于规模比较大的企业尤其如此。如果将所有工作种类罗列出来进行调查和比较，几乎是不可能的。因此必须找出企业各项工作中的共性，即找出基准工作。基准工作是指行业内企业人尽皆知的工作，它们支撑了整个工作结构，而且它使大部分劳动力得以就业。基准工作具有如下四个基本特征：

（1）工作内容是大家熟知的、长期相对稳定、且被雇员认可的；

（2）是很多不同雇员都从事的工作；

（3）代表公司被评价的一系列的工作；

（4）被劳动力市场广泛采用来确定工资水平。

一般的调查只能对基准工作进行，因为大部分公司的薪酬资料是保密的，薪酬调查不可能获得目标公司的所有薪酬资料。

2. 职位描述

由于各企业在同一岗位上的工作职责和要求各不相同，在确定所要调查的职位和对象后，就必须对所调查的职位进行明确而清楚的描述。因此参加比较的工作应有一个参照标准，即职位说明书，其内容应该包括每一职位的名称、职位的性质、职位的职责、职位的任职资格等。比如，可将人事部门经理描述为：

职称名称：人事部门经理

类似职称名称：人事行政总监、人力资源总干事等

直接上司：总经理

工作职责：对整个企业的人事、行政功能负责；确定公司的人力资源政策，策划形成企业文化，设计组织结构，职位评估与业绩评价；负责招聘、培养、薪酬福利、员工关系；可能同时负责行政事务，如食堂、宿舍、安全保卫、环境卫生、文秘、车队等等。

教育程度：硕士以上。

资历：5～10年相关工作经验。

职位说明能够帮助问卷填写者对照本企业的情况正确填写问卷，比如，有的企业设副总裁分管人事行政，其功能与上述描述一致，则应将此职位上人员的薪酬填在人事行政首脑这一栏，这样更有可比性。所以，企业在填写问卷时要把本公司员工的工作描述与调查中的职位说明相比照，而不是简单地按照工作或职位名称确定填写内容，因为有时工作名称是毫无价值的。

3. 薪酬结构

薪酬结构是指企业中各种工作或岗位之间薪酬水平的比例关系，包括不同层次工作之间报酬差异的相对比值和不同层次工作之间报酬差异的绝对水平。目前的薪酬收入形式主要分成三大类：底薪（基本工资）、奖金和各类津贴，还有以佣金、分红等形式出现的奖金等。在设计问卷时应该把所有可能出现的现金薪酬形式包括在内，以统一比较的口径。表4-1给出了人事总监这一职位问卷示例。填写人在填写问卷时应分别填写不同形式的报酬，而不能笼统地填一个数目。

表4-1 薪酬调查表

职位：人事总监　　　　　　　　　　　　　　　　　　　　　　　年　　月　　日

	金额（年）	比例	公司一般水平	增幅	备注
底薪					
奖金					
公司津贴					
其他收入					
合计					

4. 样本采集整理

在采集数据时，通常要求样本具有真实性和合理性，所以要让受调查的企业的每个职位提供三个样本，即年收入分别为高、中、低的员工的工资及相关信息。这就避免了某些特殊情况，如某个销售代表的销售业绩特别突出，收入也很高，而另一个销售代表则可能因刚被聘用或业绩平平导致收入还比较低。在采集薪酬数据前就应确定所要收集的内容，通常为：

（1）基本薪酬结构：年薪、月薪、小时工资；最低值、最高值、中间值；

（2）年度奖金和其他年度收入；

（3）股票期权；

（4）补充福利计划；

（5）其他信息：试用期工资、新员工起薪、兼职员工工资。

5. 企业一般信息和福利问卷

在调查问卷中涉及企业一般情况的信息,如:所属行业、员工人数、产值、利润、薪酬增长率、员工流失率等,这些信息都是与薪酬水平密切相关的,在调查中都应该加以考虑。

福利是调查中的一项重要内容,更带有企业整体政策痕迹。这里面的内容包括:养老金、医疗、住房、出差食宿标准、休假制度、交通膳食服务等。

在福利问卷中一般会采用打钩式和填表式,使填写问卷的人感到方便并涵盖所有可能的情况。表4-2是一个调查企业出差住宿标准的调查表的例子。这种制表方式的问卷,能够使填表人在相应的空格内打钩即可,既便于填表又便于数据统计。

表4-2 某企业出差住宿标准调查表

住宿标准(元/年)	总经理	副总经理	部门经理	销售代表	其他人员
5 000					
4 000～5 000					
3 000～4 000					
2 000～3 000					
1 000～2 000					
1 000 以下					

第二节 薪酬市场调查方法

一、薪酬市场调查类型

由于中国从计划经济向市场经济转轨的时间并不长,因此人力资源理论和实践的积累还不多,其中薪酬更是如此。目前中国的薪酬调查有些混乱,好像谁都可以做,谁可以向社会公布。经常发现,在同一地区同一时间不同的调查,其数据会有相当大的差异,让人无所适从。其实,作为社会调查的一种,薪酬调查并不是如此简单,更不是抽100个人的数据加起来再除以100就是平均的薪酬水平了。下面对目前社会上比较流行的薪酬调查类型做简单的介绍。

1. 政府部门薪酬调查

劳动部门会定期公布地区的薪酬指导线,包括基准线、预警线和控制下线。作为政府部门,可以通过行政手段收集数据,数据的权威性和准确性高,同时由于调查是全国性或地区性的,涉及各行各业,信息丰富且全面。并且这种调查所得的数据信息是免费的,企业可以无偿使用,在一定程度上节省了企业调查的成本。但缺点也是明显的,因为它的取样主要来自各种报表,企业在向上申报时很可能留一手,所以信息能反映多少真实的薪酬情况值得商榷。比如工资水平不可能申报得太高,因为工资水平可能会涉及企业的工资总额及税收等。并且政府部门的调查难度大,使得调查特别耗时,时间上有滞后性。

2. 专业薪酬调查公司调查

市场上存在着大量的专门从事薪酬调查的咨询公司，他们向企业提供专门的薪酬调查服务，并收取一定的佣金。目前专业薪酬调查公司主要是国外独资或合资的公司，例如德勤、华信惠悦、翰威特等。咨询公司由于在薪酬调查方面积累了大量的企业案例和数据，因此具备较强的专业性和权威性。不仅能够为企业提供"量身定制"的薪酬调查方案，还能帮企业分析本行业的薪酬趋势以及行业发展动态。作为中介机构，由于和其他企业不存在利害关系，咨询公司更容易从其他公司取得相关的薪酬信息，因而调查结果也更具真实性。目前国内薪酬调查公司主要有三类：国际知名人力咨询公司、国内小而精的人力咨询公司、国内知名招聘公司和猎头。一般说，能进入中国并有效开展业务的外资调查公司都比较大，运作比较规范，数学模型比较成熟，但是这种公司的商业味道太浓，调查对象的选择缺乏普遍性，比如美国某薪酬调查公司在上海的分公司，每年都要公布一套几本的所谓"中国薪酬调查报告"，但仔细看，根本不能代表中国的薪酬水平，因为他们对被调查的公司，要收取非常贵的费用，所以参与调查的都是财大气粗的大公司，且以外资为主，因而由此得到的调查数据就明显偏高。

3. "半官方"专业调查

"半官方"专业调查主要指由政府部门创办的专业调查机构的调查，比如一些地方的城市调查队。它接受政府或其他单位的委托进行专题调查，其中包括对各种不同类型对象，具有不同目的的薪酬调查。相对来说，这种调查方式可以大大减少调查工作量，节省大量的协调费用，但同时也需要支付一定的服务费，并且该机构对当地社会比较熟悉，调查水平也比较高，同时因为有"半官方"的特殊身份，能得到其他机构无法轻易得到的保密资料，因此数据也较可靠。但这些调查机构毕竟不是专业的薪酬调查机构，运用薪酬调查模型大多是参考现成的，针对性不足，同时在分析解读数据方面的水平也不如薪酬调查机构专业。

4. 人才服务机构调查

这里所说的人才服务机构主要是两种，一种是人才交流服务机构，比如人才服务中心；另一种是人才服务招聘网站，由于这些人才服务机构与人才市场的供求双方有着密切的关系，尤其是招聘网站跨时空的优点，使得调查更具即时性，但这类调查随意性非常强，名义上是随机抽样，实际取样并不科学，谁愿意接受调查就算做样本，而且这种调查，没有任何约束，基本上"拿到篮里都是菜"，被调查对象提供的数据真实性差。另外，目前人才服务机构的信息泄露情况比较严重，因此薪酬调查的结果参考价值较低。比如同样的销售经理，可能来自一个"六七个人，七八条枪"的小公司，也可能是数千人，甚至排进世界500强的顶级公司，这两者根本不是同一个级别，因此就没有可比性。由于这些人才服务机构缺乏专业的调查人才和数据分析技术，因此，他们的样本选择、数据采集和数据分析都不专业。

5. 企业薪酬调查

企业根据自身的实际需要，针对性地组织人员对其所在行业内的竞争对手进行全面而细致的调查，为制定自身的薪酬体系提供保障，增强企业在劳动力市场、产品市场上的竞争力。此类调查的针对性很强，有利于满足企业的个性化需要，能够得到最新的薪酬动态和加强对竞争对手的认识。但在实际情况中，很多企业不得不因为以下原因放弃自行开发和实施调查：

（1）薪酬调查是一项大工程，需要大量的人力物力，很多企业都没有合适的专业人员和

时间从事此类调查;

(2) 被调查企业不愿把自己的薪酬信息透露给竞争对手;

(3) 亲自调查的成本昂贵。由于企业不是专门的薪酬调查机构,缺乏所需的相关资料,这就要求企业设计一套完整的调查方案,使得企业要投入大量的人力物力,从而增加企业的成本。

二、薪酬调查的实施

进行薪酬调查通常需要预先确定一个较全面的实施步骤,这样做有两个好处:一是使整个工作有条不紊地进行;二是有利于进度安排和控制。一次调查的周期一般为两个月,典型的时间安排见表4-3。

表4-3 调查与问卷处理进度表

第1周	调查目标确认,召开调查预备会议,并开展宣传工作
第2周	问卷设计并寄发
第3～4周	问卷填写
第5～6周	问卷回收整理,数据输入和处理
第7周	对输入结果的修正及报告装订
第8周	召集会议、报告结果

1. 调查预备会议或调研宣传会议

在形形色色的调查中,薪酬调查具有很大的特殊性,特别是数据的取得。首先,对绝大多数企业来说,薪酬分配和福利政策是最高机密之一,只有总经理同意,调查单位才有可能获得有关资料;其次,参与薪酬调查的样本企业要足够多,这样才能保证数据具有较好的代表性。因此,要顺利地开展薪酬调查并取得预期效果,最好的办法是有一个权威机构或者行业龙头企业发起,比如可以通过商会和行业协会,由参加商会和行业协会的企业经理提出要求、然后由各企业人事部门人员负责具体配合、实施。如果无法取得商会和行业协会的支持,那么可以通过召集宣传会议来征集参加公司,并邀请参与企业的人事经理举行调查预备会议,以实现以下两个目的:一是让参加单位充分提出要求,确定调查范围和内容;二是让参加公司明确数据统计的口径,填表的方法,以免错漏而返工。

2. 数据收集

一旦决定进行调查,下一步应考虑的是如何取得调查数据。如果调查是非正式的并且关于一小部分工作的,那么电话访谈是最简便也是使用最广泛的数据收集方法。其他较为复杂的方法包括使用调查问卷、面谈和小组座谈。

(1) 电话访谈

电话访谈通常用于针对小部分简单易于辨认的工作。通过电话可以同一个地区甚至全国的可比较的企业的薪酬专家进行交流。这些交流能提供数据应对紧急和迫切的需要。电话访谈技术可以用来澄清事实,检查异常数据或获得一些采用其他方式时忽略的数据。它的显著缺陷是要求受访者即时参与,因而容易造成很大的压力。鉴于这一因素,电话访谈应尽可能地简捷,并且,如果有可能的话,对电话访谈进行预约。

(2) 邮寄问卷

邮寄问卷是一种最常见的取得调查数据的技术,问卷一般采用特快专递的形式发送和收集,有匿名和非匿名两种方式。其优点是快速、安全,也可以用传真的形式,因为公司之间的业务联系多用传真进行,所以很多公司自然对传真过来的文稿特别重视,这样一方面可以及时回收,而且也可保证数据的真实性。邮寄的方式无须发放访问员的劳务费,免除了对访问员的管理。同时被访者能避免与陌生人接触而引起的情绪波动,也有充足的时间仔细考虑等问题进行问卷填答。但是,这一方法的突出缺点是信息反馈周期长,影响收集资料的时效。而且访问者难以甄别被访者是否符合条件,不能保证填答问卷的质量。当使用邮寄问卷的时候,不要指望能在三、四周之前能有50%的回应率,在两周或四周以后打电话询问问卷填写情况或许有助于加快这一过程,并可能提高问卷的回收率。

(3) 面谈

面谈也许是效果最好的数据收集方式。采用这种方式的巨大障碍在于必须对访问员进行深入培训,使其能够熟悉调查的各个方面,从而能够准确有效地收集到所需数据。在职位匹配的过程中,面谈者会回顾相关的记录(职位描述、薪酬体系、组织结构图)甚至亲自观察一个职位,这有利于提高数据的有效性;同时,访问员一般亲自记录受访者的个人情况和薪酬状况,这免除了受访者大量的书写工作,使其能够集中精力思考,提供恰当的数据。在任何成功的面谈中,访问员必须取得受访者的信任和配合。一旦建立了这种私人关系,完成后续任务或通过其他方式获得额外数据就变得简单多了。

(4) 会议

尽管会议是最少使用的采集薪酬数据的方式,但它有一定的长处,如果一组专家有相同类别的数据要求并且距离不成问题,这种方式就可能成为现实。在会议之前,调查者应准备一个文本来详细描述会议的目的、需要调查的报酬数据的种类、匹配的工作等等。当与会者做好他们的准备工作后,在较短时间内采集到高质量数据的可能性会比较高。同时,会议方式也更容易提高与会者对薪酬管理责任的理解,薪酬专家对相关数据的理解和需求是动态和富有启发性的。

3. 数据处理

薪酬结构有一定的复杂性,容易填写错误。数据的准确性是确保整个调查有效性的根本,因此在正式进行数据处理之前,先要对问卷进行核对整理,而数据的处理必须借助于专门的软件。数据处理的流程参看图4-3。

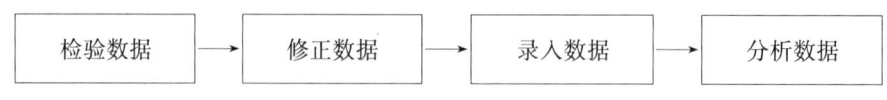

图4-3 数据处理过程

(1) 检验数据

通常是核对职位的匹配程度以及错误信息。调查数据中会包含职位描述,但是,即使是在职位描述非常匹配的情况下,也并不意味着各个公司认为同一职位具有相同的价值,因而在某些情况下需要对数据进行适当调整,遇到明显错误的数据要进行修正或者删除。

（2）修正数据

如果职位描述相似但不相同，那么可以根据匹配程度重新衡量职位的薪酬，这种技巧称作数据的修正。比如在工业工程师的薪酬调查中，如果你认为本企业的工业工程师承担的责任高于调查企业的可比职位，那么你可以对调查企业的薪酬数据乘一个大于1的系数，作为目标职位的薪酬水平；反之，可以乘一个小于1的数来进行调整。

（3）录入数据

为了保证数据输入的可靠性，分两路录入非常必要，因为一个数据的错误，就可能会影响到整个报告的结果。

（4）分析数据

简单的描述性统计分析有利于把握调查数据的总体状况，常用的统计分析包括频数分布分析、集中趋势分析和离中趋势分析。

a. 频数分布分析

把一组数据从低到高排序，计算每个数出现的次数就构成了频数分布。将频数分布状况用柱状图反映出来有利于观察信息，并识别异常数据。通常而言，如果柱状图形状极不规则，比如严重偏离正态分布，那么通常预示着数据的有效性可能存在问题，需要检验相关数据。那些处于分布高低两个极端的数据，则可能意味着相应公司采取的薪酬策略不同于其他一般企业。

b. 集中趋势分析

两个最常用的测量集中趋势的指标是平均数和中位数。平均数能用多种方法进行计算，其差别主要在于权重的确定上：给每个薪酬数据赋以相等的权重，或者根据相关情况，如员工人数，给不同的薪酬数据赋以不同的权重。

某个职务的薪酬调查数据代表了参与调查企业担任该职务的员工的平均薪酬水平，但是由于不同企业雇用该类员工的数量通常是不同的，因而在劳动力市场上的地位是不同的。表4-4(A)列出了某一次针对高级打字员的薪酬调查结果。有四个公司参与调查，它们雇用的打字员数量不同，特别是A公司占了近一半。如果给各公司的年工资率赋以同等的权重（简单平均数），那么最后得到的平均年工资率为15 477元；如果按照以各公司的雇用人数作为权重，那么得到的平均年工资率是15 200元。由于A公司的年工资率较低，因此高级打字员市场的加权平均年工资率低于简单平均工资率。

表4-4(A) 未加权平均工资率和加权平均工资率

公司	高级打字员	年工资率(元/年)	年度总工资(元)
A	14	14 938	209 132
B	3	15 708	47 124
C	5	16 786	83 930
D	8	14 476	115 808
合计数	30	61 908	456 000
初始或未加权平均数		61 908/4＝15 477	
加权平均数		456 000/30＝15 200	

表 4-4(B)　调整加权平均工资率

公司	数据分析	小时工资率(元/小时)	小时总工资(元)
A	14	7.00	98.00
B	9	7.45	67.05
C	50	9.15	457.50
D	16	7.95	127.20
E	6	8.40	50.40
合计数	95	39.95	800.15

另一种计算平均数的方法被称为调整加权平均方法，它能够减少异常总量的影响。某公司进行了一项工资调查并收集了表 4-4(B)的数据分析员的工资数据。调整加权平均数的计算方法如下：

首先，决定每个公司的平均雇员数：$95/5=19$

其次，确定影响最大的公司的人数和平均人数的差额，即超额人数（在这个例子中 C 公司雇用人数最多）：$50-19=31$

然后，减少一些估算数据的影响，一个经常使用的方法是用估算值平均人数加上百分之十超额人数。经过调整后，C 公司权重为：

$10\% \times 31 + 19 \approx 3 + 19 = 22$

最后，使用调整加权平均数据（C 公司作为唯一有影响的公司被调整）：

A 公司　　$14 \times 7.00 = 98.00$
B 公司　　$9 \times 7.45 = 67.05$
C 公司　　$22(50) \times 9.15 = 201.30$（以调整后人数计算）
D 公司　　$16 \times 7.95 = 127.20$
E 公司　　$6 \times 8.40 = 50.40$

初始或未加权平均 $= 39.95/5 = 7.99$

加权平均 $= 800.15/95 = 8.42$

调整加权平均 $= (98.00 + 67.05 + 22 \times 9.15 + 127.20 + 50.40)/(14 + 9 + 22 + 16 + 6) = 543.95/67 = 8.12$

为减少 C 公司在调查中的影响，调整平均值大约比加权平均少 3.7%，初始或未加权平均值大约比加权平均少 5.4%。

还有一种测量集中趋势的是中位数，即按升序或降序排列的一组数中间的那一个数值，它的突出优点是能够克服极值的影响。

c. 离中趋势的测量

离中趋势用来刻画薪酬率的分散程度。标准差是用来描述离中趋势的最常用的统计指标，它是指频数分布中每个值偏离平均值的大小，如果薪酬水平的分布符合正态分布，那么说明 68% 的薪酬数据落在平均薪酬率两侧各一个标准差范围内。分位数（percentile）是测量离中趋势的又一个指标，在一组薪酬数据中，如果某个数据处于 75 分位，那么意味着它高于这组数据中 75% 的薪酬率。

4. 结果报告

整个调查结果应当有一个报告会来进行报告,这样做一方面让参加单位充分了解调查结果,另一方面,可以让参加单位对调查结果进行讨论、分析。

三、互联网时代的薪酬调查

近年来,以云计算、物联网、大数据和人工智能为代表,新一轮信息技术革命已成为全球关注的重点,也为互联网时代的薪酬调查带来了新的机遇与挑战。运用互联网技术健全薪酬调查体系,使其更具行业竞争力,不仅大大提高了企业薪酬调查的科学性,同时也为企业人力资源管理中的薪酬管理提供了强有力的技术保障,对提高薪酬管理工作的效率及实效性有着积极作用。

1. 机遇与挑战

(1) 挑战

伴随着互联网技术的发展,员工接收信息的渠道多元化,企业内外部信息的传播会更广泛、更迅速,员工对于薪酬的透明化程度和企业提供信息的准确度的要求更高。并且在这个数据爆炸的时代,数据的管理和价值挖掘变得愈加复杂和困难,管理者需要判断薪酬调查数据的来源是否真实,搜集的信息是否有效。设计薪酬体系所需考虑的因素也更加复杂,给企业管理、薪酬数据的处理、薪酬制度和体系的设计都增加了难度[1]。

(2) 机遇

大数据带来信息冗杂问题的同时,也让企业能更全面地获取外部信息,更加综合地分析内外部环境,了解薪酬市场状况。网络技术的发展使得更多数据处理软件得到应用,可以帮助企业从原本毫无价值的海量数据中挖掘出员工的真正需求,从而有助于设计出更公平合理的岗位薪酬体系。

2. 新应用

企业可以借助智能化的信息技术与平台,改进传统的薪酬调查模式,完善薪酬调查的实施环节,提高管理的效率,以促进企业实现薪酬公平、薪酬满意度和薪酬激励。充分运用互联网时代任何可利用的信息对企业员工的期望薪资值进行预测,从而为岗位设置提供更加真实可靠的数据。

大数据的信息渠道较宽,因此,企业利用大数据技术、云计算等可以有效收集及整合薪酬市场环境信息以及企业员工的相应数据,并利用现代技术将其进行分类、计算以及存储等,通过构建基于大数据的薪酬管理基础数据平台[2],实现企业薪酬调查流程的优化设计,依据此平台有效推进薪酬调查工作。

企业可以将大数据与互联网信息技术有机融合,由此挖掘出行业环境中更多与薪酬相关的信息及数据,企业借助此完成薪酬的统计、分析等工作,充分了解行业中的薪酬环境进而调整企业的薪酬管理制度及方案,以此提升企业薪酬管理的竞争实力。针对当前许多企业的薪酬结构存在不合理之处的情况,企业借助大数据可以帮助企业完成薪酬结构及水平

---

[1] 田蕾."互联网+"时代人力资源管理变革研究[J].人民论坛,2017(1):80-81.
[2] 沈丽萍."大数据"时代下企业人力资源管理中的薪酬管理探究[J].中外企业家.2020(18):124.

的评估工作,进而调整薪酬规划方案。此外,利用大数据的智能化特点,企业还可以实现对行业内市场薪酬数据的实时监测,并据此有效智能化的预测企业薪酬管理的竞争实力,促使企业薪酬水平具备更强的核心竞争力。

企业在实施薪酬调查时可以充分依托人工智能技术,同时,也能为薪酬管理的最终决策提供技术支持,促使企业薪酬管理工作效率得到有效提升。人工智能利用调查搜集来的数据建立数学模型,通过更科学的数据比对和计算,帮助企业分析目前的薪酬结构与水平是否合理,并确定科学规划的方向,最终协助企业调整薪酬的组成、幅度、工资等级体系等。

3. 数据来源及其特点

随着互联网时代的到来,很多企业开始借助于互联网的互通性好、成本低的特点获取薪酬数据,表4-5展示了网络薪酬调查主要的四种类型及各自的优劣势。

表4-5 网络薪酬调查数据来源及其特点

类型	典型公司	数据获取	优势	不足
招聘网站	智联招聘 前程无忧 中华英才 ……	通过招聘网站获得	数据分类规范,便于分析 数据成本较低 企业可以在购买招聘权后查询相关工资数据	求职者为了在薪酬谈判中获得主动,填写的数据偏高
网络公司	中国薪酬调查网	通过网络调查获得,要求数据提供者报出单位名称和工资单	数据成本较低 企业购买需求提供数据	购买者没有查询权
中介机构	太和顾问	被代理的客户	数据真实度较高	薪酬数据费用昂贵
管理咨询公司	奇正凌格管理咨询	薪金宝 任职者通过App软件填写数据	打破样本的限制 数据及时更新,真实度高 企业可以基于查询平台进行广泛的薪资调查 可基于平台完成薪酬调查报告 基于同一平台,企业与员工易于达成共识	需要客户自助获取数据

4. 常见误区

(1) 样本数不是越多越好,而是能够根据企业的实际需要,针对性越强,调查的质量就越高。例如一家食品公司要调查区域销售经理的薪酬,网上收集1 000份来自各行各业的资料,可能还不如指定十数家规模类似的公司作针对性调查来得有效。

(2) 调查要有明确的目的,例如,我这家公司参与薪酬调查是为了解决企业内部的什么问题,是知己知彼,维持自己薪酬体系的竞争力呢?还是检讨自己人力资源体系,解决员工流失问题呢？清晰这一点，有利于跳出本行业局限，形成强有力的应对来自各类型公司、各行各业全方位、立体的薪酬竞争策略。

第三节 调查数据分析

薪酬调查后可以根据薪酬调查的结果对本行业的薪酬情况进行描述，同时还会进行回归等统计分析。企业通过薪酬调查可以知道现行的薪酬体系在该行业的劳动力市场上所处的竞争地位。

一、薪酬调查报告

企业在进行薪酬管理时，如能科学地使用薪酬报告中的数据，就可以最大限度地发挥薪酬调查报告的效用，使企业的人事成本结构最优化，达到事半功倍的效果。

规范的薪酬调查报告包括以下两个主要内容：基本资料概述，包括所调查企业的常规数据、人事聘用制度、薪酬和福利保险政策；职位薪酬水平，包括所调查的每个职位的数量及简要职位说明、薪酬范围即薪酬最高和最低值、以平均数或分位数来体现的薪金数额。可以从以下几个方面把握对薪酬报告的利用：

1. 计算薪酬总额标准

企业的薪酬总额是所有员工个人的工资、津贴、福利和奖金的总和。企业计算薪酬总额的主要依据是自己企业的支付能力、员工的基本生活需要以及现行的市场行情，薪酬调查的目的就是帮助企业了解当地的工资水平和竞争对手的薪酬情况。企业在确定薪酬总额标准时，可以参照薪酬报告中当前本地区同类型、同行业企业的有关指标，如平均薪资水平、薪酬结构和职位薪酬信息等，与企业实际支付能力以及员工基本生活费用状况相结合综合考虑，兼顾企业与员工的利益，最后确定出一个合理而明智的薪酬总额标准。

2. 制定薪酬政策的依据

企业薪酬政策的内容涉及薪酬体系、薪酬结构、福利和保险政策。薪酬调查报告可以清楚地显示目前本地区不同性质的企业、不同行业的企业所执行的薪酬政策，因此在为企业制定薪酬政策方面起了非常重要的作用。薪酬调查报告表明各个企业整体的薪酬水平处于行业的什么位置，是否具有竞争优势。也有调查报告展现了多元化倾向的薪酬结构，有基本工资＋奖金＋福利，有基本工资＋奖金＋福利＋业绩提成，还有基本工资＋奖金＋福利内部股权等等。薪酬政策的制定要着眼于可能影响企业绩效的薪酬运行的方方面面，在结合企业发展战略、有侧重地体现企业经营管理的模式、具备企业特色的基础上，确立最适合自身发展需要的薪酬政策体系。

3. 调查资料与企业情况的匹配性

企业利用薪酬调查报告制定职位薪酬方案时，要同时参考报告提供的各职位的平均薪酬水平和所附的职位说明书，再结合本企业各职位实际工作特点、任职人员状况和企业对不同职位的需求程度区别对待。例如，某薪酬调查报告的数据显示，所调查企业财务经理的平均月薪是 16 700 元人民币，其中最高水平是 23 000 元，最低为 8 500 元。同时，薪酬调查报告所附的职位说明书中对财务经理的主要工作职责描述如下:"制定、维护、改进公司财务管理程序和政策;制定年度、季度财务计划;负责编制及组织实施财务预算报告,月、季、年度财务报告;负责公司全面的资金调配,成本核算、会计核算和分析工作;监控可能会对公司造成经济损失的重大经济活动;考核、指导和培训财务部工作人员",任职要求是"财会专业本科以上学历;熟悉财务软件的操作系统;熟悉国家财经法律法规和税收政策及相关账务的处理方法;相关工作经历3年以上"。由此,企业在制定财务经理的职位薪酬时,要具体考虑本企业该职位的实际工作内容,该职位在企业的重要程度,以及该职位任职人员的实际工作能力、资历和学历,再参考8 500~23 000元的标准来浮动,使薪酬体系真正具有公平性和竞争力,帮助企业吸引人、激励人和留住人。

二、薪酬调查结果应用注意的问题

企业在制定薪酬体系时,一般都会直接或间接地使用薪酬调查结果。目前,一些专业机构在近几年开始进行薪酬调查,并为企业提供薪酬调查结果。各种各样的薪酬调查结果充斥了媒体,令人眼花缭乱。但这些调查结果良莠不齐,有些调查公司的操作比较规范,所得结果比较科学合理;有些调查公司的所得结果则值得怀疑。那么在购买和使用这些薪酬调查结果时,人力资源工作者和薪酬专家应该注意哪些问题,才能做出正确的决策呢?

1. 参与调查的职位如何确定?

在选择职位时有一个基本原则就是选择能够达到目的所必需的尽可能少的企业和职位,调查的职位越多或调查越复杂,企业参与的可能性就越小。通常可以采用基准职位法、极端值法、基准转换法等方法来确定参与调查的职位。

基准职位法是各个不同的企业共有的职位,它们具有稳定的工作内容,并雇用了一定量的员工。如果调查的目的是为了整个薪酬的定价,所选的基准职位就要能涵盖整个职位的结构——包括所有的关键职能和所有的职位层级。极端值法就是在相关市场上找到相关职位薪酬的最高和最低值的基准职位,这种方法的有效性在于极端的基准职位与企业组织工作的匹配度,以及它们是否真正涵盖了整个能力或技能范围。基准转化法,是解决匹配度困境的一个替代方法,把用于建立内部一致性的评价方案应用于被调查职位的说明中。如果企业使用职位评价,就可以把它们的职位评价体系应用于被调查的职位上。企业内部职位评价的点数与被调查职位的评价点数的差异程度可以用来指导市场薪酬数据的分析和调整。

2. 职位描述和层次是否清晰?

进行薪酬调查时,必须对所调查的职位进行明确而清楚的描述。内容应包括职位名称;职位职责;职位目的,即该职位对公司的价值和贡献;任职者基本素质要求,即该职位对任职者的知识、学历、经验、能力等方面的要求。在购买和使用薪酬调查结果时,也要注意该调查是否包括所调查职位的职位描述,包含职位描述的调查结果才更为准确可靠。并且,应将调查所提供的职位描述与公司相应的职位进行比较,只有当两者的重叠度达到70%以上时,才能根据所调查职位的结果来确定公司相应职位的薪酬水平。

某些职位类别可能会包括不同层级的职位,比如人力资源职位类别就有可能包括人力资源总监、人力资源经理、人力资源专员等职位。每个公司可能会有不同的职位类别,即使是同样的职位类别,其内部所包括的职位层级可能仍不一样。薪酬调查预设的职位层级数可能会与企业实际的层级数不同,例如薪酬调查中将人力资源分为3个层级,而公司有4个层级。在不一致的情况下,最好能参照不同调查公司进行的薪酬调查,根据数据的共性进行分析,来确定每一层级职位的薪酬水平。即使两者的职位层级数相同,每一层次职位的职位描述也有可能不一样。在实际操作过程中,一定要注意薪酬调查报告对职位层级的说明。

3. 调查数据是否最新?

从调查的策划、实施、数据处理到最后向市场推出薪酬调查结果,需要一段时间。这段时间的长短与调查公司的专业水平和能力密切相关。时间越长,受到外界环境变化的影响越大,数据的有效性就越值得怀疑;时间越短,数据就越有效。因此,在购买薪酬调查结果时,要特别注意调查的时间,一般应该购买最新的薪酬调查结果。当然,如果能购买不同时间段的薪酬调查结果,然后自己根据这些数据进行分析,效果会更为理想。

4. 劳动力市场是否合适?

职位的劳动力市场决定了薪酬调查的地域和行业。对于低层级的职位来说,比如文员、一般技术人员和半技术人员,所调查的区域应该是和公司在地理位置上比较接近的地方。对于中高级职位而言,比如销售部经理、人力资源副总等,调查的区域一般以本城市为单位。如果公司在北京,要了解秘书等职位的薪酬情况,最好就在北京进行调查,而不用考虑上海、深圳等地的情况;而如果要了解高级管理人员的薪酬情况,比如财务总监、总经理等,则最好同时在北京、上海、深圳等地进行调查。同样,调查所包括的行业也是应该考虑的一个问题,对于低层级的职位来说,行业之间的差别并不大,就无须特意考虑行业选择问题;而对于中高级管理人员和技术人员来说,最好是选择与公司有同等竞争力的行业。

5. 哪些公司参与了薪酬调查?

从理论上来说,最好参与调查的公司是本公司在人才、产品和市场等方面的竞争对手。调查与本公司具有同等人才竞争力的公司的优势是可以了解市场同类职位的薪酬水平,确保本公司的关键职位能吸纳并留住人才。在调查对象中包括本公司在产品和市场方面的竞争对手,可以在了解这些公司的劳动力成本的同时,预测短时期内薪酬的水平和竞争对手的行动。但是,一般专业公司所调查的公司不可能完全与我们的期望一致。此外,大多数公司一方面希望通过填写薪酬调查问卷而获得调查公司所提供的薪酬调查结果,一方面又担心泄露本公司的薪酬信息,所以在填写时总是有所保留,这就使得调查结果大打折扣。因此,在使用专业公司提供的薪酬调查结果时,一定要了解哪些公司参与了调查,调查对象是否符合调查所需,并谨慎地解释薪酬调查的结果。

6. 是否报告了数据处理方法?

对于同样的数据,可以采用不同的统计处理方法,得到的结果也可能不一样。在购买专业公司提供的薪酬调查结果时,一定要特别注意数据的统计处理方法,比如对于明显不符合情况的异常值是怎么处理的?对由于被调查者没有填写而造成的缺省值又是怎么处理的?是怎么对数据进行分组处理的?对于不能提供最终数据处理方法的调查公司,最好不要相信其调查结果。

7. 是否报告了数据搜集方法？

数据搜集是薪酬调查中的重要一环，采用不同的数据搜集方法可能会得到不同的结果。在薪酬调查过程中，常用的数据搜集方法有问卷调查法、访谈法等。问卷调查法的主要优点是节省时间、人力和成本，实施起来相对简单，并且结果易于量化，但是由于不同的人对不同的问题可能会有不同的理解，使得调查结果受到影响。访谈法灵活性高，易于深入了解情况，数据更真实可靠，但实施难度大，成本高，受访谈对象的影响大。不管采用什么方法搜集数据，都应在调查报告中附上调查问卷或者访谈提纲。在购买薪酬调查结果时，应通过调查问卷或访谈提纲来了解调查公司采用了哪些调查方式、调查获得了哪些信息，进而判断调查结果对本公司是否有价值。

8. 平均数、中位数、25P 和 75P 之间的关系？

一般的薪酬调查结果都应该报告薪酬的平均数、25P、50P、75P。所谓 25P、50P、75P 是指，如果调查了 100 家公司，将这 100 家公司的薪酬水平从低到高排序，25P、50P、75P 分别代表排名第 25 位、第 50 位、第 75 位的薪酬水平。通过检查平均数、25P、50P、75P 的关系，可以让我们对调查结果有一个初步的了解。一般情况下，平均数和 50P 应该比较接近，25P 与 50P 的差别应该与 75P 与 50P 的差别比较接近。如果其差距超过 5% 时，就应该认真检查有关的统计数据，以保证这种偏差不是由于数据搜集和统计处理等人为因素所造成的。

（九）每年参加调查的对象是否一致？

在某些专业机构的薪酬调查中，被调查的公司基本稳定，即每年参加调查的对象一致。这样，可以对历年的数据进行分析，找出薪酬的发展趋势。而如果参加调查的公司变动特别大的话，就很难找到薪酬变化的规律。一般来说，调查公司实力越强，参加调查的公司会越稳定。也有些薪酬专家通过分析多家公司提供的多年的薪酬调查数据，来预测未来一段时间薪酬的变化趋势。这种方法在一定程度上能降低由于参加调查公司的不同所带来的误差，得到的预测结果科学性也更高。

薪酬调查是一门复杂的科学调研方法，尤其是当调查的内容涉及企业的整个薪酬体系时就变得更为复杂。在我国，由于存在调查方法不合理、调查范围窄、信息真实度低等问题，使得薪酬调查难度更大，薪酬调查的认可度也较低。因此，在购买薪酬调查结果时，一定要注意从比较权威的机构购买，同时尽可能获得比较准确的、全面的相关信息。在薪酬调查结果的使用过程中，一方面我们可以借鉴上面的九个问题来帮助自己正确地使用薪酬调查结果，另一方面我们必须根据本公司的实际情况，仔细辨别薪酬调查结果对公司有价值的部分，只有这样才能制定出科学合理的薪酬体系。

三、调查结果的综合分析和应用

1. 分析各职务薪酬状况

调查可以提供第一手的数据资料，通过数据统计可以得到各个职位详细的薪酬情况，表 4-6 列出了某次关于工程经理的薪酬调查结果[①]。

---

① 资料来源：陈黎明.经理人必备——薪资管理[M].北京：煤炭工业出版社，2001：279.

表4-6 薪酬调查工资数据统计详表

职位名称:工程经理(14)
直接上级:技术总监
控制范围:电气、动力、土建等工程技术主管
责　　任:负责厂房、设备的安装、调试与维修方面的总体管理
学　　历:工程类相关专业本科
资　　历:6~8年相关工作经历
样 本 数:10

	低	低1/4	中	高1/4	高	平均	样本数	样本比率%
本年总收入	116 535	12 780	150 515	194 722	216 000	160 040	10	10
月收入	8 100	9 419	9 802	13 653	15 965	11 198	10	100
基本工资	6 967	8 595	9 284	12 800	15 000	10 484	10	100
住房津贴总额	0	865	1 326	1 760	2 250	1 415	10	100
交通补贴	0	450	800	1 250	1 800	1 236	10	100
津贴总额	2 400	2 516	4 555	36 032	41 480	15 257	6	60
奖金总额	2 500	5 157	9 875	18 865	37 400	13 462	8	100
每月固定收入	8 100	9 419	9 802	13 653	15 965	11 198	10	100
年固定收入	113 400	121 547	132 037	177 489	220 680	150 471	10	100
绩效奖金	2 500	3 759	10 641	20 498	37 400	14 240	6	60
利润分享	25	34	39	49	56	41	9	90
相关职位工作年限	5	10	19	27	29	18	9	90
学历	4	5	5	5	6	5	9	90
每周工作时间(小时)	40	40	40	40	40	40	10	100

最低年收入:103 479;最高年收入:221 600。
学历代码:1 小学,2 初中,3 高中技校及中专,4 大专,5 大学,6 硕士,7 博士。

2. 绘制市场薪酬水平图

将所有职位薪酬水平的中值从高到低排序,接着再将中上水平值(高1/4值或75分位值)和中下值(低1/4值或25分位值)按此顺序联结起来,可得到一张反映市场薪酬水平的职位总图,如图4-4所示。

在职位薪酬图上再加上某公司自身的中值曲线,就可一目了然地显示出该公司薪酬水平的市场相对位置,这是企业最感兴趣的信息。图4-4标示了A公司薪酬水平线。可以看到,A公司某些职位的薪酬水平高于市场中值,另一些则低于市场中值。但是所有职位的薪酬水平均处于高1/4值和低1/4值之间。

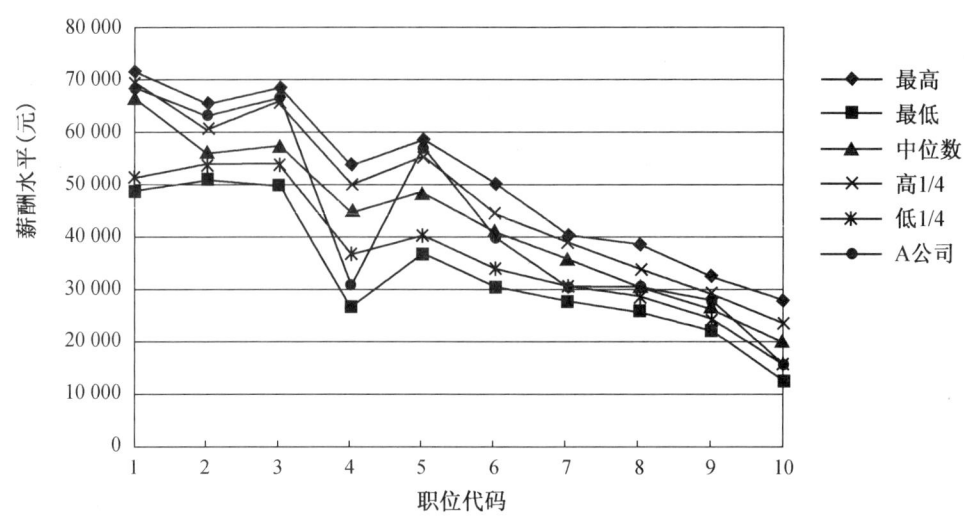

图 4-4　1997 年 10 月某企业薪酬调查部分职位分析

3. 薪酬水平的调整策略

领先型、跟随型和滞后型是三种不同的薪酬水平策略，在实际应用中，企业可以采用多种薪酬水平相结合的策略。管理人员可根据不同的职业类别制定不同的薪酬水平，比如核心员工的薪酬水平高于市场平均水平，而一般员工等于或低于市场平均水平；或者可根据不同的薪酬形式制定不同的薪酬策略，比如基本工资略低于市场平均水平，而激励工资远远高于市场平均水平。

领先型策略，即采取本企业的薪酬水平高于竞争对手或市场的薪酬水平的策略。这种薪酬策略以高薪为代价，能够最大限度地发挥企业吸纳和保留员工的能力，同时，把员工对报酬的不满减至最低。而且，它能弥补工作中令人感到乏味的因素，但是领先策略也有消极影响。比如，高薪使得招聘更容易，这可能掩盖工作的其他方面导致的高员工流失率；如果企业不调整现有员工的工资，那么那些工作经验丰富的员工就会感到很不公平。

跟随型策略是竞争者最常用的方式，薪酬管理者力图使本企业的薪酬成本接近竞争对手，同时使本企业吸纳员工的能力接近竞争对手吸纳员工的能力。管理者为跟随型策略的使用归纳了三点理由：(1) 薪酬水平低于竞争对手会引起员工的不满；(2) 薪酬水平低会限制企业的招聘能力；(3) 支付市场薪酬水平是管理的责任。这种策略虽然能使企业避免在产品定价或保留高素质员工方面处于劣势，但是它并不能使企业在劳动力市场上处于优势。

采取滞后型薪酬策略的企业大多处于竞争性的产品市场上，受产品市场上较低的利润率所限制，成本承受能力较弱。当然，有些时候，滞后型薪酬策略的实施者并非真的没有支付能力，而是没有支付意愿。这种策略也许会影响企业吸纳潜在的员工。但是，如果采用这种策略的企业能够保证员工将来能够得到更高的收入，那么员工的责任感就会得到提高，团队精神也会增强，从而对企业绩效产生正效应。

市场薪酬水平处于不断的变化当中，而企业通常只在一段时间之后(比如一年)才会调整薪酬水平，因此，企业薪酬水平的相对市场地位是动态变化的，可能偏离其既有的薪酬策略。比如，某个实行领先型策略的公司年初的薪酬水平高于市场平均水平，但是随着市场总体薪酬水平的提高,该公司在年末的薪酬水平就可能低于市场平均水平。在这种情况下,企业就有必要对薪酬进行调整,以避免对企业绩效目标造成不利影响。有些企业为了保证薪酬水平的领先地位,往往按照市场薪酬的中上水平而不是中位数来设定薪酬水平。

4. 薪酬结构分析

薪酬结构分析可以从三个方面入手:一是按照固定工资、浮动工资、福利等进行分析。具体看薪酬的每一部分占总额的比例是多少。二是按照人员级别的比较。三是按照人员职能比较。

分析薪酬结构可以得到一张工资结构表,表4-7展示了上海某企业1994年4月薪酬调查结果,从中可以看出不同的管理层次工资结构是不同的。

不同的薪酬结构对员工具有不同的行为导向作用。比如,高比例的奖金通常具有绩效导向特征,高基本工资强调的可能是公平,高津贴则突出对技能的重视。通过薪酬调查,企业能够获得竞争企业薪酬结构的相关信息,对本企业完善薪酬结构,提高薪酬的激励水平是有益的。

表4-7 各级人员薪酬结构

单位:千元

职务	基本工资	津补贴总额	奖金佣金	其他收入
总经理	18	10	16	66
总监	10	11	16	64
经理	12	11	14	65
主管	14	12	13	61

本章小结

1. 薪酬市场调查帮助企业了解其他企业的薪酬水平和结构,是企业设计和调整薪酬体系、保持薪酬竞争力的必要前提。

2. 认真细致的准备工作是取得薪酬调查成功的重要保证。首先,调查者要具备薪酬调查的相关理论基础,了解劳动力的市场化水平和价格决定机制,懂得如何选择合适的调研目标市场,确保目标企业和本企业具有可比性,从而保证调查结果具有参考价值;其次,调查者需要开发完备的薪酬调查纲要和适用的薪酬调查问卷。

3. 按照实施主体的不同,我国目前的薪酬市场调查主要包括政府部门薪酬调查、专业薪酬调查公司调查、"半官方"专业调查和人才服务机构调查四种。它们各有优点和缺点,调查者可根据实际情况进行选择。在薪酬调查具体实施过程中,制定较全面的实施步骤有利于确保调查过程的有序性和可控性,而召开预调查会议、选择合适的数据收集方法、采用严格可靠的数据处理流程能够提高调查效率和效果。

4. 对薪酬调查取得的数据的分析最终形成薪酬调查报告。对薪酬调查报告的利用可从三个方面进行把握:计算企业薪酬总额标准、制定薪酬政策以及评估调查资料和企业情况的匹配性。

5. 有效的薪酬调查结果最终可用于制定和调整企业的薪酬体系,包括分析各职务薪酬状况、绘制市场薪酬水平图、制定薪酬水平的调整策略以及分析薪酬结构等。

复习思考题

1. 薪酬调查的作用体现在哪几个方面?
2. 何谓基准工作?基准工作在薪酬调查中的作用是什么?
3. 薪酬调查质量的优劣决定了所取得的数据和结果的有用程度。在购买和使用各种各样的薪酬调查结果时,人力资源工作者和薪酬专家应该注意哪些问题,才能使薪酬调查数据真正帮助企业在薪酬体系设计和调整中作出正确的决策?
4. 在互联时代,如何借助网络信息进行薪酬调查?
5. 如何根据薪酬市场调查取得的数据确定本企业薪酬的竞争力?
6. 描述收集薪酬调查数据可利用的各种方法。描述各种方法在哪种状态下最有效。

案例讨论

2018—2019 年互联网行业薪酬调查报告

对互联网行业来说,2018 年是不平静的一年。上半年区块链大热,众多互联网公司争相从中分得一杯羹;"AI(人工智能)"是 2018 年另一个热门词汇,不仅互联网行业,教育、医疗、零售等传统行业也加入了 AI 人才抢夺战。不过无法否认的是 2018 年互联网行业依旧是人才最紧缺、平均月薪最高的行业,互联网行业整体薪酬继续保持上涨态势,但逐渐趋于理性。本次调研所有数据均来自"薪智"数据库,数据库中包含 206 105 家互联网行业公司,以及 7 716 374 个互联网行业职位样本数据。从总体来看,2018 年第四季度和 2019 年第一季度六个月互联网行业月平均薪酬总体显著增长,从 13 814 元增长为 14 646 元;除中级的月平均薪酬有所降低以外,主管、经理、总监等各职级薪酬均实现增长,其中总监薪酬增长率接近 10%。

薪酬调查说明

作为目前国内最大的薪酬数据库和全球首家运用人工智能技术的薪酬分析平台,"薪智"对 2018 年至 2019 年第一季度的互联网行业薪酬状况进行了详细调查,以期提供一份相对详尽的薪酬报告,期望帮助企业及广大求职者深入了解互联网行业薪酬规律。

本报告将互联网行业分为"IT 服务""企业软件及系统集成""互联网""游戏""O2O""电子商务"6 个方向,将行业规模划分为"100 人以下""100~500 人""500~5 000 人""5 000 人以上"4 个等级,将公司所在城市划分为一线城市、新一线城市、二线城市和三线城市。

互联网细分行业薪酬比较

调查结果显示,互联网各细分行业间薪酬差异不大,最高的是 O2O 行业,平均月薪达 11 692 元,最低的是 IT 服务行业,平均月薪为 9 432 元。在互联网所有细分行业中,游戏、O2O、电子商务行业处于高薪行业,IT 服务、企业软件及系统集成、互联网等较为传统的行业薪酬水平相对较低。

但是各细分行业间职级的薪酬差异较大,职级越高,各细分行业中的薪酬差异越大。总监的月平均薪酬比中级的月平均薪酬高两倍以上;游戏行业的总监职级的月平均工资最高,达23 087元,IT服务行业的中级职位月平均薪酬最低,仅为8 743元。

最后从职位来看,交互设计工程师、界面设计工程师等设计类职位在游戏类行业中薪酬最高;市场类、职能类职位在游戏行业中薪酬最高;算法工程师、大数据工程师等技术类职位在O2O行业中薪酬最高。

如此看来,新兴的游戏、O2O、电子商务行业必然是毕业生想挤破头进入的互联网行业,而其中最"吃香"的职位也将对应聘者提出更严苛的要求。

互联网行业公司规模薪酬比较

一般来说,互联网公司不同规模间薪酬差异较大,公司规模越大,薪酬越高。调查数据显示,"5 000人以上"规模公司月平均薪酬比"100人以下"规模公司月平均薪酬高20%;"5 000人以上"规模公司月平均薪酬比不限规模公司月平均薪酬高10%。

从职级看:主管级别薪酬受公司规模的影响最小,不同规模公司间薪酬差异最小;中级职位受公司规模影响最大,"5 000人以上"大规模公司中级职位薪酬远高于"30人以下"小规模公司中级职位薪酬;中型规模公司薪酬差异不大,薪酬水平不完全由公司规模大小决定。

从职位看:除"100人以下"小规模公司各职能职位薪酬均远小于其他规模公司,100人以上各规模公司的各职能间薪酬差异不大;互联网行业中的大数据开发、算法等高薪职位不论在哪种规模公司,职位薪酬都远高于其他类型职位;公司规模不一样,同种职位间薪酬存在差异,但职位薪酬并不完全取决于公司规模,"100人以下"规模公司算法工程师职位薪酬仍高于大规模公司其他职位薪酬。

以上数据其实就很好地解释了为什么很多人都想去大规模的互联网公司。大型的互联网公司资金雄厚,人才云集,福利优渥,提供的薪资待遇自然高于规模小的公司。同时,互联网行业的多样性、开放性与包容性,给每一个想进入这个行业的人提供了无限可能,尤其大规模的互联网公司能为求职者提供更丰富的选择。最后不得不提互联网行业的发展是大势所趋,庞大的互联网使用人群,促进互联网技术的进步,而不论其在现实生活的运用,还是国家政策的大力支持,互联网行业的发展都被持续看好。

互联网行业城市薪酬比较

在此次调查中,统计所得互联网行业城市月薪排行榜前十依次为:北京、上海、深圳、杭州、广州、南京、东莞、苏州、佛山、厦门。可以看出十大城市之间薪酬差距也不小,其具体月薪为:

第一:北京,平均月薪16 626元;

第二:上海,平均月薪15 461元;

第三:深圳,平均月薪15 295元;

第四:杭州,平均月薪13 798元;

第五:广州,平均月薪11 574元;

第六:南京,平均月薪11 271元;

第七：东莞，平均月薪 10 779 元；

第八：苏州，平均月薪 10 491 元；

第九：佛山，平均月薪 10 020 元；

第十：厦门，平均月薪 9 806 元。

选取北上广深四个一线城市和杭州进行分析，这五个城市属于互联网城市发展第一梯队。从互联网行业的职级月薪看：北京、上海各职级薪酬总体高于另外三个城市；各城市均满足中级—主管—经理增速较缓，经理—总监增长较多的增长趋势。从职位分类的月薪看：五个城市均满足产品类、技术类职位薪酬大于设计类、运营类、市场类、职能类职位薪酬；产品类、技术类职位薪酬城市差异最大，运营类、职能类职位薪酬城市差异最小。

案例来源：根据"薪智，2019 第一季度互联网行业报告[R]. 2019"整理。

网址：

https://salary-file. peoplus. cn/market_ report/2019Q1_%E4%BA%92%E8%81%94%E7%BD%91_%E8%96%AA%E9%85%AC%E8%B6%8B%E5%8A%BF%E6%8A%A5%E5%91%8A. pdf

第五章　薪酬设计

本章结构图

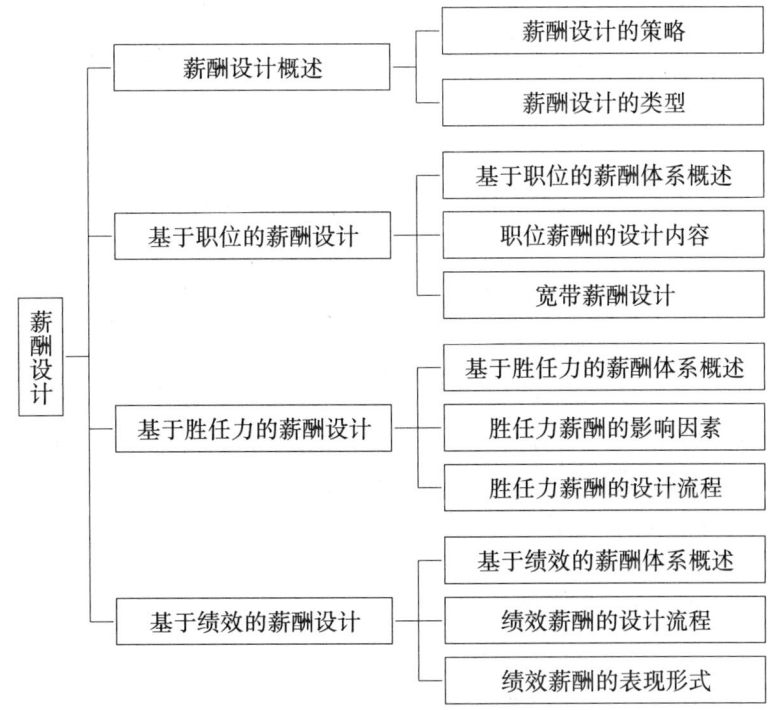

开篇故事

提高薪资待遇能降低离职率吗？[①]

A公司是一家医药上市企业，正在走多元化的发展道路，为了激励员工更好地工作，减少离职，企业给予了员工相较于同行业其他企业更优的平均薪水、奖金、福利，但实际情况是企业仍存在着员工积极性不高和严重的员工流失问题。通过调查，发现问题出在薪酬设计上面。

首先，薪酬设计上存在不公平问题。公司很重视管理层，给中层管理者高于基层主管数

---

① 孟莉.薪酬设计应注意的问题[J].中国人力资源开发,2001(1):49-50.内容有改编.

倍的工资,而基层主管作为技术骨干与一般员工基本上没有什么差别,这种收入与职责的不对称是造成业务骨干即基层主管流失的重要原因。此外,不同部门同级别职位薪酬上存在"一刀切",实际上各个部门间在专业技能、员工贡献及员工处理问题能力的要求上有很大的差异。

其次,薪酬设计不具有市场竞争性。虽然公司员工平均工资较高,但由于中高层管理者的工资远高于基层技术骨干的工资,实际上技术骨干工资并不高,而技术骨干在人才市场中相对稀缺,人才市场的价格远高于目前企业给出的工资水平。

第三,薪酬设计不具有激励性。员工的工资固定不变,A公司每月都进行考核,但考核流于形式,与员工收入不挂钩,干好干坏一个样。

从该企业的案例中可以看出,即使企业提高总体员工薪资待遇,但如果薪酬设计不合理,仍可能引起部分员工工作积极性降低、跳槽率增加等问题。为了更好了解如何进行薪酬设计,本章将详细介绍薪酬设计的相关知识。

第一节 薪酬设计概述

企业薪酬设计是指企业所有者和经营者根据企业发展的既定目标和实际需要,并紧密结合企业的战略和文化及外部市场竞争情况,以员工劳动的复杂程度、熟练程度、劳动强度和责任作为基准,以员工实际完成的劳动定额、工作时间或劳动消耗为参照,系统全面科学地考虑各项因素,最终确定给付劳动薪酬的过程。企业薪酬设计主要包括两个方面内容:一是设计薪酬的纵向结构,即确定组织内各个不同职位、不同能力员工薪酬的等级和标准;二是设计薪酬的横向结构,即确定构成员工薪酬的各种组成部分如基本薪酬、激励薪酬等的比例。

薪酬设计是建立现代薪酬管理制度的前提和重要组成部分,它反映了企业的分配策略,最终形成的分配标准是对个人劳动价值的具体体现。合理的薪酬设计能充分发挥薪酬的激励和引导作用,调动员工的工作热情,激发其才能,为企业的生存和发展起到重要的制度保障作用。

一、薪酬设计的策略

薪酬设计策略是指将企业战略和目标、文化、外部环境有机地结合从而制定的对薪酬管理的指导原则,是薪酬体系设计后续环节的前提,为薪酬制度的设计与实施提供了指导思想。它强调的是相对于同规模的竞争性企业来讲其薪酬支付的标准和差异。确定薪酬策略的工作主要是确定企业薪酬水平和薪酬结构的指导原则,一般性原则本书已经在第二章中进行了阐述,这里主要讨论体现企业支付标准的策略(即薪酬水平策略)和体现企业支付差异的策略(即薪酬结构策略)。

(一) 薪酬水平策略

薪酬水平策略实质上就是企业薪酬的外部竞争力策略,企业根据该策略决定企业薪酬水平与市场薪酬水平的关系。企业的薪酬水平可以设定在高于、相当于或低于市场水平上,对应的就是在上一章中已经提到的领先型、跟随型和滞后型薪酬策略。

1. 领先型薪酬策略

领先型薪酬策略又被称为"领袖型薪酬策略""竞争策略",实行的是高于市场薪酬水平的薪酬标准,强调通过企业薪酬水平的外部竞争性来保留现有人才并吸引外部优秀人才。

企业实施领先型薪酬策略意味着人工成本的提高,因而它并不是对所有企业都适用。采用该策略的企业通常具备的特征是:投资回报率较高、薪酬成本占企业经营总成本比较低、产品竞争者较少。主要是因为:① 投资回报率高的企业有更多的盈利,因而不太会因为员工薪酬水平高而造成周转资金不灵。② 在企业薪酬成本占总成本比较低时,企业有更多的空间通过提供高水平的薪酬来减少各种相关劳动问题的出现。③ 产品竞争者少一般意味着企业面临的产品或服务需求曲线的弹性较小甚至是无弹性,企业可以通过提高产品价格的方式将较高的薪酬成本获取更多的利润,在这种情况下,企业有更多的实力支付较高的薪酬。

当企业具备这些特征时也不意味着企业就会采用领先型薪酬策略,企业还会研判具体情境。一般来说,企业通常会在以下情况中采取该策略:① 企业急需某类人才,企业形象、声誉等外在条件相较于同行业企业不具备优势,但又非常需要引进一些高级人才,此时便以高薪为代价与同行企业竞争。② 员工工作可能具有某些明显劣势,如工作地点偏远、办公环境恶劣、责任重大、风险高等,很少有人愿意从事,此时便通过支付高薪作为一种补偿。③ 员工离职率高,利用较高的薪酬水平来保留员工,避免再招聘的成本和时间。

2. 跟随型薪酬策略

跟随型薪酬策略,也称为"市场追随政策""市场匹配政策""稳定性策略",力图使本企业的薪酬成本接近竞争对手的薪酬成本,使本企业吸纳员工的能力接近竞争对手吸纳员工的能力。

跟随型薪酬策略是企业最常用的策略。一方面不会因薪酬水平过低而吸引不到员工、留不住员工,另一方面也不用支付过高的薪酬水平而增加成本。在劳动力市场尚未饱和的情况下,大多数企业采取跟随型薪酬策略是一个必然结果,因为在其他条件相同情况下,如果企业的薪酬水平高于竞争对手,就可以吸引到企业所需要的员工,那其他企业为了争夺,也会提高薪酬水平。如果每个企业都在不断地竞争,势必相互不断地推高整体的薪酬水平,这对所有企业都没有好处,是任何企业都不愿看到的结果。因此,保持一个大家都认可的薪酬水平是明智之举。因此,多数企业会选择根据竞争对手或市场的薪酬水平,制定本企业的薪酬水平,使之与整个市场薪酬平均水平保持在一个基本一致的程度。

3. 滞后型薪酬策略

滞后型薪酬策略又称为"成本导向策略""落后薪酬水平策略""拖后型薪酬政策""限制性策略",是采取本企业的薪酬水平低于竞争对手或市场薪酬水平的策略。

采用该策略的企业,大多处于竞争性的产品市场上,边际利润率比较低,成本承受能力很弱。受产品市场上较低的利润率所限制,没有能力为员工提供高水平的薪酬,是企业实施滞后型薪酬策略的一个主要原因。当然也存在有些企业利用市场上的劳动力信息不对称,采用低于市场或竞争对手的薪酬招聘员工,即有些时候,该策略的实施者并非真的没有支付能力,而是没有支付意愿。

该策略虽然可能面临招不到人及员工频繁跳槽的风险,但并非完全不可取,资金不宽裕的企业可以将它作为一种过渡策略,帮助企业快速成长或渡过难关。同时,企业也可以采取一系列的弥补措施,来减少低工资的劣势,比如,提供具有挑战性的工作、赋权、营造和谐共进的氛围、提供更多学习机会和晋升通道、许诺未来有吸引力更高的收入等,应聘者和员工可能会因这些原因而愿意与企业共同成长。但是,长期的低薪还是会挫伤员工的积极性。所以如果采用滞后型薪酬策略最好也是作为一种暂时性的策略。

值得注意的是,企业的薪酬水平策略并不是一成不变的,也并不是对所有的员工均采用一样的薪酬水平策略。企业通常会依据自身发展阶段和员工工作岗位来选择合适的薪酬水平策略,主流的选择方式如表5-1和表5-2所示。但要注意的是,这些薪酬策略的选择只是整体上大概的选择方向,具体制定时还需要根据员工职级、市场稀缺程度等的不同而调整薪酬水平策略,比如对企业里的关键人员例如高级管理人员、技术人员,采用领先型薪酬策略,对普通员工实施追随型的薪酬政策,对那些在劳动力市场上随时可以找到替代者的员工采用滞后型薪酬策略。因此,现实中,一个企业在薪酬设计时往往会选取几种薪酬水平策略的组合,即采用的是混合型薪酬水平策略。

表5-1 企业不同发展阶段的薪酬水平策略

薪酬水平策略 企业发展阶段	领先型薪酬策略	跟随型薪酬策略	滞后型薪酬策略
初创期			√
成长期	√		
成熟期		√	
衰退期			√

表5-2 不同岗位的薪酬水平策略

薪酬水平策略 岗位类别	领先型薪酬策略	跟随型薪酬策略	滞后型薪酬策略
生产类			√
销售类	√		
人事类		√	
研发类	√		
财务类		√	

(二)薪酬结构策略

薪酬结构策略包含对个人和团队薪酬结构设计的指导思想;个人薪酬结构指的是固定部分薪酬和浮动部分薪酬的比例。固定薪酬是不随绩效水平或工作好坏而变化的,浮动薪酬相对于固定薪酬来讲具有一定风险性,它的获得通常是非固定的和不可预知的,随着个人或团队的绩效水平和个人工作好坏而变化。个人薪酬结构策略指的是企业设计个人薪酬应当由哪些部分构成,各占多大比例的指导思想,比例大小不同,所体现的薪酬结构策略也有

很大的差异,常见的薪酬结构策略的模式主要有如下三种:

1. 高弹性薪酬模式

这是一种激励性很强的薪酬模型,浮动薪酬是薪酬结构的主要组成部分,固定薪酬处于次要地位,所占比例较低(甚至为零),即薪酬中固定部分比例比较低,而浮动部分比例比较高。这种薪酬模型,员工能获得多少薪酬主要依赖于工作绩效的好坏。当员工的绩效非常优秀时,薪酬则非常高,而当绩效非常差时,薪酬则非常低甚至为零。生活中常听到的计件工资制、销售提成工资制、效益工资制等,都属于这种薪酬结构。

此种薪酬结构设计通过按贡献分配拉开员工间薪酬差距,达到激励员工的效果。对于员工工作积极性不高、流动率大及业绩伸缩范围较大的部门可以考虑采用这种薪酬结构,这种薪酬结构除了激励性强外,还因薪酬与绩效挂钩而不易产生人工成本超支,但其也有一定的缺点,比如员工薪酬水平波动较大,导致员工不安全感增强,也更容易因为盲目追求绩效而产生短期行为。

2. 高稳定薪酬模式

这是一种稳定性很强的薪酬模型,固定薪酬是薪酬结构的主要组成部分,浮动薪酬等处于次要的地位,所占的比例低(甚至为零)。即薪酬中固定部分比例比较高,而浮动部分比较低。这种薪酬模型,员工的收入非常稳定,几乎不用努力就能获得全额的薪酬。日常中常听到的职务工资制、职位工资制、技术等级工资制都属于这种薪酬结构。

此种薪酬结构设计下,员工的收入相对稳定,员工的安全感和对组织的忠诚度都比较高,员工队伍也会相对比较稳定,但这种薪酬结构下企业承担了较高的固定人工成本,同时,也因缺乏激励作用可能带来员工工作积极性不高,企业绩效下降的问题。因此,市场竞争激烈的企业往往不会单独采用此种薪酬结构。

3. 调和型薪酬模式

这是一种既有激励性又有稳定性的薪酬模型,固定薪酬和浮动薪酬各占一定的比例。当两者比例不断调和变化时,这种薪酬模型可以演变为以激励为主的模型,也可以演变为以稳定为主的薪酬模型。日常中常听到的岗位技能工资制、岗位效益工资制都属于这种薪酬结构。

此种薪酬结构设计的关键是确定固定薪酬和浮动薪酬的比例,合理的比例需要企业考虑具体的生产经营目标、工作特点及收益情况等方面,最终形成的薪酬制度既具备激励性又能给员工以安全感,是一种较为理想的个人薪酬结构。

这三种个人薪酬结构策略模式都具有各自的特点和优缺点,汇总如表5-3,企业可以根据自身实际情况选择与之相适应的模式。

表5-3 个人薪酬结构模式的比较表

	高弹性薪酬模式	调和型薪酬模式	高稳定薪酬模式
特点	浮动薪酬是薪酬结构的主要组成部分,固定薪酬等处于非常次要的地位,所占的比例非常低(甚至为零)。	浮动薪酬和固定薪酬各占一定比例。	固定薪酬是薪酬结构的主要组成部分,浮动薪酬等处于非常次要的地位,所占的比例非常低(甚至为零)。

(续表)

	高弹性薪酬模式	调和型薪酬模式	高稳定薪酬模式
优点	对员工的激励性很强,员工的薪酬完全依赖于其工作绩效的好坏。	对员工既有激励性又有安全感。	员工收入波动性小,员工安全感很强。
缺点	员工收入波动很大,员工缺乏安全感及保障。	必须制定科学合理的薪酬系统。	缺乏激励功能,容易导致员工懒惰。

资料来源:根据王长城:《薪酬构架原理与技术》(北京,中国经济出版社,2003)整理。

浮动薪酬的确定主要可以从层面维度和时间维度上来分解。从层面维度看,浮动薪酬可以考虑依据个人层面或团队层面的绩效来确定。当以个人绩效来确定浮动薪酬时,能够有效激励员工努力工作,但可能会养成"个人英雄主义"思想,造成团队内部过分竞争和协作困难,削弱整个部门的凝聚力和战斗力,尤其个人绩效与团队绩效存在冲突的时候,员工可能会优先考虑个人绩效,做出不利于团队的决定。以团队绩效来确定浮动薪酬时,也会存在"搭便车"等弊端。所以企业在确定浮动薪酬时,可以同时考虑团队绩效和个人绩效,以团队绩效决定团队总体的浮动薪酬,再结合团队中个人的努力和付出,将团队浮动薪酬分配给个人。从时间维度来看,浮动薪酬可以选择短期给付或长期给付,即企业可以选择每月评定员工绩效,按月发放浮动薪酬;可以按年评定员工绩效,按年发放浮动薪酬;当然,也可以选择更长期给付方式来进行长期激励,如员工持股。理想的浮动薪酬应采取短期给付和长期给付相结合,使员工能够同时关注企业的短期绩效目标和长期绩效目标,实现企业的可持续发展。

团队的薪酬结构指的是同一团队内部不同职位或不同技能员工的薪酬水平的排列形式,包含三个构成要素:薪酬水平等级数量、薪酬水平区间和相邻两个薪酬水平等级之间的交叉与重叠关系,模型如图5-1所示。

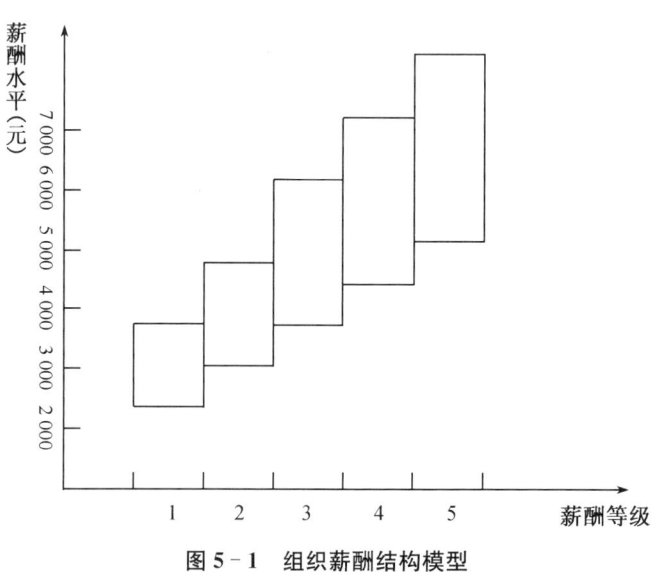

图5-1 组织薪酬结构模型

图5-1中每个矩形图代表一个等级的薪酬水平,矩形图中薪酬水平的最大值减去最小值即为薪酬水平区间,两个矩形图连接处表示相邻两个薪酬水平等级之间的交叉与重叠关系。组织的薪酬结构设计可以选择偏向平等或偏向等级。偏向平等的薪酬结构往往等级较少,相邻等级之间和最高薪酬水平与最低薪酬水平之间的差距都较小,而偏向等级的薪酬结构则相反。这两种薪酬结构的设计思路背后有着不同的理念,偏向平等的薪酬结构主张员工都应被平等对待,越平等就越能提高员工的满意度,有利于增强各部门的团队凝聚力;偏向等级的薪酬结构则认为多等级结构可以体现出员工间技能、责任和对企业贡献的差别,能有效激励员工不断追求职位晋升,提高工作绩效。不同薪酬结构间并没有优劣之分,企业往往会根据自身情况选取合适的组织薪酬结构。通常情况下,如果企业中强调团队合作,注意对团队绩效的考评,则宜采用偏平等的薪酬结构;如果企业强调个人能力,注重对个人绩效的考评,则宜采用偏等级的薪酬结构。

二、薪酬设计的类型①

薪酬设计首先要解决的是薪酬的各构成项目组成及各自所占的比例。一个合理的组合薪酬结构应该是既有固定薪酬部分,如基本工资、职位工资、技能或能力工资、工龄工资等,又有浮动薪酬部分,如效益工资、业绩工资、奖金等,如图5-2所示。

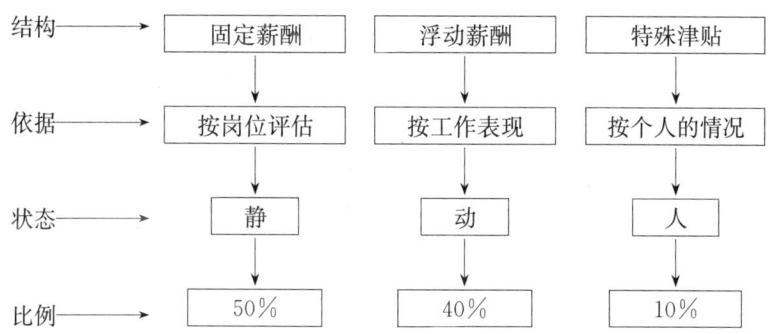

图5-2 薪酬构成

当薪酬体系中各组成部分所占的比例不同,企业所传达的薪酬导向也是不同的。传统的薪酬设计类型主要有以工作为导向的薪酬结构、以员工能力为导向的薪酬结构、以绩效为导向的薪酬结构以及组合薪酬结构等。

1. **以工作为导向的薪酬设计**

以工作为导向的薪酬结构(如图5-3所示)的特点是员工的薪酬主要根据其所担任的职务(或岗位)的重要程度,任职要求的高低以及劳动环境对员工的影响等来决定。薪酬随着职务(或岗位)的变化而变化,职位工资制、职务工资制等的薪酬结构都属于这种薪酬结构。

---

① 劳动和社会保障部.企业人力资源管理人员国家职业资格培训教程[J].北京:中国劳动社会保障出版社.2003.

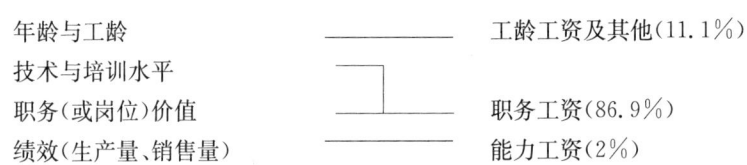

图 5-3 以工作为导向的薪酬结构

以工作为导向的薪酬结构有利于激发员工的工作热情和责任心。缺点是无法反映在同一职务(或岗位)上工作的员工因技术、能力和责任心不同而引起的贡献差别。该结构比较适用于各工作之间的责、权、利明确的企业。

2. 以能力为导向的薪酬设计

以能力为导向的薪酬结构(如图5-4所示)的特点是员工的薪酬主要根据员工所具备的工作能力与潜力来确定。职能工资、能力资格工资及我国过去工人实行的技术等级工资等的薪酬结构都属于这种薪酬结构。

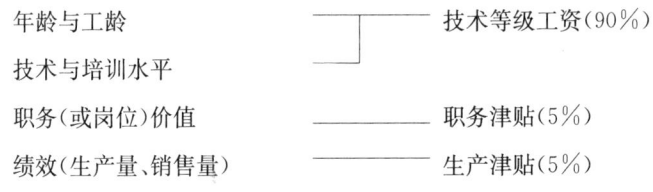

图 5-4 以能力为导向的薪酬结构

以能力为导向的薪酬结构的优点是有利于激励员工提高技术及能力。但也有不足,如忽略了工作绩效及能力的实际发挥程度等因素,企业薪酬成本也比较高,而且适用范围窄,只适用于技术复杂程度高、劳动熟练程度差别大的企业,或者是处在艰难期,急需提高企业核心能力的企业。

3. 以绩效为导向的薪酬设计

以绩效为导向的薪酬结构(如图5-5所示)的特点是员工的薪酬主要根据其近期劳动绩效来决定,员工的薪酬随劳动绩效量的不同而变化,并不是处于同一职务(或岗位)或者技能等级的员工都能保证拿到相同数额的劳动薪酬。计件工资、销售提成工资、效益工资等的薪酬结构都属于这种薪酬结构。

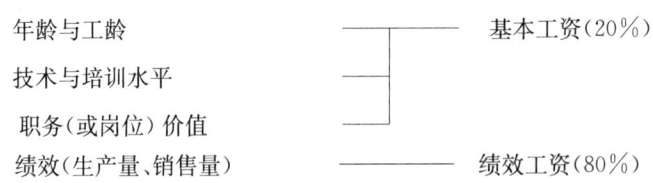

图 5-5 以绩效为导向的薪酬结构

以绩效为导向的薪酬结构的显著优点是激励效果好,但也存在一定的缺陷,如使员工只重视眼前效益,不重视长期发展,没有学习新知识、技能的动力;只重视自己绩效,不重视与人合作、交流。以绩效为导向的薪酬结构比较适用于以下类型的企业:任务饱满,有超额工作的必要;绩效能够自我控制,员工可以通过主观努力改变绩效等。

4. 组合薪酬设计

组合薪酬结构(如图 5-6 所示)的特点是将薪酬分解成几个组成部分,分别依据绩效、技术和培训水平、职务(或岗位)、年龄和工龄等因素确定薪酬额。组合薪酬结构使员工在各个方面的劳动付出都有与之对应的薪酬,某员工只要在某一个因素上比别人出色,都能在薪酬上反映出来。岗位技能工资、薪点工资制、岗位效益工资等的薪酬结构都属于这种薪酬结构。

组合薪酬结构的优点是全面考虑了员工对企业的投入。在企业实际薪酬管理中,单纯采用以绩效为导向的薪酬结构或者以工作为导向的薪酬结构或者以能力为导向的薪酬结构的情况并不多,总是把几种体系结合起来,扬长避短。因此,组合薪酬结构适用于各种类型的企业。

年龄与工龄 —— 工龄工资(14%)
技术与培训水平 —— 基础工资(33%)
职务(或岗位)价值 —— 岗位工资(24%)
绩效(生产量、销售量) —— 奖金(29%)

图 5-6 组合薪酬结构

在了解薪酬设计的原则和策略后,企业可以根据实际情况,选择不同的薪酬体系进行具体设计,常见的薪酬体系有基于职位的薪酬体系、基于胜任力的薪酬体系、基于绩效的薪酬体系。

第二节 基于职位的薪酬设计[①]

基于职位的薪酬模式是被国内外企业广泛应用、比较成熟和稳定的一种传统的薪酬模式。这种薪酬模式的付酬依据是员工所处岗位的重要性,即岗位在企业中的相对价值。

一、基于职位的薪酬体系概述

基于职位的薪酬体系就是首先要对职位本身的价值进行客观的评价,然后再根据这种评价的结果来给承担工作的任职者一定合适薪酬的制度。该种薪酬体系是传统企业所实行的员工基本薪酬制度。基于职位的薪酬体系实际上有这样的假设:担任某一种职位工作的员工恰好具有与工作的难易水平相当的能力,它不鼓励员工拥有跨职位的其他技能。

1. 基于职位的薪酬体系的优点

以职位为基础的薪酬模式的显著优点之一是它能较好地体现内部公平性。具体来说,优点体现为如下几个方面:

① 实现了同工同酬,因此可以说是在一定程度上按劳分配的具体体现;

[①] 文跃然. 薪酬管理原理[M]. 上海:复旦大学出版社. 2004.

② 有利于按照职位系列进行薪酬管理,操作比较简单,管理成本比较低;

③ 晋升和基本薪酬增加之间的连带性加大了员工提高自身技能和能力的动力;

④ 比较直观,确定岗位薪酬结构和薪酬水平的逻辑性强,简便易行,而且在薪酬水平调整、岗位设置发生变化等情况发生时,很容易对已有的薪酬体系进行修改。

2. 基于职位的薪酬体系的缺点

这种传统的薪酬模式的缺点是将员工的工作局限于岗位描述中,强调员工照章办事、做好分内的工作,而不鼓励员工进行创新,尝试新的工作方法、新的工作内容和新的工作岗位,因而缺点也明显具体表现如下:

① 由于薪酬与职位直接挂钩,容易形成管理独木桥,职员晋升的机会比较小,成长的规划比较窄,影响了职员工作的积极性、主动性和创造性;

② 由于职位相对稳定,同时与职位联系在一起的员工薪酬也就相对稳定,这不利于企业对于复杂多变的外部环境作出迅速反应,也不利于及时地激励员工;

③ 因为岗位价值直接决定了该岗位上员工可以获得的薪酬水平,而岗位评估的要素选择和权重分配带有一定的主观成分,员工容易质疑岗位价值的评估,影响了员工的满意度。

3. 职位薪酬体系的适用范围

企业在实施职位薪酬体系时,必须首先要对以下几个方面进行评价,以考察本企业的环境是否适合采用职位薪酬体系:

(1) 员工对企业的价值和贡献,主要体现为其职务价值。员工对工作职责的承担和工作内容的完成决定了员工对企业价值创造所做出的贡献。因此,可以依据员工所承担的职位和职责大小、工作内容的复杂程度、工作难度、完成工作职责所需要具备的任职条件的高低等因素来进行职位价值评价,并以职位价值评价的结果来确定员工的工资。

(2) 职位的内容已经明确化、规范化和标准化。基于职位的薪酬体系要求纳入本系统中来的职位本身必须是明确、具体的。因此,企业必须保证各项工作有明确的专业知识要求,有明确的责任,同时这些职位所面临的工作难点也是具体的、可以描述的。换言之,必须具备工作分析和评价的基本条件。

(3) 职位的内容基本稳定,短期内不会有很大的变动。职位内容的频繁变动会破坏职位薪酬的相对稳定性和连续性。因此,只有当工作范围和工作内容非常固定,能够明确界定其职位内涵时,企业才能确保工作的序列关系有明显的界限,制定的职位薪酬能够具有和保持有效性。

(4) 企业具有按照个人能力安排职位或工作岗位的机制。职位薪酬体系是根据职位本身的价值来向员工支付报酬的。因此,如果员工的能力与所担任职位的能力要求不匹配,其结果必然会导致不公平的现象发生。因而企业必须能够保证按照员工个人的能力来安排合适的职位,既不能存在能力不足者担当高级职位的现象,也不能出现能力较强者担当低级职位的情况。当个人能力发生变动时候,其职位也能够随之发生变动。

(5) 组织采用金字塔形的组织模式。在传统的组织模式中,组织的人员结构表现出一种金字塔模式,随着组织层级的上升,人员数量逐渐减少,但每个人对组织的价值和贡献却逐渐增大。另外,无论是比较简单的工作还是比较复杂的工作,职位的级数应该相当地多,从而确保企业能够为员工提供一定的晋升空间,让员工有进一步提高技能和能力的动机。

二、职位薪酬的设计内容

基于职位的薪酬设计所隐含的逻辑基础是公司根据岗位的相对价值给员工支付报酬，也就是要进行职位工资的设计。这就要求首先要对岗位进行合理的评估。岗位评估为薪酬体系的内部公平打下了很好的基础，但要设计科学的薪酬体系，还要进行外部的薪酬调查，使公司的薪酬水平在市场上具有足够的竞争能力。

（一）职位工资的设计基础

职位工资是指以岗位劳动责任、劳动强度、劳动条件等评价要素确定的岗位系数为支付工资报酬的依据，工资多少随岗位而转移，岗位成为发放工资的唯一或主要标准的一种工资支付制度。它主要的特点是对岗不对人。职位工资制有多种形式，主要有岗位效益工资制、岗位薪点工资制、岗位等级工资制。它们的共同特点是职位工资的比重一般占到整个工资收入的60%以上。实行职位工资，要在岗位测评的基础上引进市场机制，参照劳动力市场中的劳动力价格情况加以合理确定。

工资是劳动的报酬。若要确定劳动者工资收入的多少，首先要计量劳动者的劳动数量和质量。因此，劳动的量化是工资方案设计者首先要解决的问题。长期以来，按劳分配没有能够真正贯彻执行，重要原因之一就是没有找到能够比较准确衡量劳动量的标准。

不同的劳动者，在相同劳动时间内的劳动，不仅有数量上的差距，还有质的不同。若要实现按劳分配，就必须把各种各样不同质的劳动转化为可以相互比较和衡量的劳动，即统一"度量衡"。这就需要把不同质的劳动按照不同的系数折算成一定数量的标准劳动。

对不同质的劳动的量化，需要找出各种具体劳动的共性。从劳动力的劳动耗费上看，具体劳动的差别表现在以下四个方面：一是劳动复杂程度，二是劳动强度，三是劳动责任，四是劳动环境。随着生产设计化程度不断提高，劳动分工越来越趋于复杂化，劳动岗位成为生产过程的基本单元，不同劳动岗位的劳动者付出的劳动差别很大。因此，对劳动的评价可以用岗位评价代替。劳动四要素可以通过岗位劳动复杂程度、岗位劳动强度、岗位劳动责任、岗位劳动环境所体现。运用岗位评价方法对四个要素进行测评。

岗位劳动评价的前提是岗位划分比较明确。如果岗位划分与设定不科学，最终的工资分配关系必然也是扭曲的。另外，企业还需要根据岗位划分结果及企业的生产条件、生产方向、产品方案确定岗位定员标准和定额标准，预先规定必要劳动消耗量。

（二）工资结构线的设计

通过工作分析和工作评价得到了岗位的相对价值和组织的岗位等级，这能反映内部一致性的原则。但是，还需要将岗位的相对价值和岗位等级转换为岗位的工资等级，甚至实际的工资额，即建立内部工资结构。

1. 工资结构线的形状

工资结构线就是在直角坐标系中用图形（直线、折线、曲线）形象地表示企业内各个岗位的工作评价分数即相对价值与该岗位的实付工资之间的关系。从理论上讲，岗位的相对价值与实付工资之间应当是线性的直线关系，两者之间正比变化，即相对价值越大，实付工资就越大；相对价值越小，实付工资就越小。但是，在企业管理实践中，具体的薪酬设计要受到多种因素的影响，所以，两者间关系可能是线性的，也可能是非线性的，反映到工资结构线上，图形可能是直线，可能是折线，也有可能是曲线。不同特征的工资结构线能体现公司不同的薪酬策略。

图5-7表示岗位的相对价值（横轴）和实付工资（纵轴）之间为线性关系。工资结构线1、2是直线，说明采用这两种方案的企业使所有岗位的工资严格正比于岗位的相对价值。工资结构线1斜率较大，说明采用这种比较陡峭的工资结构线的企业偏向于拉大不同岗位间的工资差距；工资结构线2斜率较小，说明采用这种比较平缓的工资结构线的企业不倾向于使不同岗位间的收入两极分化，差距悬殊。

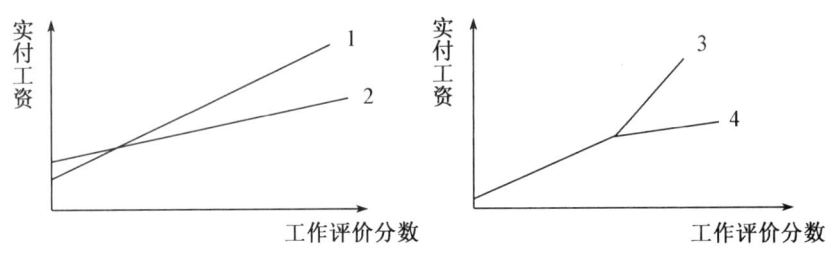

图5-7 不同特征的线性工资结构线

资料来源：陈维政.人力资源管理[M].北京：高等教育出版社，2002.

工资结构线3、4是折线，两者起初相同，分叉后3线斜率较大，4线斜率较小。采用工资结构线3的企业在岗位相对价值达到一定等级后，大大拉大岗位间的工资差距，采用的是高薪招揽人才、激励人才、留住人才的薪酬策略，这是出于公司技术骨干、管理骨干等宝贵的人力资源是企业竞争优势所在的考虑；采用工资结构线4的企业在岗位相对价值达到一定等级后，会相对减小岗位间的工资差距，这可能是为了平息某一职级以下员工的抱怨。

图5-8中的工资结构线5、6则是两条典型的非线性工资结构线。采用工资结构线5的企业中，等级较低的岗位随着相对价值的增加工资增长速度较快，而等级较高的岗位随着相对价值的增加工资增长速度较慢，企业的薪酬策略是对等级较低岗位的员工主要靠工资进行激励，而对等级较高岗位的员工主要靠工资之外的其他方式（如福利、嘉奖、舒适的工作条件等）进行激励。采用工资结构线6的企业中，情况正好相反，对岗位等级较高的员工主要靠工资进行激励。

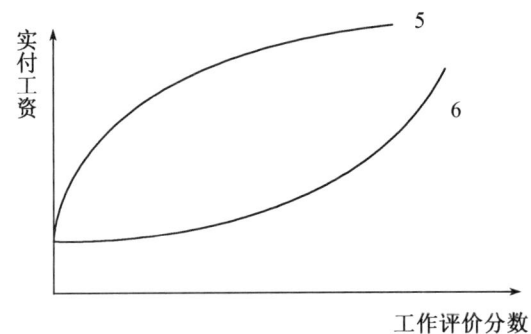

图5-8 不同特征的非线性工资结构线

资料来源：刘军胜.薪酬管理实务手册[M].北京：机械工业出版社，2002.

2. 工资结构线的调整

不同特征的工资结构线能体现企业不同的薪酬策略。此外,工资结构线还能用来检查企业现在薪酬制度的合理性,作为修改完善的依据。图5-9是利用工资结构设计对企业的薪酬体系进行诊断调整的范例。其具体步骤如下:

① 对企业所有岗位进行工作评价,获得相对价值即工作评价分数;

② 在以工作评价分数为横轴,现有实付工资为纵轴的坐标系中绘出各项岗位的薪酬对应点;

③ 利用线性回归技术找出反映岗位薪酬对应点分布规律的工资结构特征线;

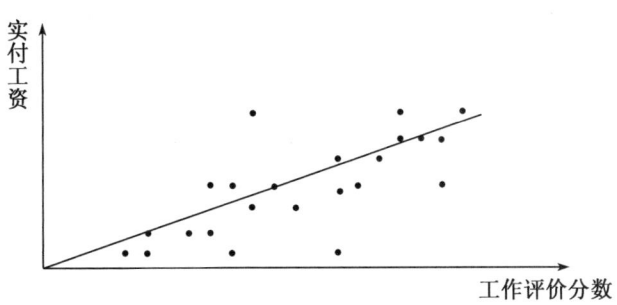

图5-9 岗位薪酬分布点和工资结构特征线

资料来源:刘军胜:薪酬管理实务手册,北京,机械工业出版社,2002.

④ 调整偏离工资结构特征线的岗位薪酬对应点:工资结构特征线以下各点代表的岗位的实获薪酬少于按其相对价值的应获薪酬,对其应较频繁或较大幅度地调高工资,提升到与工资结构特征线相当的水平上;工资结构特征线以上各点代表的岗位的实获薪酬多于按其相对价值的应获薪酬,因为员工心理上的工资刚性,对其则不是简单地降低工资,而是对任职者延期提升,或增大工作责任,加大工作量。

除了依据工资结构线来确定每一岗位的工资额外,还要参考市场薪酬状况,即在满足内在公平的原则之外,还要考虑外在公平。这一过程的步骤为:

① 在工作评价后得到企业的工资结构特征线;

② 将薪酬市场调查获得的信息也在图中表示出来,得到市场最高工资线,市场最低工资线,以及代表市场工资平均水平的特征线;

③ 对比企业的工资结构特征线与市场工资线,确定企业的工资结构的市场竞争力;

④ 企业综合考虑竞争策略、企业文化、经营业绩、付酬能力等因素后,对现有的工资结构线进行调整。

(三)工资等级设计

工资结构线使企业内每一岗位根据相对价值的大小都对应了某一特定的工资额,可是实践中如此安排和操作的话,将使工资发放和薪酬管理工作变得琐碎和混乱,工作量极其繁重。所以,实际上常常将经工作评价后相对价值相近的多种岗位及其工资额合并在同一等级,企业内形成若干等级,得到工资等级系列,这个过程就是工资分级。

图5-10是工资分级的范例,岗位工作评价分数每隔50分归为一类,就形成一个岗位等级,简称职级。虽然同一等级内部岗位的相对价值不尽相同,但差别不大,所以对同一等

级中的岗位支付相同的工资,大大简化了管理,具有实际可行性。职级数目和级差(职级等级划分的区间宽窄)的确定,需要考虑企业的岗位的总数,工资结构线的斜率,企业的薪酬策略等。职级数目太少,晋升机会不多,会打击员工士气,无法体现工资分级的意义。一般来说,企业工资等级系列平均有 10～15 个职级。

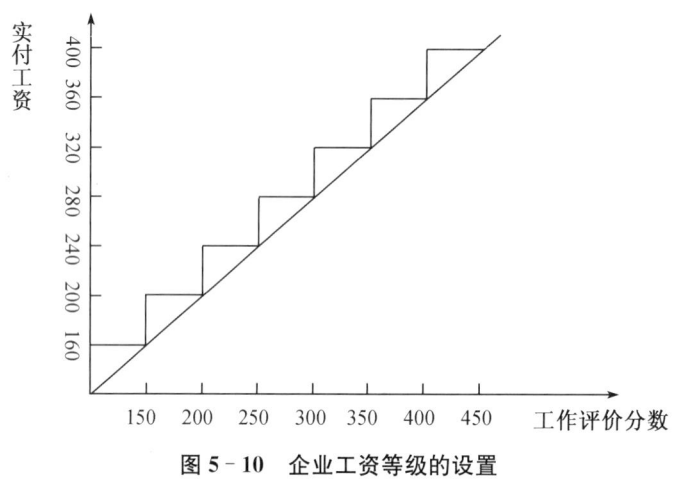

图 5-10　企业工资等级的设置

资料来源:陈维政.人力资源管理[M].北京:高等教育出版社.2002.

(四) 等级区间设计

在企业实践中,每个职级所对应的工资水平往往是一个范围,此工资水平范围称为薪幅,薪幅下限为等级起薪点,上限为顶薪点。薪幅可以固定,也可以随岗位等级上升而扩大,如图 5-11 所示。实践中,相邻岗位等级的工资范围会出现重叠的现象,这会给技能或能力提高较快,工作业绩较好,但因为客观条件一段时间内未能提级的员工,带来较多的提薪机会。

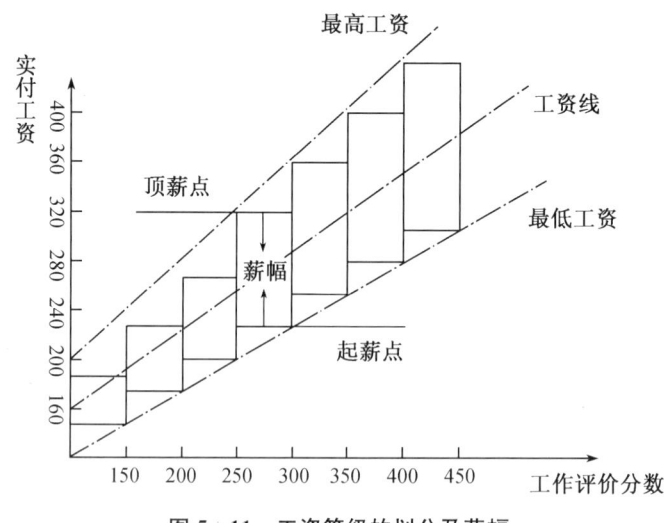

图 5-11　工资等级的划分及薪幅

资料来源:陈维政.人力资源管理[M].北京:高等教育出版社.2002.

一个工资等级的最高水平（H）所代表的是该等级中的职位所能为企业产出的最大价值，而工资等级的最低水平（L）所代表的是该等级中职位所能为企业产出的最小价值，两者之间的差距代表着该职位任职者所能产出的价值差距。

在通常情况下，工资等级中的中位值（M）与最高值的差值（H－M）和中位值与最低值的差值（M－L）是一样的，主要是为了便于在工资结构设计中解释和证明公平性。基层人员区间小而中层人员区间大是因为基层的工作易于掌握，而且他们对组织的贡献是有限的。

（五）最高工资和最低工资的确定

在确定最高工资和最低工资的时候，主要考虑特定地区或行业劳动力市场对工资率的影响。当某些初级水平或某种特殊职位的劳动力需求大于供给时，为了吸引求职者，最低工资定得必须足够高。但这样会迫使其他职位的工资相应提高，造成劳动力成本支出过高，反过来又限制企业竞争力和盈利能力。另一个方面，如果工资定得太低，则不能吸引符合条件的求职者，从而导致招不到合适的员工，也留不下人才。薪酬水平调查的一个主要目的就是帮助解决类似的工资结构的设计问题。

工资率的上限的决定更多的是一种主观的考虑。政策的制定者支付给那些高职位一个他们认为可以接受的工资率。公司总裁的工资是最高的，这个最高工资是公司的封顶工资。公司总裁的绩效会对职位的工资产生重要的影响。职位层次越高，越难用准确的数学方法为其定一个合理的工资率。

工资率上下限的决定将有助于在头脑中建立以下概念：工作等级指工作分级中的水平线，主要依据工作评价总的得分；工资范围相当于工资结构中的垂直坐标，每个工资等级都有自己的工资范围，一般而言，包含了中位值和明确的最大值、最小值。将工作等级和工资范围联系起来就构成了工资结构，使用工资等级来指代工资结构的每一个板块，每一个工资范围的设计必须满足以下公式：

范围系数＝（最大值－最小值）/最小值＝（H－L）/L

最小值＝中点值/（1＋1/2 范围系数）＝M/（1＋0.5×范围系数）

最大值＝最小值×（1＋范围系数）＝L×（1＋范围系数）

如果工资等级的上下限制设定了，工资范围中的中位值也就被确定下来了。比如，工资等级被确定于 100 到 250 点之间，用中位值来确定工资等级的中间值，在这个例子中，中位值是 175。如果工资指导线方程是：

Y＝0.05X＋5，其中，Y：实付工资，X：工作评价分数。

则：Y＝0.05×175＋5＝13.75，即这一工资范围的中点值就是 13.75 元。如果我们选择一个范围系数（有时也称为递增速度）为 30％，则在该范围内的最小值和最大值的计算如下：

最小值＝13.75/（1＋0.3/2）＝11.96

最大值＝11.96×（1＋0.3）＝15.55

反过来，用最大值和最小值也可以计算出范围系数：0.3＝（15.55－11.96）/11.96。

（六）中位值的确定

最能影响中位值大小的因素可能就是某职位的现行市场工资率，中位值也可能来自内部数据。这一数据是人们通常所认为的该职位的标准工资率。一旦一个最低等级的中位值设定了,那么其相邻等级的中位值也就可能通过相乘(上一级)或除以(下一级)某一特定的数值来确定。

在一个工资结构中,决定工资差别的一个基本的设计指标是中位值与中位值之间的差额,中位值之比是相邻两个工资等级中位值的增长百分比。这一比率的范围低至3%,高至20%。在确定合适的中位值差额时,应该主要考虑下面的问题:

① 中位值的差额越小,工资等级就越多。也就是说,3%的差额可能会有50个工资等级,20%的差额可能只有5～6个工资等级。

② 工资率的个数越多,就越有可能支付给有很小差异的职位不同的工资率。

③ 工资率之间的差距越大,就越容易使在职者感觉到不同职位之间的价值差。

④ 中位值之间的差额很小可能会迫使一个组织建立不止一个工资结构。

在工资结构设计的这一阶段,中位值之间差额大小并不是唯一要考虑的问题,设计者也要考虑中位值差额的一致性问题。

(七) 工资等级数目的确定

对于决定合适的工资等级数量没有什么特别标准的公式。在工资结构中,设计较多的工资等级要求明确区分每个等级的工作能力,这似乎不太可能,而较少的工资等级无法体现出工作中有关薪酬的显著差异,所以一般考虑以下因素:

① 需要评价的工作数量;

② 它们在组织中的职位等级分布;

③ 工作之间的汇报、负责关系。

总之,职位分布的等级越多,工资等级的数量也越多。工资等级数量的确定将有助于提高内部一致性,如果两个工作十分相似,一旦两者相对于组织被认定具有不同的价值,即工作评价的得分有显著的差异,则两个工作应该归到不同的工资等级中。

在设定等级数量时,必须考虑等级数量对范围之间的重叠程度的影响,如果得分点数保持匀速,增加等级就意味着增加重叠的数量。如果需要一定量的重叠(甚至是期望的),那么多少才是合理的存在有一定的分歧。比如,一些专家认为等级之间应该有50%的重叠,而另外一些专家主张低的等级的最高点应低于下一个较高等级的中位值。如果在职业发展序列中,一系列的工作是连贯的,那么大量的重叠会导致较少的机会奖励那些升迁到新职位的员工。如果一个等级的工作相对于下一个等级的工作是显著次要的,那么重叠部分应该减少。

工资等级的幅度应该是一致,但在实际中却难以执行。比如,一个等级是50点幅度,下一个可能是25点,再下一个也许是100个点,这种结构比较随意,对员工来说可能不公平。然而,也没必要让每一等级的幅度必须严格相等。有时工资等级越高,其幅度也设计得越大。如果等级较少,重叠也较小,将会更有机会促使员工持续地改进绩效和增进资历,来获得工资的提高。

(八) 工资等级间的交叠

在一个工资结构中,其工资等级之间可能没有交叠,如图5-12(a);也可能有交叠,如

图 5-12(b)。相邻两个工资等级的交叠部分表现出这两个工资等级中完全相同的工资机会。相邻两个工资等级之间中位值的差距及工资等级区间的大小决定了两个等级交叠部分的大小。工资等级区间的交叠使得较低等级上的优秀员工,可以比较高等级业绩较差的员工获得更高的工资。当中位值之间的差值很小时,可能会有较大的重叠部分。

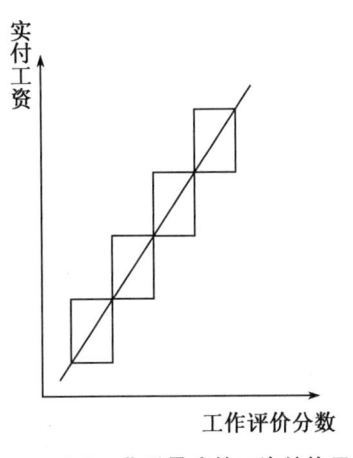

图 5-12(a) 非重叠式的工资结构示例　　图 5-12(b) 重叠式的工资结构示例

工资等级间交叠部分可能产生的问题是:一个已经拿其所在范围上限工资的人晋升到上一个较高等级(或者晋升到高二三个等级),其工资可能不会有大的提高,或者说工资增长空间不大。

三、宽带薪酬设计[①]

宽带薪酬(Broadbanding)作为一种薪酬管理模式得到了日益广泛的讨论和关注。宽带薪酬始于 20 世纪 80 年代末到 90 年代初,当时美国和世界经济的衰退都非常严重,美国的传统企业面临着转型的压力,在这种情况下,宽带薪酬作为一种与企业组织扁平化、流程再造、团队导向、能力导向等新的管理战略相配合的新型薪酬设计方式应运而生。

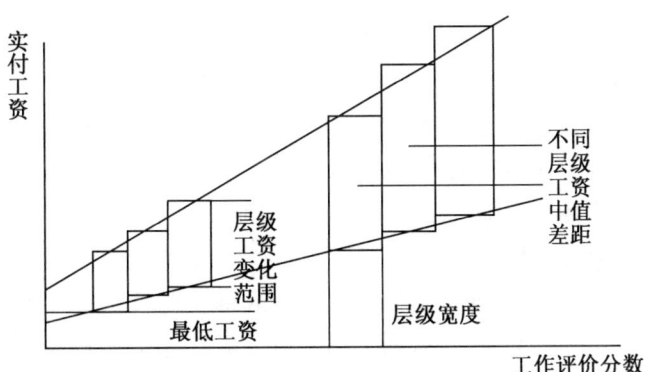

图 5-13　宽带薪酬示例

---

① 参见冉斌.宽带薪酬设计[M],广州:广东经济出版社,2005.

所谓的宽带薪酬就是指对多个薪酬等级以及薪酬变动范围进行新的组合,使原来很多的薪酬等级合并为等级较少但宽度增加的新的薪酬结构,如图 5-13 所示。一般来说,每个薪酬等级的最高值与最低值之间的区间变动比率要达到 100% 及以上。一种典型的宽带薪酬结构可能只有不超过 4 个等级的薪酬级别,但每个级别内部的浮动范围可能高达 200%～300%。而在传统的薪酬结构中,这种薪酬区间的变动通常只有 40%～50%。

(一) 宽带薪酬模式的特征

这种薪酬体系将原来报酬各不相同的多个岗位进行大致归类,每类的报酬相同,使同一工资水平的人员类别增加,一些下属甚至可以享受与主管一样的工资待遇,薪酬浮动幅度加大,激励作用增强。这种薪酬模式突破行政岗位与薪酬的联系,有利于职业发展管理的改善和集体凝聚力的培养,适应组织扁平化造成晋升机会减少的客观事实。宽带薪酬是主要基于岗位职位价值和市场薪酬水平分析的一种新型薪酬体系模式,其特征有如下几个方面:

1. 灵活性增强,有利于企业团队文化的培养

宽带薪酬打破了传统薪酬结构所维护和强化的等级观念,减少了工作之间的等级差别,有利于企业提高效率以及创造学习型的企业文化,同时有助于企业保持自身组织结构的灵活性和有效地适应外部环境的能力。而在传统等级薪酬制度下,公司的设计强调效率,经理决策和信息在公司自上而下的传播。一个来自基层的信息通过层层汇报,到达负责该信息处理的部门或人员那里可能需要七八层审核。企业内部很容易出现层层推诿、相互扯皮的官僚作风。而宽带薪酬的设计模式打破了细致的职位等级划分,减轻了传统意义上的薪酬等级意识,有利于增强团队意识和合作精神。

宽带薪酬淡化了员工职位等级观念,强化了员工凭能力和贡献确立其在企业中的地位和价值的新观念,从而弱化了组织内部员工之间争夺头衔、等级和职位的非良性竞争,有利于员工之间的合作互助和知识共享,有利于企业团队精神的培养和人际关系的和谐,也有利于上级对绩效显著的下属提供及时的激励。

2. 引导员工重视个人技能的增长和能力的提高

在传统等级薪酬结构下,员工的薪酬增长往往取决于个人职务的提升而不是能力提高,因为即使能力达到了较高的水平,但是在企业中没有出现职位的空缺,员工仍然无法获得较高的薪酬。而在宽带薪酬体系设计下,即使是在同一个薪酬宽带内,企业为员工所提供的薪酬变动范围也可能会比员工在原来的五个甚至更多的薪酬等级中可能获得的薪酬范围还要大,这样,员工就不需要为了薪酬的增长而去计较职位晋升等方面的问题,而只要注意发展企业所需要的那些技术和能力就可以获得相应的报酬。

宽带薪酬有利于企业引导员工将个人从业目标定位由职位晋升或薪酬等级的晋升转移到个人发展和能力的提高上,促使员工按组织发展战略和组织发展目标所需的技能要求不断提高自身的知识技术和创新能力,有利于创造学习型企业组织,提高了员工的工作绩效和组织的效率。

3. 有利于职位轮换,培育那些新组织的跨职能成长和开发

在传统的等级薪酬结构中,员工的薪酬水平是与其所担任的职位严格挂钩的。由于同一职位级别的变动并不能带来薪酬水平上变化,但是这种职位级别变化使得员工不得不学习新的东西,从而增加工作的难度和辛苦程度,这样,员工不愿意接受职位的同级轮换。而在宽带薪酬制度下,由于薪酬的高低是由能力来决定而不是由职位来决定,员工乐意通过相关职能领域的职务轮换来提升自己的能力,以此来获得更大的回报。

宽带薪酬将不同的职位纳入同一等级的薪酬中,减少了职位的横向调动和纵向调动的阻力和成本,有利于企业内部人员职位的调动或轮换;同时也缓解了企业中高等级职位数量远低于员工晋级期望值的矛盾,使薪酬反映员工价值的观念和功能得到充分体现,稳定了员工队伍,降低了人才的流失率,提高人力资源配置效率。

4. 有利于提升企业的核心竞争优势和企业的整体绩效

宽带薪酬是以市场为导向的,它能对企业外部劳动力市场的供求变化和竞争态势做出及时的反应,有利于提高企业在劳动力市场的竞争力。同时,这也有利于开阔员工对薪酬分配公平性评判的视野,突破过多地从企业内部公平性角度审视分配公平标准的局限,减少与同事所得报酬相比较后所产生的怨愤心理、口角摩擦等负面影响,将更多的注意力集中于个人发展,以提高自身在外部劳动力市场的价值,从而提升自己在企业中的地位和价值。

在宽带薪酬体系中,上级对下级员工的薪酬有更大的决策权,这有利于增强组织的灵活性和创新性,提高企业适应外部环境的能力。同时,宽带薪酬不仅通过将薪酬变化与员工的能力和绩效挂钩,向员工传递一种以绩效和能力为导向的企业文化,来引导员工们之间的合作和知识共享,以此来培育积极的团队绩效文化,从而大大地提升了企业的凝聚力和竞争力。

(二) 宽带薪酬体系设计流程

1. 根据企业的战略和核心价值观确定企业的人力资源战略

支持企业战略目标的实现是人力资源管理体系的根本目标,也是企业薪酬管理体系的根本目标,否则,人力资源管理就永远停留在传统的人事管理阶段,就无法成为企业的战略伙伴。企业通过建立人力资源战略将企业战略、核心竞争优势和核心价值观转化为可以测量的行动计划和指标,并借助于激励性的薪酬体系强化员工绩效行为,增强企业的战略实施能力,有力地推动企业战略目标的实现。在这里,人力资源管理体系不仅仅是一套对员工贡献进行评价并予以肯定激励的方案,它更应是将企业战略及文化转化为具体行动,以及支持员工实施这些行动的管理流程。

2. 根据企业的人力资源战略、外部的法律环境、行业竞争态势及企业的发展特点制定适合于企业需要的薪酬战略

如果薪酬战略的一个基本前提是把薪酬体系和企业的经营战略联系起来,那么不同的经营战略就会具体化为不同的薪酬战略及方案。表5-4列举了几种根据不同的企业战略设计的薪酬战略及制度。

在进行薪酬体系设计时,从薪酬策略的选择、薪酬方案的设计、薪酬计划的制定、薪酬的发放及沟通,均应体现对企业战略、核心竞争优势和价值导向对人力资源尤其是对激励机制的要求,否则企业的战略目标和核心价值观将得不到贯彻。对于符合企业战略和价值取向的行为和有助于提高企业核心竞争优势的行动在薪酬上予以倾斜,可以强化员工的绩效行为。

表5-4 企业经营战略与薪酬制度

经营战略	薪酬制度
创新者 　　提高产品的复杂性 　　缩短产品生命周期	◆ 奖励对产品创新和生产过程的改革 ◆ 薪酬以市场为基础 ◆ 灵活的工作描述
成本控制者 　　注重效率	◆ 重视竞争对手的劳动成本 ◆ 提高可变工资 ◆ 重视生产力 ◆ 重视系统控制和工作分工
关注顾客 　　提高顾客期望	◆ 以顾客满意为基础的激励工资 ◆ 以与顾客的交往为依据评价工作和技能

企业的薪酬体系一方面体现了企业战略和核心价值观对人力资源尤其是激励机制的要求,但另一方面又不能脱离企业所在行业的特点和企业的生命周期。首先,企业所在行业的特点主要体现为企业所在行业的技术特点和竞争态势。技术是用来使企业的投入转化为企业产出的工具、技能和行动。企业的技术有二种形态——制造和服务,这二种形态对企业的薪酬体系的要求是不同的。例如,IBM在向服务型企业转型前薪酬等级为24级,转型后的薪酬等级为5级。企业竞争对手所提供的薪酬情况在很大程度上影响了企业所选择的薪酬模式和结构。其次,企业就像生命体一样,也要经历从出生、成长、成熟直至死亡等不同阶段。处于不同生命周期的企业具有不同的特点,因此需要不同的薪酬体系来适应其战略调整。

3. 根据企业的组织结构特点及工作性质选择适合于运用宽带技术的职务或层级系列

在传统的金字塔形组织结构、强调个人贡献的文化氛围中,往往采用等级制的薪酬模式,但随着企业组织的等级逐渐趋于平坦,强调团队协作而不是个人贡献,在企业中用较少的工资范围跨度很大的工资类别来代替以前较多的工资级别。在这种情况下,宽带薪酬模式应运而生,以此减少了工作之间的等级差别。

工作的性质对薪酬模式的选择具有重大影响。例如,与工作较独立、环境较为轻松的工作相比,如果工作技术要求和工作的性质需要较强的协作和团队精神,平等型的宽带薪酬模式更有利于提高员工的满意度和绩效。

4. 运用宽带技术建立并完善企业的薪酬体系

具体包括如下的设计内容:

(1) 确定宽带的数量。首先企业要确定使用多少个宽带,在这些宽带之间通常有一个分界点。每一个宽带对人员的技能、能力的要求都是不同的。

通用电气零售商学院财务服务企业使用了5个宽带,替代了24个级别,并对每个宽带的目标、能力和培训要求做了明确的要求。表5-5是宽带Ⅰ的例子。

表 5-5　通用电气零售商学院财务服务企业宽带举例

工资带Ⅰ	
目标	◆ 开发有效地管理工作任务和成功地团队成员所需的自我管理/人际共同技术技巧 ◆ 拓展其他智能领域和其他所需的业务知识面以及广泛了解客户知识
主要能力	◆ 工作的计划/组织和执行能力 ◆ 有效地开发合作者/顾客和客户关系的能力 ◆ 能有效地成为团队成员 ◆ 通过创新观念增加价值
建议的培训和教育	◆ 优质服务/100%满意 ◆ 礼貌待客/回电 ◆ 技术和程序培训以及法律培训 ◆ 数字技术/人力工程学 ◆ RFS 系统培训 ◆ 人际共同技巧 ◆ 不同文化意识培训 ◆ 团队意识和技术构建

资料来源:乔治·米尔科维奇,杰里·纽曼.薪酬管理[M].董克用,等译.北京:中国人民大学出版社,2002:242.

(2) 根据不同工作性质的特点及不同层级员工需求的多样性建立不同的薪酬结构,以有效地激励不同层次员工的积极性和主动性。

(3) 确定宽带内的薪酬浮动范围。根据薪酬调查的数据及职位评价结果来确定每一个宽带的浮动范围以及级差,同时每个宽带中每个职能部门根据市场薪酬情况和职位评价结果共同确定不同的薪酬等级和水平。

(4) 宽带内横向职位轮换。同一宽带中薪酬的增加与不同等级薪酬增加相似,在同一工资带中,鼓励不同职能部门的员工跨部门流动以增强组织的适应性,提高多角度思考问题的能力。因此,职业的变化更可能的是跨职能部门,而从低宽带向高宽带的流动则会很少。

(5) 做好任职资格及工资评级工作。宽带虽然有很多的优点,但由于经理在决定员工工资时有更大的自由,可能导致人力成本大幅度上升。美国联邦政府的有限的经验表明,在宽带结构下薪酬成本上升的速度比传统薪酬结构快。

为了有效地控制人力成本,在建立宽带薪酬体系的同时,还必须构建相应的任职资格体系,明确工资评级标准及办法,营造一个以绩效和能力为导向的企业文化氛围。

根据以上论述,我们可以得出,在企业设计薪酬制度时必须体现企业个性化特征,必须以企业整体战略和核心价值观为基础,并根据组织结构以及不同层次人员需求的多样化来设计符合企业特点的薪酬方案,而不能简单地用宽带或窄带作为企业的薪酬制度。同时还应在整体薪酬分配结构中考虑各项分配制度的独特作用和相互关系。再从技术层面上有效设计各项分配制度及配套措施,使制度能够有效运用。

(三) 宽带薪酬设计的几个关键问题

1. 薪酬宽带数量的确定

一个企业的薪酬结构到底设计几个宽带合适,目前还找不到统一的标准,大多数企业设计4~8个薪酬宽带,有些企业甚至只设计出两个薪酬宽带,一个针对管理人员,一个针对技术人员。不过,薪酬宽带数量的决策依据还应当是企业中不同员工的贡献差别。宽带之间的界线往往是在工作或技能、能力要求存在较大差异的地方,比如可以将某企业的薪酬宽带划分为事务助理类、专业技术类、职能管理类和领导类四个级别。

2. 宽带的定价

在薪酬宽带的设计中,很可能会出现在每一个宽带中都含有财务、采购、软件开发及市场营销等各类工作,但是在不同的宽带中要求的技能或能力层次会存在差异,同时还会存在同一宽带内的各不同职能工作之间存在薪酬水平的差异。如何给处于同一宽带之中但是职能却各不相同的员工支付薪酬,现行的主要方法是参照市场薪酬水平和薪酬变动区间,在存在外部市场差异的情况下,同一宽带之中的不同职能或职位簇的薪酬要分别定价,如图5-14所示。

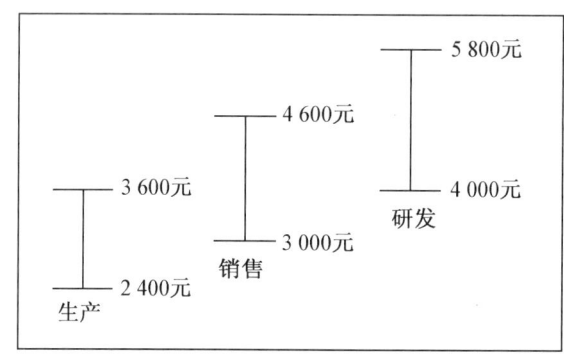

图5-14 宽带的定价

3. 确定员工在宽带中的特定位置

薪酬宽带设计完成后,可以采用不同方法将员工放入薪酬宽带中的不同位置上。对强调绩效的企业来说,根据员工的个人绩效将员工定位于薪酬宽带中的某个位置上是一种较合适的方法;而对那些强调新技能的企业来说,则可严格按照员工新技能的获得情况来确定他们在薪酬宽带中的定位,员工是否具备企业要求的新技能,则由培训、资格证书或员工在工作中的表现来决定。

(四)实施宽带薪酬的基础条件

宽带薪酬不能解决所有薪酬管理问题,也并不适用于所有的企业,实施宽带薪酬必须在做好人力资源管理基础工作的前提下进行。

1. 需要拥有一支高素质的薪酬管理队伍

宽带薪酬的实施需要人力资源管理人员与各部门进行更加密切的合作,要求部门经理能根据员工业绩确定员工的加薪、了解市场薪酬信息及协助制定薪酬计划等。因此,引入宽带薪酬结构需要企业从整体策略上以及企业文化、管理队伍的素质、人力资源的专业化等方面加以考虑和配套,否则就很难发挥宽带薪酬制度的优势。

2. 建立科学的绩效管理机制

由于宽带薪酬的评估主要依据是员工对企业的贡献大小,因此,绩效管理就成为薪酬宽带实施的前提条件。如果绩效管理做不到位,在岗位的变化幅度特别大的情况下,员工的薪酬浮动就会大起大落,不能满足员工的安全感和归属感需要。如果绩效管理不到位,员工的薪酬下跌,而员工又认为自己工作很努力,则会使员工对管理的公平性产生猜忌,极易造成公司内部上下级之间、同事之间的人际关系紧张,从而影响团队合作和员工的积极性。

3. 引发员工参与及加强沟通

企业引入宽带薪酬制度需要与管理层和员工进行及时全面的沟通,让全体员工能清晰地理解企业引入宽带薪酬结构的用意,了解企业的报酬决定因素及发展战略,让员工看到自己未来的发展方向,激励员工重视个人与企业发展的一致性。

4. 要有配套的员工培训计划

宽带薪酬的实施为员工个人职业生涯的发展提供了更大的弹性,这种薪酬结构鼓励员工努力提高自身的技能和能力,以增强企业的竞争能力和适应外部环境的灵活性。因此需要企业为员工制定配套的培训计划,使员工不断获得企业各职位或各职级需要的新技能,帮助员工充分利用宽带薪酬结构所提供的薪酬增长空间,同时企业也不断获得更具有竞争力的员工队伍。实施宽带薪酬必须以体现企业整体的战略和核心价值观为基础,综合考虑各方面的问题,既要考虑市场的竞争性,又要强调薪酬的内部公平性,只有在企业管理各方面有效的配合下,才能真正确保宽带薪酬的实用性,充分发挥宽带薪酬的优势。

第三节 基于胜任力的薪酬设计[①]

人力资源管理范畴内的胜任力是指在一个企业中绩效优异的员工所具备的能够胜任工作岗位要求的知识、技能、能力和特质。不难看出,并不是员工的所有知识、技能、能力和特质都可以称之为胜任力。它具有三个重要特征:

① 与员工所在工作岗位的要求紧密联系,也就是说它在很大程度上会受到工作环境、工作条件以及岗位特征的影响。在某一工作岗位上非常重要的知识技能,在另外一个工作岗位上可能会成为制约其发展的阻碍因素。

② 与员工的工作绩效有密切的关系,或者从某种角度来看,它可以预测员工未来的工作绩效。

③ 运用胜任力这一概念能够将企业中的绩效优秀者与绩效一般者加以区分。换句话说,优秀员工与一般员工在胜任力上会表现出显著性的差异,企业可以将胜任力指标作为员工的招聘、考评以及提升的主要依据之一。

只有满足这三个重要特征的知识、技能、能力和特质,才能够被定义为胜任力(competence)。由此不难看出,胜任力是有针对性的、动态性的能力新概念,它有着非常强的岗位、职业特征。在一个企业中不同工作岗位的职务所要求员工具备的胜任力的内容和水平是不同的;在不同企业和不同行业中,相同或类似工作岗位上,员工的胜任力特征也不尽相同。因此,企业需要根据"人员—职位—企业"三者相互匹配的原则,从企业的愿景、使命、目标和战略发展要求出发,对企业中的不同工作岗位的胜任力要求做出全面细致的分析

---

① 彭剑锋.人力资源管理概论[M].上海:复旦大学出版社.2003.

与描述。这样所建立起来的胜任力模型才能够满足企业的需要。

一、基于胜任力的薪酬体系概述

相对于传统的基于职位的薪酬体系而言，以任职者的胜任力为基础的薪酬体系是一种新兴的、尚未成熟的薪酬体系，它是在企业适应新的生存环境，同时解决成长和发展的一系列问题的过程中逐步兴起的。以任职者的胜任力为基础的薪酬体系，不是根据职位的价值大小来确定员工的报酬，而是抛开职位的因素，完全按照员工具体的与工作相关的能力高低来确定其报酬水平。相对于传统的职位薪酬体系，基于胜任力的薪酬体系有以下几个方面的特点：

1. 基于胜任力的薪酬体系的优点

① 基于胜任力的薪酬体系打破了传统的职位等级的官本位特点，为员工提供了更为多样化、更为宽广的职业生涯通道。员工不再需要通过职位的晋升来获得报酬的大幅度增加，而只需要提高自己的知识、技能或能力就能够获得报酬的增长，因此它也是适应企业形成新的扁平化组织的重要薪酬模式之一。

② 基于胜任力的薪酬体系更加有利于鼓励和牵引员工提升自己的知识、技能或能力，从而帮助企业提升人力资源的素质，培养员工的核心专长与技能。

③ 基于胜任力的薪酬体系有助于达到较高技能水平的员工实现对企业更为全面的理解。员工的能力越高，越能胜任本岗位工作，就越能成为一种弹性资源，不仅能够在企业扮演多种角色，而且能够建立起对整个工作流程的一种更为全面的理解，更好地提供客户服务，更努力地去帮助企业实现其战略目标。

④ 基于胜任力的薪酬体系在一定程度上鼓励优秀专业人士安心本职工作，并在本职工作岗位上面发挥最大的作用，而不是一味地考虑职位的升迁带来的薪酬增加。

⑤ 基于胜任力的薪酬体系在员工配置方面为企业提供了更大的灵活性。员工可以根据企业所需要的角色进行工作定位，而不仅仅局限于职位，对于新技术的引进非常有利，在实行工作分享和自我指导工作小组的企业中，员工的这种灵活性和理解力更是至关重要。

2. 基于胜任力的薪酬体系的缺点

① 基于胜任力的薪酬体系要求企业在培训方面付出更多的投资，如果企业不能将这种人力资本投资转化为实际的生产力且生产力的改善不能抵消培训成本的增加，会造成企业成本的超额增长。

② 能力并不等于现实的业绩，因此，企业在鼓励员工通过提高技能增加报酬时，企业可能并没有获得相应的经济增长，导致了企业成本的大幅度增加，这是大多数以胜任力为基础的薪酬体系失败的主要原因。

③ 能力的评价本身更具有主观性，员工往往会质疑这种薪酬模式的内部公平性，并可能因此产生不满。

④ 能力具有个体差异性和动态性，基于胜任力的薪酬体系的设计要求企业有一个复杂的管理结构，至少需要对每一位员工的能力能进行合理评判，且要不断对能力提高的员工进行重新评判，这意味着基于胜任力的薪酬体系的设计要比基于职位的薪酬体系更为复杂。

3. 基于胜任力的薪酬体系的适用范围

① 从行业上看，这种薪酬体系往往适用于以知识为主要竞争力的企业，对于大多数传统企业并不十分适用。

② 具体到特定企业中，这种薪酬体系适用的职位类别也相对较少，更多地适用于研发类和技术类人员，对于管理类人员和一般操作人员，采用基于职位的薪酬体系则更为适宜。

二、胜任力薪酬的影响因素

相同职位上不同的任职者由于在技能、经验、资源占有、工作效率、历史贡献等方面存在差异，导致他们对公司的贡献并不相同（由于绩效考核存在局限性，这种贡献不可能被完全量化体现出来），因此技能工资有差异。所以，同一等级内的任职者，基本工资未必相同。如上所述，在同一职位等级内，根据职位工资的中位点设置一个上下的工资变化区间，就是技能工资的差异的体现。这就增加了工资变动的灵活性，使员工在不变动职位的情况下，随着技能的提升、经验的增加而在同一职位等级内逐步提升工资等级。技能工资的影响因素主要有：

1. 资历

一名员工在一个企业、分支机构、部门或一项工作中的工作时间长度，称为资历。一般来说，资历与工作经验和技能呈一定的正相关。一部分管理者通常将业绩看作是报酬变化的基础，而另一部分管理者则趋向于认为资历为工资增长提供了客观、公正的基础。

一个令人满意的工作业绩和资历相结合的方案，能够让员工根据他们的资历得到他们这一级别报酬的平均增长幅度。工人的工作业绩处于中等水平时，他最终能获得他这一工资级别的平均工资。但如果超过了平均水平，就必须和工作业绩挂起钩来。这样能让绩效优异者获得他这一工资级别的最高工资增长率。

2. 经验

如果将工作性质排除在外，经验对于一个人工作能力的提高具有很大影响。如果得到的是积极的经验，则这一潜力就会成为现实的工作能力。基础知识通常是获得有效经验的前提条件。这与一个人开始学打网球、学习一门外语并无二致。通常，人们为其长期担任领导职务而自豪时，只有当他们的经验被认为具有积极性时，才可能会证明他们的感觉是有道理的。但总的来说，经验通常对于获得完成很多工作所必需的洞察力是必不可少的。

员工通常倾向于根据他们的经验来得到报酬，如果经验是积极的而且与工作相关，则这种认为是有根据的。

3. 企业人员结构因素

一些给员工个人的经济报偿内容忽略了他们所完成的特定工作或他们的生产效率。这些提供给全体员工报酬的仅仅因为他们都是企业中的其中一员而不是别的什么原因。例如，一名普通员工，他所获得的休假天数、职工集体人身保险、教育经费补贴与杰出工作者所获得的金额相同。事实上，如果普通工人在企业的工作年限较长，则他（她）获得的休假时间也相对较长。以企业成员为基础的报酬主要目的在于稳定员工队伍，求得员工对企业的认同。

4. 潜力

一些企业看重某些员工的潜力,将潜力作为决定薪资的一个重要的影响因素。企业为了吸引聪明机智的年轻人,它的整个报酬方案必须对那些在执行困难任务时没有经验或没有应变能力的年轻人具有吸引力。许多年轻员工的报酬很高,原因就在于他们有潜力成为基层主管、销售副经理等,甚至有可能成为总经理。特别是网络经济的到来,网络人才需求旺盛,许多公司给很多刚走出校园的年轻人极高的待遇,就是看中他们的潜力。

一般而言,大学毕业生确实没有突出的商业经历可供就业部门经理考查,因为缺少这样的历史记录,企业只好用其他因素代替来评估大学毕业生的优劣。大学中的成绩如能显示出与工作相关,是企业应考虑的一个因素。

5. 行政力量

有些企业的行政方面的力量会影响到员工的经济报偿。工作中,有的员工会抱怨"不在于你干什么,而在乎你为谁干",实际上就表明了在企业、政府以及非营利机构可能存在的一个问题:员工的薪酬或晋升受到企业某些人行政力量的影响。

如果这种情况发生,比如,一个经理将本属于别人的加薪或晋升的机会给予他的朋友或亲戚,这一行为会破坏了公平原则,将对员工心理产生消极影响,这种消极的心理影响的蔓延将对企业产生很大的破坏力。所以企业要绝对避免以行政力量干预员工的晋升或加薪。

三、胜任力薪酬的设计流程

要使基于胜任力的薪酬体系有效运行,关键是进行有效的能力评价。这里所要评价员工的能力一定是能对企业产生效益的行为能力,是在当前工作中或不远的将来做出贡献的能力,因此以胜任力为基础的工资体系可以简称为"能力工资"。能力工资的建立必须在员工的素质模型基础之上,根据员工所具备的个人素质来确定其所获得的报酬。

素质模型包括通用的素质模型和分层分类的素质模型。所谓通用的素质模型,是根据企业的战略和成功关键的要求,提出的对全体员工都十分重要的一系列素质的组合;而分层分类的素质模型则是在通用素质模型的基础上,再根据每个职位或者职位簇的工作内容和工作特点提出,在这一具体情境下具备哪些素质的人员能够获得成功。

1. 开发分层分类的素质模型

分层分类的素质模型的开发,首先要界定企业各层各类人员所通用的核心素质,即哪些素质是支撑企业的战略和成功的关键,并且是全体员工都必须具备的素质特征。然后,企业要在划分职位簇的基础上,针对每个职位簇的工作内容和成功关键,提炼出适用于每个职位簇的个性化素质。将通用素质和每个职位簇需要的个性化素质相结合,就得到了企业的分层分类的素质模型。

素质模型除了要筛选出各层各类人员的素质要求之外,还需要对每项素质进行分级,并对素质的各个等级进行明确的界定。

2. 对素质进行定价

所谓对素质进行定价,就是要确定员工能够根据其具备的各项素质的特点获得多少报酬。素质定价的最基本方法有两种,一种方法是市场定价的方法,另一种方法是绩效相关的方法。所谓市场定价法,就是对每项素质在相关劳动力市场所获得的报酬进行调查,根据这种薪酬调查的结果来确定每项素质在本企业应该获得的报酬。这种方法的前提是企业能够获得相关劳动力市场上企业对素质的定价,目前此种方法的适用性较差。所谓绩效定价法,是根据每项素质与工作绩效的相关性来确定其价格,与工作绩效的相关性越高,该项素质的价格也就越高。

在对每项素质进行定价的基础上,需要将各项素质的价格分解到它的每个等级上,从而决定员工通过具备某个素质的具体等级的要求而获得多少对应的报酬。

3. 建立基于素质的薪酬结构

基于素质的薪酬结构,大多采用宽带薪酬结构,也就是在企业中仅仅采用少数几个工资宽带来代替传统的职位结构。

首先,企业需要根据人员总体的素质差异来决定企业需要多少工资宽带,即将素质要求差异大的员工划分到不同的工资宽带。然后,对每个工资宽带的人员进行素质评价,用进入该宽带的员工的最低素质来确定该工资宽带的基本素质要求。接着,根据每个工资宽带的人员的平均素质要求,结合前面所得到的每项素质各个级别的定价,就可以得到该工资宽带的中位点工资。最后,采用与职位等级工资结构相同的方法,就可以建立起该工资宽带的工资范围、最高工资和最低工资。

第四节　基于绩效的薪酬设计[①]

基于绩效的薪酬体系是指员工的薪酬随着对个人、团队绩效的某些衡量指标的变化而变化的一种薪酬设计。由于薪酬是建立在对员工行为及其达到企业目标的程度进行评价的基础之上的,因此此种薪酬体系的设计有助于强化企业规范,激励员工调整自己的行为,这有利于企业目标的实现。

一、基于绩效薪酬体系概述

参照马克思的三种劳动划分方式,绩效工资主要是根据员工的第三种劳动即凝固劳动来支付工资,是典型的以成果论英雄,以实际的最终的劳动成果确定员工薪酬的工资制度,常见的形式有计件工资制、佣金制等。

绩效工资从本质上说是根据工作业绩而支付工资,工资支付的唯一根据或主要根据是工作业绩和劳动效率,但在实践中,由于绩效的定量不易操作,所以除了计件工资和佣金制外,更多是指依据员工绩效而增发的奖励性工资。

(一) 基于绩效的薪酬体系的优点

与传统工资形式相比,绩效工资制的优点如下:

① 实现员工工资与业绩挂钩,将激励机制融于企业目标和个人业绩的联系之中;奖金的授予对象是那些高绩效的人,因此,此种薪酬体系有利于企业总体绩效水平的改善。

[①] 参见理查德·索普[英],吉尔·霍曼. 企业薪酬体系设计与实施[M]. 姜红玲,译. 北京:电子工业出版社. 2003.

② 由于有明确的绩效目标,因此,它能够把员工的努力集中在企业认为重要的一些目标上,从而有利于企业通过灵活调整员工的工作行为来达成企业的重要目标,避免员工的行为脱离企业的战略主线而形成本位主义倾向。

③ 由于薪酬支付实际上变成了一种可变成本,因此,它的实施减轻了企业在固定成本方面开支的一些压力,有助于企业根据自身的经营状况灵活调整自己的支付水平,不至于因为成本的压力而陷入困境。

④ 指引努力方向、培育企业文化。绩效薪酬模式可以向员工提供企业关于其业绩的反馈信息。通过对业绩优秀的员工给予奖励、对业绩不佳的员工不奖励或减少奖励,使员工认识到薪资与努力是正相关的,这有助于吸引和留住成就导向型的员工,并为员工指明努力的方向。

(二) 基于绩效的薪酬体系的缺点

绩效工资体系的不完善之处和负面影响主要是:

① 容易导致对绩优者的奖励有方,对绩差者约束欠缺的现象,而且面对绩优者奖励幅度过大的情况下,容易造成员工瞒报业绩的行为,因此,对员工业绩的准确评估和有效监督是绩效工资实施的关键。

② 对员工正确的绩效评估越来越困难。报酬中所使用的产出标准很可能无法保持足够的准确和公正,在产出不公正的情况下,绩效奖励很可能会流于形式。

③ 可能导致员工关注结果而不注重形式。此种薪酬体系有可能导致员工之间或是员工群体之间的竞争,而这种竞争可能会忽视企业的总体利益。在执行的过程中还可能增加管理层和员工之间的摩擦,对企业文化产生一定的负面影响。

④ 可能对团队的合作有不利影响。在团队实现一定的绩效目标时,其绩效奖金总额通常是一个固定的数值,员工所能分享到的份额不仅取决于个人绩效,还取决于其绩效在团队中的相对水平。因此,绩效薪酬这种对以自我为中心的个人努力进行奖励的做法,往往会造成在需要员工们进行团队合作的时候却出现了员工间的过度竞争,从而影响了团队整体目标的实现。

(三) 基于绩效的薪酬体系的适用条件

由于基于绩效的薪酬体系有很多优点,所以有很多企业使用它,而这种薪酬计划的缺点也使企业在实施的过程必须慎重,要注意以下几点:

① 基于绩效的薪酬体系一般不单独使用。企业必须认识到,绩效奖励只是企业整体薪酬体系中的一个重要组成部分,尽管它对激励员工和提升企业绩效有一定的作用,但是它不能取代其他的薪酬体系。只有与其他薪酬体系密切配合,此种薪酬体系才能真正发挥作用。

② 这种薪酬体系必须与企业的战略目标和价值观保持一致。这就要求企业首先要确保自身的战略目标和价值观明确,其次,要判断自身战略目标和价值观是否适用这种薪酬体系,最后,要确保员工对企业战略目标和价值观理解并认同。因为如果企业的价值观和战略目标不清晰、员工对其不理解或者与薪酬体系不匹配,都可能会发生企业所奖励的行为和结果与企业的目标相背离的情形。

③ 企业必须要有完善的绩效考评体系。此种薪酬体系是以员工、团队甚至企业整体的

业绩作为奖励支付的基础,因此,如果没有公平合理、准确完善的绩效考评系统,绩效奖励也就很难真正地发挥效用。另外,有效的绩效奖励体系还必须在绩效和薪酬之间建立科学、合理的紧密联系。

④ 这种薪酬体系应该保持一定的动态性。绩效奖励计划是围绕企业经营目标、企业外部的经营环境以及员工的工作内容、工作方式等情况的变化而不断变化的,因此要取得绩效奖励计划的成功需要不断地修正企业的经营目标并对原有的考核计划进行调整,保持一定的动态性。

二、绩效薪酬的设计流程

绩效薪酬的计量基础是员工个人的工作业绩,如果业绩评估不能有说服力,那么整个绩效薪酬体系就毁于一旦,因此,业绩评估是绩效薪酬设计的核心。业绩评估手段可以分为正式体系和非正式体系。非正式体系主要是依靠管理人员对员工工作的个人主观判断;正式体系建立在完整的评估系统之上,强调评估的客观性和公正性。

(一) 评估目标及其制定原则

业绩评估的目的不仅是为付给员工合理的劳动报酬提供依据,更重要的是发挥员工个人的能力和创造性,使员工个人发展目标与企业发展目标趋向一致。因此,制定切实、可行的评估目标是绩效薪酬体系的基础。在评估目标时要遵循以下原则:

① 评估目标一定要为员工所接受、认可,业绩评估目标一定要在上下级之间、主管与员工之间充分交流的基础上制定;

② 业绩测量手段要客观、可靠和公正,评估后要将规划业绩和实际业绩的差距及时反馈给被评估者,听取被评估者的意见,和被评估者进行充分交流;

③ 对非业绩优秀者,要帮助和督促他们制定完善的计划,有针对性地对其进行培训或提供改进工作条件等,促使员工迎头赶上;

④ 对业绩优秀者,不仅要给予外在奖励,还要给予内在奖励,如提供晋升和发展机会等,从内外两个方面激励优秀者为企业做出更大的贡献。

(二) 业绩要点

业绩评估要选择一些有代表性的业绩要点,这些要点能够全面、客观地反映被评估者的业绩,也利于评估者作出公正的评价。不同的企业在业绩要点的选择上侧重不同,英国伦敦收入资料局1989年的研究总结,将使用频率较高的业绩要素筛选如表5-6。此外,在业绩要素的选择上要注意:① 特定的评估方式只允许选择特定的业绩要点;② 避免选择一些与工作关系不大,纯属个人特点和行为的要素;③ 培养关注业绩评估的文化氛围,尽管业绩评估的结果与员工收入或工资直接联系在一起,但业绩评估最终目标是为了激发员工实现企业目标的积极性和创造性,而不仅仅局限于工资发放。

(三) 评估方式

企业业绩评估的方法很多,但先进的评估方法一是要体现规范化和程序化;二是注重评估效果,突破为评估而评估,为报酬而评估的传统框架。

1. 自我评估

自我评估是一种比较民主的评估方法,在我国企业中经常使用,一些国外企业也采用这种方法。这些方法比较强调业绩指标的量化,做法是评估主管部门首先设计一张表格,将各项自我评估指标列在表格上,包括出勤率、工作效率、工作质量、安全操作、合作精神以及责任感等;然后被评估者自己填写表格,评定分值;最后,评估主管者根据评估表与被评估者交换意见。自我评估方式易于上下级之间的交流和信息反馈,也节省了繁杂的评估所耗费的人力、物力和时间,缺点是需要对评估结果进行检查和再评定。

表 5-6 业绩评估要点

一级要点	1. 相关知识技能和能力 2. 工作态度、进取心、责任感 3. 工作质量及其努力程度 4. 工作数量及其努力程度
二级要点	1. 处理问题能力及创新精神 2. 独当一面的能力 3. 领导能力 4. 业务熟练程度 5. 出勤守时情况 6. 对目标的把握能力 7. 劳动卫生和安全意识

2. 图解化评分法

图解化评分法主要采取定量分析和指标对比的方法,具体操作步骤为:首先,制定一些与业绩相关的要素,包括工作质量、知识技能、合作精神、诚实性、守时性及主动性等个人品质要素;其次,根据这些要素,为被评估者逐个评分,例如,采取 5 分制,或 100 分制的方法,最高分代表最佳值;最后,将每一个分值累计加总,得出一个综合分值。

图解化评分法的实质是一种"行为针对性评分"方法,它主要是对评分系列中每一个与级别对应的行为分别做出描述,每一个工作岗位都有相关的行为系列,通过员工的业绩要素与特定行为的联结,既可以明确在特定岗位上的员工行为标准,也可以判断定员工实际达到的业绩水平,或者说达标程度。

图解化评分法在使用时要针对不同岗位的员工制定不同的评定标准,业绩要素的规定和组合要有区别。例如,对管理者,要侧重评估"领导能力""开创精神""合作精神"等特征;对一般的员工,要侧重评估"专业技能""诚实守时""勤奋努力"等特征。

3. 多人比较法

多人比较法不是针对某一员工的业绩进行评估,而是在多人之间进行比较,对不同业绩进行排名,根据名次进行分配和奖励。常用的排名方式有个人排名、小组排名等。个人排名是将所有的被评估者从好到差排序,按照名次评定等级;小组排名是将被评估者按照业绩归类,各类别代表不同的业绩层次。例如,将 60 名被评估者分成若干类,前 20 名为第一类,21~40 名为第二类,41~60 名为第三类。业绩最佳者在顶级小组,业绩最差者在底层小组。

4. 评估报告法

评估者以书面的形式对被评估者做出全面、客观、具体的评估报告,报告的主要内容是:被评估者的主要优点和缺点,评估期的主要业绩,被评估者的未来发展潜能,以及能够表现为被评估者能力、素质的一些重要事件、成绩和失误等。

评估报告法多是上级对下级员工的评估,采取自上而下的操作方式,这种方式有利于员工的集中管理,但是评估的有效性依赖于评估体系和评估者的公正和客观。在国外的一些企业中,这种评估方式也被用于下级对上级的评估,即采取下属为上级打分的形式,评定上级的工作业绩,这有利于企业全面掌握各级人员的工作情况。

自下而上的评估与自上而下的评估一样,都需要一些基本的前提条件,例如:良好的企业文化支撑,员工和主管之间能做到诚实、公正和公开的积极交流,特别是要避免一些员工出于害怕上级的心理,不敢坦露真言,或者有意避开评分级别中的两极,选择中间分数等。

三、绩效薪酬的表现形式

绩效薪酬基本特征是将员工的全部薪酬收入与绩效挂钩。当与个人绩效挂钩时,主要的计薪方式有:计件制、工时制和佣金制。当与群体绩效挂钩时,主要的计薪方式有:利润分享计划、收益分享计划和员工持股计划。

(一) 个人绩效薪酬

个人绩效薪酬有助于员工不断提高自身的绩效水平,可能会产生团队内部的过度竞争,不利于团队合作。常见的计薪方式有:

1. 计件制

计件制是最常见的一种绩效工资形式,它主要根据员工的产出水平和工资率来支付相应的薪酬,能有效地激励员工努力工作,适用于销售人员和生产品类单一、变化少、数量易于统计的生产工人,主要包含直接计件制和差别计件制两种形式。

直接计件制是最简单的计件制,所得绩效工资与产品完成件数呈线性关系,当产品增加一倍,工资也增加一倍,计算过程非常简便,公式为:应得工资=完成件数×工资率。在这种工资制下,员工倾向于努力改善工作效率,但也存在一定的顾虑,因为当企业员工整体工作效率提高时,资本家为了分享高效率带来的利润,就会降低工资率,因此,员工间通常会形成默认规范,员工会控制工作效率,使得他们的收入不超过某一特定数值,防止企业降低工资率。

为了打破员工的默认规范,鼓励员工进一步提高工作效率,企业更多会采用差别计件制,即对于产出水平不同的员工,采用不同的工资率来计算其报酬,差别计件制主要有泰勒计件制(Tarlor's differential piece-rate system)和梅里克计件制(Merriek's multiple piece-rate plan)两种形式。

泰勒计件制就是"对同一种工作设有两个不同的工资率。对那些用最短的时间完成工作、质量高的工人,就按一个较高的工资率计算;对那些用时长、质量差的工人,则按一个较低的工资率计算"。计算公式为:

应得工资=完成件数×低工资率,完成的工作量在标准的100%以下。

应得工资=完成件数×高工资率,完成的工作量在标准的100%以上。

通常情况下,高工资率是低工资率的 1.5 倍。

梅里克计件制总共将工人分成了三个等级,随着等级变化工资率递减 10%。中等和劣等的工人获得合理的报酬,而优等的工人则会得到额外的奖励。计算公式:

应得工资＝完成件数×低工资率,完成的工作量在标准的 83% 以下。

应得工资＝完成件数×1.1＊低工资率,完成的工作量在标准的 83%～100% 之间。

应得工资＝完成件数×1.2＊低工资率,完成的工作量在标准的 100% 以上。

2. 工时制

工时制主要依据员工完成工作的时间和工资率来支付相应的薪酬。最基本的工时制就是标准工时制。

标准工时制首先确定正常技术水平的员工完成某种工作任务所需要的标准时间,如果某位员工因效率提高而少于标准时间就完成了工作,他依然可以按照标准工资时间来获得薪酬,在这种情形下,由于员工的工作时间缩短了,这相当于工资率提高了。例如,某员工工资率为 25 元/时,工作完成的标准工时是 4 小时,实际上他 3 小时就完成了工作,在标准工时制下他的实际工资仍为 25×4＝100 元,标准工时制类似于"任务包干"制度,这种计薪方式虽然有利于激励员工提高工作效率,减少工作时间,但企业并未分享到利益。

在实践中,企业往往不会将员工因节约工作时间而形成的收益全部给予员工,比较常规的做法是员工和企业之间按照一定的比例分配这些收益,因此,标准工时制产生了多种变形,比较常见的是哈尔西 50～50 奖金制(Halsey bonus system)和罗恩奖金制(Rowan premium plan)。

哈尔西 50～50 奖金制中企业和员工通常对于节约工作时间而形成的收益进行五五分账,若员工超出标准时间完成工作,给予标准工时工资基数;若员工在低于标准时间内完成工作,可以获得的奖金是其节约工时的工资的一半,计算公式为:

$$E=S×R \qquad T>S$$
$$E=T×R+P×(S-T)×R \qquad T\leq S$$

其中:E 表示收入,R 表示标准工资率,S 为标准工作时间,T 为实际完成时间,P 为分成率,通常为 1/2。

下面我们用一个例子来说明这种计薪制,如某工人工资率为 25 元/时,预计用 4 小时可完成工作,但他用 3 小时就完成了工作,则他的收入是:

$$E=3×25+(1/2)×(4-3)×25=87.5 \text{元}$$

$P×(S-T)×R$ 部分即奖金有可能大于 $T×R$ 部分即基础工资,只要 $P×(S-T)>T$,即 $S>3T$,因此当工人的实际工作时间是预计标准时间的 1/3 时,他的奖金会超过基础工资。

罗恩奖金制类似于哈尔西 50～50 奖金制,区别在于分享节约工作时间而形成的收益时,在分享比例上有一定的差别安排,是依据节约时间占标准工作时间的百分比而定,不是简单地对半分,计算公式是:

$$E=S×R \qquad\qquad T>S$$
$$E=T×R+[(S-T)/S]×T×R \text{ 或 } E=T×R×[1+(S-T)/S] \qquad T\leq S$$

其中:E 表示收入,R 表示标准工资率,S 为标准工作时间,T 为实际完成时间。

下面举例加以说明。某工人完成工作的实际时间为 6 小时,标准时间为 8 小时,每小时工资率为 20 元,那么该工人的工资是:
$$E=6\times20\times[1+(8-6)/8]=150 \text{ 元}$$
在这个例子中奖金水平为 25%,根据这种方法计算出的奖金,其比例可以随着节约时间增加而增加,当实际工作时间相当于标准工时的一半时,所获奖金与哈尔西 50~50 奖金制相同。

3. 佣金制

佣金制也叫提成制,主要适用于销售人员的工资支付制度,是根据销售额来确定销售人员报酬的一种工资制度,主要包括单纯佣金制、混合佣金制和超额佣金制三种形式。

单纯佣金制指销售人员没有任何固定工资,只是按照销售额的一定比例进行提成,来作为销售报酬,这个比例可以固定,也可以根据不同的销售额设置不同的提成比例。计算公式如下:
$$\text{收入}=\text{销售产品数}\times\text{每件产品单价}\times\text{提成比例}$$
例如,在单纯佣金制下,小李销售出 180 件单价为 300 元的产品,提成比例为 3.5%,那么,小王的收入=180×300×3.5%=1 890 元。

这种完全靠提成的计薪方式让小李每个月都担心自己的收入,收入的不稳定让他产生了不安全感,于是他投靠了有 1 000 元底薪的 B 公司,尽管 B 公司销售提成比率较低,仅为 2%,但他算了下同样销售 180 件单价为 300 元的产品,可以拿到的收入是 180×300×2%+1 000=2 080 元,比原来的工资还多了 190 元。

B 公司的这种计薪方式就是混合佣金制,它与单纯佣金制的区别在于:每个月会给予员工一定的底薪,保证员工即使没有业绩的时候也能拿到一定的工资,减少员工的不安全感。混合佣金制的计算公式如下:
$$\text{收入}=\text{销售产品数}\times\text{每件产品单价}\times\text{提成比率}+\text{底薪}$$
可是没过多久小李就发现,尽管都是 300 元的产品,但 B 公司产品的销路实在太差了,自己不仅常吃闭门羹,还经常被客户奚落,小李正犯愁的时候看到了 C 公司的招聘启事,C 公司的产品最近在市场上非常火爆,但 C 公司采用的是超额佣金制,即员工需要完成一定的定额才能获得收入。计算公式是:
$$\text{收入}=(\text{销售产品数}-\text{定额产品数})\times\text{每件产品单价}\times\text{提成比率}$$
按 3 月份销售的平均水平来看,300 元产品平均每人销出 600 件,定额销售总额为 200 件,提成比例是 2.5%,于是 C 公司销售人员平均工资为(600-200)×300×2.5%=3 000 元。小李觉得这个工资很满意,而且做得好的收入会更高,于是小李下定决心投奔 C 公司。

实际上,三种计薪方式并没有优劣,企业可以根据不同产品及产品市场销售情况,调整提成率和计薪方式,争取在付出最少奖金支出的比例上实现最大的激励效果。

(二) 群体绩效薪酬

群体绩效薪酬可以使员工更加关注群体的整体绩效,有利于团队合作,改善群体整体绩效,但也可能存在"搭便车"问题,因此,很多企业采用群体绩效薪酬后确定群体的总体薪酬,将群体薪酬分配到个人时,会辅以对个人绩效的考核来确定个人的薪酬,而不是简单平均分配。常见的群体绩效薪酬计薪方式有:

1. 利润分享计划

利润分享计划(Profit-sharing plan)是指企业根据盈利能力按照一定标准，如员工所在岗位价值、潜在贡献及历史贡献、工作业绩等，与员工分享公司利润的企业整体激励计划。对于利润分享需把握三个维度，即企业利润分配额、个人利润分配额以及利润发放。企业利润分配额可以将总利润按照固定比例法、分段比例法或获利界限法来确定；个人利润分配额可以按岗位贡献法、个人贡献法或综合岗位贡献法和个人贡献法来确定；利润发放的主要形式有：① 现金计划，就是每隔一定时间，把一定比例的利润作为利润额进行分享，为员工发放现金兑换其应得到的分享利润，这是目前最流行的利润分享形式。② 延期利润分享计划，在监督委托管理的情形下，企业按预定比例把一部分利润存入员工账户，在一定时期后支付，这类计划可以使员工享受税收优惠，企业也可以规定如果员工服务期限没有达到要求而提前离职，将失去部分或全部的利润分享，这样有助于减少员工流动率。③ 混合计划，就是同时采用前两种形式。

2. 收益分享计划

收益分享计划(Gain-sharing plan)是促使企业内部的全体员工共同努力，通过节约成本、改进质量或提高生产率等途径达到企业的生产率目标，然后员工和企业共同分享由于努力所产生的成本节约收益的激励计划。因为成本节约、质量及效率提高指标相较于利润指标更容易被员工看成是自己能控制的，从这个角度来讲，收益分享计划的激励性可能要比利润分享的激励性更大。常见的收益分享计划有：① 斯坎伦计划(Scanlon plan)是由美国曼斯菲尔德钢铁厂的工会主席约瑟夫·斯坎伦提出，希望通过劳资双方的努力，在维持产出水平不变的情况下降低劳动成本，员工可以分享劳动成本的降低带来的收益。② 拉克计划(Rucker plan)由经济学家艾伦·拉克提出，与斯坎伦计划相似，区别就在于它所关注的不仅仅是劳动成本的节约，而是整个生产成本的节约。③ 生产率提高分享计划(Improshare)是由工业工程师米歇尔·费恩提出，该计划的重点不在衡量节省成本的经济价值，而是追求在更短的劳动时间内生产出更多的产品，即寻求生产率的提高，并分享由此带来的收益。以上三种被称为传统的或经典的收益分享计划，企业可以根据实际情况，在实施过程中对其进行变化或综合运用。

本章小结

1. 企业薪酬设计导向反映了企业的分配哲学，即主要依据什么原则确定员工的薪酬。企业的薪酬设计主要包括两个方面，一是设计薪酬的纵向结构，即确定企业内各个不同职位、不同能力员工薪酬的等级和标准。二是横向结构，即确定构成薪酬的各种薪酬形式如基本薪酬、激励薪酬等的比例等。

2. 对薪酬策略进行了梳理，指出薪酬策略包含薪酬水平策略和薪酬结构策略。薪酬水平策略主要包括领先型薪酬策略、追随型薪酬策略和滞后型薪酬策略；个人薪酬结构策略主要包括高弹性薪酬策略、高稳定薪酬策略和调和型薪酬策略；企业薪酬结构策略主要包括偏平等的薪酬结构策略和偏等级的薪酬结构策略，并概括介绍了各类薪酬策略的适用范围。

3. 详细介绍了基于职位的薪酬体系、基于胜任力的薪酬体系和基于绩效的薪酬体系的内涵,总结了三类薪酬体系的设计内容。

4. 阐述了宽带薪酬的具体内涵、特征和设计流程等,分析了宽带薪酬在设计中的几个关键问题,揭示了宽带薪酬的适用的基础条件。

复习思考题

1. 薪酬水平策略都有哪些?请简要描述不同策略的适用范围。
2. 什么是宽带薪酬?它具有哪些特征?
3. 什么是员工的胜任力?企业为什么要以胜任力为导向进行薪酬设计?
4. 基于绩效的薪酬体系有什么优点和缺点?什么样的情况下适合采用以绩效为导向的薪酬设计?

案例讨论

L餐饮店的薪酬调整思考

L餐饮店是李先生与妻子结婚初期开的火锅店,经过30多年的经营,L餐饮店已小有名气,现在已经开设了8家分店,每到饭点仍是家家爆满,李先生虽然有再开分店的打算,但现有的150名员工的管理已让他头疼不已,不禁还是有些发怵。

L餐饮店面临最直接的管理问题是:服务员的流失率太高,尤其一到夏天,员工会出现大规模离职,店里经常会来不及对新员工进行系统培训就让他们上岗;还有就是老员工临时离职来不及招新员工的时候,会让店里老员工承担更多的服务工作。这些都导致服务质量得不到保障,顾客投诉率居高不下。李先生考虑过为员工涨工资,但仔细一想,反正现在各家店面不缺顾客,招聘新员工相对也比较容易,况且他的薪酬制定也是参考隔壁西餐店,都是服务人员薪酬每月3 500元,他觉得这个薪酬不影响企业经营现状,因此放弃了这个想法。李先生只是会在每次员工大会的时候都积极动员大家提高服务质量,而大家压根无动于衷,他们私底下总是抱怨工作很累,跟西餐店服务员工作没法比,而且不管自己干得怎么样,每月到手也就3 500元,他们完全没有兴趣去提高自己的服务质量,很多人都在边干边找其他工作。李先生心里也知道员工的想法,所以店的外面也常年挂着招聘广告。日子就这样一天天过去了。

2020年春节期间新冠肺炎疫情暴发重创了餐饮业后,为了弥补经济损失李先生打破了L餐饮店一贯的薪酬制度,直接通知员工降低工资,定为未开业期间服务人员按每月300元工资发放,重新开业后前两个月工资减半,员工对工资的怨气更深了。L餐饮店恢复营业后,本来每天店内的顾客就不多,加上员工的服务意识并未转变,导致整个经营更加雪上加霜。李先生觉得是时候好好考虑一下如何给服务人员发工资了,以便提高他们的服务意识。

问题:

1. L餐饮店员工薪酬制度的弊端有哪些?
2. 结合本章所学,帮助李先生设计一套员工薪酬方案。

第六章　薪酬激励

 **本章结构图**

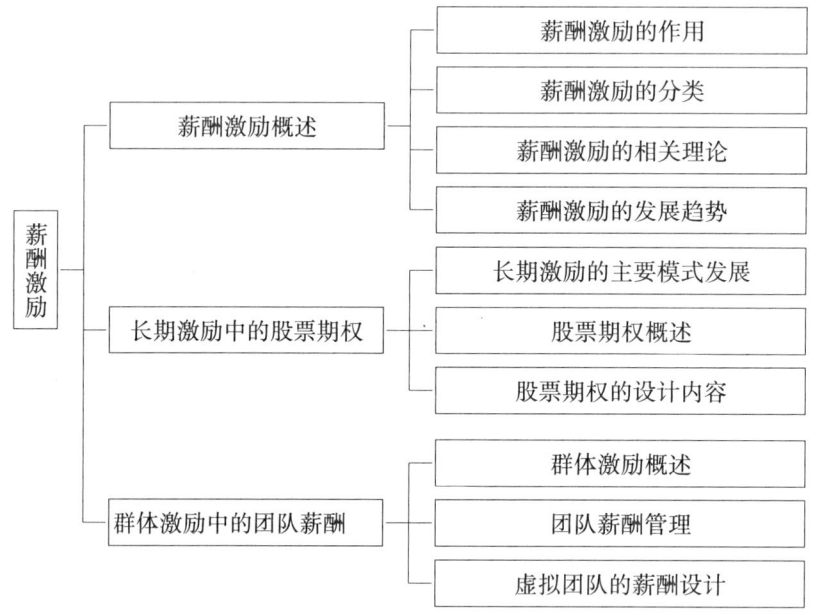

 **开篇故事**

东方电讯公司是一家生产低压电力产品的股份制公司。经过10多年的努力，公司实力不断发展壮大，多项产品被列入国家重点新产品计划，并拥有多项发明专利。公司员工也达到了300多人的规模。但是随着我国电力行业的快速发展，特别是同行业竞争对手增多，市场平均薪酬水平大大提高，使得公司的薪酬水平缺乏竞争力。公司部分员工思想不稳定，工作积极性不高，员工激励效果不理想。一些年轻优秀的员工有了跳槽的想法，前后有40多名30岁左右的专业技术人员离职，给公司的经营和管理工作造成了一定的损失。该公司的领导意识到问题的严重性，经过对公司内部管理的深入了解和诊断，发现问题主要是由于公司的薪酬制度没有跟上企业规模的快速发展，没有及时进行与企业发展相适应的薪酬与绩效考核制度方面的改革和创新。

公司当前的薪酬主要包括工资、奖金和福利，忽视了员工职业发展、内在报酬等非经济薪酬要素；员工在薪酬上存在定位不清晰，比较不当等问题。同时公司部分关键职位的薪酬水平偏低,不仅不能吸引外来人才,而且很难激励和留住关键职位的优秀员工。员工反映很少有加薪的机会,薪酬增长没有与公司市场业绩的增长相联系,也没有与个人的绩效相联系,大部分员工对公司目前的薪酬水平表示不满。在这种严峻形势下,针对上述问题,公司采取果断措施进行了薪酬制度的改革,制定了新的与公司战略和组织架构相匹配的薪酬方案,激发了员工的积极性和创造性,使公司恢复了良好的发展势头。

案例来源:根据王焱,韩先磊:《东方电讯公司薪酬管理案例分析》编写①。

上述案例说明,适时而科学地制定薪酬制度确实能发挥其激励作用,企业薪酬激励效力不可低估。但怎样建立科学合理的薪酬激励机制,如何发挥薪酬的最佳激励效果,以求企业能吸引和留住人才,造就一支高效、稳定的员工队伍,实现企业可持续发展,是企业人力资源管理的一项非常重要的工作。本章将围绕这些问题而展开。

第一节 薪酬激励概述

一、薪酬激励的作用

合理的薪酬是企业竞争力的源泉。薪酬管理的核心在于激励员工,员工对企业的薪资待遇越满意,则越有助于激发员工自身的潜力,从而为企业创造更高的价值。在企业发展盈利的同时,员工的工作技能与业务素质也随之得到提升,从而进一步实现员工的自我价值,促进薪酬激励的效能在企业人力资源管理中的良性循环②。

激励可以使员工的潜力得到很大程度的发挥,从而大大地提高工作的绩效和效率。企业经营者可以通过有效的薪酬战略及其管理,对员工表现出来的不同工作绩效,付以不同的报酬,从而促进员工工作数量和质量的提高,保护和激发员工的工作积极性,提高企业的生产效率。美国哈佛大学教授威廉·詹姆士研究发现,在缺乏科学、有效激励的情况下,人的潜能只能发挥出 20%~30%,科学有效的激励机制能够让员工把另外 70%~80% 的潜能也发挥出来③。所以企业能否建立起完善的激励机制,将直接影响到企业的生存与发展。

现代企业薪酬管理极大地增强了传统激励机制的激励效果,主要表现在以下方面:

(1) 在物质机制方面,实行按劳付酬,体现公平和效率。比如技能工资和绩效工资,强调多劳者和绩优者多得,刺激员工具备更多、更精的劳动技能,获得更多的劳动报酬和更好的工作岗位。

(2) 在精神机制方面,奖励贡献,体现人本主义观念。将个人的报酬与企业的成功结合在一起,不是从企业为员工提供生活来源的角度,而是强调员工业绩是对企业目标的贡献,从企业受益的角度酬谢员工所做的努力。

(3) 在团队机制方面,增强员工责任感和风险意识。现代薪酬管理强调个人报酬与企

---

① 文献网址:https://wenku.baidu.com/view/4f9e80a1657d27284b73f242336c1eb91a3733cc.html? fr=search-4
② 韦爽.基于企业人力资源管理薪酬激励策略的浅析探索[J].广西质量监督导报,2020(2):54-55.
③ 斯蒂芬·P.罗宾斯.管理学[M].北京:中国人民大学出版社,2006.

业效益的紧密结合,例如提倡工资与企业利润挂钩,鼓励员工参与企业利润分享等等。这些都是为了弱化员工报酬的个人行为特征,强化员工的团队精神,使员工了解只有好的敬业和合作精神才能实现个人的价值。

二、薪酬激励的分类

一般来说,有效的薪酬激励一般建立在以下三个假设基础之上:首先,个人和工作团队对公司的贡献的差别不仅在于他们做的是什么,而且在于他们做得好不好;其次,公司经营的最终结果在很大程度上取决于公司内部个人和团队的工作表现;最后为了吸引、保留和鼓励表现好的员工,并且公平对待所有员工,公司需要根据员工的相对工作表现来予以奖励。

员工的工作绩效主要取决于他的工作能力和对他的激励程度。也就是说,科学有效的激励机制能让员工发挥出更大的潜能,为企业创造更大的价值。尽管薪酬不是激励员工的唯一手段,但薪酬激励却是一个非常重要、最容易被管理者运用的激励方法。薪酬激励的划分方式一般分为以下三种:

1. 按照激励的对象划分

薪酬激励计划按照激励对象的不同可以划分为个人激励计划、群体激励计划与企业激励计划;针对每个对象的层次又可以按照激励的周期有长、短期激励的安排。

(1) 个人激励计划。这类计划奖励独立工作的员工,有些公司采用计件制度。计件制度通常是针对生产人员。根据计件制,员工的薪酬取决于他或她在一段给定的时间内生产的产品数量。

(2) 团队激励计划。这类计划鼓励员工之间的互相支持和协作。团队奖励适用于制造业和提供服务的环境中相互依靠的工作班组。在收益分享计划中,团队成员分享团队提高生产力,生产质量或节约成本的成果。

(3) 全企业激励计划。这类计划把员工的薪酬和公司短期内的业绩联系在一起。

2. 按照激励的周期划分

薪酬激励按照支付的周期可以划分为短期激励计划和长期激励计划。

(1) 短期激励计划。短期激励计划可以针对广大员工也可以针对特定的群体(如销售人员),只要他们的绩效目标是易于设定并且在短期内可以见效的,都可以适用短期激励计划。

这种激励一般采用数量化的绩效标准,按月度、季度进行支付,比如某公司的短期激励计划的安排:每个季度如果资本回报率超过了8%的目标,员工就可以得到一天工资额的奖金。

(2) 长期激励计划。采用短期激励方案的建议以及这些方案短期所能带来的收益,似乎可以解决问题,但事实是现阶段许多企业的员工已不限于获得这种短期的利益,还需要长期的利益保障。

长期激励计划是以年度为支付周期,往往与授予股票、股权等有关,它一般针对高层管理人员或专业技术人员,但目前对普通员工进行股权奖励的企业也越来越多。

3. 按照激励的形式划分

激励的形式可以分为外在激励和内在激励。

(1) 外在薪酬激励计划。外在薪酬激励的表现形式一般以经济性激励为主导，主要由基本工资、固定奖金、现金津贴、浮动收入、长期激励和福利待遇共同组成的以金钱形式给予报酬的全面薪酬。

(2) 内在薪酬激励计划。内在薪酬激励一般以非经济性激励为主导，体现在工作内容、文化氛围和工作生活平衡度上的精神方面的感知。具体就是工作内容的挑战、培训发展的机会、文化氛围的和谐、公平透明的机制、同事的互助友爱等等一系列非物质方面的因素。如特殊的表彰、工作环境和能给员工带来工作与生活平衡的居家办公、弹性工作制等家庭友好计划。

三、薪酬激励的相关理论

现代激励理论是在管理实践中逐步发展完善起来的，从古典管理理论中泰勒提出的管理制度加经济刺激的激励方法，到以梅奥教授为代表的人际关系学派提出的工作条件、安全、人与人之间的关系等金钱之外的激励因素，使得激励内容愈加丰富。直至马斯洛在20世纪40—50年代形成了著名的需要层次理论，基于不同人性假设和不同经济社会背景下的激励理论便不断涌现出来，形成了今天众多科学的比较成熟的激励理论体系。下面就介绍其中比较有现实意义和价值的几种，以期对我们的激励实践有所帮助和借鉴。

1. 马斯洛的需要层次理论

马斯洛的需要层次理论是研究组织激励时应用最广泛的理论。亚伯拉罕·马斯洛认为，人类有五大类基本的需要，即生理需要、安全需要、社交需要、尊重需要和自我实现的需要，按其优先次序可以排列成等级层次，如图6-1。

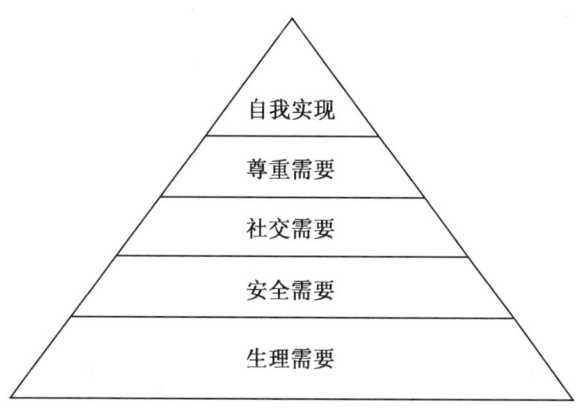

图6-1 马斯洛的需要层次

生理需要是人类维护自身生存的、最基本的、各种非习得的原始需要，包括衣、食、住、行等需要。安全需要包括对人身安全、生活稳定以及免遭痛苦、威胁或疾病的需要。社交需要包括对友谊、爱、归属与接纳的需要。尊重需要既包括对成就或自我价值的个人感觉，也包括他人对自己的认可和尊重。自我实现的需要是一种追求个人能力极限的内驱动力，包括成长、发挥自己的潜能和自我实现。

马斯洛在其理论中还指出：第一，人们受到激励去做那些能满足但尚未得到满足的需要的事情；第二，一旦人们在最低层次上得到满足，他们将在一个较高层次上追求新的满足；第三,如果人们在低层次上的需要没有得到满足,他们就不可能被高层次上的因素所激励。

马斯洛的需求层次理论是最著名的需求激励理论,对企业激励系统的建立具有重要的指导意义。现代企业的薪酬体系作为企业激励系统最重要的组成部分还需要其他激励制度来补充,特别是非物质报酬的激励手段,如建立起包括保健计划、非工作时间的给付以及较宽裕的午餐时间、特定的停车位,还包括参与决策、承担较大的责任、个人成长的机会以及较大的工作自由、活动的多元化丰富化等等。

2. 赫茨伯格的双因素理论

弗瑞德瑞克·赫茨伯格经研究认为,企业中存在着两种不同类型的激励因素。一类是能促使人们产生工作满意感的因素,称为激励因素;另一类是促使人们产生不满的因素,称为保健因素。激励因素系指和工作内容紧紧联系在一起的因素,如"工作本身的兴趣和挑战性""工作上的成就感"等。这类因素的改善,往往能给员工以很大程度的激励,产生工作的满意感,有助于充分、有效、持久地调动员工积极性。保健因素系指和工作环境或条件有关的因素,如"企业政策和管理""人际关系""薪水"等。这些因素处理不当,或者说这些需要得不到基本的满足,会导致员工的不满,甚至严重挫伤其积极性;反之,满足这些需要则只能防止员工产生不满情绪,并不能带来满意感。

根据赫茨伯格的观点,带来工作满意的因素和导致工作不满意的因素是不相关和截然不同的。满意的反面不是不满意,而是没有满意;而不满意的反面则是没有不满意,而不是满意。因此,管理者若努力消除带来工作不满意的因素,可能会带来平静,却不一定有激励作用。他们能安抚员工,却不能激励他们。如果要在工作中激励员工,就要注重和强调成就、认可、工作本身、责任和晋升等激励因素。

3. 弗隆姆的期望理论

维克多·弗隆姆认为,一种行为倾向的强度取决于个体对于这种行为可能带来的结果的期望强度以及这种结果对行为者的吸引力。期望理论可以以下公式表示:

$$激励力量 = 效价 \times 期望值$$

也就是说,激励力是个人对一个目标的预期价值与他认为实现目标的可能性的乘积。期望理论解释了激励员工的三组关系,如图6-2所示。

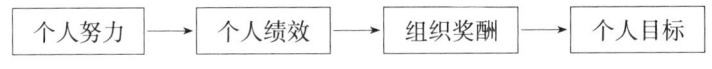

图6-2 期望理论的期望—激励模式

(1)努力——绩效关系:人们总是通过一定的努力来实现一定目标。

(2)绩效——奖酬关系:在达到一定绩效后,人们总是希望得到与之相应的报酬和奖励。

(3)奖酬——个人目标关系:人们之所以希望得到报酬和奖励,是为了满足一定的需要、实现一定的目标。

期望理论表明,激励是一个从员工需要出发到员工需要得以满足为止的过程。这一过程包含了员工对工作绩效、企业奖酬是否满足需要的预期,它为企业实施奖酬与绩效挂钩提供了理论依据。

4. 亚当斯的公平理论

史坦斯·亚当斯认为,激励中的一个重要的因素是个人对自己所获的报酬是否觉得公平。通常,员工会进行两种对比。首先,他们把自己对工作的投入和产出进行对比;其次,他们还会把自己的投入产出比与同事的投入产出比进行对比。这可以用公式表示如下:

$$\frac{个人的产出(所得报酬等)}{个人的投入} = \frac{同事的产出(所得报酬等)}{同事的投入}$$

投入可能包括努力程度、教育背景和经验;产出主要包括报酬、福利、被认可程度等。一个人的投入产出比和用来同他比较的另一个人的投入产出比应该是平衡的。如果人们觉得他们所获的报酬不适当时,他们可能产生不满,降低产出的数量或质量,或离开企业。如果人们觉得报酬是公平的,他们可能继续在同样的产出水平上工作。如果人们认为报酬要比认为是公平的偏高,他们可能会工作得更加努力。

报酬的公平与否确实是影响员工激励水平的一大因素。通常,员工喜欢不断地拿自己与同事相比较。由于这种比较带有很强的主观色彩,员工常常会抱怨不公平,从而影响其努力水平,甚至离开企业。亚当斯的公平理论虽然没有告诉我们如何做到员工感觉上的公平,但它给我们以警示:如果忽视员工心理上的不平衡,势必影响员工的绩效从而影响企业目标的实现。要正视这种公平比较的存在,就要通过公正的待遇设计、目标设置、绩效考评来消除员工的不平衡感。

5. 洛克的目标设置理论

爱德温·洛克提出,指向一个目标的工作意向是工作激励的主要源泉。该理论认为,以下三个因素有助于提高工作绩效:

(1)明确的目标:与"尽力而为"这类空洞的目标相比,明确的、具体的目标效果更好。目标的具体性本身就是一种内部激励因素。

(2)困难的目标:如果努力与目标的可接受性是一定的,那么,困难的、富有挑战性的目标会带来更好的绩效。

(3)反馈:在人们努力过程中,如果能及时得到反馈,就能提高绩效。

目标设置理论试图从员工需要以外的因素考察激励产生的原因。事实证明,目标确实具有激励作用。目标设置理论突出了企业设置目标在企业实施激励过程的作用,这一点是以上所述理论所欠缺的。

6. 班杜拉的自我效能理论

艾伯特·班杜拉(Albert Bandurar)提出了自我效能理论,并且认为通过过去的成功经验、替代榜样、口头说服和唤醒这四方面的活动可以提高个体的自我效能。自我效能(self-efficacy),也称为社会认知理论或社会学习理论,是指个体对自己能够完成某项任务的一种信念。自我效能水平越高,个体对自己成功完成任务就越有信心。所以,在困难的情境中,低自我效能的人更可能降低甚至放弃自己的努力;相反,高自我效能的人则会加倍努力迎接挑战。

企业管理者可以通过把上述的目标设置理论和自我效能理论结合起来,帮助员工达到高水平的自我效能。当一位管理者给员工设置困难的目标时,表示管理者对该员工完成此目标的信心。此时员工会产生更高水平的自我效能,并且给自己的绩效设置更高的目标,从而使员工无论是在工作场所还是在其他场合都表现得更好。

7. 效率工资理论

效率工资指的是企业支付给员工比市场保留工资高得多的工资,促使员工努力工作的一种激励与薪酬制度。效率工资是单位效率上总劳动成本最小处的工资水平,它保证了总劳动成本最低。事实证明,效率工资已经成为企业吸引人才的利器,它可以相对提高员工努力工作、对企业忠诚的个人效用,提高员工偷懒的成本,具有激励和约束双重功效,采用效率工资制度有助于解决企业的监控困难。

罗伯特·莫顿·索洛(Robert Merton Solow)1979年提出效率工资理论,用于研究工资率水平和生产效率之间关系的激励理念[1]。效率工资理论认为员工工作的效率与员工的工资有很大的相关性,高水平工资可以有效调动员工工作积极性,从而提高企业的生产率和业绩;同时也保证了劳动成本的最高收益[2]。

统观各种激励理论,虽然流派众多,角度各异,但它们都可以归纳为心理学在管理领域的渗透和发展,各种激励理论无不都是建立在像"需要—动机—行为—满足"这样的心理模式之上的一些归纳模型和合理的经验公式。由于这些理论是以人类的一般心理特点和普遍心理规律作基础或起点的,因此原则上这些理论是普适的和通用的。

四、薪酬激励的发展趋势

薪酬制度对于企业来说是一把"双刃剑",使用得当能够吸引、留住和激励人才;而使用不当则可能给企业带来危机。建立全新的、科学的、系统的薪酬管理系统,对于企业在知识经济时代获得生存和竞争优势具有重要意义;而改革和完善薪酬制度,也是当前企业面临的一项紧迫任务。

现代薪酬激励的发展趋势提倡全面薪酬激励。与传统薪酬激励相比较,在全面薪酬制度下,薪酬除了货币形式以外还可以转换为货币的其他形式表示,薪酬不再是单一的、纯粹性的货币性报酬,它强调的是物质激励和精神激励并重,内在薪酬和外在薪酬的完美结合。物质激励主要指薪资、货币性福利;精神层面的激励包括优越的工作条件、良好的人际关系、和谐的工作氛围、培训晋升机会等。具体表现为如下的几个方面:

1. 薪酬激励的绩效化

单纯的高薪并不能起到激励作用,这是每一本薪酬设计方面的教科书和资料反复强调的观点,只有与绩效紧密结合的薪酬才能够充分调动员工的积极性。而从薪酬结构上看,绩效工资的出现丰富了薪酬的内涵,过去那种单一的、僵死的薪酬制度已经越来越少,取而代之的是与个人绩效和团队绩效紧密挂钩的灵活的薪酬体系。增加薪酬中的激励成分,常用的方法有:

其一,加大绩效工资(奖金)和福利的比例;

其二,加大涨幅工资(浮动工资)的比例;

---

[1] PATEL M. S., GRIMM R., PACCAUD F., SCHENKER L. Drgs in hospital management[J]. Journal of Management in Medicine, 1986(1): 78-86.

[2] CARTER G. M., NEWHOUSE J. P., RELLES D. A. How much change in the case mix index is drg creep[J]. Journal of Health Economics, 1990, 9(4): 411-428.

其三,灵活的弹性工时制度;

其四,把员工作为企业经营的合作者;

其五,以技能和绩效作为计酬的基础而不是工作量。

2. 薪酬结构的宽带化

宽带型薪酬结构工资的等级减少,而各种职位等级的工资之间可以交叉。宽带的薪酬结构可以说是为配合企业扁平化而量身定做的,它打破了传统薪酬结构所维护的等级制度,有利于企业引导员工将注意力从职位晋升或薪酬等级的晋升转移到个人发展和能力的提高方面,给予了绩效优秀者比较大的薪酬上升空间。

3. 薪酬激励的长期化

薪酬股权化目的是为了留住关键的人才和技术,稳定员工队伍,其方式主要有员工股票选择计划(ESOP)、股票增值权、虚拟股票计划、股票期权等。重视薪酬与团队的关系,以团队为基础开展项目,强调团队内协作的工作方式正越来越流行,与之相适应,应该针对团队设计专门的激励方案和薪酬计划,其激励效果比简单的单人激励效果好。团队奖励计划尤其适合人数较少,强调协作的企业。薪酬的细化首先是薪酬构成的细化,过去计划经济时代的那种单一的、僵死的薪酬构成已经不再适应现代企业的需要,取而代之的是多元化、多层次、灵活的新的薪酬构成。

4. 激励形式的多样化

随着员工在企业地位的提升和薪酬水平的不断提高,经济性为主导的外在激励的比重不断减小,而以非经济性报酬为主导的内在激励的比例在不断地提升,内在激励的表现形式主要有如下的几个方面:

(1) 职位消费激励

职位消费是指担任一定职位的员工在任期内为行使经营管理职能所消耗的费用。职位消费主要包括办公费(办公用品,电话费等)、交通费(小汽车、油耗等)、招待费(公款宴请、公关、联谊等)、培训费(培训、学习班、参观、考察费等)、信息费(为获得各种信息如参加订货会、信息发布会等所耗费用等)及其他消费。

职位消费的标准往往是员工表明自己身份和地位的一种象征,也是对员工成就的承认和补偿,因此也是一种重要的激励手段。为了确保职位消费对员工的有效激励,管理者可以采取以下措施:实行职位消费定额,对于超出定额的部分由员工自己承担,对于节约的部分归员工所有,同时起到激励和约束作用;将职位消费货币化,即核定员工的准许职位消费指标,将现金直接打入员工的个人账户,同时取消这些费用的公款列支,这样既可以为企业节约成本,又可使员工的货币收入提高从而激励其节约开支;将企业销售收入等代表公司经营规模的指标按一定比例确定员工的职务消费标准定额,使职务消费总量处在受控的状态。一旦经营管理不善,职位消费要相应降低,这对员工会起到制约作用。

(2) 荣誉感激励

荣誉是成就和贡献的象征,更是自身价值的体现。对员工的荣誉感激励主要包括正面表扬、嘉奖、鼓励、授予荣誉称号等。由于优秀员工受教育程度、社会关系、工作性质、价值观念等与普通员工不同,使他们更具有荣誉感(包括集体荣誉感和个人荣誉感)。因此企业在荣誉感激励设计上应注意三个原则:要有明确的奖励标准,多种奖项的设计要合理,等级分明;在表扬中要针对员工关心的方面给予表扬,特别要表扬他们通过额外努力取得的绩效;对优秀员工的表扬不仅要表扬其行动,还应侧重于职业道德和素质修养方面。

(3) 参与激励

现代人力资源管理的研究和实践经验表明,员工都有参与管理、当家做主的要求和愿望,因此创造和提供一切机会让员工参与管理是调动他们积极性的有效方法。通过参与,可以形成员工对企业的归属感、认同感和成就感,可以进一步满足其自尊和自我实现的需要。参与激励可以通过企业倾听员工的意见和建议的方式,参与的员工越多,激励的效果越明显。还可以通过轮岗参与,即让员工选择到自己喜欢的岗位上工作,既可发挥其特长,又可调动其积极性、创造性,通过进入自己不太熟悉的领域,增加压力感和挑战性。

(4) 个体成长和职业生涯激励

员工更注重个体的成长而非企业目标的需要。基于此,首先应该注重对员工的人力资本投资,健全人才培养机制,为员工提供受教育和不断提高自身技能的学习机会,使员工人力资本价值不断增值,从而具备一种终身就业的能力。其次要充分了解员工的个人需求和职业发展意愿,为其提供富有挑战性的个人发展机会,创造适合其要求的升迁道路,让员工随着企业成长而获得职位的升迁或新的事业契机。通过个体成长和职业生涯激励一方面可以带动员工职业技能的提高从而提升企业整体人力资源的水平;另一方面可使同企业目标方向一致的员工脱颖而出,为培养企业高层经营、管理或技术人员提供人才储备。只有当员工个人需要与企业需要有机统一,员工能够清楚地看到自己在企业中的发展前途时,他才有动力为企业尽心尽力地贡献自己的力量,与企业结成长期合作、荣辱与共的伙伴关系。

(5) 创新授权激励

围绕员工对工作自主性的要求,现代企业更加重视发挥员工在工作中自主和创新方面的授权。以 SMT(自我管理式团队)为代表的创新授权机制,通过一个个战略单位的自由组合,来挑选自己的成员、领导,确定其操作系统和工具,并利用信息技术来制定他们认为最好的工作方法。这种组织结构已经日益成为企业中的基本组织单位,像惠普、施乐、通用汽车等国际知名的企业均采取了这种组织方式。SMT 的基本特征是:工作团队做出大部分决策,选拔团队领导人,团队领导人是"负责人"而非"老板";信息沟通是通过人与人之间直接进行的,没有中间环节;团队将自主确定并承担相应的责任;由团队来确定并贯彻其工作计划的大部分内容。SMT 使企业内部的相互依赖性降低到了最低程度,员工既可充分发挥自身潜能和创造性,又要与团队成员相互合作,发挥知识的协同效应。由于该激励形式对员工本人知识能力与协作能力具有极大挑战性,迎合了员工的高层次需要,故能起到很好的激励作用。

(6) 弹性福利制度

弹性福利又称为"自助餐式的福利",是一种区别于传统固定式福利的新员工福利制度,即企业根据员工的薪酬标准、职级、工龄等相关条件设计不同福利限额,员工可以在限额内选择自己喜欢的福利组合。弹性福利制度让员工根据自身所需选择福利,让企业更好地了解员工的需求,一方面让员工切身体会到公司在福利方面的大力投入,感受其带来的好处,另外一方面提高了员工的满意度,增加员工忠诚度[①]。

---

① 廖英.HY公司薪酬激励问题与对策研究[D].北京:北京交通大学,2015:15.

第二节　长期激励中的股票期权

长期激励计划的最初目的是通过为高层管理人员提供积累财富的机会激励和引导他们与企业共同奋斗。随着这项计划的发展,越来越多的企业开始将这项计划运用到中层管理人员甚至普通员工的激励当中,为公司的长期发展和繁荣,激励和奖励核心人员,并使高层管理人员在决策时更注重公司的长期发展。

一、长期激励的主要模式

长期激励模式有很多种,包括股票期权、虚拟股票、股票增值权、限制性股票、储蓄－股票参与计划、股票奖励、内部人收购等,其中,有一些模式应用于公司的高层管理人员,有一些应用于公司中高层管理人员和业务、技术骨干,而还有一些则应用于企业中的全体员工。从理论上面来讲,除了管理层收购外,其他长期激励模式都可以适用于企业内部各个层面的人员,但从实践来看,应用于企业全体员工的长期激励模式主要包括股票期权、储蓄－股票参与计划、员工收购和间接持股权计划。

1. 股票期权

所谓股票期权(stock option),实际上是一种选择权,即以一定的当前成本获得未来某一时间、按某一约定价格、买进(或卖出)一定数量的股票的权利。这一权利在未来可以行使,也可以放弃,从而降低当前直接拥有股票可能造成的市场风险。权利的价值在于预定价格与实施期权时的市场价之差,即股票期权到期日的价值为:$V=\text{Max}(S-X,0)$,其中 S 为期权到期日的股票市场价格,X 为购买期权时的股票协议价格。

经理人股票期权(executive stock option)是指企业资产所有者对经营者实行的一项长期报酬制度。它授予经理人权利,使之能在今后一定时期(如五年)内可以按原授予权时的市场价格,即执行价格,购买本公司的股票。当股票期权行使期内股票价格上涨,市场价格超过授权时的执行价格时,拥有此权的经理人通过行使这一权利而取得股票,从而获得该股票市场价格与执行价格的差额;反之,如股票价格下跌,行使股票期权不能获利,持有人可暂不行使这一权利。

举例来说:假设某公司于2019年1月1日给其经营者在5年后任一时间购买本公司的10万份股票的期权,行权价格以授权时(2019年1月1日)的公司股票市面价值为准,5年后,若因经营者经营有方,企业效益增加,本企业股票市价从2019年1月1日的10元涨到30元,那么经营者就可以以100万元买到300万元的股票资产。

2. 储蓄－股票参与计划

储蓄－股票参与计划是指公司允许激励对象预先将一定比例的工资存入专门为员工开设的储蓄账户,并将此资金按照期初和期末股票市场价的较低者的一定折扣折算成一定数量的股票,在期末按照当时的股票市场价格计算此部分股票的价值,激励对象可以借此获得储蓄资金和期末市场价值之间的差价收益。一般而言,无论公司估价是否上升,该计划参与者都能获得收益,估价上升时获益更多,估价下跌时也不会有损失。

这种股权激励模式的适用范围往往不限于公司的高层管理人员,公司的正式员工都可以参加。其目的是为了吸引和留住高素质的人才并向所有的员工提供分享公司潜在收益的机会。储蓄－股票参与计划为企业吸引和留住不同层次的高素质人才并向优秀员工提供分享潜在收益创造了条件,同时也在一定程度上满足了公司高管人员和一般员工之间的利益均衡。但是储蓄－股票参与计划由于其激励范围较广,激励基金分配给每一位激励对象后其激励力度可能不够,无法达到激励员工努力工作的目的。另外,储蓄－股票参与计划有平均化和福利化的倾向,有可能无法起到预期的激励目的。

3. 员工收购

员工收购与主要面向管理层的薪酬模式中的管理层收购类似,只不过收购的主体不是管理层而是企业的全体员工。员工收购可以将员工的利益与企业的利益紧密地结合在一起,激励力度较大,但员工收购也有其缺点:一是目标收购企业的价值较难准确评估;二是收购资金的来源缺乏;三是处理不当,收购成本将激增;四是有可能形成新的内部人操纵。在我国,员工收购通常适用于国有资本退出的企业、国有民营型上市公司、国有民营非上市公司、集体性质企业、反收购时期的公司以及拟剥离业务或资产的公司。目前在我国的上市公司中,已经实施员工收购的企业有大众科创、大众交通等。

4. 间接模式

间接模式是指在企业的控股股东或控股子公司中进行长期激励安排,解决企业核心人才的长期激励问题,同时避免在本公司内实施股权激励所可能招致的一些障碍或麻烦。间接模式主要有以下三种类型:

(1) 有些公司实施股权激励的根本目的是进行产权的重新界定,如在上市公司产权难以界定的情况下,采用间接模式可以转而选择对上市公司的控股公司进行产权改革,并且控股公司作为非上市公司在产权改革中可以享受多种政策优惠(这种情况下上市公司一般是控股公司的主要资产)。

(2) 有些上市公司的净资产太大或估价太高,通过控股公司进行股权激励更有效,或者说通过控股公司进行内部控制人收购成本更低。

(3) 上市公司股东大会对实施股权激励不支持,因此经营者转而谋求在下属有良好前景的子公司中进行制度创新,但这种模式容易导致企业过多地关注实施激励制度的子公司的业绩而忽视其他。

二、股票期权概述

股票期权制度产生以后,在很长一段时间没有引起人们重视,直到20世纪70年代,股票期权制度才开始引起人们的关注,以美国为代表的发达国家开始对公司治理结构进行改革,其中内容之一就是通过广泛的持股和股票期权制度来密切管理人员与公司长期利益的关系。2005年我国证监会实施股权分置改革之后,我国才具备了实施真正意义的股权激励的条件。

1. 股票期权的特点

从股票期权的定义,可以看出它具有四个方面的特点:

(1) 股票期权是一种权利,而非义务

股票期权是公司无偿给予高层管理人员的一种权利,在可行权期内,无论公司盈亏、股票升值还是贬值,经理人与核心技术人员买与不买公司股票完全自由,公司无权干涉。而且,只要经理人认为有利可图,可以购买,那么公司就必须卖。同时,经营者可以自行决定在任何时间出售行权所得的股票。

(2) 股票期权的实现,必须支付一定费用

股票期权的权利是公司无偿"赠送"给经理人员的,即经理人员无须支付期权价就可以得到期权本身。虽然股票期权的授予是无偿的,但企业经营者要实现股票期权必须按规定支付"行权价"。这个价格一般为股票期权计划实施时,公司每股净资产价或股票的市场价。因此,"股票期权"不同于送"干股","干股"是无偿赠送的,"期权"则是用现价购买未来的预期股票增长。

(3) 股票期权是一种未来概念

股票期权在行使以前,持有人没有任何的现金收益;行使以后,其收益为约定价与行使日市场价之间的差价利润。当股票期权约定价一定时,持有人的收益与股票价格成正比,而股票价格是股票价值的体现,股票价值又是公司未来收益的体现。因此,只有企业经营者经过若干年艰苦奋斗,使企业得到发展,每股净资产提高,股票市值上涨,期权的价值才能体现出来,否则,股票期权可能一文不值。

(4) 股票期权激励的无限性

股票期权的理想状态应该符合螺旋上升式的良性循环:企业向经营者进行股票期权激励——经营者努力工作——企业经营业绩提高——股价上升——企业与经营者都受益——企业又向经营者进行股票期权激励。一次股票期权计划将要结束,另一次又会适时地开始。这样循环不断,只要经营者经营得当,他的收益就会不断增加,收益的无限性必然产生激励的无限性。

2. 股票期权的形式

(1) 激励性股票期权和非资格限制股票期权

激励性股票期权(ISO)通常授予高级经理。该类期权的最大特点是不需交纳溢价收入所得税,如果受益人到授予股票期权后两年,施权后一年时仍然持有根据股票期权计划购入的股票,日后出售这批股票所获得对施权价的溢价收入,将按较低的资本所得税税率缴税,公司不得将此溢价收入从应税收入中扣除。

非资格限制股票期权(NSO)是一种基于广泛基础的股票期权计划,它和ISO不同之处在于:ISO在符合一定的规定条件下,期权受益人可以免交因实施购买期权,价差收益所产生的资本所得税,而NSO则必须在购买股票时缴纳因价差产生的所得税。

(2) 股票升值权

股票升值权(stock appreciation rights,简称SAR)是基本股票期权的变种,它授予高层经理这样一种权利:高层经理可以获得在规定时间内规定数量的股票股价上升的收益,但他们没有这些股票的所有权。即在有利的条件下,高层经理行权时不用任何现金支付,公司也只以现金形式支付高层经理拥有的期权股份的增值部分。该权利的持有者可以获得该权利被授予时股票的市场价格与权利使用时股票价格之间的价差。SAR的持有者并没有被给

予接受股票或分红的权利,也没有被要求按照 SAR 启动时的价格,支付相应数量的钱。与 ISO,NSO 方案不同,SAR 计划不要求公司扩充资本发行实际股票,SAR 只要求公司在经理人行权时支付现金,奖励其中的差额。

(3) 虚拟股票

虚拟股票是非上市公司中比较常见的长期激励方式。虚拟股票奖励通常是对管理层直接赠送"虚拟"股份,作为激励其成为公司的雇员或继续在公司服务的手段。虚拟股票的发放不会影响公司的总股本和所有权结构,持有者无所有权、配股权和表决权,不能转让和出售,但可以享受分红权和股票价格上涨带来的价差收益。管理层通常不需要对这种股票奖励支付什么,除非有时这种奖励是以名义价格(例如票面价格)出售的形式进行。虚拟股票因不涉及公司真正股权的变更,操作时又可以具备实际股权的权益,行权和除权比较灵活,所以被许多公司所采用,尤其是华为公司的虚拟股票设计最为出名。

(4) 延期股票发行

延期股票发行计划与虚拟股票奖励非常相似,只有等到规定期限或者经营目标达到时,真正的股份才会发行。有时,这些延期发行奖励以现金代替股票,或者是现金、股票两者都有。

(5) 指数期权

指数期权的施权价不是固定的,而是根据证券市场指数行情进行调整。一般来说,行权价随着股票市场或同类上市公司的股价波动而波动。

(6) 限制性股票期权

所谓限制性股票期权就是对期权的行权条件加以限制。比如溢价股票期权(premium-priced option),即股票期权的行权价要高于授予时的市场价,也就是说,对股票期权设置一个门槛,股票期权要在股价达到一定水平的条件下才能行使。再比如业绩期权(performance option),受益人能否获得这种期权,视公司是否达到财务业绩目标而定。如杜邦公司 1997 年 1 月授予首席执行官约翰-科罗儿和另外 74 名高级经理一笔股票期权,施权价是每股 105 美元,条件是公司股价在 2002 年以前至少有 5 天达到 150 美元。

(7) 换新期权

这是由 Norwest 公司在 1988 年发明的。换新期权与常规期权的主要区别有两点:第一,常规期权由董事会定期授予,只能在规定的期限已满时兑现;而换新期权由董事会授予后,受益人可以在规定的期限内选择自己认为合适的任何时候兑现。第二,常规期权只能兑现一次;而换新期权受益人如果在原定期限未满时先行用原来持有的股票按当时市面上价格换算为"现金"实施购股权,则自动授予他与用去的原有股票同等数量的新期权,施权价为当时的股票市价,到原定期限时期满。

(8) 股份期权

股份期权是非上市公司运用股票期权的一种模式,管理人员经业绩考核和资格审查后可获得一种权利,即在将来特定时期,以目前评估的每股净资产价格购买一定数量的公司股份。届时如果每股净资产已经升值,则股份期权持有者获得潜在收益,反之以风险抵押金补入差价。购买公司股份后在正常离退休时由公司根据当时的评估价格回购。购买公司股份后如果非正常离开公司,则所持股份由公司以购买价格和现时评估价格孰低者回购。

3. 股票期权的功能

作为一种激励机制，股票期权能够协调所有者和经营者矛盾，降低代理成本，激发管理层的聪明才智和敬业精神，从而改变公司管理机制，改善公司人力资源状况，并最终推动公司业绩上升，增加股东财富。股票期权的主要功能体现在以下几个方面：

（1）协调企业所有者与经营者之间的矛盾，使两者目标趋于一致

在现代企业制度下，企业所有权和经营权相分离，所有者和经营者作为两个独立的经济主体，他们的目标往往存在着分歧。所有者希望企业资产保值增值，希望能以最少的资本投入获取最大的经济利益，从而实现企业利润最大化。而经营者由于不具有产权，不参与企业利润分配，因此，他更关心的是自己的报酬、闲暇以及如何避免不必要的风险。当两者目标不一致时，企业的决策要么是损害所有者的利益，要么是挫伤经理人员的积极性。股票期权使经理人员成为准资产所有者，公司经济效益的好坏直接关系到经营者能否行使公司股票期权，从而获得股票市场价格与执行价格之间的差额收益。因此，企业效益最大化也就成为经理人员个人效用最大化的前提，于是，所有者和经营者都是企业效益这块"大蛋糕"的享有者，从而使所有者与经营者的目标达到最大程度的一致。

（2）有利于降低委托——代理成本

企业所有权和经营权相分离，实质上形成了一种委托代理关系：所有者作为其财产的委托人，必须支付给代理人（经营者）一定的代理成本。代理成本不仅包括传统的薪酬，还包括由于经营者过失所造成的企业发展损失以及所有者监督、控制经理人的费用。前者是显性的，后者是隐性的。由于信息的不对称，经理人在经营过程中有可能损害所有者的利益，因此，代理存在着道德风险和逆向选择，并且经理人可以利用信息优势逃避监督。所以，所有者为了知道经理人是否在为实现股东收益最大化而努力工作，是否将资金用于有益的投资，他将不得不付出高昂的代价，这就增加了代理成本。实行股票期权制度，可以将经营者的薪酬与公司的业绩以及未来收益联系起来，使经理人不遗余力地寻找创造利润的空间与机会，努力避免因决策失误而造成的损失，而且经理人只有努力工作，才能从不断上涨的公司价值中分享到应有的期权收益。这样，所有者就无须再密切注意经营者的行为，这就大大减少了委托——代理成本。

（3）有利于选择、吸引和稳定优秀人才

优秀人才是一种稀缺资源，是决定企业兴衰成败的关键因素。在知识经济时代，优秀人才的地位和作用更加突出。因为发展知识经济需要不断创新，而只有高素质的优秀人才才能完成经济含义上的"创新"，推动知识的产业化。为了吸引、留住优秀人才，公司必须向经理人提供较为优厚的待遇，但是高额的工资和奖金会引起公众的注意和反感，更会受到税收等政策的控制。而股票期权则不同，一方面，它把未来的预期财富以隐蔽的期权方式转移到经理人手中，并且经理人可以享有税收优惠；另一方面，经理人在实施期权后离开了企业，也仍可以通过股权来分享企业成长的收益。同时，股票期权把经理人的所得与他们的贡献紧紧地联系在一起，使经理人有一种事业上的成就感。因此，股票期权比现金报酬对优秀人才的吸引力大。

对于绝大多数的企业家来说，数百万美元的年薪已经是相当诱人的了，而仅靠这几百万美元的年薪，他们是不可能成为财产上亿美元的亿万富翁的。但自从股票期权出现以后，经

理出身的亿万富翁越来越多,对于管理能力出众和经营业绩突出的经理人员而言,通过自身努力,成为一位拥有数十亿美元的亿万富翁已经不再是什么神话。经理人的自我价值能够借助股票期权这一工具得到最大的体现。因此,股票期权对优秀人才而言极具挑战性和诱惑力。

股票期权制度促使公司建立起比较完善的业绩评价体系,从而使得股票期权在发挥激励作用的同时也在对人才进行筛选,使不合格的人员尽早被淘汰。在这种以工作业绩决定其个人收益的评价体系中,会形成适者生存的局面,最终能留在公司的必然是有能力的管理人员,而这种管理人员恰恰是公司向前发展所需要的真正人才。

此外,为了留住人才,许多公司对股票期权附加限制条件。国外通行的做法是规定股票期权授予一年之后方可行使,并且在未来期权持续期内,按匀速或非匀速分期分批行使。这样,经理人若在期权持续期内离开公司,将丧失部分尚未行使的剩余期权,这无疑加大了经理人离职的机会成本,避免了优秀人才流失,因而成为稳定与约束公司经理人的"金手铐"。

(4) 有效地抑制经理人的短视行为

经理人的短视行为是指在有限的任期内和传统薪酬不足以反映其贡献的情况下,经理人追求个人利益最大化而损害企业长期发展的行为。传统的薪酬制是以经营者为公司创造的效益为基础逐年进行考核的,而一些有利于公司长期发展的计划,诸如:公司购并、公司重组以及长期投资等,这些投资给公司带来的影响往往是长期的,效果要在三、五年甚至上十年后才会体现在公司的财务报表上,而计划执行当年的财务指标记录仅为执行费用,常常表现为收益很少,甚至为零、为负,这就可能出现业绩考核不能真正反映经理人的努力程度,而导致报酬不公的问题。从而出于对个人收益率的考虑,高级管理人员就可能会急功近利,采取短期化的决策行为或短期化的经营行为,忽视企业可持续发展和核心竞争力的培育。

股票期权的实施要求根据公司业绩进行综合考评,这就要求考核不仅要关注企业本年度实现的财务指标,而且要关注企业将来的价值体现。而且由于股票期权的实施,经理人的传统薪酬收入可能下降,从而使经理人的短视行为带来的短期经济增长不会给他们带来实质性的收益。这就在一定程度上弱化了经理人的短视行为。另外,股票期权作为一种长期动态的激励制度,它将部分奖励延期兑现,管理人员即使卸任,也仍会继续拥有企业的股票期权,会继续享受企业发展、股价上升带来的收益。股票期权在经理人员与企业的长期利益之间建立起一种资本纽带,结成休戚与共的战略关系。

(5) 股票期权有利于提高管理层的决策水平

股票期权使管理层和企业利益相关,当一项决策不但会直接影响公司的利益,也会间接地影响自己的个人利益时,管理层在决策时就会慎重很多。如果对决策后果并无十分把握,管理层的决策过程可能很自然地趋向民主化,会接受其他员工或专家的意见。为了增大公司的利益,同时也使其个人利益最大化,管理层往往会反复斟酌、权衡以选择最佳和最实际可行的决策,这就在某种程度上有利于减少轻率的、盲目的或武断的决策,避免了错误决策给企业带来的损失。

(6) 股票期权有利于节约企业经营成本

企业通过授予经理人股票期权,可以减少传统的薪酬支出,这就能减轻公司日常支付现金的负担,节省大量营运资金,有利于公司的财务运作。而且股票期权是一个不确定的预期收入,它的价值只有在经理人经过若干年的奋斗,使公司经营业绩上升和股票市价上涨后才能真正体现出来。这种收入是在资本市场中实现的,在实施过程中,公司始终没有大规模的现金流出。并且,如果以增发新股的形式实施股票期权制度,公司的资金还会增加。

(7) 股票期权将激发经营者的才能、鼓励其勇于承担风险

传统的薪酬制度下,经理人的收入大部分是按合同固定支付的,与公司的未来业绩相关不大,经理没有承担风险的压力。股票期权将经理人的收入与企业未来市值紧密相连,它付给经理人的高额报酬只是对未来的良好预期。如果公司经营得好,经理人将从股票期权的行权中获得高收入;否则,如果公司经营失败,经理人不但一无所得,还要承受名誉损失。这就要求经理人勇于承担高收入带来的风险,加强自我约束,为自己的经营行为负责,全身心投入到企业的经营管理活动中去。

三、股票期权的设计内容

股票期权计划并不是一个简单的管理和分配方案,它隐含着对企业分配及产权制度的深层变革,是一整套的组合机制,它的成功运作不仅需要对其构成要素的仔细规划,还需要社会、文化和法律等方面外在配套机制的支持。股票期权起源于美国,它经过50多年的发展,现已在美国大多数上市公司中得到成功实践和推广。据有关资料统计,1999年美国几乎100%的高科技公司、大约90%的上市公司都有股票期权计划。股票期权计划的主要内容包括以下几个方面:

1. 股票期权的种类

美国的股票期权有两种:激励性股票期权和非法定股票期权。激励性股票期权的个人收益部分可作为资本利得纳税,同时也可以在公司所得税税基中扣除。根据美国国内税务法规定,激励性股票期权必须满足如下条件:

其一,股票期权的赠予计划必须是一个成文的计划,在该计划实施前12个月或之后12个月,必须得到股东大会的批准。

其二,股票期权计划实行10年后,自动结束;如果要继续实行,需再次得到股东大会的批准;股票期权计划的开始日期以实行日或股东大会通过日两者中较早者为准。

其三,从股票赠予日开始的10年内,股票期权有效;超过10年期后,股票期权过期,任何人不得行权。

其四,股票期权不得转让,除非通过遗嘱转让给继承人。

其五,在股票期权赠予日,如果某经理人员拥有该公司10%以上的持票权,则未经股东大会批准,不得参加股票期权计划。

非法定股票期权不受美国国内税务法的约束,公司可以自行规定方案,其受益人可以是持有公司10%以上持票权的高级管理人员,行权价格可以低于赠予日公平市场价格的50%,其所受限制较少,但个人收益必须作为普通收入缴纳个人所得税,不能从公司所得税税基中扣除。

此外,在以下两种情况下,激励性股票期权会转为非法定股票期权。第一种情况是,如果股票期权是立即可以全部行权的,赠予日股票期权指向的股票的市场价值累计超过10万美元,则超出部分的股票期权被视为非法定股票期权。第二种情况是,如果股票期权需要在

等待授予期结束后方可行权,那么当某日可行权股票期权所指向的股票期权的价值(股票期权数乘行权价)累计超过10万美元时,超出部分的股票期权同样被视为非法定股票期权。

2. 股票期权的要素分析

因为非法定股票期权可以由公司自行设计,不受税法限制,存在不同的做法,所以我们主要对激励性股票期权进行要素分析。

(1) 股票期权的受益范围

股票期权的受益对象一般是公司的高级管理人员,包括公司董事长、公司总裁及一些高层管理人员、董事、监事,再加上那些具有特殊作用的技术、科研人员等。

(2) 股票期权所需股票的来源

实行股票期权计划的公司必须储备一定数量的股票,以备期权持有者行权时使用。股票的来源主要有两种:一是公司发行新股或增资扩股时预留的一部分普通股;二是通过留存股票账户回购股票,即公司出资到证券市场上购回部分本公司已发行的股票,这些股票不再由股东持有,其性质为已发行但不流通在外。公司将其存入留存股票账户,根据股票期权的需要,在将来某时再次出售。

(3) 股票期权的赠予、授予及数量

经理人一般在受聘、升职和每年度业绩评定时获得股票期权。股票期权的数量是指经理人员行使全部期权最多可购买的股票数。一般由薪酬委员会根据经理人员的年度经营目标,参考同行或竞争对手的一般标准而加以确定。在美国公司中,影响期权数量的因素主要有以下几个方面:

其一,职位。从董事会主席、首席执行官到部门经理、部门主管、普通员工,职位越高,期权越多。

其二,业绩表现及工作重要性。薪酬委员会根据当年度各员工的业绩和表现,结合各岗位工作的重要性,通过系统的业绩评价,决定授予的期权数量。

其三,工作年限、工资和其他福利待遇。一般而言,在岗位和业绩表现相同时,在公司工作时间越长,得到的期权数量会越多。同时,若工资和其他福利待遇较好,得到的期权数量就较少,反之,则较多。

其四,当发生配股或股份分割时,期权(包括已授予的和未授予的)按同比例增加。

股票期权的数量没有下限,但有些公司为了避免对其他股东权益的侵蚀,防止内部人控制问题,规定了上限,其做法是:授出的全部期权所有可认购的股票数量不得超过该公司已发行股份的10%,并且保证以后的期权计划累计总量不突破该上限,个人参与期权计划,最多不能超过该计划所涉及的期权数量的25%,否则,必须经过公司股东大会批准。

(4) 股票期权的执行期限

股票期权的执行期限也叫期权的有效期,是指从经理人取得股票期权之日起到期权失效之日止的整个时间跨度。美国和香港皆规定股票期权执行期限不得超过10年,执行期限一般定为3~10年。期权在赠予后一般不能马上执行,从期权赠予日到最早可以行权日的这段时间叫作等待期,等待期结束后,进入行权期。期权持有人必须到此时才能行权,他可以是行权期内均速行权(比如在4年中每年行权25%的期权数量);也可以是加速行权(比如第一年行权10%,第二年20%,第三年30%,第四年40%)。具体方式根据各公司自己的规定。股票期权执行期限的设定主要是为了防止经理人的短期行为,以实现长期激励。

(5) 股票期权的行权价格

行权价格是期权计划中确定的期权持有者未来行使期权时购买股票的价格,是股票期权体系中的关键因素,关系到整个期权计划的成败。行权价格的确定一般有三种方法:一是现值有利法,即行权价低于当前股价;二是等现值法,即行权价等于当前股价;三是现值不利法,即行权价高于当前股价。

美国国内税务法规定,激励型股票期权行权价不能低于股票期权授予日公平市场价格,公平市场价格可以是股票期权赠予日最高市场价和最低市场价的平均价,也可以是股票期权赠予日前一个交易日的收盘价。税法还规定,当某高级管理人员拥有该公司10%以上的表决权资本,而股东大会又同意他参加股票期权计划时,他的行权价格必须高于或等于期权赠予日公平市场价格的110%,且其期权有效期为5年。

(6) 股票期权的行权

其一,行权原因:经理人行权一般有这几个原因:股票期权即将到期;个人认为公司股价已到最高点并且预计近期不会继续上升;急需现金;即将离职。

其二,行权时机:为了防止经理人利用自身信息优势,择机进行股票交易,损害其他投资人的利益。美国证券交易法规定,公司董事或高级管理人员,只能在"窗口"期内行权或出售该公司股票。窗口期是指从每季度收入和利润等指标公布后的第三个工作日开始直至每季度第三个月的第10天为止。其他人员可不受该限制。

其三,行权方法:股票期权的行使可以采取现金行权、无现金行权和无现金行权并出售三种方法。现金行权是指个人向公司指定的证券商支付行权费用以及相应的税金和费用,由证券商代理以执行价格购买公司股票;无现金行权是指受益人不必以现金来支付行权费用,而是由证券商出售部分股票获得收益来支付行权费用;无现金行权并出售是指行权人自己决定对部分或全部可行权的股票期权行权并立刻出售,以获取行权价与市价的差价所带来的利润。

(7) 股票期权的保护条款

股票期权计划一般还包括期权的保护条款,保护条款明确期权持有者的权利和义务,规定当期权持有者面临雇佣关系终止、退休、丧失行为能力、死亡、公司并购、资本变动、控制权变更、破产等情况时,其持有的期权所适用的条款。

(8) 股票期权的日常管理

股票期权的日常决策、管理、解释、修改和终止工作是由薪酬委员会来负责的,薪酬委员会直接归董事会领导,通常由3至4人组成,人员大多是外部、非雇员董事。这些外部董事一般无权参加公司高级管理人员及普通员工的薪酬福利计划,所以不受企业经营者的影响,立场比较中立,从而能保证股票期权计划的合理和公正。

3. 股票期权的配套机制

(1) 成熟、理性的证券市场

成熟、理性的证券市场是实施股票期权计划最重要的前提。股票期权计划的一个突出特点就是经理人薪酬市场化,当经理人的薪酬体现为股票期权时,这就意味着他的业绩要靠市场来评估。行权价格是以公司与经理人签订期权合同时证券市场上股票市价为根据的。

如果证券市场是成熟、理性的,那么这一价格能基本反映经理人接手公司时公司的经营状况;当经理人经过一段时期的苦心经营,公司业绩上涨,证券市场上的股票价格也必然会相应攀升,从而经理人可以获利,股票期权的激励机制得以体现。如果证券市场是缺乏效率的,股票价格不能够客观地反映公司的实际价值,那么行权价格的确定就缺乏科学的依据,就可能导致一些经理人没能因为努力工作而获益,同时一些没有付出艰苦努力、甚至玩忽职守的经理人却得到较高的市场回报,从而使股票期权的激励作用无从谈起。

(2) 规范、公正的经理人才市场

规范、公正的经理人才市场是实施股票期权计划的基本条件。如果没有规范、公正的经理人才市场,企业经营者仍实行任命委派制,那么经营者在决策时追求的就不一定是股东收益和公司价值的最大化,股票期权的激励作用就达不到。经理人市场存在的目的在于将企业管理者的职位交给有能力的职业经理人。选拔的依据是职业经理人在长期工作中表现出的敬业精神和良好的业绩。一个有效的经理人市场能够客观地评价经理人的人力资本价值,有良好职业道德和经营才能的经理与不胜任的经理之间将有不同的市场价格体现,前者将很快晋升并获得高薪,而后者将最终遭到市场淘汰。因此,经理人才市场的存在会激发经理人的竞争意识,一定程度上会促使经理人顾及自身利益而努力工作。

(3) 完善的税法法规和科学的考评体系

股票期权的成功运作离不开政府在法规上给予的扶持。以美国为例,其税法和会计法则规定,在满足一定条件时,对经理人因股票期权发生的个人所得税和资本增值税可以推迟至出售股票时再交纳,其中个人所得税甚至可以免缴;公司因低价售予员工股票而产生的损失,则可计入成本免税。

客观、公正的考评体系是顺利实施股票期权计划的保证。在股票市场不是强效市场的情况下,股价不能真实地反映公司的业绩。此时,如果不在企业内部建立一套有效的绩效评价体系对行权条件进行限定和调整,将导致股票期权无法有效地发挥激励作用,同时也会使股东权益受损。

4. 股票期权适用行业分析

股票期权并非适用于每一个企业。一般来说,实行股票期权的企业必须具备以下三个条件:

其一,企业处于竞争性行业。否则,经营者无须通过自己努力,只要提高价格或减少供给量就可以轻易地长期保持高额垄断利润。只有处于竞争性的行业才有必要实行期权制。因为经营者面临的市场环境充满竞争,企业只有求新求变方可生存发展。实行期权制有助于激励经营者锐意进取、勇于创新,使公司能够在市场竞争中长期处于有利地位。

其二,企业的成长性较好,具有发展潜力。企业有较好的成长性,意味着企业发展还存在尚未开发或者尚未饱和的市场,企业有充足的物质资本和人力资源应对扩大后的业务,因此,只要所有者有效地激励经营者不断地付出努力,企业就可能向上发展。

其三,产权清晰、权责明确的现代企业。企业建立起规范完善的现代企业制度,健全法人治理结构,使董事会和经理层(经营者)形成委托代理关系是实行股票期权的前提条件。产权不清晰,股权就无法确定。而且,如果政府对企业经营进行过多的不必要,不应该的干预,也会使股票期权计划失效。

所以,股票期权一般适用于成长性较好、具有发展潜力的竞争性的现代企业,如从事生物医药、电子、通讯、网络和软件等高科技行业的股份制现代企业。

第三节　群体激励中的团队薪酬

现代生产和科学成果越来越依赖于群体的配合和群体的智慧。与之相适应,组织内的管理方式也正发生着根本性的变革。当人们的工作要求使得大家需要更多的协作、合作,需要一个团队来完成工作时,对群体的激励就成为日益关注的问题。

一、群体激励概述[①]

群体激励计划就是用于对员工的集体绩效而不是员工的个人绩效进行奖励的方式,它的激励对象是群体。这种群体可以是一个团队、一个部门、一个公司的分部,甚至扩大到整个公司。总之,它所关注的是群体的整体绩效,目的在于通过这样的激励使人们实现其群体激励目标。

1. 群体激励的意义

在实践中,我们不可忽视群体本身对其成员具有多方面的功能,它可以满足其成员在安全感、友谊、自我确认、自尊、自信等多方面的需要,因此,有必要制定面向群体的激励措施。

(1) 群体激励可以有效促进群体的和谐和创造性

当需要解决负责的问题时,能从群体的共同努力中荟萃出高于个人智力的群体智力,特别是当信息分散于个人和组织成员时,群体相互激发创造力的作用就特别明显。而且在需要协调一致行动时,群体成员的相互协作能创造出一种运作上的默契。

(2) 群体激励可以有效释放员工的潜能

以群体为单元进行激励,有利于消除官僚主义体制对人性发展的制约,从而释放员工的潜能。利用群体的力量,可以给群体中工作绩效低的员工,抵制变革的员工施加压力,促使他们服从群体的目标和工作的要求。

2. 群体激励计划的特征分析

群体激励与个体激励不同,具体表现为如下三个方面的特征:

(1) 绩效指标

群体绩效的产出是集体协作的结果,个人对集体绩效的贡献较难衡量;指标一般具有较广的覆盖面。而个体激励存在易于控制的个人绩效指标,工作的完成与他人的绩效关系不是很大。

(2) 绩效标准

个体绩效考评在衡量的过程中,绩效指标一般与岗位密切相关,所以比较稳定、明确,一般不经常发生变化。但群体激励计划的绩效标准会随着群体的发展阶段、群体的目标和群体人员的变动等因素的变化而变化。

[①] 米尔科维奇,纽曼. 薪酬管理:第6版[M],董克用,译.北京:中国人民大学出版社.2002.

(3) 激励导向

个体激励计划关注激发出个人的专长和个人的突出效率,同时保持公平。群体激励计划关注群体目标和绩效,个人贡献指向群体成果,可能在操作的过程中由于缺乏个人绩效的衡量而导致激励的平均化。

3. 群体激励计划的主要形式

(1) 班组奖励计划

这是群体奖励计划中最简单的一种形式。它与个人奖励计划的不同是只有班组实现目标后,每个人才能获得奖励,如果仅仅是个人目标实现而班组的计划没有完成,那也是无法获得奖励的。

此种奖励在奖金发放的过程中一般有三种形式:一是组员的平均分配,这种形式一定程度上加强了个人之间的合作,但另一方面也有可能因为缺乏奖励层次而形成"大锅饭";二是组员根据其对班组绩效的贡献大小得到不同的奖金,这种方法对个人的绩效评价提出了很高的要求,否则会引起内部分配的不均衡从而失去激励的效用;三是根据每个组员的基本工资占班组所有成员基本工资总额的比例确定其奖金的比例,这种方式相对比较容易计量和实施。

(2) 收益分享计划

收益分享计划是通过提供给员工参与企业收益分享的权力来进行群体员工激励的一类分配方式的总称,又叫生产率奖励,这是一种企业和员工共同分享生产率收益的手段。它不同于利润分享计划将标志组织绩效水平的利润作为分享对象,而是鼓励员工努力达到组织的生产率目标,包括提高既定时间的产量或是减少单位产品的生产时间,或节约完成全部工作的总体时间等。一般而言,收益分享计划是按成本节省或者员工参与提出具有建设性建议而带来的收益在企业和员工之间分配的方案。这种方案通常表现为以下几种形式,而且每种都有其自身的特点和适用性:

其一,斯坎伦计划。斯坎伦计划最早是在 1937 年首次提出的,该计划最核心的特点在于强调员工的参与及合作,它通过收益的分享与分配机制来推广员工间相互合作的管理哲学;同时推崇通过积极参与使个人目标与企业目标达成一致,激励员工通过实现个人目标而实现群体目标;最终与员工分享他们的由于节省成本而带来的收益。

其二,拉克计划。拉克计划是在 1993 年提出的,其基本原理类似于斯坎伦计划,都强调鼓励员工的合作与参与,只是在计算奖金支付基准时采用了更为复杂的公式。与斯坎伦计划相比,此计划只关注人工成本的节省;另外,拉克比例越大说明公司的绩效水平越好;相反,斯坎伦比例越小说明人工成本越得到了节约,对公司越有利。此外,两者都需要通过一些专门的委员会来实施这样的奖励计划。这些委员会在组织这些奖金计划实施的同时也负责培养和营造这些计划背后所提倡的合作和参与氛围。

其三,提高分享计划。该计划是在 1973 年提出的。该计划是根据劳动的时间来衡量生产力水平。这种计划的目的是要激励员工用尽可能少的时间生产出尽可能多的产品,因此它更适用于激励生产性的员工团队。它的支付周期较之以上计划要短些,一般按周支付。

(3) 利润分享计划

利润分享计划是当公司达到利润目标时,将一部分利润作为奖金分配给员工。利润分享计划一般是针对公司的全体员工,所以也可以作为企业激励计划的一种类型。

目前的利润分享计划有两种形式:一种是现金现付制,即每隔一段时间将一定比例的利润作为奖金发放给员工,其性质与一般所谓的现金分红类似;另一种是延期支付制,就是把奖励给员工的现金先存在某一账户中,等员工退休之后再支付给他们。

(4) 风险分享计划

此激励计划是从共同风险的角度来激励员工。分享成功的计划一般都是在保持员工基本工资收入的基础上,当公司业绩增长、效率提升时再给予加薪作为激励。而风险分享计划则是通过基本工资进行变化安排,向员工传递这样一种信息:当公司业绩不好时,员工不能拿到全额的工资,一般拿到80%;但通过大家的努力,公司业绩好起来的时候,员工则可能拿到原来工资的140%。这样,风险分享计划实质上是将公司的风险部分地转移到员工身上,它能够在一定程度上促使员工具有企业合伙人的性质,不仅共享成功也要共担风险,强调了相互的合作、交流和参与。

二、团队薪酬管理

团队薪酬是根据团队整体绩效给予金钱奖励,并将这些奖励在团队成员间进行分配。它不仅包含了奖励在团队之间的分配,还涉及奖励在团队成员之间的分配规则。一般而言,存在两种分配方式,一种是团队奖励在成员之间平均分配,被称为平等型(Equality);另一种是根据团队成员的绩效进行差异化分配,被称为公正型(Equity)[①]。

以团队为单位一起工作的成员应该得到集体协作的薪酬,支付团队成员的薪酬时需要考虑到整个团队的工作结果。因为如果仅仅根据个人绩效来支付团队成员的薪酬,那么这些成员就会把自己视为碰巧在某个团队里工作的独立的个人,而不会把自己的行为与整个的团队相联系。而如果将团队成员的薪酬与整个团队的协作结果联系起来的话,那么成员们就会更紧密的团结和配合来完成团队目标。

团队薪酬方案制定得合理,毫无疑问会有力地推动公司团队文化的发展。但团队薪酬方案的制定非常复杂。一方面,团队类型多种多样,不同的团队对成员的才能和素质要求不同;另一方面,同一个团队中的成员的情况也不完全相同,有些成员的贡献较大,而有些成员的贡献则相对较小,而对不同贡献的成员支付相同的薪酬显然并不公平。

1. 团队的类型

我们首先定义一下"团队"的概念。很多年前,由 John. R. Katzenbach 和道格拉斯·X.史密斯所给的团队定义,现在仍然得到管理界的广泛接受:"团队是一些具有互补性技能、致力于共同目的或某些业绩目标,并且互相负有责任联系的人"。根据这个定义,团队大致分成三种类型:平行团队、流程团队(过程团队)及项目团队,每种团队都具备独有的一些特点及所适用的薪酬方案结构[②]。

(1) 平行团队

平行团队一般是为解决一些特定问题而组建的,这种团队既可以是暂时性的,解决问题

---

① 刘颖,张正堂,段光.团队薪酬激励效应的影响因素、作用机制与研究框架[J].管理评论,2015(12):151-163.
② 刘园,李志群.公司薪酬制度概论[M].北京:中国财政经济出版社,2001:98-99.

后即告解散,也可以是长期性的。无论暂时性还是长期性平行团队,其特点都是"兼职性":团队成员只是利用部分时间从事团队工作,他们在公司里从事其他工作,且投入的时间和精力要远远超过团队工作。调查结果表明平行团队是最常见的一种团队类型,大多数公司都采用了这种团队类型。企业中组建平行团队的原因很多:工厂可能会组建一个监督安全问题的平行团队;公司可能会组建一个平行团队审查薪酬方案结构的合理性等等。

(2) 流程团队

流程团队具有"全职性、长期性"的特点,是公司集体配合的主力军。通过其成员的共同合作来执行某项工作或某项工作流程。这种团队中的大部分成员都接受过类似的培训和教育,而且从事的工作也都差不多,并拥有比其他两种团队更一致的目标。比如,他们的工作只是尽可能地提高生产效率或客户的满意程度,而且,他们是按照团队的整体业绩接受公司评价的。例如,企业中的流程团队如各制造厂中的流水工作组或保险公司中负责处理各种保单或索赔事宜的团队等。

(3) 项目团队

项目团队则与平行团队相反,要求团队成员在项目期间内进行"全职的"工作。与流程团队不同的是,项目团队通常由公司内各种不同的职能和级别的人员组成,他们的能力、接受的教育以及专长等都有所不同。所谓项目一般是指开发一种新产品或服务,或者对现有产品或服务进行更新等。在企业中,项目团队的例子更是比比皆是,一种典型的项目是新产品或新服务的开发,或者对现有产品或服务进行重新设计。需要强调的是开发速度,因为产品或服务投放市场所耗的时间是最关键的因素。近年来,随着电子信息技术和互联网技术的发展和普及,正在被广泛采用的一种新型的工作方式,虚拟团队(Virtual Team)就是一种比较特殊的项目团队。

基于不同目的,公司可以使用各种类型的团队,并且可以让雇员同时服务于多个不同类型的团队。另外,在团队的各种类型之间也存在很多相互交叉的复合类型。

2. 团队薪酬方案中的要素形式与组合方式

在团队薪酬方案中,主要存在着以下几种要素形式:基本工资、加薪、认可奖励及激励性薪酬等[①]。不同类型的团队的薪酬要素组合方式也是不同的。

(1) 团队薪酬的构成

a. 基本工资。由于平行团队中的成员属于兼职性质,所以其基本工资主要基于成员的个人工作,而非团队工作。但是对于流程团队成员来说,情况则有所不同。公司一般比较愿意采用宽带薪酬体系来支付流程团队成员的基本工资,该体系通过把不同的工资水平统一到一系列的宽带中来简化基本工资结构。由于流程团队中的成员一般都有相似的背景和能力,并且通过分工合作来完成一项工作,所以采用宽带薪酬体系的意义是很明显的:该体系将团队成员置于同一个工资带中,形成一种很强的公平感。由于该体系可能会使差距最小化,所以该体系也适用于项目团队。例如,把来自营销部和产品设计部的成员纳入相同的工资带中。虽然至今尚没有公式来确定一个团队应设定多少个工资带,然而,实践证明,工资带的数量越少越好。在确定工资带时,应采用"显著差别法",即如果两种工作的差别不能为

---

① 刘园,李志群.公司薪酬制度概论[M].北京:中国财政经济出版社,2001:262.

多数人所察觉,那么就应把着两种工作纳入一个工资带中。但是,在每个工资带内可以分几个"工资区",并按照个人资历、技能水平、学识和对团队的贡献等标准来确定各"工资区"内的工资标准。根据该"工资区"标准可能会使一个刚加入团队不久的新人位于一个较高水平的"区间"内,而原来的老资格成员却仍然位于一个较低水平的"区间"内。

一旦公司采用了宽带薪酬体系,那么它就需要确定每个工资带内的工资参数。基本工资通常通过两种标准确定:市场定价和职位评价或工作比较。如果有与本公司人员组织结构相似的可比公司的话,那么市场定价相对来讲要直接些。但如果整个行业或市场上只有一家采用流程团队的公司,则需要对市场上与本流程团队成员相似工作的工资支付情况进行估算并相应确定本团队的工资标准。传统的"工作比较法"适合于传统的公司职能模型。

使用"工作比较法"时通常采用三种要素来评价工作:技能、解决问题的能力及责任感。技能是指完成特定工作所需要的各种能力的综合,如技术、管理、社交等。解决问题的能力比技能要更进一步,指自觉使用所具备的技能来解决工作中碰到的实际问题的能力。这两个要素不仅衡量从书本中学到的知识,还衡量实际能力情况,通过这些实际能力可以测量个人将来的绩效水平。第三个要素责任感则衡量工作人员能够在多大程度上对自己的行为或结果负责。

这三个要素在应用到不同类型团队中时还要进行相应的修订。在流程团队情况下,每个团队成员都有一个职责,此时的"技能"要素就应为"流程能力",即所有能够支持团队工作的知识和能力。对于项目团队来说,工作比较的内容主要是对每个成员的工作对整个团队结果的影响程度的大小进行比较。调查表明能够推进团队工作的那些能力与能够确保个人高水平绩效的那些能力是有非常大的差别的。团队工作中(无论平行团队、流程团队还是项目团队)比较看重的能力有:合作、人际关系、口头沟通、团队意识及责任心等。对于平行团队来说,分析性思维很重要;对于流程团队来说,更重要的是可持续性的提高;对于项目团队来说,则团队意识应是最重要的。在确定团队成员的基本工资标准时需要把这些能力都考虑在内。

b. 加薪。团队成员的加薪也与团队类型有关。对于平行团队,关键要考虑团队成员在团队工作中投入的时间和精力。公司可以同时基于平行团队成员的团队绩效及他们独立于团队之外的常规工作的绩效确定加薪情况。有的公司并不愿意给平行团队成员加薪,它们认为平行团队只是一种兼职性团队,对兼职后行使平行团队职责的人员进行永久性的加薪成本太高。

流程团队的加薪方法有很多。有些流程团队希望鼓励成员不断提高其个人素质和能力,所以当团队成员增添了有利于团队工作的新技能或能力时,就可以获得相应的加薪。还有的公司采用同事评价或360度全面评价的方法确定流程团队成员对整个团队绩效的贡献的大小,然后确定给各成员的加薪。

因为项目团队成员之间的基本工资通常差距很大,而且各成员对整个团队的工作贡献也有很大的不同,所以个人加薪可能会起很大的作用。绩效好的成员获得的加薪额可能会两倍于绩效水平一般的成员。

c. 认可奖励。由于团队中员工的价值和贡献已经融入整个团队,所以更需要得到一定的认可奖励。认可的方式有两种:非货币性的和少量货币性的。非货币性的认可奖励比较常用，这些奖励通常具有名义价值，例如，印制有公司标志的棒球帽、T恤衫、奖杯等都是典型的非货币性奖励。货币性认可奖励的价值一般也不是很大。许多公司将货币性认可奖励授予那些实现了可衡量财务绩效的员工。货币性认可奖励与非货币性认可奖励的内在区别在于非货币性认可奖励用来认可优良的工作表现，而货币性认可奖励则用来认可优良的工作结果（绩效）。

团队类型的不同决定了认可奖励方式的不同。对于平行团队，在现实中更多的公司采用了非货币性认可奖励形式，且奖励额度较少。主要原因之一是平行团队的成员都是兼职性的，公司更鼓励这些成员取得个人成功。流程团队与项目团队都能接受对非货币性认可奖励和货币性认可奖励。但流程团队更可能接受激励性薪酬作为对优秀绩效的奖励。

对于是否应一视同仁地认可团队中的所有成员，在团队成员与公司管理者之间存在着不同意见。前者可能比较希望得到相同的认可，而后者却更倾向于对不同的成员给予不同的认可。具体采取何种意见，则取决于团队的类型和状况。由于平行团队和项目团队的成员都来自公司的不同部门和不同级别，对团队的贡献各不相同，所以更应当采用不同水平的认可奖励。但流程团队的情形则有所不同，这种团队的成员一般都拥有相似的背景，并且对团队的贡献大体相同，如果公司给予这种团队中某一两个成员特殊奖励的话，就会使其他成员产生不公平的感觉。但如果的确有一两个成员对团队的贡献较大，则一视同仁又会让他们感觉受到了轻视。为了解决这个矛盾，可以用非货币性认可奖励的办法。例如，以大型宴会形式或其他庆祝方式进行奖励，这样做还有助于增进团队成员之间的团结。

d. 激励性薪酬。如果团队激励计划设计得合理，将有助于形成员工的团队意识，加强团队成员的责任感和相互依存性，对于流程团队来说更是如此。但并不是所有类型的团队都同样适用激励性薪酬。

为了使激励性薪酬能真正发挥激励的作用，这种薪酬的金额必须足够大。但在是否每个团队成员都应得到相同金额的激励性薪酬这一问题上，各公司有着不同的做法：有的公司对所有的团队成员支付相同金额的激励性薪酬，有的公司对各成员基本工资的相同的百分比支付激励性薪酬，还有的公司基于对成员贡献的评价支付激励性薪酬。以上几种方法各有利弊，其具体选择要视团队类型而定。

对于流程团队来说，尽管各团队成员的任务可能会略有不同，但还是应使各成员的薪酬差距最小化，所以对所有流程团队成员支付相同金额的激励性薪酬的方案应是最佳选择。但对于项目团队而言，团队成员之间的基本工资通常有些差距，从而反映出他们不同的技能、能力和对团队的贡献。如果对项目团队的成员支付相同金额的激励性薪酬，可能会模糊基本工资所体现出的这些差别，并妨碍整个薪酬方案的有效性。而如果按照基本工资的相同比例来支付项目团队成员的激励性薪酬则可以解决这个矛盾。另一种方法就是按照成员个人的贡献给予他们激励性薪酬。但无论如何，激励性薪酬对于平行团队来说可能不是一个明智的选择，因为一旦对平行团队采用激励性薪酬，团队成员往往就会花费太多的时间在团队工作上，反而耽误了自己更重要的常规工作。此外，对平行团队成员支付激励性薪酬可能会使有些员工产生强烈的不公平感。

(2) 团队薪酬方案的组合方式

不同类型团队的薪酬方案可能具备自己独有的特点。

在设计平行团队的薪酬方案的结构时,公司管理者需要确保成员会将小部分时间和精力投入到团队工作中,而将大部分时间和精力投入到自己的常规、全职工作中。如果公司支付的团队薪酬过高,则很容易使团队成员忽视自己的全职工作,而过分的关注团队工作。因此,平行团队通常不使用激励性薪酬形式,而认可奖励尤其是非货币性认可奖励比较适用于平行团队。

流程团队的薪酬方案结构既简单又复杂。基本工资与加薪应是流程团队薪酬方案结构的关键,对能力和技能的支付是基础。团队中的每个成员通常应该能够胜任其他成员所做的工作。为鼓励团队成员接受交叉培训,可以采用基于个人技能的加薪计划。流程团队的成员必须有同样的发展和接受奖励的机会。对于流程团队成员来说,激励效果最大的是在事前清楚的确定对绩效的奖励。因此,预先确定的激励性薪酬是薪酬方案结构中的一个重要环节。但公司管理者还需要考虑流程团队成员固定薪酬和可变薪酬的平衡问题。

基本工资和加薪在项目团队的薪酬结构中属于传统组成部分。项目团队薪酬结构中的可变性来自少量货币性奖励和基于团队绩效的激励性薪酬。少量的货币性奖励被广泛地用于事后奖励绩效。但事前的激励性薪酬在项目团队薪酬方案结构中的地位并不像在流程团队薪酬方案结构中那样重要,因为在项目团队薪酬方案结构中采用激励性薪酬有几个弊端:其一,项目团队的工作通常比流程团队的工作更难量化;其二,一些事件的发生,如竞争策略的改变、创新、新技术的引进等都可能会导致预先设定的目标作废;其三,如果项目是半途而废的,就会使方案更复杂。

三、虚拟团队的薪酬设计

21世纪企业成功的一个重要因素就是高效率地使用虚拟团队,虚拟团队既是全球化的竞争和飞速发展的信息技术的产物,也是企业面对竞争压力、提高效率、增强企业柔性和整合多种人力资源进行企业扁平化的选择。

1. 虚拟团队的含义

虚拟团队是一种通过信息技术进行沟通与合作,其成员超越时空、组织与职能边界,拥有共同的目标且彼此高度相互依赖地开展工作的团队。作为一种新型的组织形态,各国管理学者和实业家已经开始对虚拟团队表示了浓厚的研究兴趣,认为在未来的组织形态中,虚拟团队将占据非常关键和重要的地位。虚拟团队是一种基于团队的工作系统,其团队化的结构能够为企业建立一种提高生产率、富有创造力、实现企业目标并能够充分施展个人空间的生存与发展生态。在企业的战略形成、客户价值创造、整合优质资源等方面虚拟团队均表现出了潜在卓越的创新价值。

虚拟团队由于能够利用现代网络通信技术,使跨越时空和组织便捷的工作成为可能,因而受到理论界和实践者越来越多的关注,其优势在于动态敏捷性、人才和信息优势以及成本优势等。这些优势有助于组织对市场变化和客户需求做出快速反应,能够跨越时空限制快速聚集大量优秀人才,跨区域共享知识和信息,并且利用信息技术及组织柔性来提高效率、降低成本。世界上不少知名企业都在利用这种新型工作方式来提升企业的竞争力。

虚拟团队效应的产生离不开成员积极性和创造性的发挥,没有恰当的薪酬机制,就无法将个人工作转化为团队协作,薪酬和激励机制是推动团队目标实现的强有力的工具。而在传统人力资源管理理论与企业实践中,薪酬设计的主要出发点是确保薪酬体系为企业经营战略和持续发展服务,既要考虑薪酬的内部公平性,也要考虑外部公平性,考核指标选取上也日益重视长期和短期、结果和过程之间的平衡,设计过程通常包括组织结构和职位体系分析、职务评价、薪酬调查、确定薪酬水平和薪酬结构等一系列科学、严谨的步骤。这种方式似乎更加适用于传统行业的组织结构,而对于虚拟团队或者松散型组织却不能很好适应。虚拟团队的薪酬管理势必要结合它的组织特点,设计合理有效的制度。

2. 虚拟团队的特点

虚拟团队相对于传统团队而言有其独特性,这是设计虚拟团队薪酬制度的出发点。一般地说,虚拟团队的特征有:成员多元化、任务短期性、结构松散性。因此在设计虚拟团队的激励机制时,必须对虚拟团队的这些特征加以考虑,与此同时,薪酬设计的难点也相应地体现在这些特征之中。

(1) 成员多元化

虚拟团队的成员来自不同组织或部门,成员各自拥有迥异的理念和价值观;虚拟团队是由专业知识和技能互补的成员组成的,因此工作性质和内容也各不相同。虚拟团队成员的多元化给虚拟团队的薪酬设计带来了一个重大问题,就是在绩效考评时,该由谁来考评?如果由团队成员自评,则会由于工作性质不同而导致评价的结果缺乏可比性,难以确定绩效高低的差别;如果由团队的成员自评和互评相结合,则会由于彼此互不了解而难以评价;如果由原组织或部门的领导来考评,虽然领导对各自下属的信息比较了解,但由于对团队工作目标的不理解,也难免会偏袒各自的下属而失于公正。

(2) 任务短期性

虚拟团队是临时性的、任务导向的,成立虚拟团队的目的就是为了解决某项工作任务,当任务完成后,虚拟团队解散。而往往项目的进度安排要求以最短的时间完成整个项目的开发任务,这实际上也就要求项目组组建后,项目组成员彼此能够较快地建立信任、友好合作的团队氛围,从而能够迅速地启动整个团队,以最高的效率完成项目任务。由于虚拟团队这种短期性的特点,所以虚拟团队的激励是一种即时激励,它只要求团队成员一开始就关注结果,并在短期内付出努力以达到目标,它注重的是短期效应而不是长期效应,而且团队任务的工作弹性大,变化快,不容易形成固定的作业模式。这与传统的激励方法的要求大相径庭。

(3) 结构松散性

虚拟团队成员大都来自不同的单位,彼此都还不太熟悉,整个团队的凝聚力、归属感都不强,缺乏信任、友好的团队气氛。这种松散性给虚拟团队的交流和沟通带来了一定的难度,常常导致信息传递的失真,这就使得虚拟团队难以实现有效的控制,即使团队成员虚报业绩和相关信息也难以察觉,从而虚拟团队激励机制中的约束风险较大。而且,由于缺乏有效的交流和沟通、信息失真和缺乏信任等问题,使得虚拟团队中绩效评价的信息搜索成本大大提高,造成激励和薪酬设计的难度加大,从而激励机制的效益降低、激励效果下降。

3. 虚拟团队薪酬设计的影响因素

（1）虚拟团队的管理成本

对于虚拟团队的薪酬设计，目前许多企业采取的是"旧体制＋新补贴"的简单策略，即薪酬的主体框架还是团队成员原来所在组织的体系，再由虚拟团队根据团队绩效补贴一部分绩效奖金。具有历史延续性和简单易行是采用这种策略的主要原因。但是管理层和虚拟团队成员对这种薪酬策略效能的认知有很大的差异。管理层从降低管理成本的角度，认为虚拟团队主体框架沿用原有组织体系有利于"一劳永逸"地解决虚拟团队松散性、柔性所带来的薪酬问题——无论虚拟团队如何变化，都可以用一套现有的薪酬体系来应对，顶多加上一些所谓的"团队绩效奖金"做些修饰而已。而虚拟团队的成员普遍对这种做法表示不满，认为薪酬体系与虚拟团队的工作方式不相适应，与目前所承担的工作任务脱节，严重影响了团队成员的工作积极性。

还有部分虚拟团队倾向采用预先协商式的薪酬制度，在虚拟团队组建之前就通过讨价还价的途径确定团队成员的薪酬及激励方式，或者干脆就通过类似于招标的方式来招募虚拟团队成员，薪酬方式也趁机"一揽子解决"。管理层认为，这种薪酬策略与虚拟团队强调自我管理的特性相适应，并且能在一定意义上回避虚拟团队信息不对称对薪酬设计所带来的难题。然而，预先协商式的薪酬策略有个假设前提——虚拟团队的任务能够被清晰地分解到个人，个人任务的实现基本上不需要成员之间的相互协作，并且管理层能够掌握足够多的信息确保团队成员胜任这些任务。虚拟团队的一大优势就是通过虚拟网络技术实现不同区域团队成员之间的知识经验的共享，因此能够满足以上基本假设的虚拟团队数量少之又少，这种薪酬策略的适用性也是非常有限的。

可以看出，目前虚拟团队薪酬设计中比较多的是站在管理层的角度考虑如何降低管理成本，强调虚拟团队所具有的组织松散性和信息不对称对薪酬设计的挑战，期望用一种简单的薪酬体系或策略来解决问题，而对如何促进虚拟团队信息资源共享、调动虚拟环境下的团队积极性方面考虑的还不多。

（2）虚拟团队的知识性[①]

与虚拟团队薪酬设计密切关联的人员特征因素主要是虚拟团队知识性特征，包括成员知识水平、专长的分布广度等。

专家型虚拟团队可以采用基于知识或者基于胜任力的薪酬体系。基于知识技能的薪酬体系强调团队成员的报酬由个人所掌握的知识的种类和多少所决定。那么虚拟团队在招募成员以及团队工作过程中就非常注重对这些信息的掌握和跟踪，在虚拟团队组建之前会要求成员所在的组织提供真实可靠的相关信息并进行动态管理。

然而，团队知识的分布广度却会对这种基于知识能力的薪酬体系提出挑战。专长的分布广度越广，不同知识技能之间的差异性越大，越难以用一套统一的标准来评价。另外，虚拟团队成员可能来自不同的地区，由于信息不对称等原因，要对知识技能进行科学评价和鉴定需要付出很高的成本。有学者认为，虚拟团队的薪酬体系的设置应该是以胜任能力为导向。胜任能力是成功完成一项任务所需要知识和技术的综合应用能力，胜任特征能够将完

---

① 李劲松.虚拟团队薪酬设计思考：基于团队知识性与依存性的视角[J].经济管理，2005(4)：80-84.

成某项任务过程的优秀者与表现平平者区分开来。相对于传统的基于知识或技能的薪酬体系而言,基于胜任能力的薪酬体系可以更好地适应虚拟团队的管理需要,将成为知识性虚拟团队薪酬体系设计的趋势。不过在实际操作中,基于胜任能力的薪酬体系也还是存在胜任力评价的尺度和不同岗位或角色的胜任特征之间的可比性问题。

(3) 虚拟团队的任务依存性

依存性是团队相互作用的变量之一,对团队管理包括薪酬设计有很大的影响。一旦个体的工作结果受到他人行为的影响时,相互依存就产生了。任务依存性产生于团队内部成员关系的结构特征,当团队成员共享材料信息和建议以实现预期成果或成绩时就产生了任务依存性。但是越来越多的研究表明,任务依存性给了团队成员采取某些方式阻碍别人成功的机会和能力,并且任务依存性的提高,监督成员对最终成果的贡献度也变得更困难,责任分摊的可能性也更大了。因此,如何通过合理的薪酬和激励机制,把任务依存性转化为个人利益的依存性也是虚拟团队管理的一大挑战。

任务依存性越高,越难以用直接量化的指标来设置和考核个人的业绩,因此应该采用基于过程的薪酬激励体系去规范和约束团队成员的行为。为了促使团队成员共享知识和信息,减少道德风险,采用偏向于具有"平均主义"色彩的薪酬模式是有必要的。同时,也要通过对过程的考核,促进团队成员的投入和相互帮助。考核的方式可以采用团队成员之间相互评估的360度绩效反馈体系,以此评估成员在实现团队成员之间的协作与资源共享。不过总体来说个体奖金在整个薪酬中所占的比例不应该太大。另外,还要注重深入研究虚拟团队成员的需要,通过建立良好的团队环境、提供挑战性的工作、给予丰厚的回报、组织跨地域学习交流等途径作为补充手段。

对于任务依存度较低的虚拟团队,可以采用基于产出的薪酬设计框架,根据事先确定的结果标准,利用合约的方式进行管理,而考虑的重点在于消除信息不对称的消极影响以及以最小的成本建立有效的激励。为了获得更多的奖励,人们也可能会有意虚报自己的产出水平。自行申报挂钩奖励制度有助于通过准确设置目标达到有效激励团队成员的目的。这种制度的设计思路是通过设置某种奖励制度,使得自行申报的目标越准确并且实际完成业绩越高,所得奖励就越高,迫使成员如实反映自己的成本、能力等情况,提出最有可能达到的目标,避免因信息不对称而产生的不说真话的现象。另外,方案也存在抑止团队成员付出最大努力的先天性缺陷,因为一旦超过了自己申报的目标定额,结果却是吃力不讨好——个人薪酬收入反而减少了。

在虚拟团队薪酬设计过程中,管理层必须摒弃简单化、过多考虑管理和监控"便利性"的管理思维,更多地从团队的角度综合考虑。虚拟团队薪酬设计是一个复杂体系,还必须与虚拟团队人员招募、绩效考核等环节有机联系在一起,相互促进。网络社会是一个多元化社会,团队成员的激励诱因也是多方面的,不仅要注重薪酬结果上的公平性,也要注重薪酬管理过程公平性的问题,确保团队中每个成员的知识、能力和人格都得到充分的尊重和认可。单纯的报酬并不一定能得到员工的忠诚和对自我实现的渴求。虚拟团队只有建立公平的多元报酬体系,并密切结合非财务报酬手段,量体裁衣,才能起到虚拟团队应有的作用。

本章小结

在今天,薪酬激励成为现代人力资源管理的重要组成部分,它对提高企业的竞争力有着不容忽视的作用。员工所得到的薪酬既是对其过去工作努力的肯定和补偿,也是他们以未来努力工作得到报酬的预期,激励其在未来也能努力工作。在员工心目中,薪酬不仅仅是自己的劳动所得,它在一定程度上代表着员工自身的价值、代表企业对员工工作的认同,甚至还代表了员工个人能力、品行和发展前景。

1. 薪酬激励按照激励的对象可以分为:个人奖励、团队奖励和全企业奖励计划;按照激励时间可以分为长期激励和短期激励;按照激励的形式可以分为内在激励和外在激励。无论哪种形式的薪酬激励,在设计的时候都要考虑激励要因人而异、奖惩适度和公平对待三个原则。

2. 长期激励模式有很多种,包括股票期权、虚拟股票、股票增值权、限制性股票、储蓄－股票参与计划、股票奖励、内部人收购等,其中,有一些模式只是应用于公司的高层管理人员,有一些应用于公司中高层管理人员和业务、技术骨干,而还有一些则应用于企业中的全体员工。从理论上面来讲,除了管理层收购外,其他长期激励模式都可以适用于企业内部各个层面的人员,但从实践来看,应用于企业全体员工的长期激励模式主要包括股票期权、储蓄－股票参与计划、员工收购和间接持股权计划。

3. 尽管从激励效果来看,奖励团队比奖励个人的效果要弱,但为了促使团队成员之间相互合作,同时防止上下级之间由于工资差距过大导致出现低层人员心态不平衡的现象,所以有必要建立团队奖励计划。虚拟团队效应的产生离不开成员积极性和创造性的发挥,没有恰当的薪酬机制,就无法将个人工作转化为团队协作,薪酬和激励机制是推动团队目标实现的强有力的工具。

复习思考题

1. 简要描述薪酬激励的设计原则。
2. 薪酬激励相关的理论有哪些?亚当斯的公平理论对薪酬设计有何启发?
3. 股票期权的设计内容包括哪些内容?
4. 为什么要进行群体激励?它有哪些表现形式?
5. 什么叫虚拟团队?虚拟团队在进行薪酬设计时要考虑哪些影响因素?
6. 薪酬激励的发展趋势有哪些?

案例讨论

F公司是一家生产电信产品的公司。在创业初期,依靠一批志同道合的朋友从早到晚拼命干,公司发展迅速。短短几年,员工由原来的十几人发展到几百人,业务收入由原来的每月10多万元发展到每月1 000多万元。随着企业的发展,公司的领导明显感觉到大家的工作积极性越来越低,也越来越计较报酬。公司总经理黄先生认识到,公司需要学习成功企业的经营管理经验,借助提高薪资来激发员工的工作意愿,以此达到高效率的目的。这样做,一方面是对老员工辛勤工作的回报,另一方面也是吸引高素质人才加盟公司的需要。为此,公司重新设计了一套薪酬制度,大幅度提高了公司各类员工的薪酬水平,并对工作场所进行了全面整修,改善了各级员工劳动环境和工作条件。

新的薪酬制度推行以后,其效果立竿见影,F公司很快就吸引了一大批有才华有能力的人,所有的员工都很满意,工作十分努力,工作热情高涨,公司的精神面貌焕然一新。但这种好势头没有持续多久,员工的旧病复发,又逐渐地恢复到以前懒洋洋、慢吞吞的状态。公司的高薪没有换来员工持续的高效率,公司领导陷入两难的困境,既痛苦又彷徨。

案例来源:百度题库①

问题: 该公司应采取哪些措施对员工的薪酬制度进行再设计、再改进?为了继续保持公司员工旺盛的斗志,应当采取哪些配套的激励措施?

---

① 网址:https://wenku.baidu.com/view/2b60b2d0c0c708a1284ac850ad02de80d4d8065f.html.

第七章 特殊员工群体的薪酬管理

 本章结构图

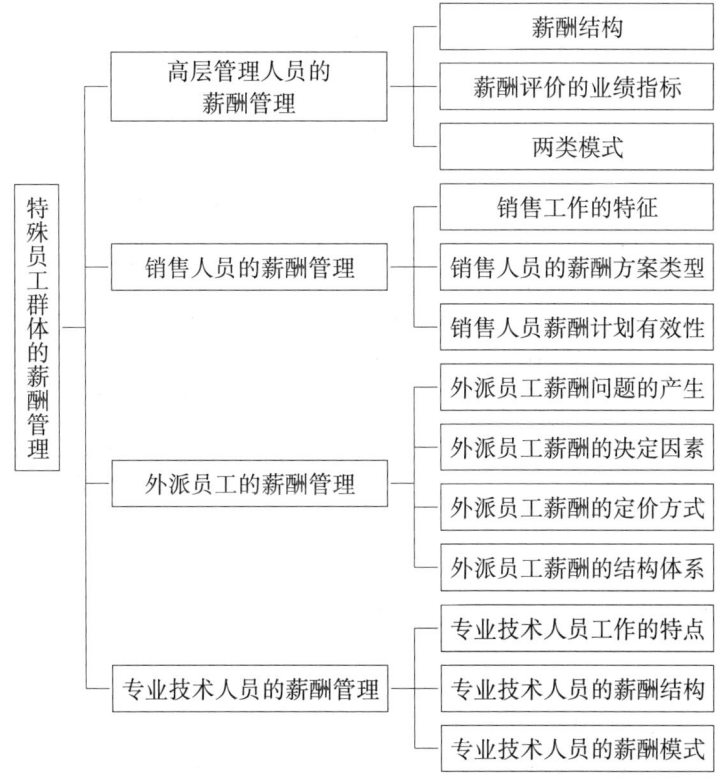

 开篇故事

某上市公司是一家总部设在北京的跨国集团。公司的人力资源战略重点放在研发技术人员上,他们都是行业内的佼佼者。但是公司的技术人员对目前的薪酬十分不满意,他们认为公司的待遇低于市场平均水平,技术人员之间的薪资差距和增长幅度过小。因为技术人员业绩的难衡量性和长期性的特征,让项目奖励等成果奖励演变成空中楼阁,使得技术人员之间所谓的内部公平性已经演变成相互攀比,导致了大多数员工对薪酬的不满。近年来,随着业务的发展,该公司海外机构越来越多,外派人员也呈逐渐增加趋势。在外派人员的薪酬设计上,该公司外派人员的薪酬由国内原有薪酬加上境外补贴两部分构成。境外补贴主要根据当地生活水平确定。随着海外机构的增多,公司发现这种薪酬体制存在许多问题。首先,各地的境外补贴标准不容易确定,缺乏相应的标准。其次,由于境外补贴标准不容易把握,薪酬水平与当地有一定的差距,导致外派人员的离职率居高不下。再次,因各地薪酬水平各异,外派人员挑肥拣瘦,不愿意前往经济发展欠发达的地区。最后,由于该薪酬体系与国内薪酬体系脱节,外派人员回国后难以与国内薪酬衔接,从而严重影响外派人员的职业生涯发展。鉴于这些问题,该公司应该如何针对这些特殊的工作群体进行薪酬制度再设计呢?

在企业中,由于工作岗位、性质的不同,员工也形成不同的工作群体,每一个工作群体都有不同的特点,有着自身的文化。这些群体之间在工作本身的要求、职位特征、工作成果的可衡量程度、绩效表现的可评价性、对组织经营目标的重要性等方面也会表现出一定的差异性。因此,不能把所有不同类型的人都往同一个薪酬模型里套,搞一刀切和平均主义。需要了解不同工作群体的特点,进行差异化的薪酬管理来达到有效激励的目的。这一章主要介绍针对特定群体员工的薪酬管理,包括高层管理人员、团队、销售人员、外派人员和专业技术人员等的薪酬管理。

第一节　高层管理人员的薪酬管理

管理人员是企业中从事管理工作的那部分员工,按职位高低可以划分为三类:高层管理人员(简称"高管")、中层管理人员和基层管理人员(通常也被称为一般管理人员)。对于这三类管理人员进行薪酬管理的侧重点有所不同,比如对高层管理人员和部分中层管理人员,薪酬管理的重点主要是探讨长期激励措施的实施问题,而对于基层管理人员薪酬管理的重点则要放在如何通过薪酬管理,改善其工作绩效,提高其管理效能上。由于高层管理人员的薪酬更具有特殊性,我们这里主要介绍高层管理人员的薪酬管理。

高层管理人员的工作是一种多次投入多次产出的过程(其中包含着一次投入多次产出和多次投入一次产出)。高层管理人员的管理劳动表现出较高人力资本的投入、成果的无形性、效益的滞后性和效益的间接性。这些特征对高层管理人员薪酬管理与绩效考核提出了难题:一方面,成果的无形性要求必须通过低层次管理者和被管理者的劳动成果考核高层管理人员的工作,企业生产的最终产品中就凝结着高层管理人员和低层次管理工作的效果;另一方面,"盈亏"可以衡量企业的效益而不能衡量管理的效益,管理的效益只能从高层管理人员的经营战略、人事决策、创新效益和资本分配效益来衡量。

高层管理人员工作特征的特殊性导致了其薪酬管理的差异性,而他们对企业发展的重要性,突出了对其薪酬管理的重要性。建立激励约束高管人员行为的薪酬主要涉及三方面内容:薪酬构成、薪酬结构变化对高管行为的影响及最优的薪酬结构确定;薪酬数量与高管人员积极性的关系及最优薪酬数量确定;高管人员的薪酬与何种企业业绩指标"挂钩"、如何"挂钩",才能最好地衡量其能力和努力程度等。这里尤其值得深入探讨的是企业高管人员的年薪薪酬结构和薪酬指标问题,并介绍国外高管人员薪酬的两种不同的模式。

一、高层管理人员的薪酬结构

总体说来,高层管理人员的薪酬体系主要由基本薪酬、短期激励、长期激励和福利四个部分组成。

1. 基本薪酬

基本薪酬是高管人员的基本收入。一般会占到薪酬总额的1/3至2/3不等。基本薪酬对高管人员来说属于固定收入,虽然在激发其积极性方面所起的作用并不是很明显,但能为他们提供可靠的收入。

这部分收入应根据组织规模、经营者的需要、个人才能、所承担的责任和风险来确定。从总体上来说,绝大多数企业都会选择使高管人员的基本薪酬水平超出至少是相当于市场平均水平。毫无疑问,选择这种做法出于多方面的考虑,高层管理人员的工作对于企业而言至关重要;他们往往都有很长的工作年限和丰富的工作经验;高级管理人员的市场供给人数相对较少;他们和外部市场打交道比较多,因此追求外部公平性的意识较强烈。另外,给高管人员固定的收入是激励他们采取谨慎的投资政策,尽力限制业绩的波动和负债的增加。

2. 短期激励

对高层管理人员的短期激励主要是奖金。奖金是企业高层管理人员薪酬的重要组成部分。一般情况下,企业向管理人员支付奖金,意在对其在特定的时间段里(通常是一年)为企业绩效做出的贡献进行补偿和奖励。通常意义上的奖金都是以企业的总体经营绩效为基础的。由于高管人员对于企业总体经营绩效的达成情况有着比普通员工更大的影响力,因此,给予他们的奖金与企业总体经营业绩之间的关系更为紧密,使高层管理人员能够在企业经营绩效的改善中获得自己应得的薪酬。

在具体计算方面,高管人员的奖金往往以管理者的基本薪酬为依据,具体数额取决于高管人员对于经营结果的实际贡献大小。在对其短期绩效进行衡量时,企业既有可能使用总体盈利水平等单一指标,也有可能使用对于企业成功而言同等重要的多重指标。在后一种情况下,企业必须把握好不同指标之间的权重。

短期激励是基于高层管理人员当年的经营绩效而定的,因此具有很大的灵活性,克服了基本工资作为固定收入缺乏动态弹性的弊端。但它的弊端也很明显,奖金会促使高层管理人员行为短期化,追求眼前利益。另外,由于经营绩效不只是由高管人员的个人努力所决定的,还有很多其他因素(外部市场环境、竞争对手情况、交通、气候等)的影响,有时当期绩效不一定能正确反映高管人员的努力水平。如果奖励不当可能会产生负面影响。

3. 长期激励

近些年来,以各种股票计划为主要内容的长期激励方案越来越多地受到欢迎。究其原因主要有三:首先,高层管理者的绩效表现对于企业经营状况的重要性已日益显露出来,高层管理人员在企业当中的作用越来越重要,然而所有者对其工作和努力程度进行有效监管的难度较大,而长期激励是对其进行有效激励的最佳途径之一;第二,长期激励方案与组织的长期经营绩效具有紧密的联系,通过经济上的利益关系促使高管人员和企业的经营目标保持一致,从而激励他们关注企业的长期发展以及持续性地达到更高的绩效水平;第三,长期激励计划给企业提供了一种合理避税的机会,另外由于其对高管人员的奖励是在几年之后支付的,可以为企业节约一定的薪酬成本。

有关高层管理人员的各项长期激励计划我们在第六章中都已介绍,此处不再赘述。

4. 福利

高层管理人员通常都享受到名目众多的福利和服务。除了针对普通员工的福利以外,还有特别针对高层管理人员的福利。由于留住高层管理者对于企业而言是至为重要的,而特定内容的福利和服务在吸引和挽留这些核心员工方面又有着不可低估的功效。针对高层管理人员的福利主要包括在职福利和退休福利。

(1) 在职福利

实质上是公司给予企业高层管理人员一定的特权。主要有:在公司内部为高层管理人员提供舒适的工作环境,如豪华的办公室、经理餐厅、专门的停车场等;在公司外部为高层管理人员的工作提供良好的服务,如代缴更新知识的学费,参加与业务和专业有关的活动费用,报销饭店、飞机、汽车费用等;在生活上为高层管理人员提供优雅的个人居室,对高层管理人员在生活方面遇到的问题尽量给予解决;享受各种待遇,如带薪度假,由公司提供服务(午餐、医疗、专车)等。在英国、德国和日本,90%以上的经理使用公司专车;许多欧洲公司都为经理及其家属支付度假费用。这些措施对企业高层管理人员有较大的激励效果。

(2) 退休福利

在高管人员能够得到的各种福利中,退休福利通常是其中数额最大的一种。在很多企业里,高层管理者还会与企业事先签署雇佣协议,如果企业拒绝向其提供一定的经济补偿,它就无权直接解雇高层管理者。这种协议无形之中给高管人员提供了坚实的就业保障。

退休福利主要包括:建立高层管理人员社会保障制度,设计各种形式的"金色降落伞",以消除或弥补高层管理人员退休前后物质利益和心理角色方面的巨大反差,从制度设计角度预防和控制"59岁现象";废除国有企业高层管理人员硬性划线退休制度,对于经营业绩一直很好的高层管理人员,不仅其任职年限不受年龄的限制,而且在其离任后授予其终身荣誉和奖励;实施高额退休金计划;允许高层管理人员退休后在企业董事会中担任董事,或担任企业高级顾问之类的角色,这样既给高层管理人员提供一个消除退休前后巨大心理反差的"反冲"机会,又可以充分利用高层管理人员的经验,促进企业发展。

二、高层管理人员薪酬评价的业绩指标

薪酬机制的有效性在很大程度上取决于评价和考核高管人员业绩指标的科学性、准确性。除基本工资的作用是为高管提供"保险服务"外,奖金是与企业短期业绩尤其是年度会计利润挂钩的,而与股票相关的其他薪酬形式是与企业的市场价值紧密关联的,因而与高管人员薪酬相关联的企业业绩指标主要有两大类:属于绝对指标的市场价值指标、会计指标和相对业绩评价指标。明确这两类指标的特点对建立高管人员的激励约束机制至关重要。

1. 绝对业绩评价指标[①]

(1) 市场价值指标

主要是指本公司的股票价格。由于企业股东财富最大化在股票市场上表现为股票市场价值的最大化,因而市场价值指标能直接体现股东追求财富最大化的要求。将高管人员的薪酬与股票价值联系在一起,基于市场价值指标建立高管人员的薪酬激励机制,有利于直接改善股东的福利。市场指标的最大优点在于如果资本市场是有效的,股票交易价格能够充分反映每个市场参与者的私人信息,那么市场就能对企业经营情况的各种变化进行准确反映,市场价格就是衡量高管人员在企业经营管理过程中努力或投入的最好指标。在市场充分有效的前提下,高管人员的激励薪酬方案设计应使企业市场价值最大化。然而,市场充分有效在现实中很难达到,它只是一种理想境界或是强式有效市场假说。现实经济中,虽然资本市场中有专门评价企业计划与经营状况的专家提供咨询,但企业经理和投资者之间仍存在非对称信息,高管人员对自己企业的了解远远多于投资者,股票的市场价格并不能准确反映企业的价值;再加之股票价格还受到企业业绩以外的其他因素的影响,使股票价值信号中出现非企业所能控制的"噪音",这些因素就有可能使股票的市场价格远远偏离企业的真实价值。因此,单纯依靠市场价值指标建立高管人员的薪酬激励机制就有很大的局限性。

(2) 会计或财务指标

与企业市场价值指标相比,会计指标所反映的各种因素更易为高管人员所控制,较少受高管人员可控范围以外的"噪音"因素的影响,更多反映的是企业自身的"信号"。对《幸福》杂志排名前500家企业的经理调查表明,半数以上的调查对象认为"会计方案更具有优势"。对367家在纽约股票交易所上市的公司的实证研究表明,1974—1983年间286位CEO的辞职或被撤换与股票收益呈显著负相关,这说明董事会更多的是以会计指标而不是以股票收益来评价CEO的业绩。然而,正是由于会计指标容易为高管人员控制,企业盈利会计指标可能不是企业真实业绩的反映,而是高管人员人为操纵的结果。会计指标考核,尤其是短期会计指标给高管人员留下了"玩数字游戏"的操作空间。当高管人员的奖金达到上限水平时,他们会调低账面盈利水平;在高管人员的奖金达不到上限水平时,他们会压低投资或在拿到奖金以后再确认损失。会计指标的这个缺陷限制了依靠其建立高管人员薪酬机制的科学性和有效性。

综上分析,无论是市场价值指标(说明企业未来发展潜力),还是会计指标(反映高管人员过去的业绩),在反映高管人员的真实业绩方面都有利弊。因此,在设计高管人员的薪酬激励方案时,这两方面的指标都是必要的,是更多地依赖会计指标,还是依赖市场价值指标,取决于哪类指标能更准确地提供更多的信息。从总体上说,通过资本市场剔除市场"噪音",通过加强审计监督减少高管人员对企业会计指标的"操作空间",进而提高两类指标的准确性都是必要的。然而,提高会计指标和市场价值指标的准确性常常受到实现成本的约束。还应说明的是,会计指标和市场价值指标是紧密相连的,是对企业业绩的两种度量。在设计高管人员薪酬方案结构时,要注意到这两类指标的重叠内涵,如不仅会计盈利指标反映了企业的收益情况,而且股票价格的信息价值中也包含了有关企业收益的信息,所以高管人员薪

[①] 黄群慧,杨淑君.企业经营者年薪制的模式比较[J].中国工业经济,1999(12):66-70.

酬方案中有关会计盈利指标的相对权数可能夸大了其相对重要性。

2. 相对业绩评价指标

相对业绩反映了企业与行业中其他企业的平均业绩指标的比较。与绝对业绩评价指标相比,相对业绩指标可以把行业中的共同风险等"噪音"过滤掉,特别是当行业中企业数量较多时。因此,一般认为使用相对业绩评价是有意义的。有效的高管人员激励制度要求评价指标应该与高管人员的努力高度相关,能够被高管人员所控制。由于相对业绩评价去掉噪音,将高管人员不可控的经济环境变动影响排除在外,因此以本行业中其他企业的平均业绩为标准来设计激励机制,更好地体现了以业绩付酬的原则[①]。

但是,并不是任何情况下相对业绩指标的信息量都可以提供更多关于企业家行为的信息。研究表明,只有在造成业绩观测值随机性的主要原因来自同行业企业共同的随机因素时,相对业绩评价才优于绝对业绩评价,才应该采用相对业绩评价方法[②]。

3. 高管人员薪酬的两类模式

由于各国经济体制、企业机制、文化传统等有很大的差异,因而各国的高管人员薪酬制度和现状也有很大的差异。按照高管薪酬实践,根据薪酬的水平、结构等因素的差异,可以把国外的高管人员薪酬归纳为两种类型,即美英类型和德日类型。具体表现为:

从薪酬结构来看,美英等国高管人员薪酬结构多元化,主要由基本薪金、年度奖金、长期激励、养老金计划和津贴组成,其中长期激励项目(即股票、股票期权等收入)在高管的总薪酬中占有相当的比重。例如,美国企业高管的薪酬中,一般基薪占45%左右,年度奖金为15%左右,长期激励项目占30%左右,养老金为8%左右,津贴为2%左右,且美国高管薪酬中股票、股票期权所占比重呈上升趋势。与此不同的是德、日等国的高管薪酬结构中,长期激励项目所占比重较小。如德国公司高管人员薪酬中65.9%为基本薪金,16.5%为奖金,12%为养老金计划,津贴占5.6%。日本企业的高管虽持有本企业的一定股票,但不准出售,其在股票上的收益和损失都非常小。

两类模式的另一重要区别是英、美等国高管的薪酬总额巨大,与普通职工收入的差距悬殊。德、日公司经理的薪酬相对低得多,与一般员工的收入差距也相对较小。一份对世界主要国家的同类规模企业(销售额为2.3亿马克)的经理薪酬的调查表明,美国公司经理的年平均净收入为33.1万马克,日本为20.2万马克,原联邦德国为18.1万马克。1998年全美上市公司老总的年均收入高达1 060万美元,比1997年增长36%,比1990年增长442%,而日本大公司老总的年均收入大约只相当于美国同类型企业老总收入的1/6~1/4[③]。另一份调查表明,美国80年代大型公司(销售收入300亿美元以上)的总裁年收入为一般工人收入的109倍,同比法国、德国为24倍,日本为17倍[④]。

---

① Holmstrom B. Moral hazard in teams[J]. The Bell Journal of Economics,1982,13(2):324-340.
② 张正堂. 企业家激励薪酬制度的设计[J]. 财经科学,2004,(2):12-16.
③ 洪功翔,刘晨. 企业家人力资本在美国公司治理中的地位及启示[J]. 华东经济管理,2009,23(10):141-145.
④ 黄群慧,杨淑君. 企业经营者年薪制的模式比较[J]. 中国工业经济,1999,(12):66-70.

第二节 销售人员的薪酬管理

一、销售工作的特征

销售人员是企业从事销售业务的人员,有别于职业管理阶层,也有别于专业制造生产人员,有着明显的群体特点。销售队伍是企业和客户之间联系的纽带,充当了决定企业成长和盈利的核心要素,设计有效的销售人员薪酬方案对整个企业的成长是非常重要的。

销售人员的工作有一定的特殊性,与薪酬相关的主要表现有以下几点:

(1) 工作时间自由,单独行动多。对于管理人员和制造工人,主管可以对他们进行严格的考勤,而对于销售人员则不能,他们晚上可能陪客户到很晚,也可能早上九点还在休息。因此对他们的管理要指标化、间接化。

(2) 工作受季节性、生产性和地域性等外在因素的影响较大。销售人员个人的能力、技术和努力程度对销售的结果有很大影响。除此之外,他们的工作成果还受诸多外在因素的影响,如产品销售的季节性、整个经济的景气与萧条、产品本身的品质性能、替代产品的出现及竞争的激烈程度等,这些因素往往不是销售人员所能把握的。

(3) 工作绩效可由具体成果显示出来。每日、每月或每季度、每年的销售量、销售额,白纸黑字,清楚无误,而与销售相伴随的货款回收,售后服务以及新客户开发等工作也易于统计,整个业绩很明显。

(4) 工作业绩的不稳定性。销售业绩的参差不齐或者大起大落的波动都是不足为奇的。

鉴于销售工作本身的这些特点,企业在为销售人员设计薪酬时,应考虑到其工作的特殊性,科学合理地给予销售人员回报,达到补偿和激励他们的目的。

二、销售人员的薪酬方案类型

销售人员的计薪方法很多,大体上可以设定这样一个波段,一端是纯底薪制,一端是纯佣金制,中间是各种不同形式的底薪加佣金合并制度。重点放在佣金上还是在底薪上主要取决于公司服务原则,产品性质和完成一项销售工作所需的时间等各种因素。下面列举的是各种计算销售人员薪酬的计划,包括:纯薪金制;纯佣金制;基本薪酬加佣金制;基本薪酬加奖金制;基本薪酬加佣金加奖金制。

1. 纯薪金制

纯薪金模式(纯工资制)指的是对销售人员实行固定的工资制度,而不管当期销售完成与否。纯薪金基本模式为:个人收入=固定工资。

纯薪金模式适宜于以下一些情形:一是当销售员对荣誉、地位、能力提升等非金钱因素产生强烈需求时,纯薪金模式比单纯采取提成刺激的薪酬方式会收到更好的激励效果;二是销售业绩的取得需要众多人集体努力时,纯薪金模式可以起到促进团队合作的作用;三是在销售队伍中,知识型销售人员占较大比重时,纯薪金模式可以满足这部分人的多方面需求;四是实行终身雇佣制的企业。

纯薪金模式的优点表现在:(1)易于进行薪酬管理;(2)销售人员的收入可获得保障,增强其安全感;(3)易使员工保持高昂的士气和忠诚度。但是纯薪金模式也存在着其自身无法克服的缺陷:(1)由于对销售人员缺少金钱的刺激,容易形成"大锅饭"氛围平均主义倾向;(2)实施固定工资制给销售人员的业绩评估带来困难;(3)不能形成有效的竞争机制,不能吸引和留住进取心较强的销售人员;(4)不利于形成科学合理的工资晋升机制;(5)不利于公司控制销售费用。

2. 纯佣金制

纯佣金制(销售提成制)是指销售人员的薪酬中没有基本薪酬部分,其全部薪酬收入直接按销售额的一定比例确定,即只根据销售结果确定薪酬。

纯佣金制的关键在于确定提成的比例即佣金的比率。佣金比率的高低取决于产品的价格、销售量以及产品销售的难易程度等。通常情况下,每个行业的销售人员佣金比率具有一个经验值,例如,在房地产销售中,销售人员的提成比例一般在1%左右。支付佣金的比率可以是固定的,即第一个单位的佣金比率与第80个单位的佣金比率都一样。这个比率也可以是累进的,即销售量(或利润贡献等)越高,其佣金比率越高;比率也可以是递减的,即销售量越高,其比率越低。主要根据销售情况及企业销售方针政策来加以选择。

表7-1表示了一个纯佣金制销售人员的薪酬方案。可以看出,销售人员的佣金比率有两个,在没有达到销售定额之前和超过销售定额后的佣金比率是不同的。这个方案的意图在于鼓励销售人员达成更高的销售业绩。

表7-1 销售人员薪酬方案:纯佣金制

薪酬构成	佣金计算公式	
	实际完成销售目标的百分比	佣金比率
基本薪酬为零; 目标佣金:6万元/年; 目标薪酬:6万元/年,上不封顶;	0～100%	5%
	100%以上	8%

资料来源:刘昕.薪酬管理.北京:中国人民大学出版社,2002年,291页。表7-2～7.5同。

这种薪酬方案的优点在于:(1)富有激励作用;(2)业绩好的销售人员可获较高的薪酬;(3)比较容易控制销售成本。但是,其缺点也表现明显:(1)不利于培养销售人员对于企业的归属感和忠诚,容易形成"雇佣军"的思想;(2)在销售波动的情况下不易适应,如季节波动以及循环波动;(3)销售人员的收入不够稳定;(4)增加了管理方面的人为困难;(5)销售人员容易受经济利益驱动,过分追求销售额与佣金直接挂钩的指标,而忽视了其他一些尽管对企业非常重要但是与销售人员薪酬没有直接联系的非直接销售活动。

另外,现在一些企业对推行销售买断模式兴趣很高,这种模式在本质上与纯佣金制是一致的,都是一种高额薪酬模式。销售买断制是指企业内部推行的由销售人员或分支机构买断企业产品而进行独立销售的管理制度。这种制度的实施,使得企业的销售管理大大简化,企业就像一个经销商或批发商,只要明确给出产品合适的底价,销售人员就会把产品吃进,并最大限度地搞好产品销售。这种模式也使销售人员拥有最大限度的销售自主权,更为重要的是许多企业都提供了十分宽松的价格政策,销售人员具有一定的定价自主权,从而使这种模式具有更大的吸引力。

佣金制和销售买断制的实施确实给企业销售产生了积极作用,也给销售人员带来了丰厚的回报。但是,其成功实施是有条件的,并不是放之四海而皆准。在佣金制和销售买断制诱发了一些重大问题之后,许多企业又纷纷对这种高额薪酬模式进行了改革。

这种销售人员薪酬方案在那些产品标准化程度比较高但是市场广阔、购买者分散、很难界定销售范围、推销难度不是很大的行业中比较常见,如人寿保险、营养品、化妆品行业。但是,由于这种制度本身的缺点和不足,大多企业经常在劳务型销售人员或者兼职销售人员中实行。

3. 基本薪酬加佣金制

纯粹的工资制缺乏弹性,对销售人员的激励作用较小;而佣金制虽然让销售人员有很高的收入,但是波动性太大,销售人员缺乏安全感。纯工资模式和佣金制模式的调和,则有助于弥补这两方面的不足。基本薪酬加佣金制下,销售人员每月领取一定数额的基本薪酬,然后再根据销售业绩领取佣金。其中佣金部分的计算又可以分为直接佣金和间接佣金两种不同形式。

直接佣金的计算公式是销售额的一定百分比(参表7-2)。从表中可以看出,销售人员的基本薪酬是3万元/年,并根据设定的各产品的目标销售量定目标佣金,按照产品销售情况提取不同比例的佣金。

表7-2 销售人员薪酬方案:基本薪酬加直接佣金制

薪酬构成	佣金计算方式			
	实际完成销售目标的百分比	佣金比率(%)		
		产品A	产品B	产品C
基本薪酬:3万元/年; 目标佣金:3万元/年; 目标薪酬:6万元/年,上不封顶;	0~100%	3	5	8
	100%以上	5	9	12

间接佣金的计算公式是首先将销售业绩转换为一定的点值(如每销售一个单位产品得到一个单位的点值),再根据点值来计算佣金的数量(参表7-3)。

表7-3 销售人员薪酬方案:基本薪酬加间接佣金制

薪酬构成	佣金计算方式	
	产品类型	单位产品的点值
基本薪酬:4万元/年; 目标佣金:2万元/年; 目标薪酬:6万元/年,上不封顶;	A	2
	B	5
	C	8
	D	10
	E	6
	每个点值等于2元钱	

这种基本薪酬加佣金模式一方面为销售人员提供了最基本的薪酬收入,解决了纯佣金制下销售人员因收入不稳定可能出现的生活问题,以及产生的"雇佣军"思想;另一方面,吸收了佣金制的优点,保留了其激励作用。

4. 基本薪酬加奖金制

这种薪酬方案与基本薪酬加佣金制有些类似,但是存在一定的区别,主要体现在:(1)佣金直接由绩效表现决定,而奖金和业绩之间的关系却是间接的。通常情况下,销售人员所达成的业绩只有超过某一目标销售额,才能获得一定数量的奖金;(2)奖金除了与销售业绩挂钩外,还会和新客户开拓、货款回收速度、客户投诉状况、企业规章制度执行等要素联系。

这种薪酬方案中,奖金的计算方式有好几种,可以按照实际完成销售目标的程度设定,可以根据季度绩效评价结果的等级来确定,也可以根据销售额指标和利润指标来确定。

下面仅以第一种情况来说明这种薪酬方案的设计,即每月奖金根据每个月的销售业绩浮动发放,这样销售人员每月得到的薪酬是基本薪酬加上每月的奖金额,如表7-4所示。当月完成销售目标的80%,则本月奖金为750元(1 500元×50%)。如果每月都正好完成销售目标,则年度薪酬=12×(3 500+1 500×100%)=6万元。如果每月销售都达到销售目标的130%(或以上),则年度薪酬=12×(3 500+1 500×160%)=9.84万元,也是这个薪酬方案的最高限度。

表7-4 销售人员薪酬方案:基本薪酬加奖金制

薪酬构成	奖金计算方式	
	实际完成销售目标的百分比(%)	每月目标奖金的百分比(%)
基本薪酬:4.2万元/年(月薪3 500元);目标奖金:1.8万元/年(每月1 500元),每月根据销售业绩浮动计发;目标薪酬:6万元/年,上限封顶,最高不超过9.84万元。	70以下	0
	80	50
	90	75
	100	100
	110	120
	120	140
	130以上	160

5. 基本薪酬加佣金加奖金制

这种方案将奖金制和佣金制结合了起来,它兼具了这两种制度的特点。销售人员除了获得基本薪酬外,还可以获得按照销售额的一定比例提成的佣金,并且在考核期后还可以根据销售额获得一定数额的奖金。表7-5是一个基本薪酬加佣金加奖金制的例子。

表 7–5　销售人员薪酬方案：基本薪酬加佣金加奖金制

薪酬构成	季度利润奖金	
	完成销售额的毛利率(%)	奖金比例（相对于佣金的%）
基本薪酬：4.2万元/年； 佣金：每月发放，佣金比率为销售额的6%； 奖金：季度发放，相对于佣金的百分比； 目标薪酬：6万元/年，上不封顶	15	0
	20	10
	25	25

显然，这种薪酬方式表明企业一方面鼓励销售人员达成更高的销售额；另一方面，鼓励他们提高销售的毛利率。

三、销售人员薪酬计划有效性

1. 薪酬方案的权变性选择

前面介绍的五种模式是有关销售人员薪酬的基本模式，这些模式尚不足以概括所有的薪酬模式。企业在实际运用中会结合自身情况对薪酬模式进行一定的改变，开发出适合自己的薪酬模式。

五种模式没有优劣之分，简单地判断哪种模式更优秀也没有任何价值。从薪酬变动性来看，薪酬模式的设计是两个方向：高底薪低提成和低底薪高提成，其区别在于公司愿意承担多大程度的销售业绩风险。采取哪种薪酬体制，与员工任务和公司产品有很大关系。一般地，低底薪方式，员工与销售人员以个人能力为主；而实行高底薪的员工被普遍认为综合素质较高，在市场和网络管理等比较多见。当公司产品知名度和美誉度较高，购买者是冲着公司而发生购买行为时，比如宝洁公司的产品，员工的职责可能是开发和管理终端网络、保证利润、督促回款等等——这种情况比较适合高底薪低提成或者高底薪无提成。而当公司的产品知名度、美誉度不足以影响购买行为的时候，很多公司的做法是，把业绩的风险、压力转嫁一部分到销售人员身上。这种情况适合低底薪（甚至无底薪）高提成的做法。两种做法，前一种保健成分多一些，有利于放长线培养人才，比如刚毕业的大学生，公司有耐性用一两年培养，成长之后的这些员工将带来更大业绩。而后一种激励成分多一些。很多民营企业会愿意采取这种手段，一般比较适合有经验、个人营销能力很强的销售老手。

此外，还要综合其所处的行业、产品的生命周期以及以往做法几方面来考虑：

（1）企业所处的行业不同，对销售人员的薪酬模式也有所不同。比如化妆品行业、营养品行业、保险公司销售人员多实行"高提成＋低固定"制甚至纯佣金制，而IT行业因为竞争激烈、人员流动大多采用"高固定＋低提成/奖金"模式。

（2）企业所处的发展阶段不同，对销售人员的薪酬模式也会有所差别。比如，企业处于初创阶段，资金实力较弱，采用纯佣金模式可能更适合一些；当企业发展到一定阶段，有了一定的规模，资金实力较强的情况下，可能会逐步转向基本薪酬加佣金模式或基本薪酬加奖金模式；当企业发展到较大规模，资金雄厚，需要提升企业形象，强化员工忠诚度时，采用纯薪金模式可能是更为理想的模式。

（3）公司以往采取的付酬方式也可作为一个重要参考。如果现有的方式能够使得销售人员满意,而且保证公司销售任务的完成,就不应当改变现在做法而去追逐所谓的"行业或跨国企业先进做法"。

(4) 对销售人员的薪酬模式要坚持动态原则,不可一刀切,也不可一成不变,而应随着经营环境的变化、企业的发展而不断进行调整,只有这样才能保持薪酬的对外竞争力和对内凝聚力,保持销售队伍的稳定性。

2. 销售人员薪酬方案有效性的评价

销售人员对于企业的重要性决定了企业在销售人员的薪酬上往往不惜花费大量金钱。根据行业的不同,销售人员的直接薪酬(基本薪酬加奖金、佣金)要占到企业总销售额的3%～5%左右,相当于企业销售部门总预算的50%～70%左右[①]。那么销售人员的薪酬方案是否有效呢?通常可以借助于以下几个指标来评价销售人员薪酬方案的有效性。

(1) 增长指标。销售领域的增长主要体现在:销售额的增长,新市场的开拓,新客户的获得以及通过不断的流程改善留住现有客户。

(2) 利润指标。它是否导致销售人员向客户提供了恰当的产品或服务组织,从而产生了必要的利润?

(3) 客户满意度和忠诚度。它对销售人员的激励和薪酬是否使他们以更为有效的方式去留住客户并为他们提供良好的服务?

(4) 销售人才指标。一种有效的销售人员薪酬计划必须能够帮助企业吸引和保留优秀的销售人才。

(5) 薪酬投资的收益指标。企业需要经常对自己在销售人员身上所进行的投资进行审查,以考察企业在销售人员身上所进行的投资与上一年相比,是否产生了更好的效益。

第三节 外派员工的薪酬管理

世界统一市场的兴起,使跨国公司成为公司组织的一种重要形式。由于不同的国家文化背景不同,决定其经济发展的因素会有所不同,因此薪酬策略也会有所不同。所以,薪酬策略因国而异,对于每个国家来说都是独一无二的。如果试图在全球建立一个统一的标准对跨国公司的员工提供薪酬是很难奏效的。企业经营的国际化、全球工资差别的加大,带来的直接课题是跨国公司如何确定薪酬方案和进行薪酬管理。在薪酬管理乃至整个人力资源管理领域中,外派人员的管理及其薪酬支付都是一个难度相当大的问题。

一、外派员工薪酬问题的产生

传统的划分是把跨国公司的员工分为本地员工和外派员工两类。本地员工指的是在其本国境内被雇佣并工作的员工;外派员工是指那些在国外进行短期工作(一般时间为1～5年),在合同期满后回国的员工。

在不同的文化环境下,企业对于外派员工的理解是不一样的。对于大多数欧洲和日本

---

① 刘昕.薪酬管理[M].北京:中国人民大学出版社,2002:289.

企业而言，由于国内市场份额在企业的总销售额中所占的比例甚小，因此，企业将员工派驻国外被本土员工视为职业生涯的一个阶段，在很多情况下甚至成为获得晋升的必备条件。而对于产品的国内销售占较大份额的其他一些国家（如中国、美国、加拿大）的企业而言，国内市场才是最重要的市场，员工们会把离开本土理解成远离企业经营的主流，为企业进行一种新的尝试。

外派员工工作地点发生的变化，在不同国家中影响薪酬决定的因素是不同的。总体而言，引起各国子公司薪酬行为差异的因素主要有：(1) 不同国家同一职位的薪酬水平不同；(2) 各国社会状况不同，因此相应的补助和津贴水平也不同（如养老金、社会保障金等）；(3) 各国物价不同，所以同一工资水平的实际购买力不同；(4) 各国之间工资水平的差异随各国货币汇率的变化而变化；(5) 许多员工可能会对海外工作（尤其是在不发达国家工作）有所抵触，因此有些公司可能会为其家属或子女提供额外津贴。

一般地，本地员工的薪酬一般以本地的薪酬制度为基础。本地的薪酬制度建立在各自的文化价值观念、政府政策（如税收政策）以及雇主与雇员的传统社会关系上。近几年，各国劳工组织和行业组织的活动在薪酬制度的制定上也起了很大作用。因此各国本地员工的薪酬水平各不相同。那么，外派员工的薪酬和本地员工的薪酬会不会产生显著的差异，使人们产生了疑问。

与当地员工相比，外派员工的薪酬制度从表面上看似乎比较简单：外派员工在哪个国家工作，就应服从哪个国家的薪酬体制。实际上，对于绝大多数外派期限为 2~5 年的员工来讲，这一方法根本行不通。另外一部分人主张付给外派员工与母公司任相同职位的员工相等的薪酬，不必做任何调整，这一方法同样缺乏实践上的可能性。

跨国公司的人力资源管理者显然具有更加敏锐的视角，他们并不急于得出结论，而是首先对外派员工薪酬的各决定因素进行考察。这些因素有的源于各公司不同的人力资源管理策略，有的具有更深层次的文化背景，还有的与某些具体情况相联系。

二、外派员工薪酬的决定因素

外派员工薪酬的决定因素除了包括传统上的一些因素以外，还包括了体现了其工作特殊性的一些因素。

1. 外派期限

多数外派员工的外派期限为 2~5 年，因此其薪酬制度也大多以此期限为基础。如果公司在外派某一员工初期就决定其外派期限长于 5 年，那么该员工的薪酬就会以工作地的薪酬体制为准。当然，实际情况往往要复杂得多。有时外派员工工作地的薪酬水平远远低于其国内水平，那么无论其工作期限长短，都要按国内的标准来确定其薪酬（尤其是短期薪酬）水平。另外，虽然许多外派员工最初外派期限为 2~5 年，但是在工作过程中常常会由于实际需要而延长该期限，此时就需要公司管理者考虑调整这些员工的薪酬方式。针对这种情况，许多公司规定在同一地方工作 5 年以上的外派员工的薪酬要在 5 年以后实行当地化。尽管有此规定，这些公司仍然尽力避免该种情况的发生（除非员工本人有此要求）。另一方面，如果员工的外派期限不足一年，情况又会有所不同。因为在这种情况下，员工的家人通常不随其外派，那么在子女教育津贴和住房补贴等方面的规定就会比较简单。

2. 外派方式

多数员工的外派方式是在国外工作一段时间以后就返回国内,将来如果公司需要,可以重复该过程。大多数公司的薪酬制度也以该方式为基础。但是如果员工从事一系列的外派工作,即在国外某子公司工作一段时间以后不返回国内,而是转到另一国家的子公司工作,那么这种员工薪酬水平的确定有其特殊性。有些公司按母公司所在国的薪酬制度确定他们的薪酬,也有一些公司则采取特别规定,同时提供部分补贴。

3. 外派员工类型

美国许多公司坚持这样一项原则:所有外派员工的薪酬应服从同一种制度规定。但其他一些公司对薪酬制度按员工职位级别与种类、工作部门和外派地点进行了区分,例如,对管理类外派人员和技术类外派人员采用不同的薪酬制度。这种做法的好处在于可以针对不同员工的不同要求提供薪酬,同时在薪酬上准确体现各工作部门的不同工作性质与环境。但其缺点是难于管理,而且有可能引起员工的不满。采用这种薪酬制度的公司认为,只要政策制定得比较明确,对各种员工的不同薪酬水平给予合理解释,并且不发生频繁的员工调换,这种方式还是比较有效的。关键在于对不同员工的划分标准要取得公司上上下下的统一意见。总之,外派员工类型是影响公司外派人员薪酬制度的重要因素,如以外派高层主管人员为主的公司与主要外派技术工程师的公司通常会采用不同的薪酬制度。

4. 行业性质

跨国公司所属的行业不同,其外派员工的薪酬制度也会不同。如石油公司通常会将专业技术人员外派到各种地理位置比较遥远偏僻的地方工作;而投资银行则会将员工派到经济比较发达的国家。这两种外派人员的薪酬制度有很大区别。

三、外派员工薪酬的定价方式

管理者会考察各种薪酬方式以确定最终的薪酬制度,主要有以下几种定价方式:母国定价法、东道国定价法、谈判法、平衡定价法、自助餐法和一次性支付法。

1. 母国定价法

许多公司按国内(即跨国公司的母国)规定确定外派员工基薪,尤其是对那些在国外工作一段时间就会返回母公司的员工。这种制度使得员工外派期满时能很快适应国内的薪酬环境,就像他们从未离开过一样。采用这种方式的公司会对外派员工的基薪水平进行定期考察与调整,以保证员工外派期间不会丧失任何工资晋升的机会。这种基薪确定方式的不足之处在于外派员工与当地员工基薪的水平可能会相差很大,不利于内部公平性管理。

2. 东道国定价法

东道国定价法又称为当地定价法,是指对外派员工支付与东道国处于类似职位的员工相同数量的薪酬。这是一种易于管理的方法,同时能够满足子公司内部公平性的要求。

长期的外派人员薪酬最适合以东道国定价法来支付。时间一长,外派工作人员就会用当地同事而不是在本国的同事的工资进行比较来判断自己的工资水平的高低。例如把员工由一个国家永久性地迁移到另外一个国家或者使该员工将在东道国度过其余的职业生涯时,这种做法的优越性是十分明显的。它有利于保证员工对企业内部公平状况的认同感,保持企业员工的稳定性。另外,当企业把员工由生活水平相对较低的国家派往生活水平较高的国家时,采取当地定价法也是非常适用的。

但是,这一方式最大的不足之处在于它可能会降低外派工作对员工的吸引力,尤其是在把员工由生活水平相对较高的国家派往生活水平较低的国家时。比如,如果美国公司将其外派到尼日利亚的员工工资定为当地水平,恐怕没有人愿意接受这项工作。如果工资水平的下降伴随着物价水平的下降,那么这一情况还可以接受,但通常来说这种情况并不普遍。比如从美国外派到瑞士的员工虽然能得到更高的名义工资,但是由于瑞士的物价水平也高于美国,从而使员工对工资制度并不满意。不过,购买力差异问题可以通过发放津贴的形式来解决,即给予在物价水平高的国家工作的员工一定津贴。但是这一方法必须不断比较两国物价水平的变化,因此降低了外派员工工资当地化这一制度的价值。

3. 谈判法

对于新近涉及国际业务的企业而言,由于它们所使用的外派工人数较少,因此多半会采取分别谈判的方式来与每一位员工进行单独交涉。在这种薪酬确定方式中,生活费用、税率等问题往往并不是双方考虑的重点,最终达成的结果在很大程度上会取决于双方的谈判技巧以及员工执行特定任务的愿望。

一般来说,采用谈判法确定外派人员的薪酬操作起来比较简单,管理成本也相对其他方法较低,因此使用范围较为广泛。但它需要承担的一个很大风险在于,如果公司与处在同样环境的两名外派员工的谈判结果存在很大差距,而这种差距又被他们发觉了的话,就会严重损害公司与员工之间的相互信任关系,不利于员工的工作积极性和对企业的忠诚度。

4. 平衡定价法

有些公司采用特殊方法确定外派员工的工资水平。其中一种方法是采用与母公司和子公司所在地规定都不相同的制度。平衡定价法的目的在于通过给员工支付一定数量的薪酬,确保员工在东道国享受与母国相同或相近的生活水平,使得其薪酬水平、薪酬结构与母国同事始终具有一定的可比性。在这种方法之下,员工的经济实力和购买力基本上不会受到损失,同时还可以有效地激励员工,确保员工在企业内部实现最大程度的流动性。

采用这种方法的公司不多,因为其操作起来比较繁杂,会给企业带来较高的管理成本。它只用于其一小部分工作变动性很高,不长期在同一地点工作的外派员工。有些国际组织(如联合国)也采用这种工资制度,因为它们的职员绝大多数都是外派人员。另一种情况是有些公司的子公司的员工来自很多国家,为了统一标准,这些公司通常将这些非当地员工的工资按照某一国家的制度统一确定(通常按母公司所在国家的规定),从而使工资制度易于管理。

5. 一次性支付法

当企业使用一次性支付法时,它会在员工的基本薪酬和各种奖金之外附加一笔额外的补贴;这笔钱通常都是一次性付清,员工可以随心所欲地支配,而这种选择不会对其既有的薪酬造成任何影响。它的优越之处在于它可以最大限度地重视员工在母国时的薪酬环境,因此能够更好地满足外派员工对派出前后生活水平持平的要求。但是,对一次性支付的具体额度计算是一个甚为棘手的问题。

6. 自助餐法

自助餐法就是企业向员工提供各种不同的薪酬组合,外派员工在薪酬总量一定的情况下,选择自己认为最理想的薪酬构成及相应的薪酬水平。这种方法赋予了员工更多的自主权,更容易产生有效的激励。

从本质上说,这些不同的做法之间并非是相互独立的,针对不同情况的外派员工采用不同的支付方式对于跨国公司而言是需要的。关于几种不同的外派人员薪酬定价方法之间的比较详见表7-6。

表7-6 几种不同的外派员工薪酬确定方式

定价方式	适用对象	优势	劣势
母国定价法	短期的外派任务	管理简单使外派员工回国后适应更快	不利于子公司的内部公平性管理
东道国定价法	1) 长期性的外派任务 2) 初级外派人员	1) 管理简单 2) 保持和当地员工之间的公平性	1) 外派员工的经济状况与当地员工之间本来就存在较大的差距 2) 常常需要通过谈判来加以补充
谈判法	1) 特殊情况下 2) 外派员工较少的组织	比较简单	外派员工人数增加以后,操作难度会加大
平衡定价法	有经验的中高层外派管理人员	1) 保持与国内同事之间的平衡 2) 便于员工在企业内部的流动和重新返回	管理起来难度相对较大,会形成一种既得的享受资格,会侵蚀外派人员的经济收入
一次性支付	只执行短期任务(少于三年)并且会回国的外派员工	1) 比平衡定价法更有利于保持与国内同事之间的平衡 2) 不会侵蚀外派人员经济收入	汇率的变动使得其无法适用于所有的外派人员,只能适用于相当短期的外派任务
自助餐法	1) 高层外派管理人员 2) 相对基本薪酬来说总体收入比较高的外派人员	比其他做法的成本有效性更高	很难适应那些需求各异的传统外派员工的需要

资料来源:刘昕.薪酬管理.北京:中国人民大学出版社,2011年版,做了一定的补充。

四、外派员工薪酬的结构体系

一般来说,外派员工的薪酬主要由基本薪酬、奖金、各种津贴和福利构成。从具体的薪酬结构上看,各国薪酬体制的不同,在确定外派员工的薪酬构成时也有所差别。我们这里介绍的外派员工薪酬的构成更多的是以美国公司为例[1]。

1. 基薪

确定薪酬制度的首要工作就是确定基薪,因为基薪的选择会直接影响其他各种薪酬方

---

[1] 刘园,李志群.公司薪酬制度概论[M].北京:中国财政经济出版社,2001.

式。从大的方面说,外派人员的基薪应该与在母国内和其处于相似位置的同事处于同一薪酬等级上,这可以通过职位评价和薪酬等级评定来确定。但是,由于本国和东道国的工作环境不同,工作内容往往也缺乏可比性,加上对外派员工的工作进行有效监管的难度很大,因此会对这样确定的基薪做一些调整。基薪的确定一般采用母国定价法、东道国定价法或者平衡定价法。

2. 消费津贴

美国许多公司在按照母国内规定确定外派员工工资的同时,向员工提供一套消费津贴对员工某些额外消费(由于外派引起的)进行奖金补偿,最主要的消费津贴包括商品与服务津贴、住房津贴、个人所得税津贴、教育津贴和地区津贴等。

(1) 商品与服务津贴

当子公司所在地的商品与服务价格高于母公司所在地时,跨国公司就会向外派员工提供消费津贴或商品与服务津贴(Good and Services Allowance)。津贴额以外部顾问或咨询公司提供的信息为基础,并存在多种计算方法。通常咨询顾问提供某一指数用于比较两国的物价水平(如100表明两国的物价水平相同)。津贴一般按工资周期发放,并且会不断调整数额以适应两国货币汇率的变化。

实行商品与服务津贴的公司不外乎两种目的:一是为了对员工进行保护,以应付其工作地的高消费水平;另一种是实现内部公平性,保证员工在外派期间维持原有的生活水平。实行商品与服务津贴的前提是公司按照母国内规定确定外派人员的工资。如果员工的工资服从子公司所在国的规定,那么就没有必要给予商品与服务津贴了,因为员工的工资已经准确反映了当地消费水平。

(2) 住房津贴

大多数公司出于以下两方面考虑提供住房津贴(Housing Allowance):一是鼓励员工在外派期间保留原有住房(前提为员工在外派期满后回到本国),大多数公司会协助员工管理其不动产,例如负责将其出租等。二是希望外派员工在外派期间租用住房,而不是购买住房,这样做能够简化公司管理程序,防止员工居住期间当地房地产价格突然下跌带来的损失,同时为员工回国提供便利。在这种情况下,公司会帮助员工寻找合适的住房,并且给员工提供住房津贴或直接为其支付房租。有些公司按房租实际水平向员工发放津贴,有的公司则付给员工一定数额的津贴,然后让员工自由选择住房。许多公司在津贴水平的确定上经常会求助于咨询公司或顾问,并一般以员工家庭规模和职位级别为基础决定其津贴水平。

(3) 个人所得税津贴

个人所得税的征收在不同的国家有不同的规定。美国员工在外派期间,只要是美国永久性居民,就必须向美国政府缴纳个人所得税;而其他多数国家的公民却不是根据国籍而是根据居住地和收入来源来缴税。比如,对于一位英国外派到美国的员工,他在美国拿到的工资不需向英国政府交纳个人所得税,只是对他国内的其他薪酬所得交税,前提是该员工每年必须在国外工作一定时间。许多跨国公司为员工提供个人所得税津贴,即代替员工向政府缴纳税款,同时,定期扣除员工的部分工资作为补偿。

（4）教育津贴

对于有子女的外派员工来说，公司将为其承担更多的责任。如果子公司所在地与母公司所在地使用两种不同语言，那么多数外派员工会希望他们的孩子能在子公司所在地继续学习本国语言，他们希望子女能在使用本国语言授课的学校接受教育。比如美国外派员工将其子女送到各国的"美国学校"接受教育，这种情况在法国、日本和英国外派员工的身上也经常发生。通常由母公司支付这些员工子女的学费，即教育津贴。如果在员工的外派工作地点没有提供其国内教育的学校，那么母公司就会提供津贴供其子女在母国内的寄宿学校就读。

（5）困难补助

另外，当公司将其员工派往所谓的"困难地区"时，它们会向员工提供附加奖金（Hardship Allowance），有时公司称其为"困境奖金"以表示这是对员工在艰苦环境中工作的奖励；而有的公司认为这一称谓表示了对当地员工的不尊敬，因而采用了一个比较中性的词语"地区奖金"，表明这是由于员工在特定地区工作所得的奖励。这种奖金随工作地点的不同而不同，一般以员工基薪的百分比来确定。通常公司以5%为下限代表稍差的工作环境，以25%为上限代表恶劣的工作环境，并以每5%为一等次。而且，由于得到该奖金的员工都在环境较差（与其母公司所在国相比）的国家工作，一般不会按工作地的规定确定基薪，因此公司很少将其与工作地的工资相结合。

美国相关政府部门确定艰苦地区的标准有3个：(1) 生活条件特别艰苦，缺乏娱乐设施、偏僻、缺乏交通设施、缺少食品和消费服务；(2) 恶劣的自然环境，包括恶劣的气候、高纬度和影响身体和心理健康的危险环境；(3) 明显有害健康的环境，例如疾病和流行病、缺乏公共卫生条件和健康医疗设施。并据此把150多个地区定为艰苦地区[①]。表7-7是几个例子。

表7-7 艰苦地区及其艰苦程度

国家:城市	艰苦程度差异(%)	国家:城市	艰苦程度差异(%)
阿富汗:喀布尔	25	马达加斯加:塔那那利佛	20
白俄罗斯:明斯克	20	墨西哥:梅里达	5
文莱:斯里巴加湾市	15	波兰:华沙	10
佛得角:普拉亚	20	俄罗斯:莫斯科	15
多米尼加共和国:圣多明各	15	塞拉利昂:弗里敦	25
爱沙尼亚:塔林	10	委内瑞拉:加拉加斯	5
希腊:雅典	5	也门:萨那	25
印度:孟买	15		

---

① 约瑟夫.J.马尔托奇奥.战略薪酬：人力资源管理方法[M].北京：社会科学文献出版社，2002：317.

3. 激励性薪酬

许多跨国公司除了向外派员工提供消费津贴以外，还向其发放激励性奖金，这一奖金一般适用于全体外派员工。传统上，许多公司将这一薪酬方式称为外派奖金，一般按基薪的百分比（最常用的比例为15%）与工资同时每月发放。而另外一些公司将该薪酬确定为一个奖金总额，称为工作变动资金，在外派工作的开始和结束时分两次发放。近几年这种方式得到广泛应用，体现出一定优越性：首先，传统的外派奖金与工资一起发放，这很容易使员工忽略其性质与目的，而将其作为工资的一部分，因此在外派工作结束后难以适应突然的"工资"减少。采取奖金总额的方式则会克服这一缺点。其次，它将奖金与工作的实际变动联系在一起，真正体现了该种薪酬的性质。这一点在不停转换工作地点的员工身上体现得尤为明显。最后，公司可以在员工接受外派工作离开本国之前和结束外派工作回到本国之后分两次发放奖金，从而避免子公司所在政府对其征税。

4. 员工福利

对于外派一定期限的员工，公司需解决的福利问题主要是员工养老金管理。许多公司出于管理和税收方面的考虑，将外派员工纳入母公司的养老金计划。有些公司还按这一原则管理外派员工的社会保障金。另外，各公司还尽力使其外派员工免于向子公司交纳这种费用。由于母公司与子公司所在国家一般签有双边社会保险与福利协议，因此，这种做法在6年之内是允许的。按母国内制度管理外派员工的养老金与按母国内制度确定员工基薪是一致的，这种管理方法同样适用于其他员工福利的管理，如医疗保险等。另外，母公司还提供休假和特殊假期。在艰苦地区工作的驻外人员经常能获得额外的休假费用和疗养假期。

5. 其他薪酬方式

跨国公司通常会负担外派员工的许多费用，比如负责员工在子公司所在地的安置费用，负责其财物的运送和保管等，并将其作为员工薪酬的一部分。公司同样有两种选择：支付实际费用，或支付给员工一定款项。另外，公司还要支付员工及其家庭每年一次的往返费用，在特殊情况下（如员工在所谓的"困难地区"工作），公司还会出资让员工及其家庭享受休假及旅游。

除以上五种不同方式外，还存在薪酬发放形式的区别：以本国货币支付和以子公司所在国货币支付。许多小型跨国公司没有能力用子公司所在国的货币支付薪酬，因而全部支付本币，让外派员工自行兑换。而其他一些大公司则根据员工日常购买商品和服务的平均支出确定以子公司所在国货币形式发放的薪酬额度，并以本币形式发放剩余部分薪酬，这种做法有助于保护员工免受汇率波动的影响。这种"分离薪酬发放制"在各跨国公司得到了广泛应用。

由以上分析再结合各跨国公司的实践，可以大致总结出外派员工薪酬制度的通行做法。主要有：(1) 以本国薪酬制度为基础确定外派员工的基薪；(2) 如果子公司所在国的物价水平高于国内，则向外派员工提供消费津贴；(3) 无论员工国内住房是否出租，都向其提供住房津贴以支付子公司所在地的房租；(4) 采用一种公平税收体制，保证员工在外派期间缴纳的税款与其在国内交纳的水平一致；(5) 向外派员工提供基薪以外的激励性奖金，作为对其接受并从事外派工作的奖励；(6) 对在"困难地区"工作的外派员工提供额外奖励；(7) 负担外派员工子女的教育费用。

以上七条已经成为很多跨国公司在薪酬制度领域的共识。目前为止,它是应用最为广泛的制度,并被称为"本国本位制"。以子公司所在国为基础设立薪酬制度的方法虽然也有一定适用性,但是由于各公司常需要对其进行修改与调整以适应国内情况,因而部分削弱了其适用性。

第四节 专业技术人员的薪酬管理

随着知识经济时代的到来,技术的因素在组织中愈来愈重要,特别是掌握核心技术的专业人员,他们是企业创新的骨干力量。这些人才的去留往往极大地关系到组织的生存和发展。所以,加强专业技术人员的薪酬管理是当前企业面临的重要任务。

由于专业技术人员工作性质的特殊性,其薪酬管理有着与一般员工不同的特点。例如,为了进行科研攻关或解决专项课题,他们常常需要组成专门的小组,在小组中他们所承担的角色也各不相同。所以,简单地通过职称、职务高低来确定薪酬,显然是不行的。在科研技术人员较为集中的公司或组织中,为专业技术人员专门设计一套薪酬管理制度是完全必要的。

一、专业技术人员工作的特点

专业技术工作通常是指利用既有的知识和经验来解决企业经营过程中所遇到的各种技术或管理问题,帮助企业实现经营目标的工作,其中的知识一般是指通过大学或者更高程度的正式学习才可以掌握的知识。因此,专业技术工作大多是以脑力劳动为主,需要特定员工在工作过程中充分发挥自己的积极性和主动性,利用已掌握的知识和工作经验做出决策或进行创新。专业技术人员是指企业中具有专门知识或有专业技术职称,并在相关岗位上从事产品研发、产品研究、技术改造与创新等专门人员。这部分人的工作特点表现在:

(1) 智力含量高并且知识和技术更新快。专业技术人员工作属于脑力劳动,智力含量高。同时,他们还面临一个非常大的挑战即知识和技术更新快的问题。由于专业技术人员是凭借已经掌握的技术知识和经验来创新性地为企业解决问题的,因此,他们除了要完成日常的工作之外,还必须及时地学习新涌现出的理论和技术知识。因此,学习的机会对于专业技术人员是一种非常有吸引力的福利。

(2) 工作专业化程度高或者创造性强,业绩不容易被衡量。他们的工作大多要动脑,一般在实验室或办公室,工作难度大,付出的辛苦多,并且难于监督,但其业绩往往要经过很长一段时间方可显示出来,在此之前,他们常常被人误认为是企业的"闲人"。

由于专业化程度高或者创造性比较强,会使得在很多情况下,从事同一领域工作但是专业技术水平不同的人所从事的工作内容基本相同,但是他们在解决问题时所投入的时间和精力或者所起的作用却存在很多的差异。因此,如果简单地根据他们所从事的工作确定他们的薪酬水平,可能很难反映出不同的技术人员对于企业所做出的贡献之间的差异。

(3) 工作时间无法估算。表面上看,他们好像与其他人一样准时上班、准时下班,其实他们的工作时间远比正常上下班时间多得多,有时他们为了保持思维的连贯性,不要说节假日加班加点,甚至连正常的睡眠时间都不能保证,将所有的时间都投入到专业工作中,因此这部分人往往容易犯精神性疾病。

(4) 工作压力大,企业的研发任务下达后,时限是非常紧迫的,而研发结果是很难预料的,因此技术人员接到任务后,就必须尽全力投入到研发中去,以实现最理想的结果,这是工作本身带来的压力;其次对于技术人员还存在着一种竞争性压力,这种压力来自研发小组之间、研发小组内成员之间,还有来自整个专业领域内的压力。此外社会乃至家庭的期望也是技术人员压力之源。

(5) 市场价格高。企业各类专业人员是市场上的稀缺资源,是市场中各类企业争夺的焦点,自然具有较高的市场价格。即使市场价格很高,但由于他们是企业创新的骨干力量,他们构成或创造了企业的核心竞争力,因此他们给企业所带来的价值与企业付给他们的价格之间仍然是不能相提并论的。

二、专业技术人员的薪酬结构

1. 基本薪酬与加薪

专业技术人员的基本薪酬往往取决于他们所掌握的专业知识与技术的广度和深度以及他们运用这些专业知识与技术的熟练程度,而不是他们所从事的具体工作岗位的重要性。其原因主要包括两个方面:

其一,专业技术人员对于企业的价值差异主要不是体现在所从事的具体工作内容上。很多情况下,同类专业技术人员在同一企业中所从事的工作内容极为相似,但是他们所创造的价值相差甚远。

其二,要对专业技术人员所从事的工作进行评价是非常困难的事情,尤其是在专业技术人员在企业中所从事的具体工作内容要随着外部市场情况的变化而作灵活调整的时候。

相应地,专业技术人员基本薪酬的变动(加薪)也主要取决于他们的专业知识和技能的累积程度,以及运用这些专业知识和技能的熟练水平的提高。

2. 奖金

一般地,在专业技术人员的薪酬体系中,奖金的重要性不大,由于专业技术人员主要是靠知识和技能的存量及其运用获得薪酬,而在很多时候,他们的这种专业知识和技能本身是有明确的市场价值的,因此,专业技术人员通常获得较高的基本薪酬,即使有一定的奖金发放,奖金所占的比重通常也比较小。

一种可能的例外是对从事技术和产品研发的专业技术人员,对于研发出为企业带来较多利润的新产品的专业技术人员或团队,企业往往给予一定金额的一次性奖励,或者是让他们分享新产品上市后一段时期内所产生的利润。比如,某公司对从事研究开发的技术人员的其中一个奖励方案是:新产品研发成功并上市后,研发团队可以从第一年的销售收入中提取 5% 作为奖金,第二年为 4%,第三年为 2%,第四年为 1%。此外,目前一些高科技公司还采用股权的方式作为专业技术人员的长期奖励方式。

3. 福利

由于专业技术人员工作的特点,使得他们更看重继续教育和接受培训的机会。因此,与其他员工相比,企业往往通过提供更多的进修学习的机会作为专业技术人员的福利。

三、专业技术人员的薪酬模式

总结目前专业技术人员的薪酬方案,可以概括为以下几种典型的模式①:

1. 单一化高工资模式

即给予高的年薪或月薪,一般不给奖金。较适合从事基础性、理论性研究的专业人员。他们的工作成果不易量化,而且短期内较难规定准确的工作目标。

2. 较高工资+奖金模式

该模式以职能资格(职位等级和能力资格)为基础,给予较高的固定工资,奖金仍以职位等级和固定工资为依据,依照固定工资一定比例发放。它的优点是能保证专业人员较高的收入,缺点是激励机制较弱。

3. 较高工资+科技成果提成模式

除较高的固定工资外,按研究开发成果为企业创造经济效益的一定比例提成,有按产品销售总额提成、按销售净收入提成、按产品利润提成等方法。该模式激励功能很强,很适合新产品研发人员。

4. 科研项目承包模式

即将专业人员的薪酬列入其从事的科研项目经费中,按任务定薪酬,实行费用包干。该模式有利于激励专业人员快出成果,也有利于企业对专业人员人工成本的控制。如果再有配套的后续激励措施,如成果提成、科研业绩奖金等,效果更好。

5. 工资+股权激励模式

该模式工资水平一般,加大股权激励的力度。如对专业人员实行期权制、技术入股、赠送干股、股份优先购买权等各种方式。它的优点是长期激励机制强、激励机制与约束机制并存,一旦企业发展迅速会给专业人员带来丰厚的回报。尤其适用于高新技术产业企业和上市公司。

本章小结

1. 介绍了高层管理人员的薪酬管理,首先分析了高层管理人员的工作特征及其对薪酬的影响,进而介绍了高层管理人员的薪酬结构、薪酬指标、薪酬模式制定的步骤以及高管人员薪酬的两种模式。

2. 介绍了销售人员的薪酬管理,首先分析了销售工作的特征,概述了销售人员的薪酬管理,并对销售人员的五种薪酬方案类型进行了介绍,总结了销售人员薪酬计划有效性的评价方法以及销售人员薪酬方案设计的步骤。

3. 介绍了外派员工的薪酬管理,首先分析外派员工薪酬问题产生的背景以及外派员工薪酬的决定要素,并介绍了其不同的定价方式,总结了外派员工薪酬的结构体系。

4. 介绍了专业技术人员的薪酬管理,首先分析了专业技术人员工作的特征,总结了专

---

① 陈思明.现代薪酬学[M].上海:立信会计出版社,2004:279.

业技术人员的薪酬结构和不同的薪酬模式。

复习思考题

1. 高管人员的工作具有哪些特征，这些特征对其薪酬管理产生什么影响，表现在哪些方面？
2. 结合我国企业改革的沿革，分析我国国有企业高层管理人员薪酬制度变迁与改革取向。
3. 销售人员的薪酬模式有哪些，如何选择和评价这些不同的薪酬模式？
4. 外派员工的工作具有哪些特征，其薪酬决定受到哪些因素的影响？其薪酬结构如何体现这种工作特征？
5. 外派员工薪酬的决定方式包括哪些？比较其优缺点。
6. 专业技术人员的工作具体有哪些特征？这些特征对于专业技术人员的薪酬管理产生什么影响？具体表现在哪些方面？

案例讨论

销售员小张的故事

小张通过一番努力，终于应聘上向往已久的保健品 A 公司。小张觉得这个工作来之不易，其销售才能也能得到充分发挥，因此工作得特别努力，每天都拜访好几家新客户，甚至在每天回家以后都花大量时间在报纸上收集客户信息。一个月过去了，小张的工作状态越来越差，做事越来越打不起精神，在 A 公司工作了近两个月之后，小张向公司提出了辞职申请。由于公司人才流失严重，严重影响了公司的业绩，为了招聘到优秀的人才，公司花费大量精力和金钱。小张是本次招聘的新员工中的佼佼者，在公司的表现也很突出，为什么刚刚开始上手就要提出辞职呢？

人力资源部经理一改以往的习惯做法，决心尽最大努力留住小张。在同小张的深谈中，经理了解到了小张辞职的原因，同时，也意识到了公司管理中所存在的严重问题。原来，小张在进公司之前了解到，在 A 公司，不论是新业务员，还是老业务员，底薪和提成都一视同仁，提成均按销售额的 5%，相比其他几家应聘的公司，A 公司的薪酬制度还是比较有竞争优势并且比较公平。小张的销售能力出类拔萃，A 公司的品牌颇有影响，因此，小张相信自己能够干得很开心，获得高报酬。但慢慢地，小张发现，尽管自己每天不停地打电话、跑客户，但是销售业绩在公司的业绩公告栏上还是远远地落在两位老业务员后面。

第一个月工资发下来，老员工比小张多出十几倍，小张很难受，也很苦恼。本来，新员工的业绩低一些纯属正常，没什么大惊小怪，可是，仔细观察下来发现，原来公司的两部客户咨询电话都放在两位老员工的办公桌上，每当有客户咨询电话，都被两位老员工据为己有。由于 A 公司自身有许多广告，因此客户咨询电话非常多。老员工只要坐在办公室，守住电话，便可以掌握大量的新的优质客户，而像小张这一批新进员工则只有自己开发新客户。

小张愤愤地说：客户资源是公司的，现在都被两位老员工据为己有，我们新员工即使这么努力，业绩与每天坐在办公室的老员工们相比，还是相去甚远，当然只有另谋生路。公司也知道这样做不公平，曾经计划过采取措施改变这种状况，但是，由于两位老业务员掌握了公司的主要的客户，公司的销售主要靠他们做，并且，公司的几个大客户也都是他们以前开发的，同他们的私人关系很好，如果公司调整销售制度，担心他们两个老业务员跳槽。

对此公司也很头疼。但是，这种状况不改变，公司就不可能留住新人。

案例思考题：

您认为 A 公司的薪酬管理存在什么问题？如果您是人力资源经理，将如何改进？

第八章 薪酬支付的管理

 本章结构图

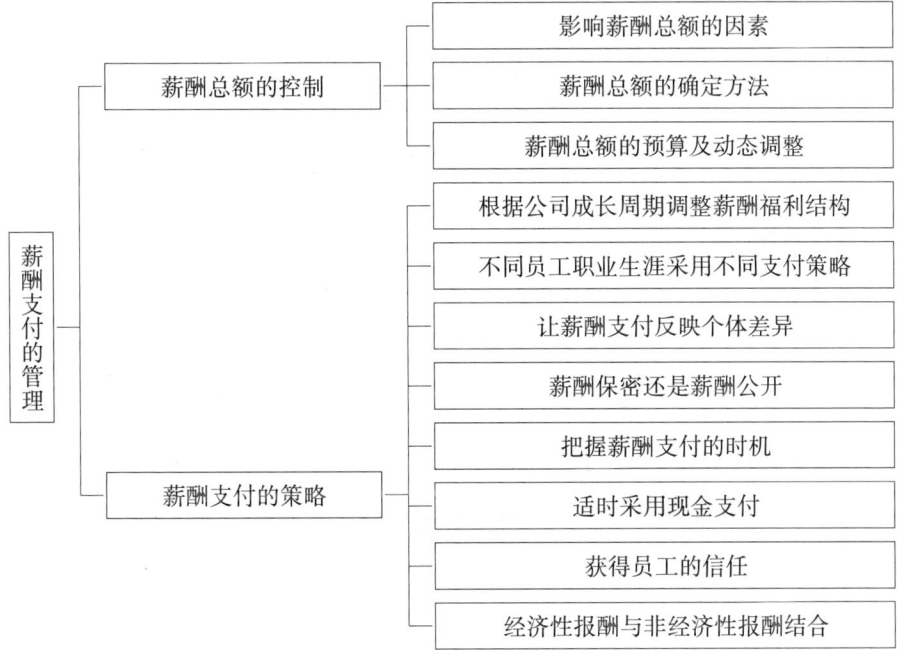

 开篇故事

S房地产公司员工对薪酬满意吗？

快到岁末了，S房地产公司的张总把人力资源部李经理叫到办公室，"老李，今年的人工成本支出比例怎么样？员工对薪酬还满意吧？"

"薪酬总额是1 203万，我们公司的薪酬相比其他公司要高，员工对薪酬还是比较满意的"，李经理这样回答道。

如果你是S房地产公司的老总，你对李经理的回答满意吗？

薪酬作为公司人工成本的重要组成之一，一直是公司管理者关注的焦点。与此同时，薪酬作为员工激励的重要手段，决定了公司对优秀员工的吸引力，决定了员工的绩效表现，从而决定公司发展。因此，如何对公司薪酬成本进行控制，在一定的薪酬成本之下如何使用适当的薪酬策略以实现对员工激励作用的最大化,都是公司需要认真斟酌的问题。

本章从薪酬总额的控制、薪酬支付的策略两个方面来论述薪酬支付管理的原理和窍门,以期对公司的薪酬管理实践提供借鉴。

第一节 薪酬总额的控制

薪酬总额是公司在员工方面投入的总体支出。一旦确定了,它就会对公司在行业中的薪酬总体水平产生影响——给外部人建立一个公司薪酬水平在行业中处于什么地位的印象;由于受薪酬总额的控制,具体到相应岗位的薪酬水平也会受到影响——如果一部分岗位薪酬水平高,那么必有一部分岗位薪酬相对较低。另一方面,薪酬总额是公司总体经营成本的一部分,因此,薪酬总额也会对公司的经营收益产生影响,在产品价格和劳动效率一定的情况下,薪酬总额支付越多,公司所获得的利润就越少。因此,可以说薪酬总额既对公司吸引、留住和激励员工产生影响,又在很大程度上影响公司成本水平因而影响公司收益。那么,公司到底该如何确定薪酬总额呢?

一、影响薪酬总额的因素

公司在进行薪酬总额决策时,除了要清晰薪酬总额对公司的影响,还必须清楚哪些因素对薪酬总额产生影响,以及如何影响的。

(一)影响薪酬总额的外部因素

影响薪酬总额的外部因素主要有国民经济增长率、通货膨胀率、行业和地区的薪酬水平、劳动力市场的供求状况等。

1. 国民经济增长率

国民经济增长率是国家在过去一年中国民生产总值的增长速度,反映了经济发展状况,是国家宏观经济状况的指向标。宏观经济状况影响公司发展的经济环境,因而影响了公司的经营状况,进一步影响公司薪酬支付能力从而影响公司薪酬总额。

2. 通货膨胀率

通货膨胀率是衡量通货膨胀程度的指标,一般可以通过消费物价指数(CPI)来衡量。如果员工的名义收入不变,当年通货膨胀率为正增长,那么扣除物价上涨因素,意味着员工的实际收入降低。在公司人力资源状况不变的情况下,如果要保证员工的生活质量不变,在存在通货膨胀的情况下,公司的薪酬总额通常应该随着通货膨胀的增加而增加。

3. 行业和地区的薪酬水平

行业和地区的薪酬水平也在很大程度上影响薪酬总额。如果公司所处行业的薪酬水平比整个国家或地区的平均水平要高,那么公司的薪酬总额就会比较高。同理同一行业同样规模的公司,处于偏远地区的公司通常较之处于发达地区的公司所支付的薪酬总额要低。

4. 劳动力市场的供求状况

劳动力市场的供求状况影响劳动力市场价格,从而影响公司薪酬总额。例如近年来随着计算机科学的发展,人工智能产业高速发展,各科技公司为了争夺人工智能专业的人才,不惜出高价将所需人才招至麾下,造成人工智能行业劳动力市场处于紧张状态,劳动力求大于供。这样的劳动力市场供求态势,直接导致了高科技行业公司薪酬总额的上升。

(二) 影响薪酬总额的内部因素

1. 公司经营效益

公司经营效益影响公司的薪酬支付能力,从而影响薪酬总额。根据薪酬比率确定薪酬总额是最简单、最基本的分析方法,其计算公式为:

$$薪酬总额 = 薪酬比率 \times 销售额(或利润)$$

其中的薪酬比率,可使用企业过去的实际薪酬总额费用率,也可参考本行业一般水平确定。按这种计算方式,企业的薪酬总额主要随企业销售额的变化而变化。

2. 公司往年的薪酬总额

公司新的一年的薪酬总额往往要基于往年的薪酬总额之上,结合公司经营状况做出调整。工资总额增长幅度低于经济效益增长幅度情况下,其计算公式为:

$$\frac{当年可在税前扣除的最高工资总额}{} = \frac{上年提取工资总额}{} \times (经济效益增长幅度 + 1)$$

3. 年度人力资源计划

年度人力资源计划会影响公司人力资源结构和数量,因而对公司薪酬总额形成影响。例如,公司人员增加,尤其是高级人才数量增加可能会导致薪酬总额上升。

二、薪酬总额的确定方法

(一) 以公司经济能力为主导的薪酬总额确定方法

以公司经济能力为主导确定薪酬总额,主要是从公司经营状况出发进行思考,并在此基础上以市场薪酬数据进行调整。

公司对劳动力的需求来源于产品市场上消费者对于产品的需求。只有当市场上对产品和服务存在需求时,才会形成公司对于劳动力的需求(这也就是经济学中常常提到的劳动力需求是一个派生需求),因此公司所生产的产品其需求的价格弹性对于公司薪酬水平有着很大的影响。产品需求的价格弹性越大,公司越注意与竞争对手采取一致的价格策略,越需要对产品成本进行控制,从而越需要对薪酬总额进行严格控制。基于公司经济能力的薪酬总额确定方法主要有以下几种。

1. 薪酬比率推算法

薪酬比率推算法是分析薪酬总额最基本的方法之一。对于经营状况良好的公司,可以以过去的经营绩效为基础来推算出本公司薪酬比率,并以此来预算出新的一年公司的薪酬总额。如果公司经营状况欠佳,则主要参照行业平均薪酬水平来确定本公司的薪酬比率,之后再推算出本公司薪酬总额。

要想增加薪酬总额,同时还要维持一个比较合理的薪酬比率的话,就必须增加销售额,也就是说薪酬总额的上涨速度不能够超过销售额的增加速度。根据一般经验,薪酬比率的数值大约在14%左右,其具体的合理数值又与公司规模大小、行业特点等有关。公司规模比较大的情况下,由于规模效应,可能使得公司的薪酬比率较之规模较小的公司低;资本密集型行业的薪酬比率可能就要比劳动密集型行业的薪酬比率要低。

2. 盈亏平衡分析法

所谓盈亏平衡分析法又叫量本利分析法,是公司根据产量、成本、利润三者之间的相互关系,进行综合分析,预测利润,控制成本的一种数学分析方法,通常也称为"盈亏平衡分析法"。利用盈亏平衡分析可以计算出公司的盈亏平衡点(又称保本点、盈亏临界点、损益分歧点、收益转折点等)。

由盈亏平衡分析指导公司能够支付的最高薪酬比率为:

$$最高薪酬比率 = 薪酬总额/盈亏平衡点销售额$$

公司愿意支付的安全薪酬比率为:

$$安全薪酬比率 = 薪酬总额/安全盈利点销售额$$

其中,安全盈利点销售额是指在确保股东权益的情况下,还能应付公司可能遭受的经营风险或危机。因此,公司此时确定的薪酬比率范围为:

$$安全薪酬比率 \leq 合理薪酬比率 \leq 最高薪酬比率$$

再结合薪酬比率推算法即可计算出此时公司的合理薪酬总额。

3. 劳动分配率推算法

劳动分配率表示公司在一定时期内新创造的价值中有多少比例用于支付人工成本,它反映分配关系和人工成本要素的投入产出关系。

附加价值对于公司来说,是公司本身所创造的价值,是销售额中扣除外部委托购买和加工费用之后,所附加在公司上的价值。由于附加价值是劳动和资本之间进行分配的基础,因而可以作为公司计算薪酬总额的依据之一。公司劳动分配率的情况,从公司财务报表中的借贷平衡表中予以推算,亦即先算出附加价值中资本分配的部分,然后得出劳动分配率。其计算方法为:

$$劳动分配率 = 1 - 资本分配率$$

劳动分配率从本质上来说,它反映的是人工成本作为一种投入的效益。由于是相对数指标,有利于国际、国内公司的人工成本水平比较。但应该注意的是,不同行业的公司之间,由于资本有机构成或劳动装备水平不同,附加价值率和利润率不同,劳动分配率存在明显差异。劳动分配率指标还适合于同行业的公司之间进行比较。

根据发达国家的调查资料显示,在公司附加价值中,大公司的劳动分配率约为 40.9%,而中小公司约为 54.5%。从绝对数的角度来说,大公司的劳动使用量为资本使用量的 0.9 倍,而中小公司约为 0.5 倍。

(二) 以市场薪酬水平为主导的薪酬总额确定方法

以市场薪酬水平为主导的薪酬总额确定方法考虑的是由于薪酬的市场竞争性对于公司吸引和留住员工有着很大影响,因而先确定依据外部薪酬水平后决定公司薪酬总额,然后再以公司经济承受能力进行调节。

以市场薪酬水平为主导确定本公司薪酬总额,其中最主要的工作就是对同行业竞争对手薪酬水平进行摸底。同行业是指向市场提供类似产品或替代产品的竞争对手、使用类似生产技术、具有相似的成本结构、相似的人才定位等的其他公司，因为只有这样的公司薪酬水平才具有可比性。假如甲公司是手工化生产，而乙公司是自动化生产，就算两个公司在同一产品市场面对同样的客户群，这两个公司的薪酬水平也不具有可比性。通过对市场薪酬数据的调查与分析，依据市场调查数据，决定公司薪酬水平竞争策略，测算公司每个岗位薪酬水平，从而计算公司薪酬总额，再以公司经济能力进行验算。

三、薪酬总额的预算及动态调整

1. 薪酬总额的预算

薪酬总额的预算，概括地说就是特定的主体决定要实现怎样的目标以及准备以何种成本或代价来实现这一目标的过程。对于任何一种经济活动而言，通过预算来进行成本控制都是不可或缺的一个环节。由于薪酬问题在经济上的敏感性及其对于公司财务状况的重要影响，薪酬总额预算也就理所当然地成为公司战略决策过程中的一个关键问题。它要求管理者在进行薪酬总额预算及决策的时候，必须把公司的财务状况、所面临的市场竞争压力与薪酬总额预算、薪酬控制等问题放在一起加以综合考虑。

同样，在决定更新公司的薪酬结构、为员工加薪或者是实施收益分享计划的时候，薪酬总额预算也是公司确保薪酬成本不超出公司承受能力的一个重要措施。举例来说，在新的财务年度，管理者需要综合考虑外部市场的薪酬水平、员工个人的工作绩效、公司的经营绩效以及生活成本的变动情况等各种要素。为了保证公司薪酬成本不会大幅度上升，公司就需要对这些要素分别在加薪中所占据的比重进行权衡；这种权衡还发生在长期奖金和短期奖金之间、绩效加薪和根据资历加薪之间以及直接货币报酬和间接福利支出之间。此外，是主要以薪酬作为激励手段，还是转而用其他人力资源管理手段来激励员工，这同样是一个值得管理者们考虑的问题。

2. 薪酬总额的动态调整

公司的薪酬总额不应该是一成不变的，而是应该随着公司的变化、行业的变化和劳动力市场的变化而进行动态的调整。薪酬总额的动态调整包括两种：一种是常规的调整，比如年度薪酬总额调整；另一种是非常规的调整，主要是当公司发生一些重大变革或者市场发生重大变化时所进行的调整。常规的薪酬总额调整是在每年年末进行的，是在对上一年度的薪酬状况进行分析和评估、对员工薪酬满意度进行调查，并了解上一年度的薪酬体系在运行过程中存在的问题的基础之上进行的。这种调整通常是与薪酬预算一起进行的。非常规的薪酬总额调整则是指公司在战略和组织结构发生重大变化、行业内主要竞争对手的薪酬策略发生重大变化或劳动力市场的供求关系发生重大变化时所进行的调整。其中公司战略、组织结构的调整会导致公司的薪酬总额预算发生变化，公司内关键岗位的相对价值发生变化，这时就应该进行相应的调整。一般而言，公司的薪酬总额不宜频繁地发生变动，因此公司应该建立薪酬总额及薪酬策略调整的促发机制，确定较高的促发条件，并且促发机制应该更加关注公司内部的促发因素。

第二节　薪酬支付的策略

薪酬是公司实现员工激励的最重要方式,同时也是公司运营的成本项目之一。在公司付出相当的成本之后,如何实现薪酬激励作用的最大化? 这就需要管理者通过适当的策略,在公司不同发展阶段的策略、支付对象特点、支付方式、时机、途径、薪酬沟通等等方面下功夫。薪酬支付策略不同,激励效果就不同。

一、根据公司成长周期调整薪酬福利结构

公司处于不同发展阶段,薪酬结构中工资、奖金以及福利三个部分的搭配就不同。

1. 创业期

公司在创业期,一般资金都较为紧张,为了减轻公司的财务负担,公司的总体薪酬刚性应当小一些。工资刚性定律告诉我们,人们对工资的下降非常敏感,工资通常只涨不跌,否则会引发员工不满。因此为了使得创业期公司的薪酬体系更具有灵活性,在公司创业阶段,公司一般会采取低工资、高奖励的薪酬策略。

福利的特点之一是缺乏弹性,一旦提供便难以收回。而且福利由于是非现金形式的,因而会随着通货膨胀率而上升,使公司背上沉重的包袱。因此在公司创业之初,通常会采用低福利的薪酬策略,以增加成本控制的灵活性。

2. 成长期

处在这一阶段公司的主要特征是,产品和服务的销售量猛增,市场占有率大幅度提高,公司以及公司的产品和服务具有一定的品牌知名度。由于市场销售形势良好,资金流速加快,公司可能出现净现金流入的现象,现金存量较为宽裕。这时,公司一方面开始适当提高基本工资和增加福利,以增加员工忠诚度、降低人员流失率;另一方面,由于公司正处于积极扩张状态,鼓励个人贡献,因此以个人绩效为基础而支付的奖金在薪酬体系中占很大比重。因此在成长期,公司宜采用高工资、高奖金、高福利的薪酬策略。

3. 成熟期

当公司发展进入到成熟稳定阶段,公司的规模、产品的销量和利润、产品市场占有率都达到了最佳状态。公司的营销能力、生产能力以及研发能力也处于鼎盛时期,公司及其产品的社会知名度很高。由于成熟期公司的品牌和影响力有助于巩固公司对人力资源的竞争能力,因此在这个阶段,基本工资可以保持行业一般水平;为了增加员工激励、鼓励产品创新、管理创新和服务创新,公司应该加大奖金激励力度。在此基础上,公司还应该充分利用非经济性报酬的激励作用,把薪酬范畴扩展到包括基本工资、绩效奖金、福利、股权、培训计划、职业生涯开发、员工沟通与参与、员工满意度提高等各个方面。

4. 衰退期

公司进入衰退期,可能有公司本身的原因,也可能是由于外部环境造成的。衰退并不完全意味着公司走向灭亡,更多时候是公司发展阶段中的一个低谷。在衰退期,由于公司经营状况不佳,会出现员工离职率增加,士气低落,组织承诺度下降,员工不公平感提高等现象。

此时的公司有两种选择,要么坐以待毙;要么采取收缩战略,控制住成本,剥离亏损业务,有计划地培育新的增长点,使公司有效地蜕变。但是公司的蜕变需要一个过程,在此阶段公司需要稳定员工队伍,留住核心和关键员工,为公司突破困境、再造生命力提供人力资源保证,因此需要强调薪酬的外部竞争性,向核心和关键员工支付较高的基本工资和较高的福利,同时奖金也应该富有激励性。

二、不同员工职业生涯采用不同支付策略

员工职业生涯的不同阶段,其能力不同,人力资本存量及发挥优势不同,对公司的贡献也不同。而公司要吸引和留住高能力、高绩效的员工,就必须考虑员工职业生涯不同阶段的需要。一般认为,人的职业生涯可划分为四个阶段:成长期、成熟期、鼎盛期和衰退期。

(1) 在成长期,员工的职业能力较低,还不能独立承担工作,但其职业能力迅速提高。这个时候,员工的工作热情很高,经验和技能积累的速度很快,但由于缺乏相应的技能和经验,对公司的贡献并不是很大。

(2) 到了成熟期后,员工具备了从事本专业工作的能力,能独立承担工作,并逐步成为所在单位的业务骨干,其职业工作能力继续提高,但提高的速度有所减缓。

(3) 到了鼎盛期,员工已具有较强的职业工作能力,已成为所从事工作的组织者或主要负责人,职业工作能力达到了个人职业生涯的最高水平,继续提高的余地已比较小,处于相对稳定状态。

(4) 进入衰退期后,员工仍然具有较强的职业工作能力,在工作中仍发挥重要作用,但其能力正逐渐降低,直到职业生涯结束。

对应于员工职业生涯发展的四个不同阶段,可以分别采用两种不同的薪酬策略。

(1) 一种是采取高起点,低增长的策略,在职业生涯开始的时候,给予高于其他公司的薪酬,在职业生涯发展的前三个阶段——成长期、成熟期、鼎盛期,薪酬缓慢、均匀增长。对应于员工的稳定或下降阶段,工资水平基本保持不变或略微有所降低。很明显,这种策略较少考虑员工职业能力的变化,是一种与员工职业能力差异关联性比较低的策略,因而对员工的动态激励作用有限。

(2) 另外一种是低起点,高增长的策略,在职业生涯开始的时候,给予较低的薪酬,随着员工职业生涯的发展,薪酬加速增长。对应于员工稳定或下降阶段,工资水平同样基本保持不变或略微有所降低。这种策略由于与员工的职业能力紧密相关,对员工有较强的动态激励作用,缺陷是不利于吸纳新员工,稳定年轻员工队伍。

比如对于企业中新老员工工资差别不合理的问题,可以采取以上不同的薪酬策略来解决。针对处于职业生涯开始阶段的新员工,给予高起点、低增长的策略,吸引新员工安心工作;而针对处于职业生涯发展阶段的老员工,采用低起点、高增长的策略,激励能力较强的员工。并在动态发展过程中,新老员工的薪酬差异形成合理分布。

三、让薪酬支付反映个体差异

随着知识经济时代的到来,公司间的竞争格局也发生了很大的变化。人才在公司竞争中所起的作用越来越大。有人说二十一世纪的竞争是人才的竞争,这句话非常贴切。薪酬

作为人才激励的主要手段之一,它同时也是竞争人才的工具。如何让薪酬更好地对员工的能力和绩效表现做出反应,成为薪酬支付的一个重要任务。

1. 与薪酬支付相关的员工个体特征

一般而言,与薪酬相关的员工个体特征包括:身体状况、经济状况、能力状况和性格特征。

(1) 身体状况,主要指其身体是否健康,具体表现为是否存在重大疾病,精力是否充沛以及耐受力的强弱。

(2) 经济状况,主要指员工所拥有的净资产的数量,以及其目前所需支出占其收入和净资产的比重。已经有住房,并具有一定的流动资产,当前所需支出占其流动资产比重较低的员工,其经济状况比较好,相反还需通过积累货币来满足购买住房、治疗疾病、子女上学或赡养父母等需求的员工,其经济状况为不好。

(3) 能力状况,指工作经验、工作技能和学习能力等方面的特征。工作经验丰富、工作技能强、学习能力强的员工,其工作能力强,反之则弱。

(4) 性格特征,指员工的价值观、行为准则和行为方式等方面的特征:价值观是个人主义还是集体主义;风险倾向性高还是低;等级意识重还是轻;意志力强还是弱等。

2. 基于员工个体特征的薪酬支付

(1) 基于身体状况的薪酬支付。身体健康的员工往往对现金的需求比较小,风险的承受度比较高,进取心强,追求业绩、提高能力的动机比较明显,因而会重视业绩或技能标准,倾向高比例的浮动薪酬和长期薪酬,希望有较多的加薪渠道。而对于身体较差的员工,更需要一个稳定的工作环境,因此给他们提供更多的保障,能更好地激励他们。同时,较高的固定薪酬、较为柔性的工作时间、较好的医疗福利等对于低健康的员工有很大的吸引力。

(2) 基于经济状况的薪酬支付。对于经济状况较好的员工,除了家庭背景的因素外,大部分有一定的工作经验,对能力的认识更为深刻。在基本工资中,他们往往重视薪酬中的岗位或技能标准。在附加工资中,他们对小幅度的激励没有太大的兴趣,比较青睐高额的长期薪酬。在额外津贴中,由于他们大部分已有子女,比较关注子女照顾和教育方面的福利。在心理收入中,他们强调快乐工作,不会因为收入而忍受不愉快的工作。同时,由于他们的经济状况较好,因此有更高的职业追求,非常重视晋升机会。对于经济状况较差的员工,在附加工资中,他们倾向高比重的短期薪酬。在间接工资中,他们倾向现金福利。

(3) 基于能力的薪酬支付。能力较强的员工往往具有很高的自我认知,因而他们在基本工资中会重视业绩或技能标准,在附加工资中会强调较高比重的浮动薪酬和长期薪酬。在非经济薪酬中,他们重视职业发展机会,重视能体现个人能力的工作平台。对于能力较差的员工,关键是能力的提升,提供培训、轮岗、职业生涯管理等方面的非经济薪酬将带来企业和员工的双赢。

(4) 基于性格特征的薪酬支付。崇尚个人主义的人希望自己的价值受到认可,重视自己的投入和产出比,因而他们会重视业绩或技能标准,重视自己的权益。风险倾向性高的人往往倾向高风险高收益的分配模式,因此重视业绩薪酬和高比重的浮动薪酬;风险倾向性低的人往往倾向可以预测的收益,因此重视技能薪酬和高比重的固定薪酬。等级意识重的员工往往官本位意识重,因此重视岗位薪酬;等级意识弱的员工重视平等,强调价值和收益对等,因此重视技能薪酬和分权。意志力强的员工往往能够努力去获得很高的业绩,因此他们重视业绩薪酬和长期薪酬;意志力弱的员工往往难以接受不确定性,因而重视高比重的固定薪酬[①]。

四、薪酬保密还是薪酬公开

很多公司员工就职的时候都会被明确告知公司采用的是保密薪酬制,员工间不得相互打听工资,否则将会被公司罚款甚至开除。尽管在实际工作中,员工严格遵守公司的这一规定,但事实上员工相互之间经常还是有意无意地能够了解各自的薪酬待遇。那么,采用薪酬保密或公开的策略出于什么目的? 哪些内容可以公开,哪些内容不可以公开呢? 下面就围绕这些问题展开讨论。

1. 薪酬保密制度

在我国,很多企业保密薪酬制度是由年底公司发放薪酬"红包"的办法演变而来的。为了强化薪酬支付的保密效果,有的公司,特别是民营公司,还制订了保密薪酬制度。下面是某公司的保密薪酬制度内容,该制度名称为《××公司薪酬保密管理办法》。

(1) 本公司为鼓励各级员工各尽职守,为公司盈利与发展积极贡献,实施以贡献论酬的薪酬制度,为培养以贡献争取高薪的风气,并为避免优秀人员遭嫉妒起见,特推行薪酬保密管理办法;

(2) 各级主管应领导所属人员养成不探询他人薪酬的礼貌、不评价他人薪酬的风度、以工作表现争取薪酬的精神;

(3) 各级人员的薪酬除公司主办核薪的人员、发薪的人员与各级直属主管外,一律保密;

(4) 薪酬计算如有不明之处,报经直属主管向经办人查明处理,不得自行理论;

(5) 本办法经经理级会议研讨并呈奉总经理核准后实施,修改时亦同。

违反公司的保密制度,则要受到相应的惩罚。具体的罚则如下:

(1) 主办核薪及发薪人员,非经核准外,不得私自外泄任何人薪酬,如有泄漏发生,视情节严重程度给予另调他职、降级直至开除的处罚;

(2) 探询他人薪酬者,扣发1/4年终奖金;

(3) 吐露本人薪酬者扣发1/2年终奖金,如因此招惹是非者扣发全部年终奖金;

(4) 评论他人薪酬者扣发1/2年终奖金,如因此招惹是非者予以停职处分。

从这个公司的《薪酬保密管理办法》中,我们看到该公司明确规定了公司员工不得探询他人工资,并对违反规定的行为做出了处罚规定。一般来说,公司的保密薪酬制度也大都包含这些类似条款。那么,公司为什么要实行保密薪酬制度?

现实生活中,薪酬公开还是保密对许多公司来说都是一个令人头疼的问题。一方面,从人力资源管理方面来看,薪酬是与员工利益最直接相关的、员工最能感受到公平与否的问题,如果公司在这个问题上处理不当,不是打击一两个员工积极性的问题,而是影响公司形象、动摇公司文化的深层次问题。另外一个方面,任何老板都希望用最低的薪酬吸引最有能

---

① 王凌云. 基于员工个体特征的薪酬设计[J]. 中国集团经济,2010(1):117.

力的合适员工,员工则都希望得到最高的薪酬以体现自身的劳动力价值,劳资两方永远存在着这样一对矛盾:老板和员工都认为自己在薪酬方面吃了亏,于是很多公司,特别是中小型公司明文规定员工薪酬是公司的秘密,员工不得打听别人的工资,也不能任意公开自己的工资。

2. 薪酬保密的优点

员工薪酬保密制度当然有多方面的好处。

(1) 能给管理者更大的自由度,他们不必为所有的工资差异做出解释。尽管员工有了解公司的薪酬情况的知情权,但并不意味着对公司所有情况的了解和掌握。每个员工都知道自己的薪酬,但不清楚其他人的薪酬。这样公司既可以按照员工的能力和绩效付酬,又可以避免类似同一岗位薪酬待遇不同引起的员工不公平感。所谓"眼不见心不烦",这样的做法或许能够让员工更安心地工作,减少攀比行为及其所带来的副作用。

(2) 有助于提高外聘专家的薪酬支付水平,高效吸引外部高级人才。管理者可以在不引起内部员工反感的情况下,对于公司从外部聘请来的专家给予高额报酬,有效避免薪酬不公平给老员工带来的不公平感。

(3) 回避由于不能准确衡量绩效引起的薪酬问题。比如许多员工的工作由于种种因素很难准确衡量其绩效,如不同销售区域的经理,由于当地消费水平、销售基础的差异,可能销售绩效很难成为衡量其工作能力和努力程度的依据。在这种情况下,相应地就很难确保薪酬的公平性,而保密的薪酬制度可以回避这个敏感问题。

(4) 避免绩效制度不完善给员工带来的对薪酬不满。一个公平公开的薪酬制度首先要求有一个科学的绩效评估体系的支持,而有的公司的绩效评估体系本身可能就不科学,如果再把这种不科学的绩效评估体系的结果引入薪酬体系当中,必然导致员工对薪酬的不满。在这样的情况下,如果公司不科学的绩效评估体系短时期内难以改善,那么薪酬保密制度不失为一种好办法。

3. 薪酬公开的优点

(1) 从原则上讲,一个公平合理的薪酬体系和制度应该是公开的。因为一个有效的薪酬制度不仅要反映每个员工的绩效和员工岗位的价值,还应该让每个员工明确自己在公司内部的发展方向。由于薪酬的上升通道反映员工的职业上升通道,因而公开的薪酬能够使公司内的每个员工都能够明确自己可能的发展目标,员工也正是在不同系列的薪酬上升通道的比较和选择过程中,根据自身的情况,确定自己的职业发展目标。

(2) 根据激励理论中的期望理论,当员工认为努力会带来良好的绩效评价从而带来更多的收入(或其他奖励)时,就会受到激励而付出更大的努力。同时,公平理论又告诉我们,激励不仅受到绝对公平的影响,还受到相对公平的影响。因此,为使薪酬对员工激励水平最大化,员工应该了解组织是如何定义和评估绩效的,了解与不同绩效水平相联系的报酬水平。保密的薪酬制度割断了收入信息与绩效信息的直接联系,员工容易产生错误的感觉,这些错误的感觉会妨碍激励水平的提高。

(3) 此外,公开的薪酬制度有利于组织内部的沟通,并有助于培养员工对组织的信任感。实际上,尽管一些公司实施了薪酬保密制度,但这种制度从来也没有能够完全杜绝员工私下讨论薪酬的问题,而这种私下的讨论和交流得到的信息往往是失真的,或者是被别人欺骗,或者是自欺欺人。正是在这种员工之间的相互博弈,错误的信息在组织内部传播,员工对组织的信任感可能会消失殆尽。

4. 薪酬保密还是公开视公司具体情况而定

从上述薪酬保密和薪酬公开的优缺点分析可以看出,这两种方式并没有绝对的孰是孰非之分,关键在于什么样的公司适合于薪酬保密的形式,什么样的公司适合于薪酬公开的形式。根据一般的经验,一些规模较小、管理规范化程度比较低、专制色彩比较浓厚、强调个人奋斗、以员工之间竞争作为对员工主要激励手段的公司,宜采用薪酬保密制度;而那些规模相对比较大、组织形式比较清晰、公司文化崇尚合作沟通的公司则宜采用薪酬公开的形式。

当然,薪酬保密或者薪酬公开,并不能一概而论。即使在一个公司内,在某些部门可以采用薪酬保密形式,而在另一些部门则可以采用薪酬公开形式,但要注意协调。

薪酬公开或保密还要就具体部分来讨论。换言之,薪酬的有些部分是可以公开的,比如薪酬政策,有些部分是可以保密的,比如有的总经理特别奖,哪些要保密或公开,要看公开或保密的目的是什么。显然,有利于倡导公司价值观的内容,就应该公开,容易引起不必要争论的内容,就可以保密。

五、把握薪酬支付的时机

实践中,企业经常遇到这样的争论。在公司董事会上,董事们正在谈论年终奖金的发放问题。"经过公司上下的一致努力,今年公司经营状况明显改善,实现了扭亏为盈的目标,但是,与其他公司相比,我们的市场占有率仍然很低,利润也不高,为了公司的长远发展,我建议推迟发放年终奖金。""我们发放年终奖的目的是为了鼓励员工继续保持高昂的斗志,不断提高工作效率。同时年终奖也是对员工今年工作的承认;如果推迟到下一年度员工士气会受到很大打击。""公司当前的主要目标是扩大投资,争夺市场份额,决不能为了眼前的小利而不顾大局,这些情况可以向员工解释清楚,我相信会得到员工的信任和支持。"

那么,是否应该推迟年终奖金的发放? 及时地对员工加以奖励真的是"眼前的小利"吗? 推迟发放年终奖金会不会影响公司未来的发展? 其实,薪酬支付时机选择的不同确实对员工行为和态度有重要影响。

1. 推迟支付的优点

我们知道,奖金对员工来说是一种物质奖励。如果员工的绩效优良,工作成绩突出,并且为公司的发展做出了很大的贡献,那么理所当然应该受到公司奖励,一来是对员工过去努力的认同,二来激励员工在今后的工作中再接再厉。

年终奖金的推迟发放,的确能为公司节省一笔资金。可以用来扩大投资规模,增加对原材料等的购买量,或者用来引进某项技术,或某种新的设备来增强公司竞争优势。

2. 及时支付的优点

把握住薪酬支付的恰当时机,是维持员工工作热情的关键。作为公司的高层主管一定要认识到,员工的工作积极性带来的奉献精神,是一个公司发展不竭的动力源泉,而员工的工作积极性需要不同层次的激励来维持和加强。这其中一个主要的手段就是对他们良好的工作绩效及时给予肯定,并及时给予物质方面的奖励。

一切的设备、机器自身并不会创造出价值,只有通过人来操作、管理才能实现公司正常的生产,如果人的积极性调动不起来,员工消极怠工,工作效率低下以及浪费严重,可以说这种公司是没有前途的。及时支付奖金,公司发展所需的资金会受到一定影响,但是"留得青山在,不怕没柴烧",要知道员工工作积极性对公司来说才是最关键的。

3. 支付良机根据具体情况而定

一般来说,支付良机根据公司具体情况而论。当公司正处于发展阶段、利润水平尚低时,推迟发放年终奖金将有利于公司的长远发展。如上面案例中的公司刚扭亏为盈,元气还未恢复,有些人主张推迟发放年终奖金而把有限的资金运用到公司发展最需要的地方,应该说这种意见有一定道理。

但如果考虑公司上下对年终奖金的发放预期很高,在这个时候推迟年终奖金的发放,则会打击公司上下来之不易的积极性,对公司的后续发展极为不利。因为当员工努力工作,为公司带来经济效益;当员工以公司为家全身心地投入工作;当大家上下齐心使公司扭亏为盈,而到了年底竟然拿不到年终奖金时,员工自然会认为:我这么努力有什么用,公司赢利我一点好处没有。如果这种想法在公司占了上风,那公司可能会重新滑向亏损的边缘。如果公司及时发放年终奖金,则会极大地鼓舞士气,员工感到一年的工作没白干,明年再好好工作,争取为公司多做贡献,个人的利益也能得到保障,全公司在及时支付的激励下,明年公司将面临一个更好的发展环境。

六、适时采用现金支付

资讯业的发达,使得中国走到了去现金化的世界前列,中国央行发布的《中国普惠金融指标分析报告》称,截至2018年末,中国人均拥有7.22个银行账户,人均持有5.44张银行卡。全国使用电子支付成年人比例为82.39%;农村地区使用电子支付成年人比例也超过七成①。公司薪酬支付手段也呈现多样化趋势。公司可以直接将薪酬打入员工的账户,需要时员工就可以直接从银行提取现金,或者将薪酬打入员工的信用卡中,消费时刷一下卡就完了。这些支付手段特别方便,在公司整个支付过程中看不到现金。但这些支付手段与用现金支付对员工的激励效果上有什么差异呢?

1. 现金支付的特点

现金支付方式是通过现金的流转等物理实体来完成款项支付的。而电子支付是采用先进的技术通过数字流转来完成信息传输的,其各种支付方式都是通过数字化的方式进行款项支付的。

现金支付是在较为封闭的系统中运作的。而电子支付的工作环境基于一个开放的系统平台(即互联网)。

现金支付没有很高的技术要求。而电子支付使用的是最先进的通信手段,如Internet、Extranet,电子支付对软、硬件设施的要求很高,一般要求有联网的微机、相关的软件及其他一些配套设施。

2. 现金支付的作用机制

现金支付是以物易物这一方式的另外一种表现,它是通过直接用物质货币来完成薪酬

---

① 来源于:沈阳市政府采购中心. http://www.ccgp-shenyang.com/dzsc/4936.html,2020.8.14.

的发放,最为直观地完成了交换意愿与目的的达成。

相同金额的薪酬,是电子支付,还是现金支付,对个体来说"心理账户"是不同的。用注意力的概念可以很好地理解这个现象。人的注意力是有限的,无限的信息会使个人的注意力被消耗。通过现金支付时的互动实现个体注意力的转换。当支付方式是现金而非电子支付时,个体往往将注意力集中在现金本身,而不是抽象的数字。心理学家查德·塞勒提出,心理账户(mental accounting)是指个体在心理层面对不同收入支出行为的管理方式,它通过设置不同账户的形式来反映个体对于相应薪酬行为的心理运算法则和分类方式(Thaler,1999)。心理账户本质上是内在机制决定外在行为的改变,从而引发非理性决策行为结果的综合过程,具有非理性和非替代性的特征①。

由于心理账户的存在,人们在决策时往往会违背理性经济法则,相同金额薪酬,采用现金支付,往往给人带来更大的心理满足感,进而影响员工的行为,影响个体和整体绩效水平。

3. 现金支付的艺术

有这么一家民营公司,发展规模已很大了,公司总经理张龙曾描述每年发年终奖的情形:那一天几百万的现金被装在一只只标了姓名的密码箱内堆放在我的办公室里,然后我把员工一个一个叫到办公室,当员工坐在我前面,我将密码箱打开放在他面前,里面是一沓沓崭新的钞票,然后问他满意不满意。张龙觉得这样的效果特别好,可以给予员工深刻的印象,尽管他也可以选择直接将年终奖打入员工个人账户中。张总说,用现金支付,特别是支付大额奖金时,对员工的冲击力是很强的,当成捆的钞票出现在他眼前,他的心一下子缩紧了,而将钱打到员工个人账户中,就缺少一种"使员工的心一下子缩紧了"的效果。

薪酬支付是一个很艺术的话题,而且更多地牵涉到员工心理因素,所以,在运用薪酬支付时,可谓"运用巧妙,存乎一心",而失之毫厘,其效果可能谬以千里。

七、获得员工的信任

无论采用哪种薪酬方式,要想使薪酬制度顺利执行,其前提就是要获得员工的信任。这是一个很明显的道理,薪酬支付并不是简单地把钱塞到员工手里就万事大吉了,薪酬支付最关键的一点是要员工满意。而如何使薪酬支付提升员工的满意度呢?那么首先要获得员工的信任。

1. 为什么需要员工信任

员工信任是下属基于对组织行为或目的怀有美好期待,为此愿意承受一定风险的行为,是员工对组织行为的一种主观心理期待②。当组织成员对组织有一定的信任度,个体可以投入更多的个人资源到工作中,取得较好的工作绩效。郑伯埙(1995)认为,信任对降低企业经营风险等具有重要作用,从而提高组织的绩效③。

根据一个全球范围内的研究表明,信任是优秀企业的"流通货币"。相互信任和充满正

---

① THALER R. H. Mental accounting matters[J]. Journal of Behavioral Decision Making. 1999,12(3):183-206.
② 鞠芳辉,谢子远,宝贡敏.西方与本土:变革型、家长型领导行为对民营企业绩效影响的比较研究[J].管理世界,2008(5):85-101.
③ 郑伯埙.差序格局与华人组织行为[J].本土心理学研究,1995(3):142-219.

能量的团队有助于提高公司的整体效率,使企业更有生产力和创造性,并且更具弹性。2014年的一份研究报告发现,员工的信任度和安全感与他们感受到的来自领导的尊重程度息息相关。那些感受到领导尊重的员工对工作满意的比例达63%,对工作更加专注的比例达58%,留在公司的可能性会提高110%[①]。

总之,员工的信任是公司顺利实施薪酬支付的关键,也是整个薪酬管理的关键。当争取到了员工的信任之后,将会发现工作变得那么顺理成章,无形中公司效率也将大大提高。

2. 如何获取员工信任

那么又如何做到这一点呢?在制定薪酬支付方案的时候,管理者与员工代表可以充分交换意见,对这个方案进行讨论,积极采纳员工提出的合理的建议。这样,充分体现员工的意见的薪酬支付方案将会很顺利地实施。

方案实施之前,要向员工解释清楚公司实施这一方案的原因,以及方案的具体内容,争取员工的理解。这样,以后方案的实施自然也就水到渠成,避免引起误解而使方案实施效果大打折扣。

制定完薪酬支付方案之后,先不要急于否定现有的薪酬支付方案,当然,新的薪酬支付方案也应考虑到前后衔接。要做的第一件事是召开全体员工大会,由方案的设计者负责对薪酬支付方案的具体细节问题进行解释,允许员工畅所欲言,争取在员工与公司的管理者之间充分沟通,形成良好的讨论氛围。然后将支付方案印发给各个部门。如果有可能的话,力图做到每个员工人手一份。这样,在民主的氛围里形成的支付方案将获得绝大多数员工的认可与支持。

当公司的员工对将要推行的薪酬支付方案已经十分清楚之后,最后的工作就是实施薪酬支付方案,当然也可以规定试行期。另外,在实施的过程中,还需要做好信息的反馈工作。注意那些新出现的变化情况,必要时要及时加以调整。

八、经济性报酬与非经济性报酬结合

如果公司想要员工不遗余力地工作,多给钱就能解决问题吗?很多公司为员工提供了很好的薪酬福利待遇,但员工仍未展现出一流业绩。这是因为,优厚的薪酬、有薪假期,甚至加薪,只能使得对自己任职的公司产生良好感觉,但并不能激励员工不断提高自己的业绩水平。与非经济性报酬结合,金钱才能发挥激励作用。

1. 引导员工自我激励

不少公司都有这样的经历:在刚刚加薪的一段时间,员工会有一些业绩的提升,但过不了多久,就习惯成自然,增加了的薪酬的激励作用不复存在。这是因为,要想使得员工长久地保持高昂的工作热情,需要的是来自员工自身不断的自我激励。而自我激励又不是能够通过薪酬手段来实现的。这就是说,其实员工的自我激励是一种本能,你要做的就是利用他们的这一本能去激励他们,甚至不需要花多少钱。要激励员工,第一步就是去除公司中阻碍员工自我激励能力的负面因素;第二步是在公司中开发真正的激励因素,引导所有员工受激励。

---

① 青年参考,http://qnck.cyol.com/html/2016-11/09/nw.D110000qnck_20161109_1-17.htm,2020.8.14.

以下是阻碍员工实现自我激励的10大要素：(1) 公司氛围中充满政治把戏；(2) 对员工业绩没有明确期望值；(3) 设立许多不必要的条例让员工遵循；(4) 让员工参加拖沓的会议；(5) 在员工中推行内部竞争；(6) 没有为员工提供关键数据，以完成工作；(7) 提供批评性意见而非建设性的反馈意见；(8) 容忍差业绩的存在，使业绩好的员工觉得不公平；(9) 对待员工不公正；(10) 未能充分发挥员工能力。要利用员工自我激励的本能，不仅要摒弃以上不利于自我激励的做法，而且要发掘真正的激励因素。以下这些激励因素有助于利用员工自我激励的本能：(1) 如果员工的工作单调，试试给工作添加些乐趣和花样；(2) 对于如何做工作，只给出一些提议，由员工自己选择怎样去做；(3) 在公司里提倡并鼓励责任感和带头精神；(4) 鼓励员工之间的互动与协作；(5) 允许在学习中犯错，避免粗暴批评；(6) 为所有员工建立目标和挑战；(7) 多加鼓励，日常闲谈中多表示赞赏；(8) 设立衡量标准，以反映出绩效和效率的提高[①]。

通过去除非激励因素，增加非经济的激励因素，公司就可以促使员工实现最大的激励度和生产率。在此需要提醒管理者的就是：不要费劲去一个一个地改变员工，而应该努力去改变公司的管理，减少不利于激励的消极因素，从而充分调动员工的本能，实现自我激励。

2. 激励知识型员工

公司之间的竞争，知识的创造、利用与增值，资源的合理配置，最终都要靠知识的载体——知识型的员工来实现。美国学者彼得·德鲁克发明"知识型员工"这个术语时，指的是"那些掌握和运用符号和概念，利用知识或信息工作的人。"在今天，知识型员工实际上已经被扩大到大多数白领。

知识型员工的特点，用一句话来概括就是：作为追求自主性、个体化、多样化和创新精神的员工群体，激励他们的动力更多的来自工作的内在报酬本身。知识管理专家玛汉·坦姆仆(Tampoe)经过大量研究后认为，激励知识型员工的前四个因素分别是：个体成长(约占总量的34%)、工作自主(约占31%)、业务成就(约占28%)、金钱财富(约占7%)[②]。因此可以说，与其他类型的员工相比，知识型员工更重视能够促进他们发展的、有挑战性的工作，他们对知识、对个体和事业的成长有着持续不断的追求；他们要求给予自主权，使之能够以自己认为有效的方式进行工作，并完成公司交给他们的任务；获得一份与自己贡献相称的报酬并使得自己能够分享自己创造的财富。因此，对知识型员工的激励，不能以金钱刺激为主，而应以其发展、成就和成长为主。在激励方式上，现代公司强调的是个人激励、团队激励和组织激励的有机结合；在激励的时间效应上，把对知识型员工的短期激励和长期激励结合起来，强调激励手段对员工的长期正效应；在激励报酬设计上，当今公司已经突破了传统的事后奖酬模式，转变为从价值创造、价值评价、价值分配的事前、事中、事后三个环节出发设计奖酬机制。

面向未来的人力资源投资机制，公司不可能奢望知识型员工对公司的永远忠诚，而更多的是要求他在为公司服务期内保持忠诚。因此公司向合同期内的知识型员工的投资是保证他们忠诚的最好手段，也只有这样才能实现公司和员工的"双赢"。

---

① 本段内容引用：盖瑞. 如何激励员工[J]. 中国经济时报，2000-11-30.
② 梁镇，季晓燕，张维. 知识型员工激励方法比较研究[J]. 中国人力资源开发，2007(6):102-105.

3. 善用精神激励

2015年10月,某集团为公司无私付出的54名员工颁发了服务精神奖。这些获颁"服务精神奖"的员工从集团执行主席手中接过纪念品,包括名笔及金牌。在得奖者名单内,共有5人服务满35年,8人服务满30年,11人服务满25年,15人服务满20年以及15人服务满15年。领取"服务精神奖"的同事代表在致辞时,呼吁所有同事在遇到困难时不应轻言放弃,因为每个人在迈向成功的路途中都会经历不同的辛酸史。"由于工作上的需要,我们时常都得离乡背井到外州打拼,但我们都很愿意,并为公司取得的优良业绩,感到骄傲。除了有54人获得"服务精神奖"外,还有3名员工荣夺2015年度"优秀员工奖"。该集团在年终所进行的这一系列活动,实际上是一种对员工的精神激励手段。正如获奖代表所言,即使"离乡背井到外州打拼",也"很愿意,并为公司取得的优良业绩,感到骄傲"。这表明了精神激励的确能够鼓舞员工士气、刺激员工更好绩效表现的出现。从经济的角度而言,精神激励在公司不需要付出多少成本的情况下就能够收到可观的经济效益,因此,精明的公司管理者绝对不会放弃精神激励这一有效方式。那么,如何使用好精神激励这一有效方式呢?综合而言,主要有以下几点。

(1) 荣誉奖励。在国外,不少先进公司对荣誉奖励推崇备至。如美国著名化妆品公司玫琳凯公司的总裁玛丽·凯就使用了许多荣誉激励形式。她认为,荣誉奖励是管理者鼓励部下的最佳方式。荣誉奖励是玛丽·凯营销哲学的根本。对于优秀的美容师,玛丽·凯根据她们的销售量,奖给美国当时最豪华的粉红色凯迪拉克轿车,还有貂皮大衣、钻戒,以及让她们到国外旅游。在国内,海尔集团也在不断探索各种荣誉激励措施,如用员工名字命名的小发明"启明焊枪""云燕镜子"等;招标攻关,设立荣誉奖励(最高奖为"海尔奖",由总裁签发);开展全员性合理化建议活动等,以此激励员工的工作责任感和创造力等。

(2) 榜样激励。榜样激励也是精神激励的重要形式。公司通过树立模范人物激励员工,促使他们达到公司所要求的行为。许多国家的公司对树立榜样的人物十分重视。西方公司把榜样人物称为"英雄人物",但这些"英雄人物"并非可望而不可即,他们认为通过努力,人人都可以达到。如在通用电器公司,"英雄人物"托马斯·爱迪生、企业家杰克·韦尔奇、发明家查尔斯·斯坦梅茨。在相当长一段时间,这些取得成就者几乎是人尽皆知。通用电器公司通过他们向每个员工表明"这就是你在这里要成功所必须做的"。

(3) 企业精神鼓励。企业精神是指公司群体的共同心理优势和价值取向,是实施精神激励的重要手段,它反映了全体员工的共同追求和共同认识。企业精神的作用在于凝聚力、吸引力、辐射力,能鼓舞、激发人朝着既定的目标前进。正因为如此,众多公司都积极塑造企业精神,寻找公司发展的动力,例如,上海华联超市集团的企业精神是"艰苦创业,无私奉献,永争第一"。在这一精神的鼓舞下,成立仅九年的华联超市集团在近年来,连续三年销售额在全国连锁超市业中夺冠,迄今为止,连锁店已达700多家。海尔集团的企业精神是"敬业报国,追求卓越",他们以此为指导,在立足国内市场的同时,敢于走出国内,打入欧洲市场,先从德国"入关",2000年3月底,海尔生产的绿色冰箱在德国大型家电超市销售额是前一年同期的2.5倍,成为德国消费者的"座上嘉宾"。

(4) 情感激励。情感激励是最有效的激励方式。管理者要针对员工的心理需求,进行感情"投资",多给员工以温暖和关怀,激励员工与公司建立感情,使员工与公司配合默契。

善用精神激励,公司在不需要付出多少额外成本的情况下就能够实现员工激励,何乐而不为?

本章小结

薪酬总额既对公司吸引、留住和激励员工产生影响,又在很大程度上影响公司成本水平因而影响公司收益。因此公司需要对薪酬总额进行控制,包括薪酬总额的确定、预算及动态调整。薪酬总额确定的方法主要有基于公司经济能力的薪酬总额确定方法和基于市场的确定方法。基于公司经济能力的薪酬总额确定方法包括薪酬比率推算法、盈亏平衡分析法和劳动分配率法;而基于市场的薪酬总额确定方法则是先依据外部薪酬水平后决定公司薪酬总额,然后再以公司经济承受能力进行调节。

薪酬支付策略会影响薪酬对员工的激励效果。公司在薪酬支付环节上,应该用心设计和选择,不存在最好的,但存在最适用的。

复习思考题

1. 影响公司总额确定的因素中,您认为哪些因素的影响较大?哪些因素的影响要小一些?有没有可能对它们进行排序?
2. 公司薪酬总额的确定如何更好地同时反映市场竞争需要和公司经济能力基础?请您就这个问题提出看法。
3. 结合您所熟识的一个公司的薪酬管理实践活动,分析该公司采用了哪些薪酬支付策略,效果如何以及应该做怎样的改进。

案例讨论

天香食品有限公司,从1999年两台烘焙炉的小作坊起家,到现在年产值已达4 000万了。公司创业之初的几年,公司资金紧张,现在的公司总经理,当年的店老板郑磊为了实现公司高速发展,采取低工资、高奖金的办法来刺激员工生产力的提高,对员工福利则压根没怎么考虑过。现在公司经营状况大大好转,公司资金实力已经今非昔比,在社会上也已经有一定影响力了,但员工的基本工资基本上仍停留在原来的水平,只是奖金大幅度增加了,至于福利项目,则仍然是一片空白。虽然员工收入水平已经有了较大幅度的上升,但整个公司却开始出现诸多怨言,员工的说法是总经理只从公司利益出发,只看眼前谁干得多就给得多,现在我能干得动当然没问题,但等到哪天干不动了,老总没准就会卸磨杀驴,请我走人。再者随着年龄增长,医疗和养老等的重要性都逐渐显现出来。员工对自己的未来充满担忧,工作积极性不高,人心越来越涣散,人员流失率上升。天香食品有限公司总经理郑磊曾经接受过人力资源管理培训,他记得在课堂上专家们讲过目前高现金激励、低福利是有效地吸引和留住人才的方式,为什么放在天香就不灵了?

实行低工资、高奖金、低福利是目前很多公司秉承的薪酬理念,这些公司认为这样的薪酬结构才最具有竞争力。但是在现实中,由于基本工资低、福利项目不如意导致员工队伍不稳定、公司凝聚力不强的例子却不在少数。另外,低工资、高福利的情况也同样是问题重重。

问题

1. 高工资、低福利在什么情况下成为有效地吸引和留住人才的方式呢?
2. 工资、奖金与福利怎样搭配才能使得薪酬更有激励作用?

第九章　员工福利管理

本章结构图

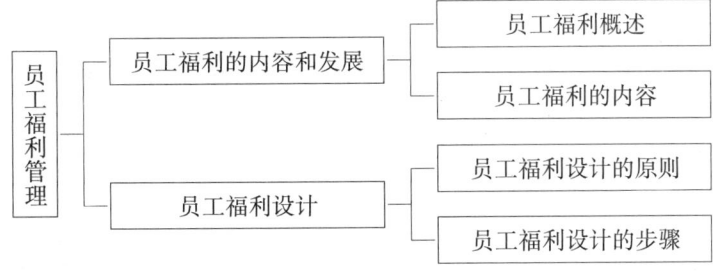

开篇故事

去过海底捞的人无不被海底捞热情的员工所打动,店内到处可以看到健步如飞的传菜员,提壶疾走的服务员。他们总是很快乐,对企业所给予的待遇和支持很满意,他们也在用自己的行动回馈企业。

海底捞给员工的福利一直是为人所传颂的。海底捞的管理人员与员工都住在统一的员工宿舍,公司规定必须给所有员工租住正式小区或公寓中的两三居室,不能是地下室。所有房间配备空调、电视、电脑,宿舍有专门人员管理、保洁,员工的工作服、被罩等也统一清洗。若是某位员工生病,宿舍管理员会陪同他(她)看病、照顾他(她)的饮食起居。

考虑到绝大部分员工的家庭生活状况,公司有针对性地制定了许多细节上的待遇:在海底捞工作满一年的员工,若一年累计三次或连续三次被评为先进个人,该员工的父母就可享受探亲待遇:一次往返车票公司全部报销,其子女还有3天的陪同假,父母享受在店就餐一次;工作年满一年以上的员工可以享受婚假及待遇;工作满3个月以上的员工父母去世,该员工可以享受丧假及补助;工作3年以上的员工可享受产假及补助;若夫妻在同一地区工作,只要有一方工作满半年,在外租房就可以享受每月60元的补助,已婚的店经理则可享受400元以内的住房补助;店经理小孩3岁以下随本人生活的,还可享受每月300元的补助。

在员工福利上,海底捞还有不少"创意"。例如,将发给先进员工的奖金直接寄给他的父母;鼓励店内员工谈恋爱,并且发放补贴;开展评比活动,评比先进个人、优秀标兵、劳模、功勋员工;各店之间常常举办友谊竞赛:篮球比赛、切羊肉比赛、各种技能竞赛,公司鼓励员工积极参与,并给予适当的奖励;公司还办起了《海捞报》,内容包括企业管理知识、职场成长故事、哲理故事、饮食文化、健康知识,越来越多的员工积极投来稿件,有的堪称佳作;员工们自发地创作了《海底捞之歌》:"唱着同样的旋律,共创美好的明天;怀着同样的梦想,时刻发奋图强。心连心,一起度过艰难;手拉手,分秒并肩作战。创造辉煌,拥有梦想,知恩图报,双手创造未来……"①

员工福利作为薪酬体系的一部分,在薪酬体系中所占的比重日益增加;与此同时,员工福利在经济当中发挥着越来越重要的作用。福利涉及组织中每一个员工的切身利益,不仅能满足其当前需要,还对其今后的工作生活起到保障作用。对于企业来说,其福利水平的高低,不仅对其预算有影响,而且对公司文化的形成、员工队伍的稳定和企业的总体绩效有很大影响。本章就对福利的内容及福利的设计和管理进行阐述。

第一节 员工福利的内容和发展

一、员工福利概述

员工福利是企业为满足劳动者的生活需要,在工资收入之外,向员工本人及其家属提供的货币、实物及一些服务形式。企业向员工提供的各种福利,是员工整个报酬系统中一个重要的组成部分,是其他报酬形式的有力补充。企业的福利一般是以集体的形式为员工提供全面照顾,员工平等地享有,这在一定程度上缓解了员工因按劳分配带来的生活富裕程度的差别,同时还增强了员工对企业的依附感。

相对于工资和奖金,福利可以满足员工多层次、多方面的需要,无论对于企业还是员工都有着十分重要的作用。首先,对企业而言,为了保护劳动者的利益,一般国家都会通过立法的形式规定企业必须向员工提供一定的福利,福利可以增强薪酬管理的合法性。企业提供优厚的福利可以提高其形象,增强在劳动力市场上的竞争力,培养员工的忠诚度,留住人才。此外,在许多市场经济国家,员工福利计划所受到的税收待遇往往要比货币薪酬所受到的税收待遇优惠,从而提高企业成本支出的有效性。对于员工来说,福利的全面性可以满足他们多样化的需求,使生活更加便利。集体购买的福利价格一般都比市场价格低,员工可以花更少的成本享受一些服务,而且员工的福利也不需要缴纳个人所得税,进一步减少了员工的成本。由于员工福利对于企业和员工双方具有以上的种种独特的价值,所以企业员工福利的多样化和福利水平的不断提高,是一种不可阻挡的社会趋势。

二、员工福利的内容

福利项目从性质上分为法定福利和企业补充福利两种类型:前者是国家法律法规明确规定的各种福利,要求企业必须按政府规定的标准执行,比如各类社会保险、住房公积金、法定节假日等,称之为法定福利;后者是由企业提供给员工全体或个人的各类福利项目,主要

---

① 案例改编自:海底捞火锅员工激励成功法则,http://www.pinlue.com/article/2018/12/1114/077816973219.html.

包括企业年金、补充医疗保险、各类员工服务计划及其他补充福利等,称之为企业福利,如图9-1所示。

(一) 法定福利

法定福利是企业依据国家有关法规,必须为员工提供的福利,它为员工提供了工作和生活的基本保障;当员工在遭遇失业、疾病、伤残等特殊困难时,给予及时救助,提高了员工防范风险的能力。

1. 社会保障

(1) 社会保障的含义

社会保障是指国家通过立法,采取强制手段对国民收入进行分配和再分配,形成一种特殊的消费基金,对社会成员因生、老、病、死、伤、残而丧失劳动能力,暂时失去工作,或因自然灾害和其他原因面临生活困难,所给予的物质帮助,以此来保障公民的基本生活需要和维持劳动力再生产而建立的一种制度。社会保障由社会保险、社会救济、社会福利、优抚安置等组成,其中社会保险是核心内容,这里主要介绍社会保险。

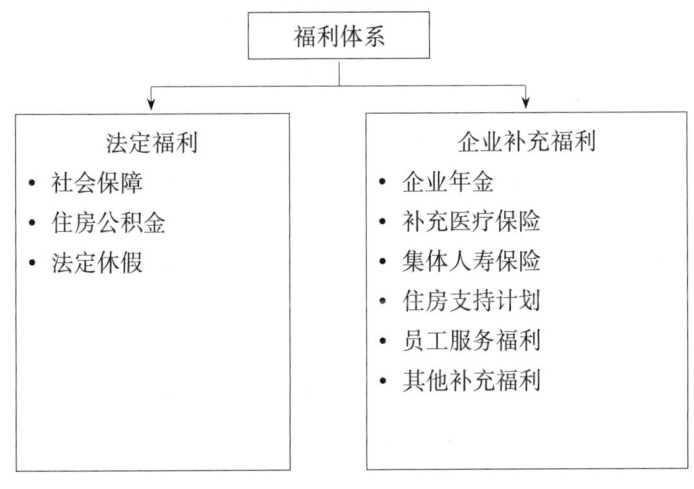

图9-1 企业福利的构成

社会保险的对象是靠劳动收入维持生计的工作者,具体地说包括工人、农民和各种各样的服务工作者以及国家和地方公务员。那些拥有不动产,靠利润、利息、股息过活的雇主阶层,一般不是社会保险的对象。从目的看,社会保险旨在保护一般劳动者的基本生活不会因为出现这样或者那样的意外风险而出现无法维持的局面。在我国习惯上称社会保险为劳动保险,这主要是由于我国自新中国成立以来一直实行由企业承担本单位职工的养老、医疗、疾病以及工伤等,因此传统上的社会保险演变为由企业负担各项费用的劳动保险。社会保险一般包括养老保险、失业保险、医疗保险、工伤保险、生育保险等,即我们常说的"五险一金"中的五险,"金"则是指住房公积金。

(2) 社会保障(社会保险)的内容

a. 养老保险

养老保险是指国家通过立法,使劳动者在因年老而丧失劳动能力时,可以获得的物质帮助以保障晚年基本生活需要的保险制度。养老保险是社会保险体系的核心,它覆盖面大、社会性强,直接关系到社会的稳定和经济的发展,因此各国政府都特别重视。

在绝大多数国家中,养老保险的给付条件都是复合性的,即被保险人必须符合两个以上的条件,才能获得养老保险金的给付,如必须达到规定年龄、达到一定缴费期或被保险人必须完全退休等等。养老保险的给付标准形式是年金制度,即保险金按月或者年支付,而不是一次性给付。从目前世界各国实行养老保险的现状来看,养老保险的筹资模式大致有三种:现收现付式、完全积累式和部分积累式。当前世界上有一些国家的养老金是由企业和个人共同负担,有个别国家则是由个人完全负担,大多数国家采取国家资助、企业负担和个人缴费的形式。

我国实施的是社会统筹和个人账户相结合的养老保险制度[①],法律规定企业缴纳的基本养老保险费的比例一般不得超过企业工资总额的20%,具体比例由省、自治区、直辖市人民政府确定。少数省、自治区、直辖市因离退休人数较多、养老保险负担过重,确需超过企业工资总额20%的,应报相关部门审批。个人账户的规模统一为本人缴费工资的8%,且全部由个人缴费形成,单位缴费不计入个人账户。城镇个体工商户和灵活就业人员参加基本养老保险的缴费基数为当地上年度在岗职工平均工资,缴费比例为20%,其中8%记入个人账户,退休后按企业职工基本养老金计发办法计发基本养老金,基本养老金由基础养老金和个人账户养老金组成。退休时的基础养老金月标准以当地上年度在岗职工月平均工资和本人指数化月平均缴费工资的平均值为基数,缴费每满1年发给1%。个人账户养老金月标准为个人账户储存额除以计发月数,计发月数根据职工退休时城镇人口平均预期寿命、本人退休年龄、利息等因素确定,且职工基本养老金水平要根据职工工资和物价变动等情况适当调整。

b. 失业保险

失业保险是指国家和企业对因非主观意愿、暂时丧失有报酬或有收益的工作的职工,付给一定经济补偿,以保障其失业期间的基本生活,维持企业劳动力来源的社会保障的总称。失业保险的根本目的在于保障非自愿失业者的基本生活,促使其重新就业。为避免该制度在实施过程中产生逆选择,各国均严格规定了享受失业保险的资格条件,这些条件归纳起来包括以下内容:失业者必须符合劳动年龄条件,必须是非自愿失业的,满足缴纳保费期限、投保期限、就业期限和居住期等资格条件,并且失业者必须具有劳动能力和就业愿望。

关于失业保险的给付原则各国普遍遵循给付标准低于相应工资水平,确保失业者及其家属的基本生活需要和权利与义务对等的原则。具体给付时,还需要考虑给付期限和给付比例。

我国现行的失业社会保险制度规定了[②]:① 失业保险金的来源。企业按本单位工资总额的2%缴纳社会保险费,员工按本人工资的1%缴纳失业保险费,政府提供财政补贴;② 享受失业保险金的条件。所在单位和本人按规定履行缴费义务满一年,非本人意愿中断就业,已办理失业登记并有求职要求,同时具备以上三个条件者才有申请资格;③ 失业保险

---

① 《国务院关于完善企业职工基本养老保险制度的决定》,2005年12月3日发布实施。
② 《失业社会保险条例》,1999年1月22日发布实施。

金的标准。按照低于当地最低工资标准、高于城市居民最低生活保障标准的水平,由省、自治区、直辖市政府确定;④ 失业保险金的给付期限。最长为 24 个月,最短为 12 个月,其中累计缴费时间满一年不足五年的,给付期最长 12 个月;满五年不足十年的,给付期最长 18 个月,十年以上的给付期最长 24 个月;⑤ 失业保险的支持范围。包括失业保险金、领取失业保险金期间的医疗补助金、丧葬补助金、抚恤金;领取失业保险金期间接受的职业培训补贴和职业介绍补贴,国务院规定或批准的与失业保险有关的其他费用。

c. 医疗保险

医疗保险也称疾病保险,是国家、企业对职工在因病或非因公负伤而暂时丧失劳动能力时,给予假期、收入补偿和提供医疗服务的一种社会保险制度。

此处的疾病是指一般疾病,其发病原因与劳动无直接关系,因此它属于福利性质和救济性质的社会保险。实行医疗保险的目的在于使劳动者患病后能够尽快得到康复,恢复劳动能力,并重新回到生产和工作岗位。

各国对于医疗保险给付条件的法律规定一般有下面几种:① 被保险人必须患病,失去工作能力,并停止工作进行治疗;② 被保险人患病时已从事具有收入的工作,并且因患病而不能从雇主方面获得正常工资或者病假工资;③ 有的国家规定被保险人必须缴足最低期限的保险费;④ 有的国家规定了等待期,在规定期间不给付疾病补助;⑤ 有的国家规定了最低工作期限。按照各国的通例,医疗保险的给付包括现金给付和医疗给付,而现金给付又有疾病现金给付、残疾现金给付和死亡现金给付三种形式。

我国实行基本医疗保险费用由用人单位和职工个人按照工资收入的一定比例共同缴纳,用人单位缴费率应控制在职工工资总额的 6% 左右,职工缴费率一般为本人工资收入的 2%。职工个人缴纳的基本医疗保险费,全部计入个人账户。用人单位缴纳的基本医疗保险费分为两部分,一部分用于建立统筹基金,一部分划入个人账户。划入个人账户的比例一般为用人单位缴费的 30% 左右,具体比例由统筹地区根据个人账户的支付范围和职工年龄等因素确定[①]。参加职工基本医疗保险的个人,达到法定退休年龄时累计缴费达到国家规定年限的,退休后不再缴纳基本医疗保险费,按照国家规定享受基本医疗保险待遇;未达到国家规定年限的,可以缴费至国家规定年限。个人跨统筹地区就业的,其基本医疗保险关系随本人转移,缴费年限累计计算[②]。

d. 生育保险

生育保险是妇女劳动者因生育子女而暂时丧失劳动能力时,由社会保险机构给予必要的物质保证,以保证母亲和孩子的基本生活及孕产期的医疗保健需要的一种社会保险。

生育保险的给付条件一般包括三点:第一,被保险人在产假期间不再从事任何有报酬的工作,雇主也停发了其工资;第二,被保险人所交纳保险费的时间必须在规定的标准以上;第三,被保险人的工作时间必须达到一定的年限要求。国外生育保险政策一般分为现金给付和医疗给付。一次性给付的生育补助金主要包括生育津贴、生育补助费和看护津贴等。至于现金给付的标准各个国家一般规定为工资的 100%。医疗给付是指对产妇提供助产医疗

---

① 《国务院关于建立城镇职工基本医疗保险制度的决定》,1998 年 12 月 14 日发布实施。
② 《中华人民共和国社会保险法》,2011 年 7 月 1 日施行。

服务,其通常包括一般医师治疗、住院及必要的药物供应、专科医师治疗、生育照顾、牙医治疗、病人运送及家庭护理服务等。

我国生育保险按属地原则组织,由企业按其职工工资总额的一定比例向社会保险经办机构缴纳生育保险费,建立生育保险基金。生育保险费由当地人民政府根据实际情况确定,但最高不要超过职工工资总额的1%。企业缴纳的生育保险费列入企业管理费用,职工个人不缴纳生育保险费。女职工生育享受产假,产假期间的生育津贴按照本企业上年度职工月平均工资计发,由生育保险基金支付。女职工生育期间的检查费、接生费、手术费、住院费和医疗费都由生育保险基金支付,超出规定的医疗服务费和药费由职工个人负担①。

e. 工伤保险

工伤保险又称为职业伤害保险,是由国家或者社会给予因工伤、接触职业性有毒物质等而造成伤残、死亡等暂时或永久丧失劳动能力的劳动者及其家属物质帮助的一种社会保险制度。

对于工伤的定义,各国的解释不一。根据我国相关法律法规的定义,因工伤残是指在工作时间和工作场所内,因工作原因受到事故伤害的、因履行工作职责受到暴力等意外伤害的;工作时间前后在工作场所内,从事与工作有关的预备性或者收尾性工作受到事故伤害的;患职业病的;因工外出期间,由于工作原因受到伤害或者发生事故下落不明的;在上下班途中,受到非本人主要责任的交通事故或者城市轨道交通、客运轮渡、火车事故伤害的以及法律、行政法规规定应当认定为工伤的其他情形。此外,在工作时间和工作岗位,突发疾病死亡或者在48小时之内经抢救无效死亡的,或在抢险救灾等维护国家利益、公共利益活动中受到伤害的,以及职工原在军队服役,因战、因公负伤致残,已取得革命伤残军人证,到用人单位后旧伤复发的也均属于因公致伤的范围②。

工伤保险费由企业按照职工工资总额的一定比例缴纳,职工个人不缴纳工伤保险费。国家根据不同行业的工伤风险程度确定行业的差别费率,并根据工伤保险费使用、工伤发生率等情况在每个行业内确定若干费率档次。工伤保险实行职工工伤"无责任补偿"的原则,按照保障生活、补偿损失和康复身体的原则确定保险待遇,保障受伤害职工的合法权益。

2. 住房公积金

住房公积金是指国家机关、国有企业、城镇集体企业、外商投资企业、城镇私营企业及其他城镇企业、事业单位、民办非企业单位、社会团体为其在职职工缴存的长期住房储金。

住房公积金由两部分组成,一是职工个人每月按规定从工资中扣缴的部分;二是单位每月按规定为职工个人缴存的部分,这部分是住房实物福利分配向工资货币分配转换的部分。职工个人每月缴存额等于职工每月工资总额乘以个人缴存率,单位每月缴存额等于该职工每月工资总额乘以单位缴存率,职工和单位住房公积金缴存比例均不得低于职工上一年度月平均工资的5%,有条件的城市可适当提高缴存比例。两笔资金全部存入个人账户,归职工个人所有。住房公积金应当用于职工购买、建造、翻建、大修自住住房,任何单位和个人不

---

① 《企业职工生育保险试行办法》,1995年1月1日实施。
② 《工伤保险条例》2004年1月1日实施,《国务院关于修改〈工伤保险条例〉的决定》2011年1月1日实施。

得挪作他用,职工退休或死亡可以销户支取全部公积金①。

住房公积金是按照"个人存储,单位资助,统一管理,专项使用"的原则建立的一种长期住房储金。住房公积金是一种义务性的长期储蓄,但本质上又不同于个人储蓄,具有普遍性、强制性和义务性、补贴性、专用性等特点。实行住房公积金制度,是国家推行住房制度改革的一项重要内容,是新的住房制度的重要组成部分,也是今后广大职工合法的住房货币分配的主要形式。住房公积金的长期积累,可以逐步提高职工的住房自我保障意识,增强职工购建住房的能力,减轻政府和单位的压力,同时也能提高城镇居民的住房建设水平和居住条件。

3. 法定休假

包括公休假日、法定休假日和带薪年休假。通过休假,使劳动者可以有一段时间离开繁重的工作,获得身体和心理上的调整,以便更好地投入到工作当中去。

(1) 公休假日

公休假日是劳动者工作满一个工作周之后的休息时间。我国实行的是劳动者每日工作时间不超过 8 小时、平均每周工作时间不超过 44 小时的工时制度,劳动者的公休假日为每周两天。我国《劳动法》第 38 条规定:用人单位应当保证劳动者每周至少休息一天。

(2) 法定休假日

我国法定的节假日包括元旦、春节、国际劳动节、国庆节和法律法规规定的其他休假节日。《劳动法》规定,法定休假日安排劳动者工作的,支付不低于 300% 的劳动报酬。除《劳动法》规定的节假日以外,企业可以根据实际情况,在和员工协商的基础上,决定放假与否以及加班工资的数额。

(3) 带薪年休假

企业在员工非工作时间里按工作时间发放工资称为带薪休假。由于现代生活的节奏加快,生活压力较大,因此员工希望能够得到更多的休闲时间以放松身心,带薪年休假就成为非常受员工欢迎的一项福利。同时,带薪休假为员工提供了从容休息的机会,使员工能够恢复旺盛的精力投入到工作中来,因此越来越多的企业主动为员工提供这种福利项目。一些智力型企业甚至放宽了带薪年休假期限,最长的已达 25 天。

我国《劳动法》第 45 条规定,国家实行带薪年休假制度。劳动者连续工作一年以上的,享受带薪年休假,职工有 1 年、10 年及 20 年以上工龄的可以分别休假 5 天、10 天和 15 天。

带薪休假政策的一个关键问题在于,假期是否可以累计和转换,也就是说,如果企业给予员工每年 10 天的带薪休假福利,某员工第一年没有使用这项权力,10 天的假期是否可以顺延到第二年。人力资源和社会保障部 2008 年 9 月 18 日公布实施的《企业职工带薪年休假实施办法》规定,用人单位根据生产、工作的具体情况,并考虑职工本人意愿,统筹安排年休假。用人单位因生产、工作特点确有必要跨年度安排职工年休假的,可以跨 1 个年度安排,但应征得职工本人同意。单位确因工作需要不能安排职工年休假的,经职工同意可以不安排,但对职工应休未休的年休假天数,应按照该职工日工资收入的 300% 支付工资报酬,

---

① 《住房公积金管理条例》1999 年 4 月 3 日公布实施,《国务院关于修改〈住房公积金管理条例〉的决定》2002 年 3 月 24 日公布实施。

其中包含用人单位支付职工正常工作期间的工资收入。除非职工因本人原因且书面提出不休年休假的,用人单位可以仅支付其正常工作期间的工资收入。①

(二) 企业补充福利计划

如果说法定福利是保障员工基本生存的话,企业补充福利则是企业为满足员工更高层次需求,提高员工生活水平和生活质量而提供给员工的附加福利。企业补充福利的形式是多样的,提供的服务也是多方面的,其目的是使员工对企业产生一种依赖感和忠诚感,提高企业的凝聚力。同时,补充福利也为企业树立了良好的社会形象,使其在人才市场上更具竞争力。

企业补充福利主要包括企业年金、补充医疗保险、集体人寿保险、住房或购房支持计划、员工服务福利和其他补充福利等。

1. 企业年金

社会基本养老保险制度虽然覆盖面宽,但收入保障水平较低。随着我国人口老龄化加剧、国家基本养老保险负担过重的状况日趋严重,企业年金开始在企业建立,旨在为其员工提供一定程度退休收入保障的养老保险计划。企业可以根据其自身经济能力,从企业自有资金中的奖励、福利基金内提取。企业年金是社会基本养老保险制度的重要补充,与各种养老保障方式有机组合在一起,相互补充,以实现国家总体老年经济保障目标。

我国企业年金所需费用由企业和职工个人共同缴纳。企业缴费每年不超过本企业上年度职工工资总额的十二分之一,企业和职工个人缴费合计一般不超过本企业上年度职工工资总额的六分之一②。企业年金采取基金管理的方式,企业年金运作机构在政府监管下,对企业年金基金进行市场化运作。职工基本养老保险的投资还局限于银行存款、购买国债等,范围很窄。但企业年金基金投资范围则宽泛很多,主要包括金融产品、商业银行理财产品、信托产品、基础设施债权投资计划、特定资产管理计划、股指期货等。这样可以有效避免行政管理的一些弊端,减少管理成本,为投保人带来丰厚的利润。另外,即使公司倒闭,退休员工仍然可以享受养老保险。

企业年金一般分为两种形式:(1) 缴费型。企业建立养老保险账户,由企业和职工定期按照一定比例缴纳保险费,等职工退休时再按照资金积累规模和投资收益确定给付金额;(2) 给付型。企业按照职工的工龄、资历和其他条件,为职工支付养老金。公司支付养老金在世界各国情况不同,但基本做法是用退休前5年平均工资额的1.5%乘以员工受聘年限。如果这项保险金与社会保险金合并在一起的话,可达到最终平均工资的50%以上。等职工到了一定年龄(男55～60岁,女50～55岁),企业按规章制度及企业效益提供给员工的养老金,可以每月提取,也可以每季度或每年提取。

理想的养老金计划应该是一种根据生活费用变化逐年进行调整的,以保持恒定的购买能力。想要达到此种效果,就得把一个适当比例的更大数额的资金储蓄起来。据估算,消费价格指数每增加1%,储备金就将扩大6%～10%。

---

① 2008年9月18日发布实施的《企业职工带薪年休假实施办法》。
② 《企业年金试行办法》,2004年5月1日实施。

2. 企业补充医疗保险

企业补充医疗保险是企业在参加城镇职工基本医疗保险的基础上，国家给予政策鼓励，由企业自主举办或参加的一种补充性医疗保险形式。企业为员工提供补充医疗保险，以减少当员工生病或遭受事故时本人及其家庭所遭受的损失。国家鼓励企业建立补充医疗保险制度并给予税收优惠，以保证企业职工和退休人员的医疗待遇水平不降低。按照《关于补充养老保险费补充医疗保险费有关企业所得税政策问题的通知》规定，自2008年1月1日起，企业根据国家有关政策规定，为在本企业任职或者受雇的全体员工支付的补充养老保险费、补充医疗保险费，分别在不超过职工工资总额5%标准内的部分，在计算应纳税所得额时准予扣除。

企业一般通过集体投保或自保的形式提供这种福利。集体投保是指企业向保险公司支付一笔费用作为保险费，当员工或其家庭发生某些事故时，保险公司可以部分或全部地赔偿其损失。从长期来说，企业所交的保费应该等于保险公司向员工支付的赔偿金与保险公司的管理费用之和，但是保险项目必须界定清楚保险的范围以及赔偿金的比率。有些企业还采取了自保的形式，自己划出一部分资金作为员工的保险金，而不再向保险公司投保。这是一种控制健康保险成本的方式，但是这种做法会将原来转嫁到保险公司的风险重新转移给企业自己，而且还会带来行政事务的增加。

3. 集体人寿保险计划

人寿保险是市场经济国家的一些企业所提供的一种最常见的福利。大多数企业都要为其员工提供团体人寿保险（Group Life Insurance），因为这是一个适用于团体的寿险方案，对企业和员工都有好处。员工可以以较低的费率购买到相同的保险，而且团体方案通常适用于所有的员工（包括新进员工），而不论他们的健康或身体状况如何。在多数情况下，企业会支付全部的基本保险费，承保金额相当于员工两年的薪酬收入。而附加的人寿保险则要员工自己承担。在个别情况下，即使是基本保险费率也按一定的比率在企业和员工之间分摊，比如50∶50或20∶80。在我国，也已经有不少企业开始为员工办理集体人寿保险。

4. 住房或购房支持计划

除了住房公积金之外，企业为更有效地激励和留住员工，还采取其他多项住房福利项目支持员工购房。尤其是在目前房价日益高涨的状况下，住房支持计划恰好迎合了广大职工的迫切需要。根据一项对685家中外企业的调查结果显示，76%的员工认为最重要的补充型福利内容就是住房补贴，其次为派驻国外工作机会、晋升机会和休假等福利，可见住房支持计划对当今社会企业职工的重要性。[①] 住房或购房支持计划主要有以下几种形式：

（1）住房贷款利息给付计划

这是目前众多企业普遍推行的较先进的一种方案，即根据企业薪酬级别及职务级别确定每个人的贷款额度，在向银行贷款的规定额度和规定年限内，贷款部分的利息由企业逐月支付，也就是说，员工的服务时间越长，所获利息给付越多。

（2）住房津贴

指企业为了使员工有一个良好的居住环境而提供给员工的一种福利。按照员工的资

---

① 最受外企员工欢迎的福利TOP10——FESCO福利大调查[J].职业，2010(7):42-43.

历、工龄等给予员工一定的住房津贴,以缓解其在购房、租房时的经济压力,协助其在尽可能短的时间内拥有自己的住房。

(3) 其他形式

如住房货币化,包含在工资中;企业购买或建造住房后免费或低价租给或卖给员工居住;为员工的住所提供免费或低价装修;为员工购买住房提供免息或低息贷款;全额或部分报销员工租房费用;为员工提供购买住房贷款担保等政策。

5. 员工服务福利

很多企业根据需要,扩大了福利的范畴,通过为员工提供各种服务,来达到激励员工的目的。员工服务福利主要包括以下方面:

(1) 员工援助服务

目前在很多企业都开始实行员工援助计划(Employee Assistance Programs,EAP),帮助员工处理、分析他们面临的各种问题。如提供法律援助、职业发展咨询、家庭问题咨询和心理咨询等。员工在职业生涯当中,可能会遇到一些法律方面的问题困扰其工作和生活,企业利用聘请的法律专家为员工提供免费或优惠价的法律咨询,可以更好地解决员工的问题。另外,有些员工对自己的职业发展并不清楚,没有明确的目标,企业会聘请专门的职业指导专家为员工进行职业测评,并给予员工指导和建议,使员工对自己有一个合理的定位,这不仅有利于员工的职业发展,还使得企业资源得到合理配置,促进企业的发展。

此外,由于市场竞争的激烈,很多员工承受着越来越重的工作压力。这使得不少员工产生生理疾病或高度焦虑、精神崩溃等心理症状。而研究表明,工作压力过大会导致员工身体素质和工作满意度下降,从而影响企业的绩效。因此,企业除了定期为员工进行生理和心理疾病的检查之外,还可以提供心理咨询服务,帮助员工分析问题和减轻工作压力。

(2) 教育培训计划

随着外部市场环境的变化,知识技术的更新,员工需要不断学习才能跟得上时代的步伐。企业为增强对环境的灵活应变能力,就需要把自己改造成为具备持续学习能力的学习型组织。这对企业和员工来说都是一个挑战。企业需要持续进行培训和再教育,而员工也需要不断学习和接受培训才能有利于自己的职业发展。很多企业采取了各种方式为员工开展再教育辅助,如有的建立企业大学,为员工提供再教育;有的企业为员工设计与员工职业开发相对应的培训计划,并激励员工不断增强其知识和技能;还有的企业为降低成本,承诺员工自主学习,并为员工支付部分或全部与正规教育课程和学位申请有关的费用;有的企业为了将精力集中在主营业务上,将培训和再教育业务外包。所有这些都为员工提供了一个良好的环境和条件,促进员工素质不断提高。

(3) 家庭援助计划

由于老龄化和双职工、单亲家庭的增加,员工照顾年迈父母和年幼子女的负担加重了。为了使员工安心工作,企业向员工提供家庭援助福利,主要有老人照顾服务和儿童看护服务。很多企业开始实行弹性工作制,方便员工合理安排时间,避免生活和工作时间矛盾。企业还可向员工提供老人照顾方面的信息,如推荐老人护理中心等,有些企业对有老人住养老机构的员工出资进行经济补偿,或直接资助养老机构,防止员工被生活琐事困扰,让员工更专心地投入工作。

目前中小学甚至幼儿园日益高涨的赞助费已成为工薪阶层十分头疼的一项支出。企业适时推出"投资小人才,留住大人才"的计划,正好迎合了他们的需求。一些企业为员工年幼的子女提供看护的场所和服务,办托儿所、幼儿园等,使员工能将精力更好地投入到工作中来。还有企业提供子女入托津贴和子女教育补助,以缓解员工的经济压力。中国微软全球技术中心甚至有专门的部门承担"保姆职责",可以帮助员工处理各种能够代办的私事,尽量减少员工不必要的麻烦,让员工更好地休息和工作。

6. 其他补充福利

(1) 交通费

企业出于缓解员工上下班交通不便的考虑,为员工的交通费提供补助,弥补员工在交通方面的支出。主要形式有:企业派专车到员工家接送其上下班;企业派班车按一定的路线行驶,上下班员工到一些集中点等车;企业按规定为员工报销上下班交通费;企业每月发放一定数额的交通补助费。

(2) 节日津贴

在各种节假日发给员工过节费等。目前,大多数企业借节假日为员工提供一些实物、货币的补助,提高员工的整体福利水平。

除了上面介绍的福利项目之外,不同的企业还有很多特色的福利项目。如有的企业提供旅游补助、服装津贴、免费工作餐、健康检查、团体保险、俱乐部会费。有企业组织员工参加各种集体活动,以充实和丰富员工的业余生活,提高员工的生活质量。还有企业为员工提供其他的生活性服务,如餐厅及各种文化、体育、卫生、娱乐等设施,以免费或减费等优惠待遇供员工使用。也有企业提供生日礼金、节日贺礼、结婚礼金、生育补助及取暖津贴等。这些都体现了"人本主义"管理的特点。

对于我国来说,还有一种特色的福利项目:户口的调动。企业在引进人才时会承诺帮员工甚至其家属解决户口的调动问题。户口制是我国为控制城市人口无节制地恶性膨胀而实行的政策,曾对既定目标的实现起过积极的作用,但随着经济的发展和人才流动的加速它的消极作用日益明显,如它对人才流动的无区别的限制就影响很多单位人才的引进。目前有很多城市放松了对急需人才的户口限制,国家也在进行户籍制度改革的探索。

(三) 福利的新发展:弹性福利

在实际生活中,福利薪酬往往难以产生较为理想的激励效果。大部分福利是一种"大锅饭"性质的薪酬,它通常不考虑薪酬接受者的绩效,而是企业内的员工人人有份。对企业而言,福利是一笔庞大的开支(在一些企业中能占到工资总额的50%以上)。在实际生活中,许多企业的福利不仅没有起到激励作用,甚至成为员工负担的例子也十分常见。

随着时代的发展,传统的统一福利形式已不能满足员工的不同需求。一项研究表明,70%以上的员工愿意自己多掏点钱,来换取在制订福利方案中有更大的选择权[①]。以人性化管理为指导思想,在公司总体分配框架内向员工提供多种福利组合,充分体现全新福利发放形式的弹性福利制能够较好地解决这一问题。

---

① DANEHOWER C., LUST J. How aware are employees of their benefits?. Benefits Quarterly[J], 1996, 12(4): 56-61.

1. 弹性福利计划的含义

弹性福利计划(Flexible Benefit Plan),又称柔性福利计划或自助餐式福利计划,即根据员工的特点和具体需求,列出一些福利项目,在一定的金额限制内,员工按照自己的需求和偏好自由选择和组合。这种方式区别于传统的整齐划一的福利计划,可以让员工根据个人需要自主选择福利项目,具有很强的灵活性,很受员工的欢迎。

弹性福利方案从本质上改变了传统福利体制,从一个福利保险模式转变为一个薪酬模式,从一个固定的福利方案转化为一个固定的资金投入方案,可以更好地发挥福利的激励作用。对于员工,弹性福利制非常强调员工参与的过程,员工参与有利于企业合理确定福利包中的内容,最大限度地满足员工多样化的需要,增强其工作满意度,改善员工与企业的关系。此外,由于弹性福利制是由企业根据员工工龄、职位、绩效等因素,规定员工可享受的最高金额,员工可以在这个限制条件下选择,企业可以因此控制成本并引导员工做出更有效率的选择。而且企业还可以凭借高激励性的弹性福利计划吸引人才,在人才市场上占据优势。

2. 弹性福利计划的类型

弹性福利计划于20世纪70年代初期起源于美国,经过了三十多年的发展,开始在中国流行。根据2010年某调研结果显示,在中国12%的企业已经在实行弹性福利计划,另有33%的企业打算在以后1—3年内实行。目前,弹性福利计划已经成为福利领域变革的基本方向,并在多年的发展中已经演变出多种不同的类型。

(1) 附加型

附加型弹性福利计划是最普遍的弹性福利计划。所谓附加,顾名思义就是在现有的福利计划之外,再提供其他不同的福利措施或扩大原有福利项目的水准,让员工去选择。例如,某家公司原先的福利计划包括房租津贴、交通补助费、意外险、带薪休假等,如果该公司实施附加型的弹性福利计划,它可以将现有的福利项目及其给付水准全部保留下来当作核心福利,然后根据员工的需求,额外提供不同的福利措施,如国外休假补助、人寿保险等。

企业根据员工的薪资水准、服务年资、职务高低或眷属数等因素,确定分给员工的数目不等的福利限额,员工以分配到的限额去认购所需的额外福利。有些公司甚至还规定,员工如未用完自己的限额,余额可折发现金。此外,如果员工购买的额外福利超过了限额,也可以从自己的税前薪酬中扣除。

(2) 核心加选择型

此种类型的弹性福利计划是由一个核心福利和弹性选择福利所组成。核心福利是为员工提供包括健康保险、人寿保险以及其他一系列企业认为所有员工都必须拥有的福利项目的组合,员工不能自由选择,但其他福利项目员工可以随意选择,这部分福利项目都附有价格,可以让员工选购。员工所获得的福利限额,通常是未实施弹性福利制度前所享有的福利,总值超过了其所拥有的限额,差额可折发现金。

(3) 弹性支用账户

弹性支用账户是一种比较特殊的弹性福利制。员工每一年可从其税前总收入中拨出一定数额的款项作为自己的"支用账户",并以此账户去选择购买雇主所提供的各种福利措施。拨入支用账户的金额不需扣缴所得税,不过账户中的金额如未能于年度内用完,余额就归公司所有,即不能在下一个年度内再用,亦不能以现金的方式发放。各种福利项目的认购款项一经确定就不能挪用。例如,开在眷属抚养补助项下的款项,就不能挪用到法律咨询项下,而已开立的账户也不能用在未开设的项目上。此计划的优点是福利账户的钱免于纳税,相当于增加了净收入,所以对员工极有吸引力。缺点是行政手续过于烦琐。

(4) 套餐

这种类型是由企业同时推出不同的福利组合,每一个组合所包含的福利项目或优惠水准都不一样,员工只能就其中一个做出选择。就好像西餐厅所推出来的 A 套餐、B 套餐一样,食客只能选其中一个套餐,而不能要求更换套餐里的内容。在规划此种弹性福利时,企业可根据员工的背景(如婚姻状况、年龄、有无眷属、住宅需求等)来设计。

第二节　员工福利设计

在企业薪酬体系中,工资、奖金(激励薪酬)和福利是三个不可或缺的组成部分,它们各自发挥着不同的作用。工资具有基本的保障功能,奖金具有明显而直接的激励作用,福利的激励作用则是间接而隐约的,因此在薪酬体系的设计过程中,福利项目与方案的设计经常被忽略。然而,随着人们薪酬水平的不断提高和劳动力主体的改变,员工的需求也发生变化。现金薪酬的激励作用开始下降,员工越来越重视企业所提供的福利,员工对福利的要求不仅越来越高,还日趋多元化与个性化。因此,如何设计适应企业与员工需要的福利项目与方案,提高其激励效果,就显得非常重要了。

一、员工福利设计的原则

1. 激励性原则

福利作为薪酬体系中的一部分,其根本目标就是激励。所以企业在设计员工福利时,一定要遵守激励性原则,防止福利过度均等化、沦为保健因素,丧失激励效果。

2. 以员工为中心原则

福利的作用就是通过满足员工的需求,为员工提供便利,达到激励员工努力工作,为企业做出更大贡献的目标。在福利设计的过程中,要打破企业为主导、员工不参与的倾向,应多与员工进行交流,把员工的需求和企业的目标相结合,使福利计划不偏离其最终目的。

3. 独特性原则

企业福利项目设计既要考虑员工需求的满足,还要有一定的创意,让员工感受到企业的关心和尊重,获得心理上的满足,增强员工对企业的忠诚度与归属感。独特的福利项目还能成为企业吸引人才的一大优势,使企业在人才市场上占据独特的地位。

4. 弹性原则

一成不变的福利计划无法及时满足员工需要的差异化,企业的福利计划要有弹性,从员工的实际需要出发,在维持福利体系平衡的基础上,保持一定的弹性。同时还要进行动态跟踪和调查,适时调整。

5. 成本控制原则

福利在薪酬分配中占有很大比重,且呈上升趋势,企业在满足员工的多元福利需求的同时,也要合理控制福利成本。企业应根据发展阶段和目标,制定切实可行的成本预算,在经济状况允许的范围内,尽可能地为员工提供符合员工需要的福利项目,以最少成本实现最大福利效用。

二、员工福利设计的步骤

由于各国都对企业应该提供的法定福利进行了详细的规定,因此企业自主性较小。在实施法定福利时,企业只需按照法律标准执行,在不违反法律的前提下,选择合适的比率,尽量减少成本。所以这里讲的福利设计主要是针对补充福利。

(一)明确福利目标

在进行具体的福利项目设计前,企业首先要对自身情况有大致的了解。企业的福利设计受到很多因素的影响,如企业规模大小和管理的灵活性,规模越大的企业可设计的福利种类越多、水平也越高,管理灵活度越大的企业,福利设计的自主性越强。所以企业首先要进行自身定位,然后明确此次福利设计的目标是注重均等化还是差异化,是适用于全体员工还是向核心人员倾斜等等,这需要设计者确定几个问题。

1. 福利保障的对象

确定福利保障的对象即确定都有哪些员工能享受企业的福利,如福利计划是否包括兼职员工、退休人员等,以及福利计划是否根据某些标准来确定其保障的对象。目前大多数企业不向兼职员工提供福利,只有部分公司向退休人员提供福利。为了降低福利成本,企业不必向所有的职工都提供一样的福利,而是根据某种标准,加以区别对待。这些标准大致包括:

(1)以工龄为标准。职工的福利与工龄挂钩,规定在本企业服务达到一定年限的员工才有资格享受某种福利;

(2)以员工对企业的贡献为标准。对企业贡献大的员工可以享受较高的福利待遇;

(3)以在职与不在职为标准。在职职工享受的一些福利,如作为福利发放的一些实物、业余教育、带薪休闲等,退休职工与下岗职工不能享受;

(4)以每周工作时间为标准。全日工享受的福利,半日工与临时工不能享受。

2. 福利资金来源

企业必须考虑如何为福利融资。实际上,可利用的资源和经济目标在某种程度上会影响福利计划的范围。目前大部分福利计划(包括法定福利)都是半自费的,主要是因为福利成本的大幅度上涨,并且福利计划让员工负担一部分费用,还可以使他了解和认识到该项福利的价值。一个商品无论价值多大,只要是免费的,在员工看来都会显得无足轻重。况且,一个商品可以免费取得,员工自身便对成本控制不再感兴趣。

3. 福利在薪酬中的比重

企业工资总额确定以后,就要全面考虑货币化薪酬和福利各自所占的比重,既要避免取消福利,即在其薪酬体系中不考虑福利的倾向,又要避免福利无限膨胀的倾向。福利的许多积极作用是货币性工资无法实现的,因此在设计薪酬体系时,要注意保持福利的合理比重,这个比重对不同地区、不同经济性质的企业有不同的要求,需要企业根据实际情况加以确定,并且随着企业规模、发展阶段、经济实力、竞争对手的变化而进行调整。

(二) 福利调查

公司制定的福利水平低,虽然对公司的预算和扩大再生产有利,但无法满足员工多样化需要,会造成优秀人力资源流失和企业整体员工满意度的下降。公司制定的福利水平高,可以借此优势留住优秀人才,但会给企业的经营带来负担。因此,首先进行福利调查非常重要,可以从以下三个方面开展。

1. 企业现有福利调查

企业福利设计首先要分析现有福利的种类和覆盖群体,即企业现在的福利包括哪些项目,福利的受益群体是谁,这个福利的总成本是多少,有哪些项目是必须的,哪些产生的收益不大。如果是集团公司,各个业务单位同类群体的福利是否统一,不统一的原因是什么。调查人员首先要对企业现行的福利政策进行全面了解,并且与人力资源部相关负责人进行交谈,了解企业现在的福利状况。这一步骤主要是公司层面的,调查人员通过对政策的了解和历史数据的统计分析,可以对目前福利的实施情况有总体的了解,然后从中发现现行福利的不足之处和福利缺口。

2. 市场福利调查

与现金报酬一样,福利管理的一个重要因素是了解自己的竞争对手是怎样做的。市场福利调查为本企业的福利设计提供基准,企业可以根据首先确定的福利目标设计高于、等于或低于市场基准的福利,不至于严重脱离市场水平,在人才市场上处于劣势。

市场参考标准的选取很重要,企业在进行调查前,必须对自己进行定位,确定好自己的参照对象。一般情况下,市场调查都是以同行业的主要竞争对手为参照标准,因为主要竞争对手与本企业面临的情况相似,更有参考价值,而且竞争对手采取的措施肯定有其选择的原因,这些恰好也可能就是本企业需要解决的问题。

企业可以自己安排特定的人员开展市场调查,负责从调查的计划、实施到数据分析的全过程,调查的数据最贴合企业的需要,但这对企业工作人员的素质要求很高。企业也可以通过咨询公司来进行,咨询公司一般拥有专业的人才队伍,获取数据的渠道和方式多样,但要求花费的成本很高,有的小企业根本负担不起如此高昂的花费。此外,企业还可以借助政府部门的调查来获得有关信息,这种途径花费小,但信息的真实性和可靠性不强。无论采取何种途径,市场数据的获取都是有难度的,而且都面临真实性和全面性的考验,企业应根据自身情况选择最适合自己的市场调查方法。

3. 员工需求调查

福利就是要通过满足员工的需求,实现激励员工的目的,开展员工需求调查,了解员工需求至关重要。据相关调查显示,员工总是会大大低估企业为他们提供的福利的成本,归根结底,这都是因为企业在设计福利时没有认真考虑员工的需要,以至于为员工提供了他们不需要的福利,而那些员工迫切需要的都没有得到满足,在福利方面的巨额成本所带来的效果大打折扣。

员工福利需求调查的形式主要有两种:① 调查问卷,调查人员向企业全体员工发放调查问卷。问卷的题目应紧贴企业现状,了解员工的需求、对现有福利的评价以及对新的福利计划的建议。调查问卷应同时包含封闭性和开放性问题,便于向员工展示企业可提供的福利,也方便员工个性化的需求。调查人员发放问卷时,应首先表明此次调查的目的和重要性,强调问卷填写的要求,鼓励员工将自己的真实想法表达出来。② 访谈。调查者在进行访谈前应列好访谈提纲,避免在访谈过程中话题跑偏,脱离访谈的原本目的。访谈便于收集真实准确的信息,但由于受时间和受访对象数量的限制,信息存在片面性。故在选择受访者时,应兼顾到各年龄段、各部门和各层次人员,尽可能使被访者具有较高代表性。

互联网的飞速发展改变了交流的途径,企业可以利用微博、微信、贴吧等网络媒体与员工互动,了解员工的想法和需求,征求员工的建议,使员工也参与到福利设计中来。这不仅有利于让福利设计更加合理,还是宣传企业福利的不错方法。同时,市场情况和员工需求的多变要求企业时刻关注可能的变化,调整福利计划。

另外,要处理好实现企业福利目标和引导员工享受福利的关系。企业制定福利政策时有一定的目标,员工的福利需求大多数情况下也是有目标的,那么这两个目标能否达成一致是企业能否实现福利目标的关键。企业在实施福利计划时要有意识地加以引导,将员工的福利需求引导到企业的福利目标上来。这就需要人力资源部门做好员工职业生涯规划的指导工作,并指导他们进行适合自身成长需要的福利选择。

(三)福利项目的选择和搭配

通过市场福利调查和员工需求的调查,企业可以根据福利目标和成本预算大致确定本企业福利设计中应该选择的福利项目。福利项目的选择应以实用性为导向,选择那些员工最需要的、成本收益最大的项目。福利项目的数量应适当,以能够满足员工需求为标准,不可过于单一,项目过多又会加重管理难度、增加管理成本。企业对现有福利项目的处理应该谨慎,对于那些效用不大的项目,应在征求员工意见的基础上进行取舍,切不可盲目、自主地取消掉某些福利,否则容易导致员工的不满。

根据福利项目的可变性,企业的福利计划可以分为三种类型:固定型、自助型、固定加自助型。固定型是指企业根据员工的需求和企业发展目标,设计出一系列固定不变的福利项目组合供员工选择,员工只能选择某项搭配,不能更改其中的项目。自助型则相反,是指由员工自主搭配想要的福利项目,只要在规定的范围内,可以自由选择某个福利项目。固定加自助型处于两者之间,企业首先确定一些员工必须选择的福利项目,在此之外,员工可以自由选择自己需要的项目。企业选择最多的一般是第三种类型,对于员工,这种方法既给予了一定的自主性,又可以防止员工因对福利项目不了解而乱选、错选,更好地保障员工的权利。对于企业而言,有利于其管理和控制,还可以防止员工的逆向选择行为。企业在设计福利项目的搭配时,一定要注意保留适当的弹性,防止福利成本增长过快,成为企业以后成长发展的阻碍。

(四)成本控制

近几十年,福利的绝对金额和相对比重都在大幅上升,政府的法律制度日趋完善,给企业提供的强制性要求越来越多。随着经济的发展,员工的需要日渐丰富,会产生越来越多的福利需求。由于福利具有很强的刚性,只能上不能下,企业不得不投入更多的成本在福利上。近年来,物价水平又不断上升,很多项福利的价格都在上升,这些都在很大程度上增加了企业的压力。为了应对成本上升的压力,一些企业进行了相应的改革,例如:

(1)实行员工健康修炼计划(EWPs)。即改变员工在工作以及工作之外的生活中所可能发生的最终会导致员工在未来出现健康问题的那些行为,从本质上来说这是一种预防性的计划。

（2）由员工承担部分费用。由员工自己承担一个规定数额的负担,员工在医疗或其他事情的支出超过规定数额后,才开始享受福利。

（3）规定福利上限。

（4）对不同类型员工给予不尽相同的福利内容,并确定享有特定福利项目的条件,如工龄、绩效、职位等达到什么样的程度才能享受。

（5）跟福利的提供者作认真的谈判和协调,降低购买福利的成本,审查医院或其他服务单位收费的合理性。

（6）某些岗位可招募临时工或兼职人员。

（7）在双员工家庭中和另一方的雇主协调分担福利费用。

（8）福利业务外包。通过雇佣公司外部的人员来管理福利计划,这样更有利于对成本和福利的控制,而公司自己则集中精力从事生产经营。

成本控制应贯穿福利设计的全过程。在进行福利成本控制时,有必要考虑以下几个方面的要素:第一,某种福利类型的成本越高,则以此节约福利成本的机会越大;第二,福利类型的增长轨迹也非常重要,即使某种类型福利的成本在当前是可以接受的,但是其增长率可能会导致企业在未来承受巨大的成本;第三,只有当雇主在选择将多少钱投入某种类型的福利方面具有非常大自由度的时候,遏制福利成本的努力才会起到作用。许多法律所要求的福利计划（比如社会保障）的成本支出相对来说较为固定,它会为企业降低福利成本的努力带来一定的限制。因此,成本高、增长快、自由度大的三种类型福利是福利成本控制战略的重要控制对象。

（五）福利计划的实施和调整

福利计划的成功实施是福利设计的目标,也是检验福利设计成功与否的标准。企业在福利计划实施前,应与员工进行沟通,向员工介绍福利项目的具体内容和实施流程等信息。与员工进行交流的方式有很多,如编制福利手册;为员工提供个人福利单,详细注明福利范围和每部分的价值;开会介绍或用视听材料介绍公司福利计划的细节以及个人咨询等。这一步至关重要,如果得到员工的支持,福利计划很容易被推行。相反,如果遭到员工的反对,福利计划将很难平稳落地。

福利计划的实施还需其他工作的配合,如绩效考评和薪酬工作。为了增强福利的激励作用,进而留住核心人才,提升人员品质及效率,越来越多的企业将员工福利的额度跟其业绩进行挂钩。因此,科学的绩效考核是福利制度成功的基础,企业应该在绩效考核的设计上力求严谨。对于不同类型的员工注意绩效考核方法的选择、考核主体和考核周期的确定,使考核尽可能公正、客观。此外,福利作为薪酬体系的一个组成部分,福利和薪酬的比重需维持在一个合理的水平,两者要搭配发挥激励作用。

企业设计好福利计划后,在实施的过程当中,应随时对福利系统进行监控,及时做出调整。有关福利的法律经常会发生变化,企业需要关注这些法律规定,检查自己是否适合某些法律法规的规定,一方面避免自己在不知不觉的情况下违反国家的法律法规;另一方面,企业还可以以法律法规为依据,寻求有利于自己的福利提供方式。与外部市场的直接薪酬状况变化相似,其他企业的福利实践的变化也可能对本企业产生影响。还有外部企业提供的福利成本(如保险公司提出的保险价格)所发生的变化也会对本企业的福利体系产生影响。此外,员工的需要和偏好也会随员工队伍构成的不断变化以及员工自身职业生涯的发展阶段而不断发生变化。因此,企业的外部市场环境、竞争对手的变化、企业发展阶段的不同、企业经济实力的变化、内外部劳动力的变化等因素,都要求企业及时调整薪酬福利系统,调整福利项目或力度,使其更好地为企业战略目标服务。

本章小结

1. 对员工福利的内容进行了介绍,其中法定福利包括社会保障、住房公积金和法定休假。企业补充福利计划包括企业年金、企业补充医疗保险、集体人寿保险计划、住房或购房支持计划、员工服务福利等,并对福利发展的新趋势——弹性福利进行了介绍。

2. 对员工福利的设计与管理进行了介绍,员工福利的设计主要遵循激励性原则、以员工为中心原则、独特性原则、弹性原则和成本控制原则。福利设计的流程主要包括明确福利目标、福利调查、福利项目的选择和搭配、成本控制及福利计划的实施和调整。

复习思考题

1. 我国企业员工享有的福利体系包括哪些内容?
2. 弹性福利制度有哪些类型?
3. 福利设计应遵循哪些原则?
4. 福利设计有哪些具体步骤?实施中应注意哪些问题?

案例讨论

CI公司知识型新生代员工的弹性福利体系

CI公司是我国某知名检验认证集团下的一级子公司,主要从事管理体系认证、检验鉴定等业务,现有职工420余人,其中受教育程度在本科及以上的知识型新生代员工人数为233人,占公司比例的55%。CI公司自2004年成立以来,不断加强人才培养和队伍建设,狠抓制度建设与创新,使公司获得了巨大发展。为了留住和吸引更多的内外部优秀人才,CI公司于2013年开始试行弹性福利制度并且取得了不错的效果,其具体的福利方案介绍如下:

1. 福利目标

在符合国家政策的法定范围内,满足公司知识型新生代员工的福利需要,激发员工的工作积极性,提高工作的满意度。将"普惠与激励"相结合,以基本的法定福利项目作为员工生活的保障因素,而弹性福利项目作为工作激励因素,以期通过二者的整合与优化使福利的激励作用得到最大化发挥。此外,还要对福利管理成本加以适度控制,以免影响公司的健康发展。

2. 福利实施对象

CI公司的福利对象包括：正式员工、非正式员工、劳务派遣员工。公司根据不同层次员工福利需要来设置全员化或者个别化的福利管理策略，以增强福利项目的适用性。如所有员工都可享有的设置为全员福利；部门主管以上层次的员工可根据自身需要选择出国进修、旅游度假等福利；生活状况困难或者家庭成员有重大疾病的员工可选择帮扶福利，等等。

3. 福利项目

公司在制定福利方案时，将弹性福利体系中的项目设计与知识型新生代员工需要层次对应，福利项目包括了基本福利和弹性福利。

(1) 基本福利(刚性福利)

为保障知识型新生代员工生理和安全上的基本需要，公司为员工提供了如下法定福利：第一，社会保险。公司根据所在行政区的相关规定，只要入职资料全部提交完毕且合同签订完成后的员工，统一办理养老保险、失业保险、工伤保险、基本医疗保险、生育保险。第二，法定假日。每周双休(除检验鉴定员外)，根据国家规定，公司全员每年享受11天带薪休假，妇女节女性员工放假半天。此外，所有转正的公司员工按有关规定享有婚假、产假、丧假等带薪假。第三，住房公积金。凡入职满一年的正式员工均可享受。

(2) 弹性福利(柔性福利)

公司在与知识型新生代员工进行反复沟通的基础上，根据大部分员工的合理需求，最终确定出与员工需求基本相对应的弹性福利项目。第一，对应知识型新生代员工的社交需要的福利。社团联谊活动，公司不定期与其他公司或社团举行联谊活动，一方面可以拉近公司内部员工的距离，增进彼此之间的感情。另一方面能够扩大公司员工的人际交往范围，尤其是与其他公司举行的单身联谊会，大大满足了公司单身人士的社交需求。素质拓展训练，以通过"先行后知最后达到知行合一"的体验式学习方式，使员工通过亲身体验来挖掘自己的潜能。此外还包括举行旅游沙龙、文体活动等，员工根据自身需要酌情选择。第二，对应知识型新生代员工的尊重需要的福利。根据员工入职年份、职位高低和个人绩效，制定出多项可供员工选择的福利项目，让员工感受到公司的人文关怀与尊重。包括无息/低息住房贷款、购车补贴、EPA咨询、家庭成员重大疾病/意外伤害等商业保险、每年一次体检、返乡交通费补贴、美容美发卡、带薪旅游假等。第三，对应知识型新生代员工自我实现的需要的福利。内部轮训，对工作能力强的员工在公司的不同相关部门进行轮岗轮训，让其对公司各部门情况都有相关了解，为日后的晋升打好基础，从而留住了公司的优秀人才。出国进修，由于公司与越南、泰国、老挝等国经常有进出口检验认证等业务往来，会经常派遣员工出国进修，这既实现了员工自身的价值，也能为公司增值。除此之外，还包括职业资格考试补贴、弹性工作制等。

(3) 福利项目定价

并不是说员工可以毫无限制地挑选弹性福利项目。在福利总金额一定的前提下，公司根据年终营业状况及个人的薪酬水平，为员工建立福利账户，预算出员工可运用的福利积分。员工在指定的时间内，从公司的福利菜单中自由选择福利项目。在对福利物品定价时，能够直接用货币衡量价值的福利项目，按照实际价格来定福利积分，不能直接以货币衡量的福利项目,则根据实际市场价格折算成公司内部相应的金额,再根据员工的薪酬、绩效、职位等因素来设定福利积分限额。员工在自己的需要和福利限额范围内进行福利项目选择,这样满足了不同层次员工的多样性需要,使员工福利效用最大化。出于简便目的,公司将1元人民币折合为1个福利积分。

（4）弹性福利积分管理方案

公司制定的方案强调将员工的弹性福利与其个人绩效以及其部门绩效挂钩,以此确定员工的福利积分,即：

$$员工弹性福利积分 = 员工标准福利积分 \times 个人绩效系数 \times 团队绩效系数$$

员工根据自身需要和福利积分多少来选择自己的福利。为了对员工的福利积分进行高效管理,公司为员工建立了相应的电子弹性福利账户,以便员工可以适时登录个人账户选择所需的弹性福利项目,系统在每笔交易完成后自动扣除员工个人账户内的积分。值得注意的是,员工福利积分的使用需要设置一定的期限(一般为1年),周期内未使用完的积分到期将自动清零,其目的是为了防止过度的福利积分储蓄。

（5）弹性福利方案的反馈

CI公司自2013年开始试行弹性福利两年有余,据公司对知识型新生代员工的福利满意度调查数据显示,有76%的人表示对福利政策表示满意,说明公司引入的弹性福利方案取得了巨大的成功,且这一制度还会在以后的实践中更加完善。

案例改编自:伍辉延,雷霞飞.马斯洛需要理论视角下知识型新生代员工弹性福利体系设计——以CI公司为例.管理新视界,2015年第1期:54-59页。

案例思考题：

1. CI公司的员工弹性福利包括哪些内容?
2. 分析这种福利计划是如何适应企业特性以起到支持企业发展战略的作用。

第十章 薪酬制度法律规范

本章结构图

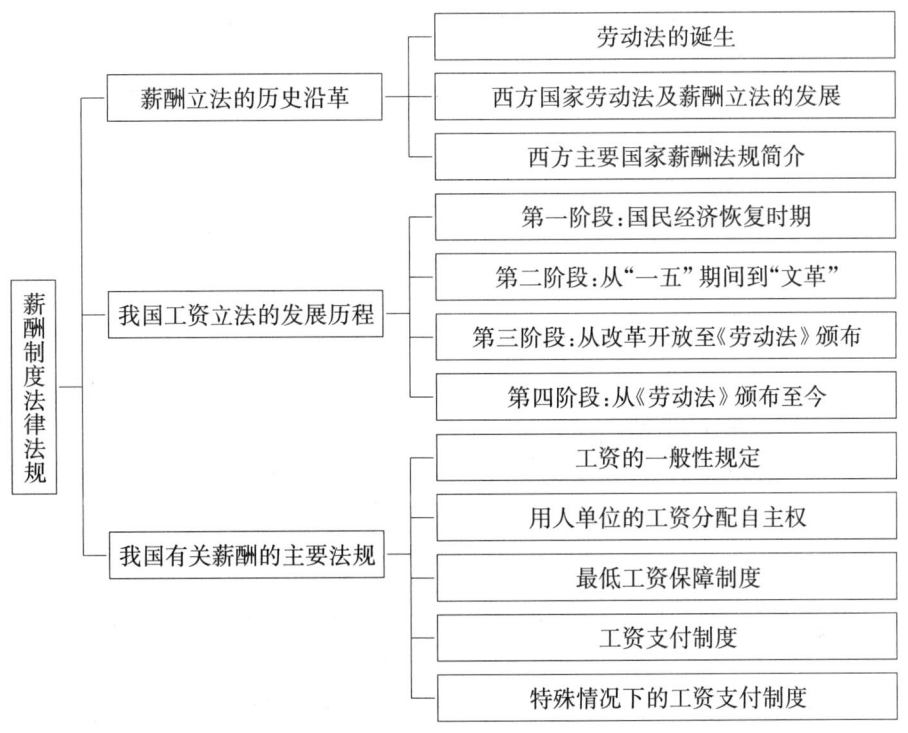

开篇故事

2019年6月30日,李刚入职星辰网络公司。同日,星辰网络公司作为甲方,李刚作为乙方,双方签订三年期限劳动合同,并约定试用期为三个月,岗位为副总裁,工作地点上海市,月工资1.5万元,试用期工资1.2万元。该劳动合同第十一条规定,甲方工作任务不足导致乙方处于待业状态的,甲方支付乙方基本生活费用每月5 000元。

2019年12月,星辰网络公司因办公地点不再续租,便安排李刚在家远程办公,通过电话、钉钉、微信等方式汇报工作。李刚提供了钉钉日志,证明2019年12月仍在为公司提供劳动;公司认可但声称2019年12月李刚只提供了12月4日、5日、18日、19日的钉钉日志,未提供其他时间,属于旷工。

那么,星辰网络公司是否该支付李刚所要求支付的工资呢?

从以上案例可以看出,与薪酬相关的劳动纠纷在企业中常有发生。因此,了解与薪酬相关的法律规定是十分必要的。本章将围绕这些问题而展开。

第一节 薪酬立法的历史沿革

薪酬对员工及其家庭至关重要,它是普通员工的主要收入来源,为员工及其家庭日常生活提供了基本的物质保障。从宏观的角度进行审视,员工薪酬还关系到社会的稳定,乃至国家的发展,通过立法保障员工薪酬也就成为各国政府都十分重视的问题。另一方面,薪酬立法直接关系到劳动者劳动报酬权益的保护和实现。薪酬的有关法律、法规和政策为薪酬管理提供了依据,对企业的薪酬管理具有规范和指导作用。

在世界范围内,薪酬立法是伴随着劳动法的产生而产生的,其发展历程渗透于劳动法的发展历程之中,并逐步被纳入劳动法的范畴。因此,了解关于薪酬的法律、法规和政策,对薪酬管理实践具有重大意义。

一、劳动法的诞生

在人类发展历史的很长一段时间内,并未出现过专门的劳动法规。奴隶社会中,奴隶从身份上绝对依赖于奴隶主,劳动法规没有存在的现实基础。到了资本主义前期,很多国家把调整劳动关系的法律规范列入民法的范围之中。直到19世纪初,劳动法才作为一个独立的法律从民法中脱离出来。

19世纪以前,资本主义国家通常利用民法及一些"工厂法规"来调解劳动关系,这些法规的总体特征是为了维护企业主的经济利益,同时强化企业主对普通劳动者的残酷剥削和压榨,由此给劳动者的身心健康带来了严重的危害,从而引起了广大劳动者的强烈反对,资本主义国家劳资关系激烈对抗并逐步发展成不同阶级的政治对立。广大工人阶级强烈要求改变劳动状态,提高生活待遇。在资本主义比较发达的欧洲,一些国家的工人运动风起云涌,威胁着资产阶级的统治和政权的稳定。

与此同时,在这些国家内部也逐步产生了同情工人阶级的社会群体和政治力量,他们呼吁政府改变对劳工阶层的态度和做法,敦促政府重视保护劳动者的权益。迫于多方面的压力,资本主义国家的政府不得不改变原先对待劳工阶层的压榨策略,放宽对劳工阶层的剥削程度,以缓和国内日益激化的劳资关系。

二、西方国家劳动法及薪酬立法的发展

(一) 19世纪初至二战期间的劳动法及薪酬立法的发展

17世纪中叶,英国资产阶级革命取得了胜利,资本主义雇佣劳动秩序得以正式确立。资产阶级追求无限经济利润,工厂里大量使用童工的现象随处可见,工人阶级长期遭受残酷剥削,劳动者的基本权益甚至生命安全难以得到保障。

工人阶级的悲惨境况引起了一些人道主义者的关注。1802年,皮尔勋爵首先向议会提出了《学徒健康及道德法案》,要求限定学徒的工作时间,该法案随后获得国会通过,从而成为历史上第一个保护童工的法案,也是第一部限制企业主剥削劳动者的法律。与此前专门为了加强对劳动者的剥削而制定的"工厂法规"相比,该法案是为保护劳工的利益而制定的,标志着世界上首部正式由政府出台的劳动法的诞生,因而在立法史上具有里程碑式的重要意义。

此后,英国的工厂法继续不断发展。1824年颁布了《关于雇主与雇员间争议仲裁的统一修正法案》,1864年颁布了适用一切大工业的《工厂法》,1871年又通过了世界上第一部工会法,承认工会有代表雇员与雇主谈判并签订集体合同的权利,在以往立法工作的基础上,薪酬问题在劳动法中的地位日益突出,引起了社会各界的广泛关注。1901年,英国制定了《工场及作业场法》,详细规定了劳动时间、工资支付的时间和地点,以及工资制。有关最低工资的立法于1909年英国颁布,明确了由行业委员会制定最低工资标准。

欧洲其他国家效仿英国的做法,进行了相关立法。德国1839年颁布《普鲁士工厂矿山条例》,禁止童工工作,并对未成年人的工作时间进行了限定;1891年颁布《德意志帝国工业法》,对童工及未成年人的工作时间做出了进一步的限制;1903年又颁布了《未成年人保护法》。法国于1841年颁布《童工、未成年工保护法》;1848年通过专门法律对劳动者工作时间作出规定;1896年、1912年分别制定了《工业法》《劳工法》。此后,西方主要资本主义国家相继颁布了自己的劳动法规。从立法过程看,西方的劳动立法从关注某一方面(如劳动时间)或某一部分劳动者(如童工、未成年人等)逐步发展到制定相对全面的、面向所有劳动者的劳动立法,劳动法终于从民法中独立出来。

进入20世纪,西方国家在劳动立法方面获得了很大的发展。例如,德国在1918年颁布了《工作时间法》《失业救济法》《工人保护法》《集体合同法》等;美国于1913年成立联邦劳工部,主要负责全美的就业、工资和福利及工人工作条件的改善等事务,1912年马萨诸塞州首先制定最低工资法;1914—1923年期间,又有6个州相继通过最低工资法。此外,1931年联邦政府通过《戴维斯-培根法》,1938年国会制定《公平劳动标准法案》。至此,美国联邦政府的主要工资立法基本框架已经形成。

第二次世界大战期间,德、意、日等法西斯国家的劳动立法受到摧残,劳动者的利益失去了法律的保护。而同时期的英美等资本主义国家,为了摆脱经济困境,缓和国内矛盾,则进一步对劳工阶层采取了让步的政策,劳动法在这些国家继续获得了实质性的发展。

1932—1938年期间,英国连续颁布了多项法律,规定缩短女工和青年的劳动时间,实行年休假制度及改善安全卫生条件等。美国1935年先后颁布了《社会保障法》和《国家劳动关系法》,至1936年美国已有40个州及哥伦比亚特区都制定了最低工资法。1938年国会又制定了《公平劳动标准法案》(又称《联邦最低工资工时法》)。从总体上讲,一系列的法案都对企业主的不规范行为做出了适当的限制,使得劳动者的正当权益进一步受到法律的保障和维护。

(二)二战后西方国家薪酬立法的发展

二战结束以后,资本主义世界经济一度低迷,劳动立法在西方国家遭遇了挫折,甚至出现倒退的迹象,劳动者的正当权益再次受到挑战。一些国家通过了一系列旨在限制工会及劳动者权利的法案。如：美国1947年通过的《塔夫脱-哈特莱法案》、法国1947年通过的《保卫共和国劳动自由法》等，均对工会的权利进行限制，不惜动用严厉手段镇压工人运动。

但总体上讲，资本主义世界的劳动法及薪酬立法仍处于发展之中。特别是20世纪70年代以后，由于失业、犯罪等一系列经济、社会问题日益严重，西方国家纷纷加大了薪酬及就业保障立法的进程。法国颁布法律，目标直指改善劳动条件、实现男女同工同酬、限制种族歧视等方面，并于1973年12月建立了旨在保证雇员和学徒在企业无偿还能力时，仍能得到其应得工资的预先性保障制度。日本于1976年重新修订了《劳动标准法》并制定了一系列关于最低工资、劳动保障、女工福利等方面的法律。英国于1971年通过了《劳资关系法》，1975年颁布了《就业保障法》,1983年修订了《同工同酬法》,1985年通过了《社会保障法》，1987年通过了《雇佣法》,1992年颁布了《社会保障缴款额和津贴法》,1995年颁布《退休金法》。美国1970年颁布了《职业安全和卫生法》,1977颁布了《联邦矿山安全与卫生法》,1938年颁布的《公平劳动标准法》《联邦最低工资工时法》，在之后的60多年经过多次重大修改，逐步趋于完善。

西方国家有关员工工资福利和保护的立法，伴随着社会经济发展，并与当时所处的社会经济环境相适应。1929年经济危机发生之后，大量贫困人口出现，这期间政府的劳动立法主要是为了保护这些群体；20世纪60年代经济繁荣发展时期，就业机会很多，但就业的不平等成为当时突出问题，政府此阶段的立法主要侧重于促进公平就业；1970年代后期以后，西方经济发展衰退，工人原有的待遇被一些企业取消，这一时期政府的劳动立法就关注于员工的劳动和经济保障上；1990年以后，人们的生活方式发生了很大变化，工作与生活的关系变得空前紧密，工作成为生活的一个重要组成部分，因而，如何提高员工的工作生活质量成为劳动立法的主要内容。

随着经济形势的发展，劳动法越来越受到政府的重视，制定全国统一的劳动法已在许多国家形成共识。伴随着劳动法的发展和成熟，薪酬立法的思想和原则也逐步在各国的劳动法中得以充分的体现，并成为各国劳动法中的一项重要内容。

三、西方主要国家薪酬法规简介

西方国家的薪酬制度虽然相互影响，但并不完全相同。英国是普通法系的代表国家之一，初期劳动法的渊源主要以普通法为主。20世纪70年代以后，英国受欧盟的影响，加快了成文法的制定步伐，现已形成规范的法律体系。法国属于大陆法系国家，其劳动立法也较为完备，具有一定的典型性。美国曾部分属于法国、西班牙的殖民地，其劳动法律、法规深受英法等国的影响。理解这三个代表性国家薪酬法规的主要内容，有助于全面把握西方国家薪酬立法的发展历程及其特点。

（一）英国工资立法的主要内容

在英国，工资发放依据主要是由工会与雇主或雇主团体签订的团体协议，而法律方面的相关规定相对较少，主要有最低工资的规定、工资支付规定及同工同酬规定。

1. 最低工资规定

英国于1909年成立了行业委员会，由该行业劳资双方派出的代表和与行业无利害关系的人员组成，同年国会通过了行业委员会法，规定纸盒制造业等四个行业的工人实行最低工资标准,以维持这些行业的最低生活水平,并由劳工部派出专员监督最低工资标准的实施,对不执行标准的雇主给予处罚。其后,英国还陆续颁布了相关的法律。如:1938年的《道路运输工资法》、1943年的《餐饮服务业工资法》、1948年的《工资委员会法》等。现行的最低工资法律有1948年的《农业工资法》、1958年的《工资委员会法》、1975年的《雇员保护法》等。最低工资法的主要作用是用于补充行业集体谈判中对工资约定的不足。

2. 工资支付规定

19世纪初,许多雇主以实物替代现金来支付工人的工资。一方面,推销了企业的产品,降低了产品的成本;另一方面,大大降低了工人的实际工资水平,客观上致使工人生活更为困难。鉴于此,英国国会开始制定有关工资支付的法律。1831年制定了《工资现金支付法》,1833年制定了《公共场所支付工资(禁止)法》,1960年制定了《工资支付法》。这些法律的主要规定包括:雇主不得以实物替代现金支付工资;雇主不得在特定的公共场所(如舞厅、酒吧等)支付工资;除法定事由外,严禁雇主克扣工人的工资,等等。

3. 同工同酬的规定

受当时国际政治环境的影响,英国从20世纪70年代开始相继颁布了一系列反歧视的法律,1970年颁布的《同工同酬法》就是其中之一。

根据该法的规定,一个女性雇员如果从事与其男同事相同的工作,且在一定的评价标准下,他们从事的工作等级相同、工作价值相等,那么,雇主就必须向他们支付相同的薪酬,否则便违反了同工同酬法。

概括地说,同工同酬法调整的是合同条款中包括工资问题在内的歧视问题和合同利益问题。

(二) 法国劳动法中有关劳动报酬的规定

法国属于大陆法系国家,劳动立法较为完备。关于薪酬的法律、法规主要包括以下内容:

1. 劳动报酬的组成部分

法国规定劳动报酬由基本工资、奖金和实物性工资构成。其中,基本工资由企业在遵守法律和集体合同规定的最低工资的基础上由企业主自主决定,奖金的种类较多,实物性工资是指企业为雇员提供的住房、食品、供暖、服装等实物性福利或报酬。

2. 最低工资

法国于1950年2月设立了最低职业保证工资(SMIG),1970年1月以最低职业增长工资(SMIC)取代了SMIG,最低职业增长工资以每小时工资为确定单位,随着价格指数的增长而增长。政府每年在听取国家集体谈判委员会的意见后,以法令的形式于1950年7月1日公开发布当年的最低职业增长工资。

3. 工资的计算及支付方式

法国规定,工资的计算采用三种标准:① 时间标准,以小时或以月为计算周期;② 以实际产出为计算单位;③ 根据员工完成的业务量进行提成。

在工资的支付方式上,法律规定,企业向实行月薪制的雇员,每月必须至少支付一次工资;未实行月薪制的雇员,其工资每月至少支付两次,且每次支付时间间隔最多为16天;工资应在工作地点和工作时间内支付。应雇员要求,低于一定额度(比如当时是10 000法郎)

的,可以现金方式支付;超过该数额的,以支票或转账的方式支付。同时,企业在支付雇员工资时,应向雇员提供详细的工资清单。

4. 红利和分享

① 红利。红利制度是根据集体合同或企业与工会之间的协议而建立,或是在企业委员会内部建立,或是由企业提出并得到3/4以上雇员同意而建立。红利制度是企业在自愿的基础上建立的,适用于企业内的全体雇员,但可以设定附件条件为工龄满6个月。

② 分享。法国劳动法规定,雇员超过50人的所有企业都应建立雇员分享企业发展成果的制度,50人以下的企业,可以自愿建立。

企业根据法律规定将每年盈利的一部分用于雇员的分享,该项分享在全体雇员之间分配,但可以设定附件条件为工龄满6个月,并且可以依据工龄、职务的不同而有所区别。

5. 工资的法律保障

① 工资的优先债权。法国劳动法规定,工资享有优先权。雇员和学徒的工资债权,对于雇主的动产和不动产享有优先权,工资优先债权的范围是:雇员和学徒的最后6个月工资;带薪休假补偿金;劳动合同解除补偿金。即使企业不是处于法定整顿和破产清算期间,雇员和学徒的工资也享有优先权。

② 工资的预先性保障。1973年12月,法国建立了工资的预先性保障制度,目的在于保证雇员和学徒在企业无偿还能力时,仍能得到其应得的工资,该法律规定,企业和雇员应向工商就业协会缴纳工资总额的0.25%,作为企业无偿还能力时对雇员工资的保障。

(三)美国有关薪酬的主要法律规定

1. 美国最低工资法及其演变

早在20世纪初,有些州议会就开始制定州最低工资法规,但当时仅适用于妇女和儿童的工资发放。1912年,马萨诸塞州首先制定最低工资法,至1936年5月已有40个州及哥伦比亚特区都有了最低工资法。

除了各州政府进行的最低工资立法外,1931年联邦政府通过的《戴维斯-培根法》、1936年国会制定的《沃尔什-希利法案》和1938年国会制定的《公平劳动标准法案》,共同构成了联邦政府主要的工资立法体系。《戴维斯-培根法》授权劳工部长确定某些地区、某些劳动项目通行的小时工资标准,即各州中与最低工资立法所规定的、相当接近的工资标准,在某种意义上,《沃尔什-希利法案》则是对《戴维斯-培根法》的补充。《公平劳动标准法》又称《联邦最低工资工时法》,曾作多次重大修改。现以1990年修正案为例,对其主要内容介绍如下:

① 最低工资标准。从1991年1月1日开始,凡不属于例外的工人,其小时工资标准提高到4.25美元,同时为参加工作的新手提供6个月的"培训工资"。每工作周工作超过40小时以上的工作时间,每小时按基本工资的1.5倍发放。

② 实施范围。凡跨州经商或为跨州的商品、原料进行处理、加工、销售、搬运等项活动的企业或任何人,其所雇佣的全体雇员均包括在实施范围内。

③ 雇主可以把小费计算在工资内,但估定时不得超过最低工资的40%。

④ 雇主为雇员提供的食宿等福利设施,在征得雇员同意的前提下,可以将其视为工资的组成部分之一。

⑤ 次最低工资的规定。学习人员、学徒在一般情况下,可以按低于最低工资的标准

支付。

⑥ 加班工资的计算，按有关规定执行。

2. 美国最低工资立法原则

① 生活工资原则。美国初期制定的最低工资法主要采用生活工资原则，即依当地生活水平来决定最低工资标准。

② 公平工资原则。为了避免出现劳动者相互之间工资支付不合理、不公平的现象，美国法律规定，凡熟练程度相同，所发挥的经济效益相同及所受繁重程度相同的劳动，其报酬应该一致。20 世纪 30 年代以来，美国最低工资标准的确定都依据了公平工资原则。

3. 工资支付方法的法律规定

美国联邦政府和州政府均制定颁布了有关工资支付的法律，以保证劳动者及时获得应得的工资。

① 联邦法规。1938 年制定的《公平劳动标准法》明确规定：临时凭证、代价券、存款卡、"内部支票"、债息票以及类似的媒介物，都是非法的工资支付手段，禁止使用；还禁止雇员从获得的劳动报酬中给雇主支付"回佣"。

② 州法规。州法规最普通的条款是要求有固定的工资支付日期；各州最通常的支付日期间隔为两个星期，有 2/3 的州立法要求用合法的货币支付工资，并且坚持要求对被解雇工人到时付给工资；大约有一半的州立法要求对提出辞职的工人应及时发放工资。

第二节　我国工资立法的发展历程

市场经济本质上要求企业享有更多的工资分配自主权，但政府也并非放任自由、无所作为，而是通过制定法律和规章制度来影响和调节劳动力市场和工资分配。工资立法就是依据法律对企业工资分配的权利及劳动力权益进行维护的重要途径之一，是我国社会主义市场经济条件下进行工资宏观管理的重要方面。

从世界范围来看，各国关于工资的主要法律是劳动法。劳动法是薪酬或工资立法的基础和依据，薪酬立法因而渗透于劳动法的发展历程之中。新中国成立 70 多年来，我国的工资法律随着劳动法经历了一个曲折的发展过程。根据国民经济发展在不同历史时期的基本状况和国家治理的法制化、现代化进程，大致可以分为国民经济恢复时期、从"一五"到"文革"、从改革开放至《劳动法》颁布和从《劳动法》颁布至今四个过程。

一、第一阶段：国民经济恢复时期

新中国成立后，崭新的社会制度需要与之相适应的法律体系，而旧中国遗留的法律已不能保证社会经济运行发展的正常进行。中国人民政治协商会议第一届全体会议通过的《中国人民政治协商会议共同纲领》起着临时宪法的作用，其中对劳动问题做了若干原则性的规定。例如，公私企业应实行八至十小时的工作制；各地各业应规定最低工资；逐步实行劳动保险制度等。由于这一时期的主要任务目标是恢复国民经济，根据这一任务目标和《共同纲领》的规定，国家进行了一系列的劳动立法。

1. 劳动关系方面

这方面立法涉及的内容主要有：

（1）企业管理制度。如，政务院财政经济委员会在1950年2月28日公布的《关于国营、公营工厂建立工厂管理委员会的指示》，同年3月21日燃料工业部发布的《关于全国各煤矿废除把头制度的通令》等。

（2）工会法。1950年6月，中央人民政府委员会公布的《工会法》。

（3）就业。原劳动部于1950年5月20日发布的《关于失业技术员登记介绍办法》，同年7月1日发布的《救济失业工人的暂行办法》。1952年8月6日政务院发布的《关于劳动就业问题的决定》。

（4）劳动保护和保险。如，原劳动部在1950年5月31日公布的《工厂卫生暂行条例（草案）》，同年10月颁布的《关于搬运危险物品的几项办法》，1951年2月26日政务院发布的《中华人民共和国劳动保险条例》等。

（5）劳动争议。如，1949年11月中华全国总工会制定的《关于劳资关系暂行办法》、1950年11月6日劳动部制定的《劳动争议解决程序的规定》等，由政务院批准公布施行。

上述一系列法律法规的颁布，初步建立了民主化的企业管理制度，从法律方面确立了工人在国家中的地位，有效保障了广大劳动者的合法权益，极大提高了劳动者从事生产的积极性，推动了生产力的解放和国民经济的发展。

2. 工资方面

伴随着劳动立法的进行，工资领域的立法工作也在有序推进。由于国民经济建设发展的需要，劳动者在不同地区之间的调动日益频繁，职工工资标准不一，同工不同酬的现象普遍存在，这对建国初期国民经济的恢复十分不利。在此背景下，政务院决定进行全国第一次工资制度改革，全国各大行政区先后进行改革。主要内容包括：

（1）统一以"工资分"为工资的计算单位，并规定了工资分所含实物的种类和数量；

（2）按照技术等级标准建立八级工资制；

（3）推行计件工资制和奖励工资制。

同时，为了顺利推进这次改革，1950年原劳动部和全国总工会先后联合制定了《工资条例草案》《工资条例说明书》《全国各主要地区"工资分"所含物品牌号及数量表草案》《各产业工人职工工资等级表草案》《国营企业提取企业奖励基金暂行办法》《关于奖励工资制中若干问题的指示（草案）》等规定和文件。一系列工资法规的颁布和实施，废除了旧社会遗留下来的不合理的工资制度，为建立以按劳分配为原则的新的工资制度奠定了基础。

二、第二阶段：从"一五"期间到"文革"

从1953年起，我国开始实施第一个五年计划，国民经济开始步入正常轨道。随着有计划的大规模的经济建设的展开，劳动法规已经成为确保国家经济计划的贯彻实施、维护劳动者正当劳动权益、改善劳动者生活状况的根本保障手段。1954年9月20日，第一届全国人民代表大会通过了《中华人民共和国宪法》，明确规定了公民的劳动权、职工工资待遇、公民的休息权、物质的帮助权以及改善劳动条件的原则和遵守劳动纪律的义务等。这些有关劳动调整及公民基本权利义务的规定成为我国劳动立法的基本原则。

1. 劳动关系方面

劳动关系方面的立法主要涉及的内容有：

（1）劳动制度。如：1954年原劳动部公布的《建筑工人调配暂行办法》，同年国务院发布的《复员建设军人安置暂行办法》，1957年发布的《关于劳动力调剂工作中的几个问题的通知》等。

（2）劳动保护与保险。如：国务院于1956年公布的《工厂安全卫生规程》《关于防止厂、矿企业中矽尘危害的决定》；1953年修正公布的《中华人民共和国劳动保险条例》，1955年发布的《国家机关工作人员退休处理暂行办法》等。

（3）劳动纪律。如：1954年国务院公布的《国营企业内部劳动规则纲要》。

2. 工资方面

当时正在进行的全国第二次工资改革的主要内容是：

（1）取消了"工资分"制度和物价津贴制度，实行以货币规定工资标准的货币工资制，并建立了工资区类别制度。

（2）按产业统一规定了工人的工资标准，同时根据不同产业工人生产技术的特点，建立不同的工资等级制度。

（3）调整了产业之间、地区之间、人员之间的工资关系。

为了配合第二次工资改革，国务院1956年发布了《关于工资改革的决定》《关于工资改革中若干具体问题的规定》《关于工资改革方案实施程序的通知》《关于新公私合营企业工资改革中若干问题的规定》等。根据这些规定，国家决定对干部实行职务等级工资制，对工人实行八级工资制，同时采取计时工资、计件工资以及奖励、津贴等多种发放形式。这次全国性的工资改革及相关法律规定的出台，基本上摆脱了旧中国遗留下来的工资制度的弊端。至此，以按劳分配为原则的社会主义工资制度在全国范围内基本建立起来。

1958年我国开始实施"二五"计划，年初国务院公布了几个重要的劳动法规。如：《关于工人职工退休处理的暂行规定》《关于企业、事业单位和国家机关中普通工和勤杂工的工资待遇的暂行规定》《关于国营、公私合营、合作社营、个体经营的企业和事业单位的学徒的学习期限和生活补贴的暂行规定》《关于工人、职员回家探亲的假期和工资待遇的暂行规定》等。这些规定是根据中共八届三中全会会议精神，在总结了前几年工作经验的基础上制定的，体现了妥善处理城乡关系和工农关系的统筹原则，也兼顾到了职工个人利益和国家利益、眼前利益和长远利益之间的关系，使得劳动工资的安排趋于合理化，适应了当时经济建设和社会主义发展的需要，也得到了广大职工的拥护和支持。

但是，在"左"倾思想的影响下的"大跃进"，给国民经济带来了严重影响。为纠正极"左"错误，克服劳动工资管理中的混乱现象，从1961年起，中央再次强调经济管理上的集中统一原则，中央收回、掌握许多劳动工资大权，同时对招收、使用和管理临时工以及计件工资和计时奖励工资制度等工作也做出了规定。如：1963年3月30日国务院发布的《关于加强企业生产中安全工作的几项规定》，1964年原劳动部发布的《企业计时奖励暂行条例（草案）》等。

在1966年开始的十年"文化大革命"期间，国家法制建设滞后。在劳动关系和工资领域，国家只颁布了为数极少的几项规定。如：为应对当时劳动工作需要，1971年11月国务院发布《关于改革临时工、轮换工制度的通知》《关于调整部分工人和工作人员工资的通知》等。

总体上讲,从"大跃进"到"文革"结束的近20年的时间里,受极"左"路线的干扰,我国的劳动与工资立法基本上处于停滞甚至倒退状态。

三、第三阶段:从改革开放至《劳动法》颁布

十一届三中全会以后,我国的劳动法制建设进入了全面发展时期,中国开启了新阶段的法制现代化进程,众多领域的立法活动得以全面恢复和快速进步。

1. 劳动关系方面

主要涉及的内容有:

(1) 劳动就业。如:1981年中共中央、国务院颁布的《关于广开门路、搞活经济、解决城镇就业问题的若干决定》,1984年原劳动人事部发布的《城镇待业人员登记管理办法》,1986年国务院发布的《国营企业招用工人暂行规定》,1990年原劳动部发布的《职业介绍暂行规定》等。

(2) 用工制度。为彻底改变以固定工为主体的用工制度,建立多种用工形式并存的劳动合同制,1983年原劳动人事部发布的《关于积极试行劳动合同制的通知》,1986年国务院颁发的《国营企业实行劳动合同制暂行规定》。

(3) 劳动保护与社会保险。如:国务院1984年发布的《关于加强防毒防尘工作的决定》,1987年发布的《女职工劳动保护规定》,同年原劳动人事部发布的《关于静止招用童工的通知》等。

国务院1986年发布的《国营企业职工待业保险暂行规定》,1991年发布的《关于企业职工养老保险改革的决定》,1993年发布的《国有企业职工待业保险规定》等。

(4) 职业技能。如:国务院于1986年发布的《技工学校工作条例》,原劳动人事部1987~1993年间,先后发布的《关于实行技师聘任制的暂行规定》《工人考核条例》《职业技能鉴定规定》等。

(5) 劳动争议。如:国务院于1987年发布的《国营企业劳动争议处理暂行规定》,1993年颁布的《中华人民共和国劳动争议处理条例》等。

(6) 职工民主管理。如:1986年9月中共中央、国务院发布的《全民所有制企业职工代表大会条例》,全国人大1992年4月通过的《中华人民共和国工会法》等。

2. 工资方面

"文化大革命"结束后,国家颁布了一系列法规对职工工资不断进行调整。如:国务院1977年颁发的《关于调整部分职工工资的通知》,旨在贯彻按劳分配原则,恢复和改进计件和奖励工资制;1978年又颁发的《关于实行奖励和计件工资制度的通知》,1981年颁发的《关于正确实行奖励制度、坚决制止滥发奖金的几项规定》,1984年发布的《关于国营企业发放奖金有关问题的通知》等。

随着经济体制改革的纵深发展,我国进行了第三次工资制度改革,以更好地处理国家与企业的分配关系,调动企业和职工积极性。这次改革的基本指导思想是:在企业全面推行"工效挂钩"办法,企业职工工资的增长依靠本企业经济效益的提高,企业有权在国家规定的工资总额和政策范围内,自主确定企业内部职工工资、奖金分配的具体形式和办法以及调资

升级的时间、对象等。工效挂钩是我国在工资决定机制和增长机制方面进行的一项卓有成就的探索。实践证明,它有效地突破了计划经济时代高度集中统一的工资管理体制的束缚,使得国家和企业之间的分配关系趋于合理,极大地提高了职工的劳动积极性和企业的经营效率。

为了顺利推进改革,国家发布了许多有关工资政策的规范性文件。如:国务院1984年颁发的《关于国营企业发放奖金有关问题的通知》;1985年修订公布的《国营企业奖金税暂行规定》,同年,又相继发布的《关于国营企业工资改革问题的通知》《国营企业工资调节税暂行规定》《事业单位奖金税暂行规定》,1986年颁发的《国营企业奖金税和工资调节税补充规定》。从1991年开始,原劳动部联合其他部委先后发布《城镇集体所有制企业工资总额同经济效益挂钩规定》《国有企业工资总额同经济效益挂钩规定》,1993年11月发布的《企业最低工资规定》等。

此外,在一些综合法规文件中,也涉及了工资分配方面的内容。如:1979年国务院发布的《关于国营企业实行利润留成的规定》,其中规定了企业留成利润中职工奖励基金的提取比例;1980年发布的《中外合资经营企业劳动管理规定》,规定了中外合资经营企业中方职工的工资水平和工资制度;1992年发布的《全民所有制工业企业转换经营机制条例》规定,企业享有在国家规定的工资总额内自主分配工资奖金权以及享有自主选择基本工资制度、自主决定职工调级、调薪权等。

四、第四阶段:从《劳动法》颁布至今

1994年7月5日,全国人大常委会第八次会议通过了《中华人民共和国劳动法》(后文简称《劳动法》)。《劳动法》的颁布,是我国法制建设的重大突破,这是我国第一次以法律的形式对劳动关系的调整做出综合性的规定,对维护劳动者的合法权益,确立用人单位与劳动者之间和谐的劳动关系具有重要意义,标志着我国的劳动法进入成熟时期。《劳动法》的颁布和实施是劳动关系调整迈入法制轨道的一个里程碑,也为我国的工资立法奠定了基础。

为了推动《劳动法》的贯彻和实施,我国又相继制定了数十个相关的配套规定。其中有关薪酬方面的规定主要有:原劳动部1993年11月发布的《企业最低工资规定》,1994年发布的《关于实施最低工资保障制度的通知》《违反和解除劳动合同的经济补偿办法》《集体合同规定》《工资支付暂行规定》《关于企业实行不定时工作制和综合计算工时工作制的审批办法》等,1995年国务院发布的《国务院关于职工工作时间的规定》。原劳动部、财政部、审计署联合发布的《国有企业工资内外收入监督检查实施办法》《对〈工资支付暂行规定〉有关问题的补充规定》《〈国务院关于职工工作时间的规定〉的实施办法》。1996年原劳动部发布的《企业职工工伤保险试行办法》《劳动部、国家计委关于对部分行业、企业实行控制线办法的通知》等,1997年发布的《外商投资企业工资收入管理暂行办法》。劳动和社会保障部于2000年发布的《工资集体协商试行办法》,2004年发布的《最低工资规定》。一系列工资法规的颁布和实施,为市场经济条件下用人单位应享有的工资分配自主权和广大劳动者的合法权益提供了有效的保障,标志着我国的工资立法从此进入了新阶段。

《劳动法》先后于2009年、2018年分别进行了修正,进一步明确、规范了劳动法相关内容得以有效实施的法律依据和基本原则。

2020年5月28日,十三届全国人大三次会议表决通过并于2021年1月1日实施的《中华人民共和国民法典》,被称为"社会生活的百科全书",是新中国第一部以法典命名的法律,在法律体系中居于基础性地位,也是市场经济的基本法。民法典虽然没有对工资加以立法,但部分法条涉及到报酬的基本原则,因而成为调整劳资关系和规范工资制度的基本依据。

第三节 我国有关薪酬的主要法规

薪酬管理是企业人力资源管理的重要环节,是提高员工绩效的有效手段,而薪酬制度的设计必须在法律规范的框架内进行。对普通员工而言,了解薪酬法律、法规有利于维护自身的合法权益。

到目前为止,我国政府制定的影响薪酬管理的主要法律、法规和制度有:《中华人民共和国宪法》《中华人民共和国劳动法》《中华人民共和国个人所得税法》以及薪酬制度、社会保险制度、住房公积金制度等,这些法律、法规的主体一般包括工资的一般性规定、用人单位的工资分配自主权、最低工资保障制度、工资支付制度以及特殊情况下的工资支付制度等五部分内容。

一、工资的一般性规定

(一) 工资概念

《劳动法》中的工资,是指用人单位依据国家有关规定或劳动合同的约定,以货币形式直接支付给本单位劳动者的劳动报酬,一般包括计时工资、计件工资、奖金、津贴和补贴、延长工作时间的工资报酬以及特殊情况下支付的工资等。

需要注意的是,工资和劳动收入是两个不同的概念。一般来说,工资是劳动者劳动收入的主要组成部分,但劳动收入却并不仅仅包含工资,以下劳动收入就不属于工资范围:

(1) 根据国务院发布的有关规定颁发的创造发明奖、自然科学奖、科学技术进步奖、支付的合理化建议奖和技术改进奖以及支付给运动员、教练员的奖金;

(2) 有关劳动保险和职工福利方面的各项费用;

(3) 有关离休、退休、退职人员待遇的各项支出;

(4) 劳动保护的各项支出;

(5) 稿费、讲课费及其他专门工作报酬;

(6) 出差伙食补助费、误餐补助、调动工作的旅费和安家费;

(7) 对自带工具、牲畜来企业工作职工所支付的工具、牲畜等补偿费用;

(8) 实行租赁经营单位的承租人的风险性补偿收入;

(9) 对购买本企业股票和债券的职工所支付的股息(包括股金分红)和利息;

(10) 劳动合同制职工解除劳动合同时由企业支付的医疗补助费、生活补助费等;

(11) 因录用临时工而在工资以外向提供劳动力单位支付的手续费或管理费;

(12) 支付给家庭工人的加工费和按加工订货办法支付给承包单位的发包费用;

(13) 支付给参加企业劳动的在校学生的补贴;

(14) 计划生育独生子女补贴。

(二) 工资立法的基本原则

工资立法的基本原则是贯穿整个工资立法的指导思想和基本准则。我国工资立法基本原则确立的主要依据是《劳动法》。《劳动法》第四十六条对工资立法的基本原则做出了明确的规定:"工资分配应当遵循按劳分配原则,实行同工同酬。工资水平在经济发展的基础上逐步提高。国家对工资总量实行宏观调控。"

1. 按劳分配原则

这是我国社会主义制度下工资分配的基本原则。用人单位根据劳动者提供的劳动数量和质量进行分配。劳动者通过自己的劳动,有权获得相应的劳动报酬,多劳多得,少劳少得,不劳不得。在按劳分配原则下,影响员工薪酬高低的主要因素是工作时间,而工作时间是相对固定的,所以报酬通常也是固定的。尽管按劳分配原则存在不合情理的地方,但按劳分配原则仍然是当前劳动者取得劳动报酬所遵循的主要原则之一。

按劳分配原则体现了劳动者履行劳动义务与享受劳动报酬权利的一致性,有利于打破分配上的平均主义。根据劳动者提供的劳动数量和质量分配收入,有利于充分调动劳动者的工作积极性,促使劳动者不断提高劳动技能和生产效率,从而创造更多的社会财富。我国目前企业中推行的计件工资、岗位技能工资等充分体现了奖勤罚懒、奖优罚劣的按劳分配原则。

2. 按生产要素分配原则

所有制形式决定分配形式,有怎样的所有制形式,就有怎样的分配形式。我国现阶段多种所有制经济共同发展,要求有与之相适应的分配结构,这就决定了社会主义初级阶段必然存在多种分配方式,按劳分配和按生产要素分配相结合。无论是劳动、资本、土地,还是知识、技术、管理、数据,都应该按各自贡献获得回报,国家在政策上鼓励和保护要素价值合理实现、要素投入和贡献获得应得回报。

按照生产要素进行分配的原则,既体现了生产力决定生产关系及分配关系的客观规律和我国加快完善社会主义市场经济体制的内在要求,又是知识经济时代生产要素内涵大为拓展的外在体现。

3. 同工同酬原则

同工同酬原则要求在同一分配单位中,从事同种类工作,同样熟练程度的劳动者,不论性别、年龄、民族、种族等非劳动能力因素的差别,一律按其等量劳动获得等量劳动报酬。建国以来,我国一直坚持同工同酬原则,重视男女同工同酬,这是对几千年来妇女遭受歧视待遇的彻底否定。

我国《宪法》第四十八条规定:"中华人民共和国妇女在政治的、经济的、文化的、社会的和家庭的生活等各方面享有同男子平等的权利。国家保护妇女的权利和利益,实行男女同工同酬。"《劳动法》第四十六条也对同工同酬做出了明确的规定。

实行同工同酬是根据劳动贡献决定劳动报酬,充分体现了我国公民在法制面前一律平等,也是按劳分配原则的具体体现,但同工同酬原则并不等于平均主义。"同酬"的前提是"同工",在区别脑力劳动和体力劳动、简单劳动和复杂劳动、熟练劳动和非熟练劳动的基础上形成的报酬,存在差异是合理的,这种差异并没有违背同工同酬原则,相反它却能鼓励劳动者努力学习,不断提高劳动技能。

4. 在经济发展的基础上逐步提高工资水平的原则

工资水平,是指一定区域在一定时期内职工平均工资的高低程度。一个地区工资水平的高低体现了该地区经济发展水平的高低,也是衡量该地区劳动者文化生活水平的一个重要指标。工资水平与经济发展有着紧密的关系,工资水平的提高最终取决于生产发展水平和劳动生产率发展水平的提高。工资水平在经济发展的基础上逐步提高有两方面的含义:

首先,工资水平提高应当建立在地区经济发展水平的基础上,必须以经济增长和劳动生产率提高为前提。因此,在生产发展、经济效益提高、财政收入稳定增长的前提下,应当保证劳动者的收入得到相应的提高,实现劳动者消费水平的增长。

其次,工资水平应与地区经济发展水平和劳动生产率的增幅相符。通常来说,工资水平的提高幅度应等于或低于地区经济发展水平、企业经济效益和劳动生产率的增长幅度,否则就会影响扩大再生产,并可能进一步导致经济发展速度放慢,甚至出现经济负增长,造成劳动者工资水平降低,消费水平下降。

(三) 关于工资总额的管理与规定

我国目前市场发展、企业自我约束机制尚未健全,因此,国家必须通过工资立法使企业工资增长幅度保持在适度范围内,以确保企业工资总额增长与国民经济发展和劳动生产率的增长保持合理、协调的比例关系。

1. 工资总额的概念与构成

工资总额是指各用人单位在一定时期内直接支付给职工的劳动报酬的总量。按照1990年国家统计局公布的《关于工资总额组成的规定》,工资总额由以下部分组成:

① 计时工资。指按计时工资标准和工作时间支付给个人的劳动报酬。

② 计件工资。指对已做工作按计件单价支付的劳动报酬。

③ 奖金。指支付给职工的超额劳动报酬和增收节支的劳动报酬。

④ 津贴和补贴。指为了补偿职工特殊或额外的劳动消耗和因其他特殊原因支付给职工的津贴,以及为了保证职工工资水平不受物价影响而支付给职工的物价补贴。

⑤ 加班加点工资。指按规定支付的加班工资和加点工资。

⑥ 特殊情况下支付的工资。包括因病、工伤、产假、婚丧假、事故、探亲假、定期休假等原因按计时工资标准或计件工资标准的一定比例支付的工资,以及附加工资和保留工资[①]。

2. 工资总额的管理

1993年原劳动部发布《全民所有制企业工资总额管理暂行规定》,明确了企业工资总额管理必须遵循以下原则:坚持企业工资总额与企业经济效益相联系的原则,正确处理国家、企业和职工的分配关系,在国民经济发展、企业经济效益提高的基础上保证三者利益的共同增进,兼顾效率与公平;坚持企业工资总额的增长幅度低于经济效益(依据实现税利计算)增长幅度、职工实际平均工资增长幅度低于劳动生产率(依据不变价的人均净产值计算)增长幅度的原则;贯彻按劳分配原则,把职工个人的劳动所得与其劳动成果联系起来,克服平均

---

① 参见国家统计局1990年1月发布的《关于工资总额组成的规定》及附件:职工工资有关解释。

主义;坚持工资宏观管好,微观搞活。在保障国家所有权的前提下,落实企业工资分配自主权。

所有企业都要实行《工资总额使用手册》管理制度。国家统一制定企业劳动工资统计报表,并根据实际情况进行调整和补充,各级劳动工资统计部分都要按规定及时、准确地填报。各级劳动、财政、税务、审计、银行等部门,要运用经济、法律以及必要的行政手段对企业工资总额的确定和使用情况进行检查和监督。

3. 工资总额与经济效益挂钩

工资总额同经济效益挂钩是面向社会主义市场经济体制转换过程中,国家确定和调整企业工资总量的主要方式。1993年7月,原劳动部、财政部等五部委联合发布了《国有企业工资总额同经济效益挂钩规定》,目的在于建立健全工资总量调控机制,促进企业经营机制的转变和经济效益的提高。主要内容包括:

(1) 经济效益指标及其基数

所谓经济效益指标,是指由企业选择并报经财政、劳动部门审核确定的企业工效挂钩的经济指标。经济效益指标基数,则是指用以计算上述指标增长幅度的基额。

企业实行工效挂钩,应以能够综合反映企业经济效益和社会效益的指标作为挂钩指标,一般以实现利润、上缴利税为主要挂钩指标;因企业生产经营特点不同,也可将实质(工作)量、业务量、销售收入、创汇额、收汇额以及劳动生产率、工资利税率、资本金利税率等综合经济效益指标作为复合挂钩指标。经财政部门认定的亏损企业可实行工资总额与减亏指标挂钩,或采用新增工资按减亏额的一定比例提取的办法。工资总额与税利总额严重倒挂的企业,可采取利税新增长部分按核定定额提取效益工资的办法。

经济效益指标基数,一般以企业上年实际完成数为基础,剔除不可比因素或不合理部分,并参照本地区同行业平均水平进行核定。核定的原则是,鼓励先进,鞭策后进。既对企业自身经济效益高低、潜力大小进行纵向比较,又进行企业之间的横向比较。

(2) 工资总额基数

工资总额基数是指经劳动、财政等管理部门审核确定的,工效挂钩企业用以计算年度工资总额提取量的基数。企业挂钩的工资总额,应为国家规定的全部职工的工资总额;企业的挂钩工资总额基数,原则上以企业上年劳动工资统计年报中的工资总额为基础核定,实行增人不增工资总额、减人不减工资总额的办法。

已实行工效挂钩办法的企业,其工资总额基数以上半年工资清算应提取的工资总额为基础;新实行工效挂钩办法的企业,其工资总额基数以上年劳动工资统计年报中的工资总额为基础。

(3) 浮动比例

浮动比例,是指工效挂钩企业工资总额随挂钩经济指标变化而浮动的比例系数或工资含量系数。企业工效挂钩的浮动比例,根据企业劳动生产率、工资利税率、资本金利税率等经济效益指标高低和潜力大小,按企业纵向比较与企业之间横向比较相结合的方法确定。挂钩的浮动比例一般按1∶0.3~1∶0.7核定。少数特殊的企业,其浮动比例经过批准可适当提高,但最高按低于1∶1核定。

企业挂钩工资总额应根据企业挂钩效益指标当年实际完成情况,严格按核定的挂钩浮动比例计算提取。经济效益增长时按核定比例增提工资总额,下降时按核定比例减提工资总额。

(4) 工效挂钩的管理

劳动、财政部门会同计划等部门对企业工效挂钩实施综合管理,主要职责是:制定工效挂钩的政策法规和实施办法;根据国民经济和社会发展对企业的要求及企业的生产经营特点,审核确定企业的挂钩方案;核定企业挂钩的工资总额基数、经济效益指标基数和挂钩浮动比例,并进行年终工资清算;监督检查企业工效挂钩的执行情况。

企业工效挂钩的办法,由劳动、财政部门会同有关部门,依据规定并结合企业的生产经营特点确定。挂钩办法要科学合理、简便易行。劳动、财政部门要积极支持企业探索新的挂钩形式,凡能促进企业改善经营管理、走向市场、提高经济效益和社会效益的挂钩办法,经批准后即可实行。

企业要认真编报工资总额同经济效益挂钩方案,按管理体制经劳动、财政部门会同计划部门审核批准后执行[①]。

(四) 企业基本工资制度

1. 基本工资制度的概念

基本工资制度是指用人单位依法确定的工资总额、工资标准、工资水平、工资形式和工资增长办法等一系列规则的总称。

基本工资是劳动者工资总收入中的基本组成部分,目的是为了保障员工及其家属基本生活的需要。与工资其他组成部分相比,基本工资具有相对的稳定性。通常基本工资是确定工资额中其他组成部分的基础,也是职工工资调整的基础。由于企业、机关、事业单位实行的基本工资制度并不完全相同,本章主要介绍企业的基本工资制度。

2. 企业基本工资制度

企业的工资制度多种多样,主要的工资制度有以下几种:

(1) 等级工资制

等级工资制是指根据劳动者的技术等级或职务等级划分工资级别的一种工资分配制度,主要包括技术等级工资制和职务等级工资制。前者一般是适用于企业普通工人员工的一种工资制度,而后者则多适用于企业的管理人员。

实行技术等级工资制的企业,将劳动者的劳动技术和劳动复杂程度等因素划分为不同等级,每一等级规定相对应的一个或几个工资等级,然后对员工的技术水平、熟练程度等进行评定,从而确定其工资水平。如果职工技能有所提高,经考核后可获得工资等级的提升。技术等级工资制有利于员工不断地提高自身素质和劳动技能,因此,比较适合于对工作技能和熟练程度要求比较高的行业。

实行职务等级工资制的企业,将每一职务划分若干工资等级,每个企业管理人员都在本职务规定的工资等级范围内,根据实际情况确定工资。职务等级工资制通常与绩效挂钩,许多企业将年度考核的结果作为调整管理人员职务等级的依据,有利于发挥工资的激励作用,

---

① 参见劳动部、财政部、国家计委、国家体改委、国家经贸委1993年7月9号发布的《国有企业工资总额同经济效益挂钩规定》。

提高管理人员的工作效率,还有利于员工提高技术水平和管理业务水平。其缺点是通常对员工要求较高,技术也比较复杂,因而实施的企业范围受到一定的限制。

(2) 效益工资制

效益工资制又称工效挂钩制度,即企业的工资总额同企业的经济效益挂钩的制度。自1985年企业工资改革以来,国家已开始在大中型企业实行效益工资制。1993年原劳动部、财政部等部委又联合发布了《国有企业工资总额同经济效益挂钩的规定》,对工资总额同经济效益挂钩的原则、经济效益指标及其基数、工资总额基数、浮动比例及工效挂钩的管理等内容做了规定。要求企业实行效益工资制必须坚持两个原则:

首先,坚持"两低于"原则,即实行效益工资制的企业必须坚持工资总额增长幅度低于本企业经济效益增长幅度,职工平均工资增长幅度低于本企业劳动生产率增长幅度。其次,贯彻效益与公平原则,职工个人的工资随企业的经济效益状况而波动,企业经济效益好,工资总额增加,职工个人的工资增加;企业的经济效益差,工资总额降低,职工个人的工资随之降低。此外,职工个人的工资同其对企业的贡献相联系,职工对企业的贡献大,其效益工资也就高;反之,工资就低。

(3) 岗位技能工资制

岗位技能工资制是在综合传统的技术等级工资制与职务等级工资制的基础上发展起来的,主要由职位工资制和技能工资制两大单元组成。职位工资的确定,首先将岗位依据工作责任、复杂程度、劳动强度、工作环境优劣等因素进行排序,并将岗位划分为不同等级,确立相应的工资标准,实行薪岗对应、薪随岗变。技能工资的确立,则是在全面测评员工技术业务能力的基础上,依据员工的综合劳动技能来确立工资。技能工资设置的主要目的是为了弥补职位工资的不足(如低职高聘或高职低聘等现象),它可以使工资分配更加公平,也有利于激励员工努力提高业务技能。

岗位技能工资制较好地体现了按劳分配原则,克服了等级工资制的缺陷,使劳动者的工资收入与其劳动技能、劳动强度及贡献、工作环境等因素相挂钩,充分发挥了企业工资的激励作用。

二、用人单位的工资分配自主权

市场经济的发展要求企业具有工资分配自主权,否则企业可能无法适应快速变化的外部环境。随着我国经济体制改革的深化,转变政府职能实现企业对内部事务的直接管理成为必然趋势。如此一来,必然要求国家以法律的形式对用人单位的工资分配自主权做出明确规定,从而确保企业作为市场经济的主体自由地参与市场竞争。

《劳动法》第四十七条规定:"用人单位根据单位的生产经营特点和经济效益,依法自主确定本单位的工资分配方式和工资水平。"其中的"经济效益"包含了劳动生产率和就业状况两个重要的因素。"工资分配方式"是指单位内部的工资制度,包括工资构成、工资标准、工资形式、工资增长机制等。"工资水平"是指本单位在一定时期内的职工平均工资。

我国目前享有工资分配自主权的用人单位主要是企业、个体经济组织和实行企业化管理的事业组织。用人单位工资分配自主权具体表现在:用人单位有权根据自身生产经营状况、特点和劳动力市场供求状况来确定企业的工资水平、工资形式及分配方法;有权通过合法途径取得资金来源增加职工的工资,并根据企业实际需要对单位与职工之间的劳动关系做出适当的调整。

企业在自主确定本单位工资分配方式和工资水平时,主要依据的相关法规和部门规章有:国务院1992年7月发布的《全民所有制工业企业转换经营机制条例》,以及原劳动部、原国家体改委1994年12月发布的《股份有限公司劳动工资管理规定》等。

1. 有关全民所有制企业的工资规定

《全民所有制工业企业转换经营机制条例》规定:企业享有工资、奖金分配权。企业的工资总额依照政府规定的工资总额与经济效益挂钩办法确定,企业在相应提取的工资总额内,有权自主使用、自主分配工资和奖金。

企业有权根据职工的劳动技能、劳动强度、劳动责任、劳动条件和实际贡献,决定工资、奖金的分配档次。企业可以实行岗位技能工资制或者其他适合本企业特点的工资制度,选择适合本企业的具体分配形式;企业有权制定职工晋级增薪、降级减薪的办法,自主决定晋级增薪、降级减薪的条件和时间。

除国务院另有规定之外,企业有权拒绝任何部门和单位提出的,由企业对职工发放奖金和晋级增薪的要求,与此同时,企业必须建立分配约束机制和监督机制。

企业必须坚持工资总额增长幅度低于本企业经济效益(依据实现利税计算)增长幅度、职工实际平均工资增长幅度低于本企业劳动生产率(依据净产值计算)增长幅度的原则。

企业职工的工资、奖金、津贴、补贴以及其他工资性收入,应当纳入工资总额。企业必须根据经济效益的增减,决定职工收入的增减;企业职工工资总额基数的确定与调整,应当报政府有关部门审查核准;企业的工资调整方案和奖金分配方案,应当提请职工代表大会审查同意;企业工资、奖金的分配应当接受政府有关部门的监督。

此外,企业应当每年从工资总额的新增部分中提取不少于10%的数额,作为企业工资储备基金,由企业自主使用;工资储备基金累计达到本企业一年工资总额的,不再提取。

2. 有关股份有限公司的工资规定

《股份有限公司劳动工资管理规定》规定:公司的劳动工资计划实行指导性管理。在国家宏观指导和调控下,公司可根据实际情况自主制定用人和工资分配计划,报劳动部门备案;公司在坚持工资总额增长幅度低于本公司经济效益增长幅度和职工平均实际收入增长幅度低于本公司劳动生产率增长幅度的前提下,可自主决定年度工资总额;国有企业改建或以国有企业为主新设立的公司,其初始工资水平,由公司报劳动部门核定;公司可根据其经济效益和经营特点,实行灵活多样的内部分配形式,合理确定各类职工的工资收入;国有股权持股单位派出在公司兼任职务的人员,其工资福利等待遇由持股单位负责支付,兼职人员从公司获得的职务报酬一律上交派出单位。

三、最低工资保障制度

1. 国家实行最低工资保障制度

最低工资制度是市场经济国家普遍实行的一种对低收入群体的基本生活进行保障的制度。为了适应我国社会主义市场经济发展的需要,推动劳动力市场建设与工资分配法制化,充分保障劳动者合法权益以及劳动者本人及其家庭成员的基本生活需要,促进劳动者素质的进一步提高以及企业公平竞争环境的形成,我国从20世纪90年代初开始实行最低工资保障制度。1993年11月24日原劳动部颁发了《企业最低工资规定》,1994年7月5日发布的《中华人民共和国劳动法》明确提出,国家实行最低工资保障制度。2004年1月20日原劳动和社会保障部又颁发了《最低工资规定》,同时废止了《企业最低工资规定》。

我国最低工资保障制度的实施,有力地维护了劳动者取得劳动报酬的合法权益,使劳动者及其家庭成员的基本生活得到坚实保障。

2. 最低工资的概念

《劳动法》第四十八条规定:国家实行最低工资保障制度。最低工资的具体标准由省、自治区、直辖市人民政府规定,报国务院备案,用人单位支付劳动者的工资不得低于当地最低工资标准。

所谓最低工资标准,是指劳动者在法定时间或依法签订的劳动合同约定的工作时间内,在提供了正常劳动的前提下,用人单位依法应支付的最低劳动报酬。"正常劳动",是指劳动者按依法签订的劳动合同约定,在法定工作时间或劳动合同约定的工作时间内从事的劳动。劳动者依法享受带薪年休假、探亲假、婚丧假、生育(产)假、节育手术假等国家规定的假期间,以及法定工作时间内依法参与社会活动期间,视为提供了正常劳动。"法定工作时间"就是法定工时,我国把每天工作8小时、每周工作40小时作为法定工作时间。

最低工资具有以下特征:由国家有关部门依法制定;是用人单位支付给劳动者报酬的最低限额;集体合同和劳动合同均不得约定低于此标准的工资标准;对其适用范围内的全体劳动者都有保障力,并且不因劳动者工种、岗位的不同而有任何变化;最低工资的前提条件是劳动者在法定工作时间或依法签订的劳动合同约定的工作时间内提供了正常劳动。

3. 最低工资的组成

通常,劳动者在法定工作时间或劳动合同约定的工作时间内,从事劳动得到的实际劳动报酬都应当作为最低工资的组成部分,包括基本工资、奖金、津贴、浮动工资及劳动者在完成规定工作时所获得的奖金等。超过法定工作时间所得的超额劳动报酬,不得计算在工资内,劳动者在完成规定工作所得的奖金,因为已固定地作为报酬的组成部分,因此也包括在最低工资之内。

在劳动者提供正常劳动的情况下,用人单位应支付给劳动者的工资在剔除下列各项以后,不得低于当地最低工资标准:(1) 延长工作时间工资;(2) 中班、夜班、高温、低温、井下、有毒有害等特殊工作环境、条件下的津贴;(3) 法律、法规和国家规定的劳动者福利待遇等。

最低工资标准一般采用两种形式,即月最低工资标准和小时最低工资标准。前者适用于全日制就业劳动者,后者适用于非全日制就业劳动者。

4. 最低工资标准的确定和调整

(1) 最低工资标准的确定和调整

我国幅员辽阔,各地经济发展水平不同,劳动者的工资水平及生活水平差别也较大,因此不宜在全国范围内实行统一的最低工资标准,而应当把确定最低工资标准的权力赋予各省、自治区、直辖市人民政府,允许各地根据其具体情况来确定不同的最低工资标准。正因如此,《劳动法》第四十八条规定:"最低工资的具体标准由省、自治区、直辖市人民政府规定,报国务院备案。"这正是对我国各地区经济发展水平存在差异的现实考虑。

确定和调整月最低工资标准,应参考当地就业及其赡养人口的最低生活费用、城镇居民消费价格指数、职工个人缴纳的社会保险费和住房公积金、职工平均工资、经济发展水平、就业状况等因素。

小时最低工资标准的确定和调整应在颁布的月最低工资标准的基础上,考虑单位应缴纳的基本养老保险费和基本医疗保险费因素,同时还应适当考虑非全日制劳动者在工作稳定性、劳动条件和劳动强度、福利等方面与全日制就业人员之间的差异。

由于各地区经济、社会发展水平不平衡,各省、自治区、直辖市及其范围内的不同行政区域可以有不同的最低工资标准。最低工资标准的确定和调整方案,由省、自治区、直辖市人民政府劳动保障行政部门会同同级工会、企业联合会/企业家协会研究拟定,并将拟定的方案报送人力资源和社会保障部,方案内容包括最低工资确定和调整的依据、适用范围、拟定标准和说明等。人力资源和社会保障部在收到拟订方案后,应征求全国总工会、中国企业联合会/企业家协会的意见,人力资源和社会保障部对方案可以提出修订意见,若在方案收到后14日未提出修订意见的,视为同意。

省、自治区、直辖市劳动行政保障部门应将本地区最低工资标准方案报省、自治区、直辖市人民政府批准,并在批准后7日内在当地政府公报上和至少一种全地区性报纸上发布。省、自治区、直辖市劳动保障行政部门应在发布后10天内,将最低工资标准报人力资源和社会保障部。相关因素发生变化,应当适时调整。最低工资标准每两年至少调整一次。

(2) 确定和调整最低工资标准的参考因素

最低工资保障制度能够得以顺利实施,关键在于最低工资标准的确定和调整要恰当并符合实际情况。为此,在确定和调整最低工资标准时要考虑一系列的相关因素,尤其是那些最重要、最关键的因素更值得关注。

企业在确定和调整最低工资标准的时候,一般应当综合参考下列因素:

① 劳动者本人及平均赡养人口的最低生活费用

实行最低工资保障的直接目的是为了确保劳动者维持最基本的生活需要。具体说来,这里的最低生活费用,指劳动者本人及其应尽法定义务所平均赡养人口为维持最低生活需要而必须支付的费用,包括吃、穿、住、行等方面。最低工资标准不应低于劳动者本人及其平均赡养人口的最低生活费用。

② 社会平均工资水平

社会平均工资水平指当时整个社会工人平均工资标准,通常由政府有关部门提供。最低工资标准应低于社会平均工资水平,同时要高于失业保险金、社会救济金的标准。

③ 劳动生产率

不同行业,不同地区的劳动生产率存在差别,意味着劳动者对社会的贡献率存在差异,各行业、各地区的用人单位对劳动者工资的支付能力存在差别。劳动生产率是平均工资增长的前提条件。

④ 就业状况

主要指就业率和失业率。最低工资制度应尽量保证更多的人就业,通常在失业率较高的情况下,最低工资标准可适当降低;在就业率较高的情况下,最低工资标准可适当提高。

⑤ 地区之间经济发展水平的差异

在经济发展水平较高的地区,劳动者维持最低生活费用的水平往往较高。因此,最低工资标准也相应提高。反之,在经济发展水平较低的地区,最低工资标准可以适当降低。

(五)最低工资的保障与监督

最低工资的保障与监督是最低工资制度得以实施的根本保证。《劳动法》《最低工资规定》等法律法规都对最低工资的保障和监督措施做出了具体的规定。

(1)关于最低工资的保障

《劳动法》规定:"国家实行最低工资保障制度。""用人单位支付劳动者的工资不得低于当地最低工资标准。"

在劳动合同中,双方当事人约定的劳动者在未完成劳动定额或承包任务的情况下,用人单位可低于最低工资标准支付劳动者工资的条款不具有法律效力。

劳动者与用人单位形成或建立劳动关系后,试用、熟练、见习期间,在法定工作时间内提供了正常劳动,其所在的用人单位应当支付其不低于最低工资标准的工资。

用人单位在最低工资标准发布后10日内将该标准向本单位全体劳动者公示,用人单位若违反此规定,由劳动保障行政部门责令其限期改正。

在劳动者提供正常劳动的情况下,用人单位应支付给劳动者的工资不得低于当地最低工资标准,实行计件工资或提成工资等工资形式的用人单位,在科学合理的劳动定额基础上,其支付劳动者的工资不得低于相应的最低工资标准,用人单位若违反本规定,由劳动保障行政部门责令其限期补发所欠劳动者工资,并可责令其按所欠工资的1至5倍支付劳动者赔偿金。

劳动者与用人单位之间就执行最低工资标准发生争议,按劳动争议处理有关规定处理。

(2)关于对最低工资标准执行情况的监督

县级以上地方人民政府劳动保障行政部门负责对本行政区域内用人单位执行本规定情况进行监督检查。

各级工会组织依法对本规定执行情况进行监督,发现用人单位支付劳动者工资违反《最低工资规定》的,有权要求当地劳动保障行政部门处理。

四、工资支付制度

我国的工资支付制度是国家对用人单位工资制度实行监督的制度,主要是指用人单位必须依法或遵照有关规定支付劳动者工资,禁止任意克扣工资和无故拖欠工资。

(一)关于工资支付的保障

工资收入在很大程度上决定着绝大多数职工及其家庭的生活状况,同时,工资水平对社会积累与消费的比例关系往往会产生直接的影响。因此,国家从法律上保障工资的支付。《劳动法》《工资支付暂行规定》等均对工资支付的保障措施做出了详细的规定。

1.关于工资支付的基本规定

① 工资应当以法定货币支付。用人单位一般情况下应当用人民币支付劳动者工资,特定单位(如外资企业)可以用外币进行支付。用人单位通常不得以实物及有价证券替代货币支付。

② 工资支付的内容主要涉及：工资支付项目、工资支付水平、工资支付形式、工资支付对象、工资支付时间以及特殊情况下的工资支付。

③ 工资支付对象。用人单位应将工资支付给劳动者本人。劳动者本人因故不能领取工资时，可由其亲属或委托他人代领，用人单位可委托银行代发工资。

用人单位必须书面记录支付劳动者工资的数额、时间、领取者的姓名以及签字，并保存两年以上备查，用人单位在支付工资时应向劳动者提供一份其个人的工资清单。

④ 工资支付的时间。工资必须在用人单位与劳动者约定的日期支付。如遇节假日或休息日，则应提前在最近的工作日支付。工资至少每月支付一次，实行周、日、小时工资制的可按周、日、小时支付工资。

对完成一次性临时劳动或某项具体工作的劳动者，用人单位应按有关协议或合同规定在其完成劳动任务后即支付工资。

劳动关系双方依法解除或终止劳动合同时，用人单位应在解除或终止劳动合同时一次付清劳动者工资。

用人单位依法破产时，劳动者有权获得其工资。在破产清偿中，用人单位应按《中华人民共和国企业破产法》规定的清偿顺序，首先支付欠付本单位劳动者的工资。

2. 禁止任意克扣和无故拖欠工资

克扣指用人单位无正当理由扣减劳动者应得工资。不包括以下减发工资的情况：① 国家的法律、法规中有明确规定的；② 依法签订的劳动合同中有明确规定的；③ 用人单位依法制定并经职代会批准的厂规、厂纪中有明确规定的；④ 企业工资总额与经济效益相联系，经济效益下浮时，工资必须下浮的（但支付给劳动者企业工资不得低于当地的最低工资标准）；⑤ 因劳动者请事假等相应减发工资等。

"无故拖欠"系指用人单位无正当理由超过规定付薪时间未支付劳动者工资。不包括：① 用人单位遇到非人力所能抗拒的自然灾害、战争等原因，无法按时支付工资；② 用人单位确因生产经营困难、资金周转受到影响，在征得本单位工会同意后，可暂时延期支付劳动者工资。

《劳动法》及其相关法规均规定：用人单位不得克扣或无故拖欠劳动者工资。但有下列情况之一的，用人单位可以代扣劳动者工资：用人单位代扣代缴的个人所得税；用人单位代扣代缴的应由劳动者个人负担的各项社会保险费用；法院判决、裁定中要求代扣的抚养费、赡养费；法律、法规规定可以从劳动者工资中扣除的其他费用。

因劳动者本人原因给用人单位造成经济损失的，用人单位可按照劳动合同的约定要求其赔偿经济损失，经济损失的赔偿，可从劳动者本人的工资中扣除，但每月扣除的部分不得超过劳动者当月工资的20%。若扣除后的剩余工资部分低于当地月最低工资标准，则按最低工资标准支付①。

《刑法修正案（八）》增加规定了拒不支付劳动报酬罪，具体内容为：

以转移财产、逃匿等方法逃避支付劳动者的劳动报酬或者有能力支付而不支付劳动者的劳动报酬，数额较大，经政府有关部门责令支付仍不支付的，处三年以下有期徒刑或者拘

---

① 参见劳动部1994年12月6日发布的《工资支付暂行规定》。

役,并处或者单处罚金;造成严重后果的,处三年以上七年以下有期徒刑,并处罚金。

单位犯前款罪的,对单位判处罚金,并对其直接负责的主管人员和其他直接责任人员,依照前款的规定处罚。有前两款行为,尚未造成严重后果,在提起公诉前支付劳动者的劳动报酬,并依法承担相应赔偿责任的,可以减轻或者免除处罚。

(二) 对工资支付的监督

工资支付制度的实施同样离不开监督。用人单位应根据《工资支付暂行规定》,通过与职工大会、职工代表大会或者其他形式协商制定内部的工资支付制度,并告知本单位全体劳动者,同时抄报当地劳动行政部门备案。

各级劳动行政部门有权监察用人单位工资支付的情况。用人单位有下列侵害劳动者合法权益行为的,由劳动行政部门责令其支付劳动者工资和经济补偿,并可责令其支付赔偿金:(1) 克扣或者无故拖欠劳动者工资的;(2) 拒不支付劳动者延长工作时间工资的;(3) 低于当地最低工资标准支付劳动者工资的。经济补偿和赔偿金的标准,按国家有关规定执行。

此外,《劳动部关于贯彻执行〈中华人民共和国劳动法〉若干问题的意见》(1995 年 8 月)规定:企业克扣或无故拖欠劳动者工资的,劳动监察部门应根据劳动法第九十一条、第三条、《违反〈中华人民共和国劳动法〉行政处罚办法》第六条的相关规定予以处理①。

经济困难的企业执行《工资支付暂行规定》。如果确有困难,应"发给职工基本生活费,具体标准由各地区、各部门根据实际情况确定"。同时,"地方政府通过财政补贴,企业主管部门有可能也要拿出一部分资金,银行要拿出一部分贷款,共同保证职工基本生活和社会的稳定"。此外,"企业可以对职工实行有限期的放假。职工放假期间,由企业发给生活费"。

五、特殊情况下的工资支付制度

特殊情况下的工资,是指用人单位依照法律、法规或按当事人的协议在非正常情况下支付给劳动者的工资。如劳动者在法定劳动时间外提供了劳动,在法定工作时间内履行国家和社会义务期间等,用人单位依法或依协议的规定支付工资。

(一) 特殊情况下的工资支付

特殊情况下的工资支付是我国工资支付制度不可分割的一部分,也是劳动者合法权益受到保护的重要体现。我国《劳动法》《工资支付暂行规定》《职工带薪年休假条例》《企业职工带薪年休假实施办法》等法律、法规对特殊情况下的工资种类及支付办法做出了详细的解释和规定:

1. 依法参加社会活动期间的工资支付

劳动者在法定工作时间内依法参加社会活动期间,用人单位应视同其提供了正常劳动而向其支付工资。依法参加社会活动主要指:依法行使选举权或被选举权;当选代表出席政

---

① 《违反〈中华人民共和国劳动法〉行政处罚办法》第六条规定:用人单位有下列侵害劳动者合法权益行为之一的,应责令支付劳动者的工资报酬、经济补偿,并可责令按相当于支付劳动者工资报酬、经济补偿总和的一至五倍支付劳动者赔偿金:(1) 克扣或者无故拖欠劳动者工资的;(2) 拒不支付劳动者延长工作时间工资报酬的;(3) 低于当地最低工资标准支付劳动者工资的;(4) 解除劳动合同后,未依照法律、法规规定给予劳动者经济补偿的。责令用人单位支付劳动者经济补偿按有关规定执行。

府、党派、工会等组织召开的会议；出任人民法庭证明人；出席劳动模范、先进工作者大会；《工会法》规定的不脱产工会基层委员会委员因工会活动占用的生产或工作时间；其他依法参加的社会活动。

2. 法定休息假日及婚丧假期间的工资支付

法定节假日主要指元旦、春节、国际劳动节、国庆节及其它可以放假的节日。在法定节假日期间，用人单位应当依法安排劳动者休假，并按劳动者正常工作，依法向劳动者支付工资。

婚丧假指劳动者本人结婚以及其直系亲属死亡时依法享有的假期。用人单位在劳动者婚丧假期间，应给予劳动者往返所需的路程假。在婚丧假及相关路程假期间，单位应按劳动者提供了正常工作而向劳动者支付工资。

3. 单位停工、停产期间的工资支付

非因劳动者原因造成单位停工、停产在一个工资支付周期内的，用人单位应按劳动合同规定的标准支付劳动者工资。超过一个工资支付周期的，若劳动者提供了正常劳动，则支付给劳动者的劳动报酬不得低于当地的最低工资标准；若劳动者没有提供正常劳动，应按国家有关规定办理。

4. 劳动者在法定标准时间外工作的工资支付

用人单位在劳动者完成劳动定额或规定的工作任务后，根据实际需要安排劳动者在法定标准工作时间以外工作的，应按以下标准支付工资：① 用人单位依法安排劳动者在法定标准工作时间以外延长工作时间的，按照不低于劳动合同规定的劳动者本人小时工资标准的150%支付劳动者工资；② 用人单位依法安排劳动者在休息日工作，而又不能安排补休的，按照不低于劳动合同规定的劳动者本人日或小时工资标准的200%支付劳动者工资；③ 用人单位依法安排劳动者在法定休假节日工作的，按照不低于劳动合同规定的劳动者本人日或小时工资标准的300%支付劳动者工资。

实行计件工资的劳动者，在完成计件定额任务后，由用人单位安排延长工作时间的，应根据上述规定的原则，分别按照不低于其本人法定工作时间计件单价的150%、200%、300%支付其工资；经劳动行政部门批准实行综合计算工时工作制的，其超过法定标准工作时间的部分，应视为延长工作时间，并支付劳动者相应的工资。

5. 单位破产时的工资支付

用人单位依法破产时，劳动者有权获得其工资。在破产清偿中用人单位应按《中华人民共和国企业破产法》规定的清偿顺序，首先支付欠付本单位劳动者的工资。

(二) 特殊人员的工资支付问题

特殊情况下的工资支付制度也应包含以下特殊人员的工资支付问题：

(1) 劳动者受处分后的工资支付：① 劳动者受行政处分后仍在原单位工作（如留用察看、降级等）或受刑事处分后重新就业的，应主要由用人单位根据具体情况确定其工资报酬；② 劳动者受刑事处分期间，如收容审查、拘留（押）、缓刑、监外执行或劳动教养期间，其待遇按国家有关规定执行。

(2) 学徒工、熟练工、大中专毕业生在学习期、熟练期、见习期、试用期及转正定级后的工资待遇由用人单位自主确定。

(3) 复转退军人的工资待遇,根据各个不同时期的具体情况采取不同的措施和办法,体现了党和政府妥善处理复员、转业、退伍(休)军人工资待遇问题的指导思想和原则。譬如,合理安排他们的工作,使他们人尽其才,并使他们的工资按照同工同酬的原则得到合理确定;采取适当保留原待遇的办法,对军队级别高于地方同级别的工资部分予以保留;等等。

2018年3月根据第十三届全国人民代表大会第一次会议批准的国务院机构改革方案,中华人民共和国退役军人事务部得以设立,其职能之一就是负责军队转业干部、复员干部、退休干部、退役士兵的移交安置工作和自主择业退役军人服务管理、待遇保障工作。按照《关于进一步加强由政府安排工作退役士兵就业安置工作的意见》规定,退役时选择由政府安排工作的退役士兵回到地方后又放弃安排工作待遇的,经本人申请确认后,允许灵活就业。对符合条件的退役士兵,安置地退役军人事务部门应当与本人签订协议书,明确双方责任、权利和义务;并按退役士兵在部队选择自主就业应领取的一次性退役金和地方一次性经济补助之和的80%发给一次性就业补助金。一次性就业补助金发放原则上与年度安排工作同步完成,因资金预算等原因确需延至下一年度发放的,应当向退役士兵说明情况,并于下一年度12月底前付清。灵活就业的退役士兵可按规定享受扶持自主就业退役士兵就业创业的各项优惠政策。

财政部、税务总局、退役军人部于2019年2月联合发布《关于进一步扶持自主就业退役士兵创业就业有关税收政策的通知》规定,自主就业退役士兵从事个体经营的,自办理个体工商户登记当月起,在3年(36个月)内按每户每年12 000元为限额依次扣减其当年实际应缴纳的增值税、城市维护建设税、教育费附加、地方教育附加和个人所得税,限额标准最高可上浮20%,各省、自治区、直辖市人民政府可根据本地区实际情况在此幅度内确定具体限额标准。

(4) 根据《保障农民工工资支付条例》,关于工资支付形式与周期的规定如下:

① 农民工工资应当以货币形式,通过银行转账或者现金支付给农民工本人,不得以实物或者有价证券等其他形式替代。

② 用人单位应当按照与农民工书面约定或者依法制定的规章制度规定的工资支付周期和具体支付日期足额支付工资。

③ 实行月、周、日、小时工资制的,按照月、周、日、小时为周期支付工资;实行计件工资制的,工资支付周期由双方依法约定。

④ 用人单位与农民工书面约定或者按照依法制定的规章制度规定具体支付日期,可以在农民工提供劳动的当期或者次期。具体支付日期遇法定节假日或者休息日的,应当在法定节假日或者休息日前支付。

用人单位因不可抗力未能在支付日期支付工资的,应当在不可抗力消除后及时支付。

⑤ 用人单位应当按照工资支付周期编制书面工资支付台账,并至少保存3年。

书面工资支付台账应当包括用人单位名称,支付周期,支付日期,支付对象姓名、身份证号码、联系方式,工作时间,应发工资项目及数额,代扣、代缴、扣除项目和数额,实发工资数额,银行代发工资凭证或者农民工签字等内容。

用人单位向农民工支付工资时,应当提供农民工本人的工资清单。

 **本章小结**

本章主要分三大部分系统地介绍了有关薪酬制度的立法问题：

一、薪酬立法的历史沿革

1. 劳动法的诞生。

2. 西方国家劳动法及薪酬立法的发展。

3. 西方主要国家薪酬法规的主要内容简介，英国、法国、美国薪酬立法的比较。

二、我国有关薪酬法规的历史沿革

我国关于薪酬的主要法规是《劳动法》，纵观建国70多年的历史，我国薪酬立法伴随着劳动法经历了一个曲折发展的过程，大体可以划分四个时期，即国民经济恢复时期、从"一五"期间到"文革"、从改革开放到《劳动法》颁布、从《劳动法》颁布至今。

三、我国有关薪酬的主要法规

1. 工资的一般性规定。主要介绍了工资的概念、工资立法的基本原则、有关工资总额的管理与规定和企业基本工资制度。

2. 用人单位的工资分配自主权。主要围绕《劳动法》第四十七条规定，首先分析了"经济效益""依法""工资分配方式"等几个重要概念，然后系统介绍了用人单位的工资分配自主权问题。

3. 最低工资保障制度，主要内容包括：最低工资的概念，最低工资的组成，最低工资标准的确定和调整以及最低工资的保障和监督。

4. 最低工资支付制度，系统介绍了关于工资支付的保障和对工资支付的监督方面的内容。

5. 特殊情况下的工资支付，主要介绍了特殊情况下的工资概念，相关法律规定以及特殊人员的工资支付问题。

 **复习思考题**

1. 新中国成立后我国劳动工资立法的发展经历了哪几个阶段，各有什么特点？
2. 我国工资立法的基本原则有哪些？
3. 目前我国企业的基本工资制度有哪几种？
4. 如何理解用人单位的工资分配自主权？
5. 关于最低工资标准的确定和调整，我国有哪些相关的法律规定？
6. 关于特殊情况下的工资支付，有哪些法律法规？
7. 西方国家的薪酬立法与我国相比有什么不同特点？试举例说明。

案例讨论

高管离职是否该向原单位支付违约金?

2016年2月,王某入职某新型材料开发公司担任风力资源开发部总监,每月工资35 000元,双方签订了《保密协议》及《竞业限制合同》,约定王某在任职期间及离职以后三年内保守新型材料开发技术秘密及其他商业秘密,不得经营与新型材料开发有直接竞争的业务,也不得进入与新型材料开发有直接竞争关系的单位工作。双方在解除劳动合同后三年内,新型材料开发应按月向王某支付竞业限制补偿金,金额为1.5万元/月。如王某违反本协议的约定,应按照其在职期间月平均工资的12倍标准支付新型材料开发违约金。

2018年6月王某离职。该新型材料开发公司发现,2018年10月大力神公司经工商登记成立,王某系该公司股东,同时担任法定代表人,大力神公司经营项目中的可重复使用工业用纸正是新型材料开发的主营业务。该新型材料开发公司通过诉讼程序,要求王某支付违反竞业限制协议违约金50万元。

案件审理过程中,王某主张其成立大力神公司的初衷仅是想从事老年保健品的销售,且大力神公司成立后并未实际经营,亦未从事过可重复使用工业用纸项目,并提交2019年7月大力神公司的纳税申报系统网络截图予以佐证,截图显示各项目均为零。王某认为,大力神公司与新型材料开发公司的经营范围并未重合,两家公司之间不存在竞争关系,且新型材料开发公司未能如约支付其竞业限制补偿金,故双方所签订的竞业限制协议对其缺乏拘束力,其无须履行竞业限制义务。王某另外还表示,因协议中违约金约定数额过高,如法院判令其支付,其申请在数额上予以酌减。

法院经审理后认为,新型材料开发公司与王某签订的竞业限制协议是双方真实意思表示,而且未违反法律的强制性规定,应属合法有效。王某在职期间,即自行成立大力神公司,而该公司经营范围与新型材料开发公司存在重合。王某在申请设立大力神公司时曾将可重复工业用纸等作为申请经营项目,主观上存在明显违反竞业限制协议的意向并付诸实施,违反了双方签订的竞业限制协议的约定,王某提交的2019年7月纳税记录截图不足以证明公司自设立后并未经营的主张,故王某应当向新型材料开发公司支付违约金。至于违约金的数额,法院结合王某违反竞业限制约定的程度、竞业限制约定中双方间权利义务应趋于均衡的原则予以综合考虑,酌情认定王某向新型材料开发支付违反竞业限制协议违约金30万元。

讨论问题:

既然双方签署了《保密协议》及《竞业限制合同》,那么,是企业先履行竞业限制补偿金责任,还是个人先履行保密责任?

【解析思路】

用人单位与劳动者可以在劳动合同中,约定保守用人单位的商业秘密和与知识产权相关的保密事项,对用人单位的商业秘密负有保密义务的劳动者,用人单位可以在劳动合同或者保密协议中与劳动者约定竞业限制条款,并约定在解除或者终止劳动合同后,在竞业限制期限内按月给予劳动者经济补偿。劳动者违反竞业限制约定的,应当按照约定向用人单位支付违约金。

实践中,劳动者与用人单位签订了合法有效的竞业限制协议并领取竞业限制补偿金后,即应依约、诚信履行竞业限制义务,不得在与原用人单位存在竞争关系的企业就职,亦不能自行成立竞争性企业,否则即应依据法律规定及协议约定,承担相应的法律责任。

(案例参考:人民法院报,2015年11月15日第3版。)

参考文献

[1] ABELL D F. Defining the Business: The Start Point of Strategy Planning[M]. Englewood Cliff: Prentice-Hall, 1980.

[2] BALKIN D B., GOMEZ-MEJIA L R. Toward a contingency theory of compensation strategy[J]. Strategic Management Journal, 1987, 8(2): 169-182.

[3] BENJAMIN A., SARINDA T. The gender gap in raise magnitudes of hourly and salary workers[J]. Journal of Labor Research, 2018, 40(1): 85-86.

[4] CABLE D M., JUDGE T A. Pay performance and job search decisions: a person-organization fit perspective[J]. Personnel Psychology, 2010, 47(2): 317-348.

[5] CARTER G M., NEWHOUSE J P., RELLES D A. How much change in the case mix index is drg creep[J]. Journal of Health Economics, 1990, 9(4): 411-428.

[6] CHAFFEE E E. Three models of strategy[J]. Academy of Management Review. 1985, 10(1): 89-98.

[7] CHRISMAN J J., HOFER C W., BOULTON W B. Toward a system for classifying business strategies[J]. The Academy of Management Review, 1988, 13(3): 413-428.

[8] COLEMAN N K. Global local national compensation practices in The Compensation Handbook: A State-of-the-Art Guide to Compensation Strategy and Design[J]. 4th ed. [S. I.]: The McGraw-Hill, 2000.

[9] DANEHOWER C., LUST J. How aware are employees of their benefits[J]. Benefits Quarterly. 1996, 12(4): 56-61.

[10] DEVANNA M., FOMBRU C., TICHY N. Human resource management: a strategic perspective[J]. Organizational Dynamics, 1981, 9(3): 51-67.

[11] DRUCKER P. Selected Essays of Peter Drucker[M]. 北京:机械工业出版社, 1999年.

[12] DYER L., REEVES T. Human resource strategies and firm performance: what do we know and where do we need to go[J]. International Journal of Human Resource Management, 1995, 6(3): 656-670.

[13] FOMBRUN D., DEVANNA M. Strategic Human Resource Management[M]. New York:Wiley & Sons, 1983.

[14] GEOFFREY W L. Expatriate Compensation Practices in "The Compensation Handbook: A state of the art guide to compensation strategy and design 4th edition"[M]. The McGraw-Hill, Inc, 2000.

[15] GEORGE T M.,JERRY M N.,BARRY G. 薪酬管理:第 11 版[M]. 成得礼译. 北京:中国人民大学出版社,2014.

[16] GOMEZ-MEJIA L R. Structure and process of diversification, compensation strategy, and firm performance[J]. Strategic Management Journal,1992,13(5):381-397.

[17] GOMEZ-MEJIA L R.,WELBOURNE T. Compensation strategy: An overview and future steps[J]. Human Resource Planning,1988,11(3):173-189.

[18] GORT M. Diversification and Integration in American Industry[M]. Princeton: Princeton University Press,1962.

[19] HAMBRICK D C.,SNOW C C. Strategic Reward Systems. In: SNOW, C C. Strategy, Organization Design and Human Resource Management[M]. Greenwich, CT: JAI Press,1987.

[20] HARRIGAN K R. Formulating vertical integration strategies[J]. Academy of Management Review,1984,9(4):638-652.

[21] HENDERSON R I. Compensation Management in a knowledge-based World[J]. 8th ed. Upper Saddle River, New Jersey: Prentice-Hall,2000.

[22] HENEMAN R L. Business-driven compensation policies: integrating compensation systems with corporate business strategies [R]. American Management Association,2001

[23] HOFER C W. Turnaround strategies[J]. Journal of Business Strategy,1980,1(1):9-31.

[24] HOFSTEDE G. Cultures and Organizations: Software of the Mind[M]. London: Mc-Graw-Hill,1991.

[25] HOLMSTROM B. Moral hazard in teams[J]. The Bell Journal of Economics,1982,13(2):324-340.

[26] KERR J L. Diversification strategies and managerial rewards: An empirical study [J]. Academy of Management Journal,1985,28(1):155-179.

[27] LAWSHE C H. Studies in Job evaluation: II. The adequacy of abbreviated point ratings for hourly paid jobs in three industrial plans[J]. Journal of Applied Psychology,1945,29:177-184.

[28] LEONTIADES M.,TEZEL A. Research notes and communications some connections between corporate-level planning and diversity [J]. Strategic Management Journal,1981,2:413-418.

[29] MARTOCCHIO J J. Strategic Compensation: A Human Resource Management Approach, Sixth Edition[M]. Upper Saddle River, New Jersey: Person Prentice Hall,2013.

[30] MICELI M P.,HENEMAN R L. Contextual determinants of variable pay plan design: a proposed research framework[J]. Human Resource Management Review,

2000, 10(3): 289-305.

[31] MILES R E., SNOW C C. Organizational Strategy, Structure and Process[M]. New York: McGraw-Hill, 1978.

[32] MILKOVICH G T. A strategic perspective on compensation management, In FERRIS G R. and ROWLAND K M. (eds.)[J]. Research in Personnel and Human Resource Management, 1988: 263-288.

[33] MILLER J S, WISEMAN R M, GOMEZ-MEJIA L R. The fit between CEO compensation and firm risk[J]. Academy of Management Journal, 2002, 45(4): 745-756.

[34] O'SHANNASSY T. Lessons from the evolution of the strategy paradigm[J]. Journal of the Australian and New Zealand Academy of Management, 2001, 7(1): 25-37.

[35] R. 韦恩. 蒙迪, 罗伯特. M. 诺埃, 沙恩. R. 普雷梅克斯, 人力资源管理: 第8版[M]. 葛新权, 郑兆红, 王斌, 译. 北京: 经济科学出版社, 2003年.

[36] ROBINSON R B, PEARCE J A. The structure of generic strategies and their impact on business-unit performance[J]. Academy of Management Proceedings, 1985, (1): 35-39.

[37] RUMELT R P. Strategy, Structure and Economic Performance[M]. 2nd ed. Boston: Division of Research, Harvard business school, 1986.

[38] SDENEY R R. Establishing Global Compensation Strategies in "The Compensation Handbook: A state of the art guide to compensation strategy and design"[M]. 4th ed. [S.I.]: The McGraw-Hill, 2000.

[39] SLACK N., LEWIS M., BATES H. The two worlds of operations management research and practice[J]. International Journal of Operations & Production Management, 2004, 24(4): 372-387.

[40] PATEL M S., GRIMM R., PACCAUD F., SCHENKER L. Drgs in hospital management[J]. Journal of Management in Medicine, 1986, 1(1): 78-86.

[41] STROH L K., BRETT J M. Agency theory and variable pay compensation strategies[J]. Academy of Management Journal, 1996, 39(3): 751-767.

[42] TEECE D J. Pridation, firm-specific assets and diversification[J]. The Journal of Industrial Economics, 1989, (2): 213-229.

[43] THALER R H. Mental accounting matters[J]. Journal of Behavioral Decision Making, 1999, 12(3): 183-206.

[44] TIM O S. Lessons from the Evolution of the Strategy Paradigm[J]. Rmit business, 1999 (11)

[45] WERNERFELT B. A resourced-based view of the firm[J]. Strategic Management Journal, 1984, 5(2): 171-180.

[46] 巴里. 格哈特, 萨拉瑞纳什著. 薪酬管理——理论、证据与战略意义[M]. 朱舟, 译. 上

海:上海财经大学出版社,2005.
[47] 蔡增正.从马尔萨斯人口理论到现代人口理论的转变[J].深圳大学学报(人文社会科学版),2001,(3):39-40.
[48] 曾玉磊.中国企业经营管理者股票型薪酬激励制度研究[D].北京:首都经贸大学,2003.
[49] 陈畅.你的员工满意吗?认识员工满意度[J].中国人力资源开发,1999,(10):24-26.
[50] 陈佳贵.国有企业经营者的激励与约束—理论、实证与政策[M].北京:经济管理出版社,2001.
[51] 陈黎明.经理人必备——薪资管理[M].北京:煤炭工业出版社,2001.
[52] 陈清泰,吴敬琏.公司薪酬制度概论[M].北京:中国财政经济出版社,2001.
[53] 陈思明.现代薪酬学[M].上海:立信会计出版社,2004.
[54] 陈维政.人力资源管理[M].北京:高等教育出版社,2002.
[55] 陈英梅,李春燕.企业战略与组织结构的有效结合[J].经济师,2004,(12):44-45.
[56] 陈郁.所有权、控制权与激励[M].上海:上海三联书店,1998.
[57] 程鹏."学习型组织"的标准、内涵及其具体要求[J].科技进步理论与管理,2005,(4):118-119.
[58] 寸晓刚.工作评价研究透视[J].企业经济,2005,(2):41-43.
[59] 邓靖松,王重明.虚拟团队的两种新型薪酬方案[J].商业研究,2003,(4):445-47.
[60] 丁栋虹.企业家成长制度论[M].上海:上海财经大学出版社,2000.
[61] 付亚和.工作分析[M].上海:复旦大学出版社,2004.
[62] 高良谋.试行企业经营管理者年薪制存在的主要问题[J].中国工业经济,1997,(4):57-62.
[63] 顾琴轩,朱勤华.可口可乐中国公司的薪酬制度变化及其启示[J].管理现代化,2003,(5):43-46.
[64] 关怀.劳动法[M].北京:中国人民大学出版社,2001.
[65] 贺爱忠.21世纪的企业人力资源管理[J].中国软科学,2000,(2):37-39.
[66] 洪功翔,刘晨.企业家人力资本在美国公司治理中的地位及启示[J].华东经济管理,2009,23(10):141-145.
[67] 胡振华,朱娜.对知识员工的薪酬管理体系研究[J].企业技术开发,2004,(10):36-37.
[68] 华茂通咨询.现代企业人力资源解决方案[M].北京:中国物资出版社,2003.
[69] 黄群慧,杨淑君.企业经营者年薪制的模式比较[J].中国工业经济,1999,(12):66-70.
[70] 霍思安编,邵冲.人力资源管理案例[M].崔剑,译.北京:机械工业出版社,2001.
[71] 加里·德勒斯.人力资源管理:第12版[M].北京:中国人民大学出版社,2012.
[72] 津海姆,舒斯特.打造500强企业的薪酬体系[M].北京爱丁文化交流中心,译.北京:电子工业出版社,2004.
[73] 鞠芳辉,谢子远,宝贡敏.西方与本土:变革型、家长型领导行为对民营企业绩效影响的

比较研究[J]. 管理世界,2008,(5):85-101.

[74] 康荣平,柯银斌. 企业多元化经营[M]. 北京:经济科学出版社,1999.

[75] 康士勇. 工资理论与工资管理[M]. 北京:中国劳动出版社,1997.

[76] 劳伦斯. S. 克雷曼. 人力资源管理——获取竞争优势的工具[M]. 北京:机械工业出版社,1999.

[77] 雷蒙德·诺伊,约翰·霍伦拜克,拜雷·格哈特. 人力资源管理:赢得竞争优势[M]. 北京:中国人民大学出版社,2001.

[78] 李超平. 薪酬调查九问[J]. IT经理世界,2001,(18):92-93.

[79] 李劲松. 虚拟团队薪酬设计思考:基于团队知识性与依存性的视角[J]. 经济管理,2005,(4):80-84.

[80] 李新建. 企业薪酬管理[M]. 天津:南开大学出版社,2003.

[81] 李严峰,麦凯编. 薪酬管理[M]. 大连:东北财经大学出版社,2002.

[82] 理查德·索普,吉尔·霍曼. 企业薪酬体系设计与实施[M]. 姜红玲等,译. 北京:电子工业出版社,2003.

[83] 联合国国际劳工组织职工教育读本. 工资[M]. 北京:中国劳动出版社,1991.

[84] 廖英. HY公司薪酬激励问题与对策研究[D]. 北京:北京交通大学,2015.

[85] 刘洪,钱焱. 薪酬管理:第二版[M]. 北京:北京师范大学出版社,2017.

[86] 刘洪,赵曙明. 企业家薪酬确定的原则、影响因素与方案[J]. 中国软科学,2000,(6):8-13.

[87] 刘军胜. 薪酬管理实务手册[M]. 北京:机械工业出版社,2002.

[88] 刘喜怀. 我国中小型企业薪酬定位存在的问题及对策[J]. 企业经济,2013,(2):83-86.

[89] 刘昕. 薪酬福利管理[M]. 北京:对外经济贸易大学出版社,2003.

[90] 刘昕. 薪酬管理[M]. 北京:中国人民大学出版社,2002.

[91] 刘艳红,张艳萍. 薪酬管理理论与实务[M]. 北京:电子工业出版社,2016.

[92] 刘颖,张正堂,段光. 团队薪酬激励效应的影响因素、作用机制与研究框架[J]. 管理评论,2015,(12):151-163.

[93] 刘园,李志群. 公司薪酬制度概论[M]. 北京:中国财政经济出版社,2001.

[94] 刘志明. 员工帮助计划——管理职场压力[J]. 中国人力资源开发,2004,(4):34-36.

[95] 柳志南. 民营企业金字塔结构对超额薪酬与薪酬辩护影响的研究[M]. 东北财经大学,2018.

[96] 罗双平. 青年职业生涯规划的基本步骤[J]. 中国青年研究,2003,(8):7-8.

[97] 马洪伟,蓝海林. 多元化战略、组织结构和绩效[J]. 企业经济,2001,(1):15-17.

[98] 马克思. 雇佣劳动与资本. 马克思恩格斯选集:第1卷[M]. 北京:人民出版社,1972.

[99] 马克思. 政治经济学批判导言. 马克思恩格斯选集:第2卷[M]. 北京:人民出版社,1972.

[100] 马鹏程. 徐州电信局薪酬激励与绩效考核制度的改革研究[D]. 中国矿业大学,2002.

[101] 马新建. S公司的薪酬定位策略[J]. 人才资源开发,2005,(3):44-45.

[102] 迈克尔. 波特. 竞争优势[M]. 北京:华夏出版社,1997.

[103] 孟祥林. HH公司的薪酬改革措施[J]. 中国人力资源开发,2012,(10):57-61.

[104] 彭剑锋,文跃然,刘昕. 现代管理制度·程序·方法·范例全集(工资管理卷)[M]. 北京:中国人民大学出版社,1993.

[105] 彭原. 内在报酬——竞争优势的不竭源泉[J]. 山西教育学院学报,2001,(2):8-10.

[106] 钱德勒. 战略与结构[M]. 昆明:云南人民出版社,2002.

[107] 乔治·米尔科维奇,杰里·纽曼. 薪酬管理[M]. 董克用,译. 北京:中国人民大学出版社,2002.

[108] 曲英钰,张鹏. 华为公司薪酬外部竞争性分析[J]. 合作经济与科技,2017,(19):134-135.

[109] 冉斌. 薪酬设计六步法[M]. 北京:中国经济出版社,2004.

[110] 冉斌. 薪酬设计与管理[M]. 深圳:海天出版社,2002.

[111] 冉棋文,王胜华,吴明星. 全面薪酬战略——员工激励机制[J]. 西南交通大学学报(社会科学版),2004,5(1):37-41.

[112] 沈丽萍. "大数据"时代下企业人力资源管理中的薪酬管理探究[J]. 中外企业家,2020,(18):124.

[113] 世界500强企业管理标准研究中心. 薪酬设计与管理[M]. 北京:中国社会科学出版社,2004.

[114] 斯蒂芬·罗宾斯. 管理学[M]. 北京:中国人民大学出版社,2006.

[115] 苏涛. 简论战略对组织结构的影响[J]. 福建论坛(经济社会版),2000,(4):11-12.

[116] 孙剑平. 薪酬管理—经济学与管理学视角的耦合分析[M]. 长春:吉林人民出版社,2000.

[117] 孙永胜. 经营者股票期权激励制度[M]. 北京:经济科学出版社,2002.

[118] 唐元虎,郭俊华. 企业高管人员智力资源资本化研究[M]. 北京:科学出版社,2004.

[119] 田蕾. "互联网+"时代人力资源管理变革研究[J]. 人民论坛,2017,(1):80-81.

[120] 托马斯. B. 威尔逊. 薪酬:以薪酬战略撬动企业变革[M]. 北京:中国社会科学出版社,2004.

[121] 王凌云. 基于员工个体特征的薪酬设计[J]. 中国集团经济,2010,(1):117.

[122] 王裙. 企业经理角色转换中的激励制度研究[M]. 广州:广东人民出版社,2002.

[123] 王文海. 劳动法制建设任重道远[J]. 中国劳动,1998,(7):35-36.

[124] 王玺,王东旭,仇丽娜. 最新职位分析与职位评价实务[M]. 北京:中国纺织出版社,2004.

[125] 王学力. 工资与工资争议处理实务[J]. 北京:人民法院出版社,1997.

[126] 王学力. 年薪制面临十大问题[J]. 工业企业管理,1999,(4).

[127] 王益英. 外国劳动法和社会保障法[M]. 北京:中国人民大学出版社,2001.

[128] 王长城. 薪酬构架原理与技术[M]. 北京:中国经济出版社,2003.

[129] 王自伍. 建立适应企业需要的内部薪酬制度[J]. 石油化工管理干部学院学报,2004,(1):50-53.

[130] 威廉.P.安东尼,K.米歇尔.卡克马尔,帕梅拉.L.佩雷威.人力资源管理战略方法:第四版[M].上海:中信出版社,2004.

[131] 韦爽.基于企业人力资源管理薪酬激励策略的浅析探索[J].广西质量监督导报,2020,(2):54-55.

[132] 文跃然.薪酬管理原理[M].上海:复旦大学出版社,2004.

[133] 吴风云,赵静梅.期权、期股与企业激励机制创新[J].经济学家,2000,(4):34-38.

[134] 伍辉延,雷霞飞.马斯洛需要理论视角下知识型新生代员工弹性福利体系设计——以CI公司为例[J].管理新视界,2015,(1):54-59.

[135] 伍晋明.矩阵组织结构下员工职位与薪酬动态管理[J].中国人力资源开发,2004,(10):67-68.

[136] 奚玉芹,金永红.企业薪酬与绩效管理体系设计[M].北京:机械工业出版社,2004.

[137] 萧鸣政.人力资源管理[M].北京:中国广播电视大学出版社,2001.

[138] 谢礼珊,张燕,凌茜.知识经济时代企业薪酬制度[J].中山大学学报(社会科学版),2002,42(6):70-75.

[139] 熊勇清.宽带薪酬:支持扁平化组织结构的管理模式[J].天津市职工现代企业管理学院学报,2003,(4):17-18.

[140] 杨剑,白云.激励导向的薪酬设计[M].北京:中国纺织出版社,2002.

[141] 杨杰,方俐洛.工作分析的定义、理论和工具探析[J].自然辩证法通讯,2003,25(3):50-59.

[142] 杨乃定.员工满意度及其模型[J].中国管理科学,2000,(1):61-65.

[143] 杨瑞龙,杨其静.专用性、专有性与企业制度[J].经济研究,2001,(3):3-11.

[144] 杨维平.企业成长战略[J].企业管理,2001,(2):8-9.

[145] 姚若松,凌文辁,方俐洛.工作评价中的若干问题及其解决方法[J].湘潭大学社会科学学报,2003,27(3):77-80.

[146] 余珊萍等.经理股票期权激励若干问题探析[J].中国软科学,2001,(5):23-28.

[147] 约翰·特鲁普曼.薪酬方案——如何制定员工激励机制[M].上海:上海交通大学出版社,2002.

[148] 约瑟夫·马尔托奇奥.战略薪酬:人力资源管理方法[M].北京:社会科学文献出版社,2002.

[149] 约瑟夫·马尔托奇奥.战略性薪酬管理:第7版[M].刘昕,译.北京:中国人民大学出版社,2015.

[150] 张凤林,代英姿.西方内部劳动力市场理论评述[J].经济学动态,2003,(7):71-75.

[151] 张彦.EAP:改善员工职业压力[J].人才资源开发,2005,(6):52-53.

[152] 张湛帐.股票期权与国有企业激励制度[M].沈阳:辽海出版社,2002.

[153] 张正堂,陈蔓生.对企业经营者报酬理论主流观点的质疑[J].当代财经,2002,(3):61-63.

[154] 张正堂,刘宁.薪酬管理:第二版[M].北京:北京大学出版社,2000

[155] 张正堂.企业家报酬的决定:理论与实证研究[M].北京:经济管理出版社,2003.

[156] 张正堂.企业家激励薪酬制度的设计[J].财经科学,2004,(2):12-16.

[157] 赵德淳.论我国《劳动法》在实施中存在的问题[J].理论界,2004,(4):92-93.

[158] 赵如玲.高新技术企业的人才保留策略[J].中国高新区,2006,(12):86-89.

[159] 赵曙明,罗伯特·马希斯,约翰·杰克逊.人力资源管理:第9版[M].北京:电子工业出版社,2003.

[160] 赵曙明,杨忠.国际企业:跨文化管理[M].南京:南京大学出版社,1994.

[161] 赵曙明,赵宜萱.薪酬管理——理论、方法、实务[M].北京:人民邮电出版社,2018.

[162] 赵祥宇,袁伦渠.薪酬设计与激励[J].中国人力资源开发,2001,(9):17-19.

[163] 郑伯埙.差序格局与华人组织行为[J].本土心理学研究,1995,(3):142-219.

[164] 郑江锋,王锋,张永胜.C公司的薪酬体系设计[J].中国人力资源开发,2004,(11):68-70.

[165] 郑尚元.劳动法学[M].北京:中国政法大学出版社,2004.

[166] 中共中央马克思恩格斯列宁斯大林著作编译局.马克思恩格斯选集:第1卷[M].2版.北京:人民出版社,1995.

[167] 周斌,汪勤.薪酬管理:理论·实务·案例[M].北京:清华大学出版社,2014.

[168] 朱琪,刘红英.人工智能技术变革的收入分配效应研究:前沿进展与综述[J].中国人口科学,2020,(2):116-117.

[169] 邹统钎.行业选择战略[M].北京:复旦大学出版社,2002.

后 记

南京大学出版社响应教育部关于"金课"教材建设的号召,组织策划出版"高等学校人力资源管理专业核心课程立体化系列教材",由南京大学人文资深教授赵曙明老师领衔组织国内相关专业的老师参与编写。我和张正堂教授都在南京大学商学院承担人力资源管理专业的课程教学任务,并分别出版有《薪酬管理》教材,赵老师邀请我们参与系列教材中《薪酬管理》的编写任务。适逢江苏省教育厅开展高等学校重点教材立项建设工作,我和张正堂教授联合申报的《薪酬管理》修订项目有幸被遴选上报并获得立项。所以,本教材能够得以编写,要感谢南京大学出版社和赵曙明老师的组织和鼓励,感谢南京大学和省教育厅给予作为省重点教材的立项建设。

本教材依据"金课"教材建设的总体要求和 HRM 系列教材的内容整体安排,在我和钱焱主编的《薪酬管理》(北京师范大学出版社,2017 年第二版)和张正堂、刘宁主编的《薪酬管理》(北京大学出版社,2000 年第二版)基础上,根据时代发展要求和当今企业经营环境变化的特点,在编写过程中力求做到以下几点:

(1)系统性、普遍性和科学性的统一。将人力资源管理作为组织系统的管理子系统,从整体性薪酬的视角,尽量吸收学术界理论研究成果和优秀企业实践经验,力求在内容上系统阐述企业薪酬管理各个方面,总结企业薪酬管理的普遍性规律和方法,科学论证与分析各种理论与方法的适用性。

(2)理论与实践的结合。通过每章前面的引导案例帮助学生尽快进入主题,养成问题导向的学习与思考习惯;借助每章最后提供的思考问题、案例分析,帮助学生总结所学内容和提高应用所学理论知识分析实际问题并提出解决方案的能力;在内容上,理论阐述与实际示例相结合,避免理论与实践应用的脱节。

(3)理念的引领与我国国情的兼顾。西方发达国家因为市场经济发展水平比较高,各种法律法规和制度比较完善,因而企业薪酬管理的内容和方法比较细致,而我国尚处于市场经济发展的初期,企业薪酬管理尚存在诸多缺乏理论与经验的地方,既不能照搬国外企业的做法,又需要明确未来发展方向。为此,本书在编写过程中既注意先进理念的介绍,也力求探讨它们在我国国情下应用的可能途径。

本书共分为 10 章,在已有书稿的基础上,根据上述思路由来自在高校从事人力资源管理专业课程教学的老师参与完成。其具体分工为:第一章、第三章、第七章和第九章由张正堂编写,第二章由安徽工业大学管理学院齐昕副教授编写,第四章由南京师范大学商学院李晋副教授编写,第五章由南京师范大学林彦梅博士编写,第六章由南京审计大学政府审计学院周建博士编写,第八章由南京工业大学孔锦副教授编写,第十章由南京技术师范学院刘善堂副教授编写。他们是在原有书稿基础上进行编写的,除了凝结他们自己教学与研究经验之外,大多数文字工作还是原有书稿参与者辛勤工作的结果,他们是钱焱、刘宁、王玉峰、许萍、张龙、胡恩华、赵文芳、王凌云、吴红梅和侯赟慧等,在此再次对他们表示感谢。本书最后由我和张正堂进行统稿。

本书在编写过程中参考了大量的国内外文献著作,有的已经放在文中标注,有的作为参考文献放在书后给出,在此谨向原著作者表示诚挚的谢意;尽管我们编写过程中强调文献引用标注和尊重他人工作,但书中定有被无意疏漏的,敬请相关作者谅解。本书的引导案例、案例分析和正文中提到的案例和内容,我们引用了不少业内优秀文章,并力尽所能地与作者进行了联系,一些未能取得联系的作者,请见书后速与我们联系,以便支付相应的报酬。对这些优秀文章的作者,我们再次表示诚挚的谢意!同时感谢南京大学出版社蔡文彬主任、尤佳老师为本书出版付出的辛勤劳动!

公平正义是社会永恒的主题,因此薪酬管理也将会成为企业管理的长期热点;随着社会的变迁和企业环境复杂、不确定的变化,现有理论与方法的适用性将会受到越来越多的存疑,涌现出诸如零工经济、平台企业、虚拟在线员工等新的薪酬管理问题。由于我们研究有限,书中难免出现疏漏之处,恳请广大读者批评指正,以便本书进一步修改完善。

刘　洪